百色学院壮泰族群语言文化研究丛书

壮泰文化交流比较研究中心成果

主编◎周艳鲜 吕嵩崧 黄 玲 周秀苗

壮泰族群

文化研究文集

李彩云 周艳鲜◎编

中国社会科学出版社

图书在版编目（CIP）数据

壮泰族群文化研究文集 / 李彩云，周艳鲜编 . —北京：中国社会科学出版社，
2017.4

（百色学院壮泰族群语言文化研究丛书/周艳鲜，吕嵩崧，黄玲，周秀苗/主编）

ISBN 978 - 7 - 5203 - 0068 - 1

Ⅰ.①壮…　Ⅱ.①李…②周…　Ⅲ.①壮族 – 民族文化 – 中国 – 文集

Ⅳ.①K280.18 – 53

中国版本图书馆 CIP 数据核字（2017）第 056893 号

出 版 人　赵剑英
责任编辑　任　明
责任校对　郝阳洋
责任印制　李寡寡

出　　　版　中国社会科学出版社
社　　　址　北京鼓楼西大街甲 158 号
邮　　　编　100720
网　　　址　http：//www.csspw.cn
发 行 部　010 - 84083685
门 市 部　010 - 84029450
经　　　销　新华书店及其他书店

印刷装订　北京市兴怀印刷厂
版　　　次　2017 年 4 月第 1 版
印　　　次　2017 年 4 月第 1 次印刷

开　　　本　710×1000　1/16
印　　　张　26
插　　　页　2
字　　　数　426 千字
定　　　价　98.00 元

《百色学院壮泰族群语言文化研究丛书》

总　序

范宏贵

俗话说：靠山吃山，靠水吃水，意思是根据自己所在的地理环境、地理条件从事有特色的工作。要就地取材，不要舍近求远。百色学院位于资源丰富的桂西，壮族集聚于桂西，而桂西又与云南、贵州、越南接壤，过云南、越南往南走，便是老挝、泰国。壮族与泰国泰族有着千丝万缕的关系，百色学院抓住这个特点，经广西壮族自治区有关部门的批准，于2013年成立了壮泰文化交流比较研究中心，这是一件大好事。

19世纪末叶，学者已经知道壮语与泰语的基本词汇很多是相同或相似的，为什么有这种现象？已经引起一些人的注意，但是，那时的社会科学还处于初始时期，各个学科还处于起步的创立阶段，还无法、无力解决这个重大问题。社会科学经过一百多年的发展，如语言学建立后，用科学的方法调查、收集、整理、研究壮语与泰语；考古学的出现，发掘出很多有意义的化石、文物；历史学的发展，官方和民间保存的文献资料的广泛收集、整理，再如地名学、民俗学、农学、生物学、植物学、动物学等的创立和发展，给我们创造了很多有利条件，可以利用各个学科的成果进行综合研究得出结论。从语言入手，再扩大到其他领域，犹如剥笋，把一层层的笋壳剥去，露出真相。

一般人看到现象就不再去多思考了，习以为常，见多不怪。我们从事科学探讨的人，也就是搞学术研究的人，不能这样，而要走向纵深，透过现象看实质。前辈学人徐松石写的两部专著《粤江流域人民史》和《泰族僮族粤族考》已初步勾勒出一个壮泰关系的轮廓。语言学家李方桂著作《龙州土语》《剥隘土语》等指出在语言上壮泰族的渊源关系。继之，倪大白著的《侗台语概论》，梁敏、张钧如合著的《侗台语族概论》，邢公畹著的《汉台语比较手册》，罗美珍的《从语言上看傣、泰、壮的族源和迁徙问题》等论著，陈保亚著的《论语言接触与语言联盟——汉越（侗台）语源关系的解释》，李锦芳著的《侗台语言与文化》，在大量的语料基础上，用当代语言学理论深刻阐明了壮族语言与泰族语言的渊源关系。总的来说，在壮泰关系的研究上，语言学走在前面，而且是遥遥领先。在泰国也是这样，研究壮泰语言的人多，成果也自然就多。西方学者也是这个样。虽然语言学走在前面，硕果累累，但语言研究的空间仍然很大，如壮泰族的童谣、谚语、俗语、谜语等还没有人探究。

壮族、泰族文化的比较研究显得薄弱，我写的两部拙著《同根生的民族》和《同根异枝的壮泰族群》涉及一些，覃圣敏主编的五大册《壮泰民族传统文化比较研究》也谈到一些。黄兴球的专著《壮泰族群分化时间考》也有论述。但远远不够。

从上述的研究成果看，壮族与泰族是同一个母体生出来的兄弟，由于迁徙远方，分化成不同的民族，失散多年，今天我们把失散的兄弟找回来，是令人愉悦的事，我们要珍惜这种兄弟情义，并且发扬光大。这是我们研究壮泰关系的第一个目的，也就是研究的意义。

费孝通教授研究汉族与瑶族的起源和形成认为是多元一体，犹如大江大河是无数溪水、支流汇合而成，也可以比喻是伞骨型的关系。而壮族与泰族的起源和形成是另外一个类型，是由一个母体分化，分支成不同的民族，他们是倒伞骨型的关系。这是从民族理论的角度来说的，是研究壮泰关系的第二个意义。

上述的两个意义将是深远的。

壮族与泰族关系的研究还有没有涉猎的领域，如民歌、摇篮曲、童谣、谚语、谜语，如果我们深入探讨，会充实壮族与泰族的研究内容。

与壮族，与泰族有渊源关系的民族，在中国，在东南亚还有很多，如果有条件可以一起来研究，意义会更大。

百色学院的壮泰文化交流比较研究中心才成立一年多时间，已取得初步成果，于是决定出版壮泰族群语言文化研究丛书，可喜可贺，但这才是起步，任重道远，望研究中心团结更多的学人，共同努力，取得更加辉煌的成果。

范宏贵

2016 年 1 月 15 日于南宁相思湖畔

前　　言

　　由于历史原因，壮、泰民族传统文化有着千丝万缕的联系。20 世纪八九十年代，广西学者和泰国艺术大学联合开展了一项系统而全面的壮泰民族传统文化比较研究课题，包括自然环境、体质特征、考古文化、语言文字、生产习俗、传统建筑、生活习俗、人生礼仪、宗教信仰、伦理道德、习惯法规、社会结构、文化艺术、文化教育、民间科技 15 个内容，并于 2002 年出版了《壮泰民族传统文化比较研究》①。这部作品被称为"壮泰民族传统文化研究的划时代巨著"，它用丰富的资料反映壮泰民族"同源异流"的关系，说明了壮族与泰族既有亲缘性、同源性，也有本质上的差异性。②。20 世纪末以来，壮泰民族比较研究课题受到越来越多学者的关注和深入研究（范宏贵，1993③；梁庭望，1996④；纳鲁密·索素等，2001⑤；覃彩銮，2002⑥；覃圣敏，2005⑦；蒙元耀，2015⑧）。东南亚语言与文化研究著名专家范宏贵教授提出，"我国壮族、泰国的泰族都是同根生的民族，犹如一株大树，经过若干年的生长后，生出很多枝干。枝干虽然不同，但内在是有联系的。"⑨ 范教授在其代表作《同根生的民

---

　　① 覃圣敏：《壮泰民族传统文化研究》，广西民族出版社 2003 年版。

　　② 钱宗范：《壮泰民族传统文化研究的划时代巨著》，《广西民族研究》2004 年第 3 期。

　　③ 范宏贵：《壮侗语诸民族与东南亚相关民族的渊源与迁徙》《广西民族研究》1993 年第 3 期。

　　④ 梁庭望：《中国壮侗语诸族与泰国泰族文化共性初探》，《中央民族大学学报》1996 年第 4 期。

　　⑤ 纳鲁密·索素、素拉蓬纳塔平图：《泰族壮族传统文化的关系》，《广西民族研究》2001 年第 2 期。

　　⑥ 覃彩銮：《壮泰民族艺术审美观比较研究》，《广西民族研究》2002 年第 12 期。

　　⑦ 覃圣敏：《壮泰族群的渊源》，《广西民族学院学报》2005 年第 2 期。

　　⑧ 蒙元耀：《壮泰语词义比较研究》，《广西民族大学学报》2015 年第 3 期。

　　⑨ 范宏贵：《同根生的民族——壮泰各族渊源与文化》，民族出版社 2007 年版，第 14 页。

族——壮泰各族渊源与文化》① 和《同根异枝的壮泰族群》② 中提出 "壮泰族群" 这个概念并进行了解释。他认为，中国壮侗语族的 8 个民族（壮、布依、傣、侗、仫佬、毛南、水、黎族）和东南亚大陆及南亚 5 个国家的 20 个民族（越南的岱、侬、泰、布依、热衣、佬、泐、山斋、拉基、布标 10 个民族，老挝的佬、普泰、泐、润、央、赛克 6 个民族，泰国的泰、佬族，缅甸的掸族，印度的阿洪族）有着共同的起源，虽然经过了长期的历史发展、民族迁移，已经形成了生活在不同国度的不同民族，在文化习俗方面已烙上了各自的特点，但是由于他们之间的历史渊源关系，在漫长的历史长河中，仍然积淀着很多共同的文化。

我们知道，壮泰族群相关民族之间的比较研究的任务任重而道远，壮泰族群语言与文化研究亟待开拓与系统研究。在前辈们的带动与影响之下，越来越多的青年学者加入到壮泰族群语言与文化研究的队伍中。百色学院建有广西高校科技创新平台——壮泰文化交流比较研究中心，在壮泰族群相关民族的语言、文化等方面的研究成果不断，获得相关研究方向的课题立项不少，有国家哲学社科科学基金项目《壮语与泰语谚语比较研究》《中国与越南跨境民族传统节日习俗研究》《中越跨境民族民间戏剧比较研究》，广西哲学社会科学基金项目《壮泰传统童谣比较研究》，广西高校科研项目《中越边境传统节日文化比较研究——以中国百色市与越南高平省为例》《口头传统视角下的壮泰民谣比较研究》和一批壮泰文化交流比较研究中心的招标课题，如《血脉相通的三兄弟——中国壮族与越南岱、侬族文化习俗比较研究》等，已经发表了相关论文 20 余篇。这些研究从语言、文学、民俗、民间艺术等不同视角探究了壮泰族群相关民族的语言、文化等问题。为了总结 20 世纪末以来国内外学者在壮泰族群语言文化研究取得的代表性成果和相关理论观点，加强壮泰文化交流比较研究中心的科学研究工作，在壮泰族群语言与文化研究方面取得更多成果，我们计划出版《壮泰族群文化研究文集》。

《壮泰族群文化研究文集》收录了范宏贵、覃乃昌、覃圣敏、梁庭望、覃彩銮、蒙元耀、李锦芳等诸多著名专家和一批青年学者关于壮泰族群语言文化研究的论文共 24 篇，分为政治篇、历史篇、文化篇、语言篇、

---

① 范宏贵：《同根生的民族——壮泰各族渊源与文化》，民族出版社 2007 年版。

② 范宏贵：《同根异枝的壮泰族群》，广西民族出版社 2013 年版。

文学篇、艺术篇 6 大部分，每部分收录 4 篇文章。其中，有范宏贵先生的《壮族、泰族、佬族先民共同生活在一起的画面》，覃乃昌先生的《论壮泰民族传统文化教育的异同及原因》，覃圣敏先生的《关于壮泰民族的起源问题》和《壮泰传统文化基本特征的比较》，梁敏先生等合著的《侗台语言的系属和有关民族的源流》，刀承华先生的《侗佛教对傣泰民族民间故事的影响》，梁庭望先生的《壮族铜鼓与东南亚铜鼓造型及纹饰之比较研究》，覃彩銮先生的《壮泰民族艺术审美观比较研究》，蒙元耀先生的《壮泰语词义比较研究》，等等。这些文章从不同视角、以不同证据来说明壮泰族群的渊源关系和壮泰民族传统文化的共同特征。

　　本文集现收录入广西高校科技创新平台——壮泰文化交流比较研究中心的《百色学院壮泰族群语言文化研究丛书》，以此管窥壮泰族群文化研究之现状，以期更多学者关注、参与该领域的学术研究，获得累累硕果。

编　者

2016 年 8 月 12 日

目　　录

第一篇　政治篇

第二篇　历史篇

第三篇　文化篇

第四篇　语言篇

第五篇　文学篇

第六篇　艺术篇

第一篇　政治篇

壮族、泰族、佬族先民共同生活在一起的画面

范宏贵[*]

我写过《同根生的民族》，纳入北京大学东方文化集成，2000 年由光明日报出版社出版，民族出版社 2007 年再版。北京大学东方文化集成编辑部又约我写续编《同根异枝的壮泰族群》一书，已交稿，可望年内出版。我感到壮泰族群的研究还有很多方面可以探讨，不是几个人，几代人可以完成得了的，因此，我想再探，三探，四探……借在田阳举办壮泰族群的研讨会的机会，做个小结。

一、困难与解决困难的方法

壮泰族群关系的课题，大家都知道这个族群在语言上有很多相同或相似之处，隐隐约约看到他们有密切的关系，但多问几个为什么？就答不出来了。最大的困难是没有史料，否则我们的前辈学者早已解决了。我冥思苦想了很久，最后采用了三个方法：

第一个是多学科的综合研究方法，以语言为切入点，用语言学、考古学、人类学、历史文献学、民族学、民俗学、动植物学、农学、音乐学、地名学、神话传说、民间文学等学科互相印证，互相补充。

第二个是多民族的综合研究，这就是微观研究某个民族，了解、研究得细，又从宏观着眼，尤其是与它周边的民族、国家结合起来综合研究，他们之间的互相影响。

第三个是"词汇年代推算法"，这是我多年来探索出来的新方法，在

---

* 作者简介：范宏贵（1934—2016），归侨，广西龙州人，八桂名师，东南亚民族文化专家，广西民族大学资深教授。

我写的书稿和论文中使用了，获得成功。得到很多学者的认可，有的也用此法进行研究。这个方法是把几个民族相同或相近的词汇，不是几个词汇，而是大量的词汇，找出它们出现的年代，从而可以推断他们的先民共同生活在一起的时期。

壮、泰、佬语中的基本词汇有约一半是相同或相近的，是否借词？语言中借词是普遍现象，但是基本词汇不会借其他民族的，只能得出他们是同一起源。

思想意识是反映现实的，思想意识是用语言活动来进行的。语言中的词汇也是反映现实的，反映实际的，一般来说，有某个事和物，就会有以某个音作为它的代表或标志，也就是它的外壳。如果我们找出某个词出现的年代，也就是事和物出现的年代，我们就可以知道壮、泰、佬族的先民共同生活的年代。

这种做法与语言学家不同，他们只罗列出相同的词汇，找出声韵调的异同，或者它们的变化规律。这种纯语言学的研究，没能解决他们民族之间的关系问题。我们比较的目的是看他们之间有什么关系，是亲还是疏。

"词汇年代推算法"需要多学科的配合、印证，可真是旁征博引，要花很多时间、精力。

二、基本词汇出现的年代

壮语有两大方言13个土语，广西龙州、靖西、德保等县的壮话与泰族、佬族更接近，尤其是佬语。大多数的差别是声调。基本上可以互相听得懂。

大家都知道，壮、泰、佬族语言人体部位的词，如头、头发、眼睛、鼻子、耳朵、嘴巴、牙齿、手、脚、腿，这些词是人群出现后，产生语言就与生俱来，是最古老的词语。

壮、泰佬民族都是从事稻作农耕的民族，农业方面的词汇基本上相同或相近，如田，na壮、泰、佬三族完全相同。

田埂，壮语龙州话 kan，佬、泰语 khan。只是送气与不送气的区别。

种子，钦州壮话 pen，与泰、佬相同。

秧苗，壮语龙州话 kja，扶绥壮话 ka，佬 ka，泰 kla，扶绥壮话与佬语相同。

根，壮语龙州话 laak，佬语 haak，泰语 raak。

插田，壮语龙州话 dam na，佬、泰 dam na。

稻谷，khau，佬、泰 khaao。

稻草，壮语龙州话 fwwŋ，佬语 fwəŋ，泰语 faaŋ。

水牛，壮语龙州话 vaai，佬、泰语 khuaai。

黄牛，壮语龙州话 mo，佬、泰语 ŋuo。

犁，壮、佬、泰语均为 thai。

耙，壮、佬、泰语均为 phw。

牛轭，壮、佬、泰语均为 eek。

蚂蟥，壮、佬、泰语均为 piŋ。

田峒，壮语 toN 佬、泰 thoŋ。

草木灰，壮语龙州话 pjau，武鸣 tau，佬、泰语 thau，为了保障和提高农作物产量，恢复和提高地力，施肥是农耕过程中重要的一环，农业中最早的肥料是草木灰，这是原始农业后期出现的现象。

在中国浙江省河姆渡新石器时代文化遗址发掘有完整的谷壳和谷叶，表明百越人的先民在公元前六七千年已有中水稻种植，在广西资源县也出土有数百斤的谷子余物，表明农业雏形已经出现。考古学证明，新石器时代已有水牛。河姆渡文化遗址、良渚（zhu）文化遗址已经有水牛骨化石。文献记载，春秋时期，即公元前722—前481年已有牛耕。

水坝，壮语 phaai 佬、泰语 faai 水坝是农业发展和铁制农具出现后，为稳定农作物产量而产生的水利工程，在中国首先是春秋战国时期兴起，之后才推广到各地。

收割，壮语龙州话 kjeu，佬、泰语 kep kjeu。

舂，壮、佬、泰语都是 tam，农作物收割回来以后，加工成食品，要舂米等等。

簸箕，壮、佬、泰语都是 dug，舂农作物以后，簸箕是加工食品的重要环节之一。

蓑衣，壮语靖西话与佬、泰语都是 pha pai 农民下地劳动遇雨用来挡雨的工具。

人们有了饭吃，要有盛饭、吃饭的工具：

吃饭，壮语 kin khau，佬、泰语 kin khaao。

碗，壮、佬、泰语都叫 thui。碗在西周—春秋时期（前1046—前476

年）已经出现。

筷子，壮、佬、泰语都叫 thu 筷子商（公元前 1600—前 1046 年）代已有。先秦时一般不用筷子，只在有菜的时候才用。汉代以后才普遍用筷子。

盐，壮语南部方言广西龙州话叫 kw，佬、泰族语，叫 kwə。距今 5000 多年前，中国已会利用海水制盐，称之为海盐。距今 4000 多年前，已能生产湖盐。距今 2000 多年前已能凿井汲取地下天然的卤水制成井盐。壮语南部方言的 w，到了老挝语、泰语里就变成 wə，即多了一个 ə，从以下的例子也可看到，似乎是一个规律。

甘蔗，壮、泰、佬语均是 oi 中国种植甘蔗大约开始于东周时期（前 770—前 256 年），主要是生食。经过四五百年时间到公元前 2 世纪中叶，人们已会压榨甘蔗取其汁，称为"蔗浆"。又经过三四百年时间出现了"蔗饧"，即砂糖；"石蜜"即冰糖，在皇室中还是珍品，平民老百姓还吃不到。唐太宗（627—649 年在位）推广制糖方法，从而推动甘蔗种植业的发展，到 11 世纪北宋时期长江以南种植甘蔗的地方已很广。

黄豆，壮语是 thu ləəŋ，佬语、泰语 thua lwəŋ，只有些微差别，但可以听得懂收入自西周初年至春秋中叶五百多年的诗歌 311 篇的《诗经》中叫菽，秦汉时期改称大豆，原产地在中国已为世界各国所公认。

绿豆 壮语 thu khjeo，佬语 thua khjeo，北宋僧人文莹写的《湘山野录》中说，真宗皇帝（998—1022 年在位）派人从"西天"，即印度求得绿豆的种子，也就是说，绿豆是从印度引进的。北宋以后写的《种艺必用》《农桑辑要》《王祯农书》中对绿豆都有记载。王祯说："北方唯用绿豆最多，农家种之亦广。"又说："南方亦间种之。"明代人王象晋于天启元年（1621 年）成书的《群芳谱》中说：有一个广西人叫唐之夔讲，广西没有绿豆，他进京斗余回广西，"比于药物，凡患时疾者，用等秤买。一家煮豆，香味四达，两邻对门患病，人闻其气辄愈"。由此看来，17 世纪初，绿豆才传入广西壮族地区，这之后随着壮族人的南迁或者传播，绿豆才在越南岱族、侬族、老挝、泰国种植，所以他们的绿豆词汇是一样的。

薯类，壮、佬语都叫 man。

酒，壮、佬、泰语都叫 lau，酒有两类：一种是天然酒，是粮食、果类存放受潮在一定温度下发酵而成。另一种是人工酿制的酒，据科学史和考古学资料，人工酿制的酒始于新石器时代晚期。

扁米，壮、佬、泰、傣语都叫ʹkhau mau，意思是捧着吃的饭。明代景泰年间（1450—1456 年）撰写的《云南图经志书》卷 2 记载，今玉溪已有扁米。极大可能在明代以前就有扁米了。

买卖，khai sw，柳宗元在柳州写的《柳州峒氓》诗中已讲到在柳州的越人已有圩市，至迟在唐代（6 世纪）有了买卖。应该说，比这时还早就有买卖了。

1—10 的数词壮、泰、佬语相同，数学史的研究表明，人类最早的数字概念只有 1 和 2 两个，3 个以上就用多来表达。中国商代（前 1600—前 1046 年）的甲骨文中已有 1—10 的数字。在老挝的克木人、兴门人只有 1—4 的数字，5 以上就借自壮语、佬语、泰语 ha，huk，tset，pet，kau，sip。

这表明当克木人、兴门人的社会发展到要用 5 以上的数字以后，刚好泰人、佬人的先民来到泰国、老挝，他们便直接吸收了泰语、佬语的 5—10 的数字。

衣，壮、佬、泰语都是 sw，奇怪的是"裤子"一词不同。西双版纳傣族的创始史诗《巴塔麻嘎捧尚罗》中只讲他们的先民在长途大迁徙中衣服破烂了，没有讲衣服破烂了。据《新唐书》卷 222 下载："道明者，亦（真腊）属国，无衣服，见衣服者共笑之。无盐铁，以竹弩射鸟兽自给。"道明是 6—7 世纪的一个小国，位于今老挝、泰国东北、柬埔寨北部。从生理上说，在寒冷地带，无衣服会生病，没有裤子，对身体影响不是很大。"裤子"是后来出现的。泰国出现裤子是 1680 年以后的事情，一位在法国公司任职的希腊人金斯坦丁·华尔康，泰国名字叫昭帕雅（公爵的意思）·韦差元（知识的意思）到泰国工作后才传入泰国，周边民族也受到影响。

织布机，壮、佬、泰语都叫 huk，有布就得有织布机，织布机的各个部件如梭子、怀滚、马头、综片、脚踏木等，除了脚踏木不同之外，都相同。一位父亲是法国人、母亲是老挝人的法国籍学者到中国广西靖西县考察时得出的结论。据中国科学技术史的研究认为，脚踏织布机比原始的腰机进步，脚踏织布机在中国是秦汉时代，也就是公元前 221—公元 220 年的 400 余年间。

苎麻，壮、佬、泰语都叫 paan，原产地在中国，先秦文献写作纻麻。

在长江流域很多地方生长野生苎麻（又叫山麻、野麻）林。后来驯化成人工栽培的苎麻。考古资料证明，长江流域是栽培苎麻的故乡，已有4000多年的历史，传播到国外称之为中国草。

棉花，壮语叫 phaai 佬、泰语 faai。汉代中国已出现了棉花。中国棉也叫亚洲棉是 6 世纪开始栽培的，到了宋末元初，即 11 世纪时，在长江流域已有比较广泛的种植。

园艺栽培已于新石器时代出现，是将野生植物驯化成人工栽培的菜蔬。历史文献记载，夏商周时期，即公元前 2070—前 221 年间，已有园艺种植，西周时（前 1046—前 771 年）蔬菜的种类较多，到了春秋战国时期（前 770—前 221 年）种植蔬菜已稳定、普遍。

菜，壮语 phjak 佬、泰语 phak。

菜园，壮语 sen 佬、泰语 suen。

芥菜，壮、佬、泰语 kat，西周时已有芥菜。

荸荠，壮、佬、泰语 heu，文献记载，秦至西汉元寿元年（前 221—前 2 年）已有荸荠。

豆子，壮 thu，泰、佬语 thue 春秋战国时已有豆子的记载，秦汉时期（前 221—公元 220 年）豌豆、扁豆出中亚细亚传入中国。

芋头，壮语 phwk 佬、泰 phwək 据考察，现在滇南、藏东南一带、东南沿海的台湾、福建、广东、广西、浙江等省，都发现有野生芋头的分布。古代的野生芋头经过驯化栽培后，成为现在的芋头，性喜温暖湿润的气候土壤。芋头的很多优良品种皆来自东南沿海地区的现象，也说明华南地区不仅有着中国最适宜芋头生长的基本条件，而且也是中国栽培芋头的起源地。现今广西的荔浦芋、槟榔芋闻名遐迩，清朝时是进贡皇帝的佳品。

芝麻，壮、佬、泰都叫 Na，在浙江省吴兴钱山漾新石器时代遗址的发掘中，有芝麻种子的碳化物，时间为距今 5000 年前。先有野生芝麻，后驯化栽培成人工种植的芝麻，原产地在云贵高原一带，随着各河流的流向，不仅很早就随着人们的迁移、分布到长江、黄河流域，甚至也可能随着人口的流动分布到南亚和东南亚，直到沿海各岛屿。

茄子，壮语南部方言广西龙州话 mak luk khw，老挝语叫 maak khwə。古时称为酪酥、昆仑瓜。原产地在印度，公元 4—5 世纪传入中国。有圆形和长形两类，圆形茄子是南北朝时期（420—581 年）栽培出来的，与野生的形状相似。长形茄子是元代才改良出来的。

蕹菜，壮语南部方言广西龙州话为 phjak boŋbu，佬语、泰语为 paak boŋ。原产地在中国长江以南气候温暖、土地湿润的地方，耐涝耐炎热，适应性强，极易生长。不论旱地水田，沟边地角都可以栽种。旱地种植的称为旱蕹菜，水中生长的称为水蕹菜。何时有蕹菜？农业史、植物史、蔬菜史志等书，都没有答案。

辣椒，又叫番椒、海椒、辣子、辣角、秦椒等，壮语南部方言广西龙州话为 mak phjak，老挝语是 mak phik，泰语也是 mak phik，互相之间可以听得懂。从"番椒"这个名称就可看出，辣椒是外国来的品种，原产地在中南美洲的墨西哥至秘鲁一带，本是野生植物，经过土著民族印第安人的驯化，成为家种的作物。15 世纪末叶，哥伦布发现美洲新大陆后，把辣椒从美洲带回欧洲，然后再传播到其他地方，明代（1368—1644 年）传入中国。从壮、老、泰语看，发音是相近的，壮语是 a 的短音，老、泰语是 a 的长音，完全可以听得懂。mak 是果的意思，他们都把辣椒归入果类。

果，壮、佬、泰语均是 mak。

香蕉，壮语南部方言龙州话、泰语、老挝语都叫 kui。香蕉的原产在印度和马来西亚等地。我国在汉武帝时就已栽培。汉代《三辅黄图》中说武帝元鼎六年（前 111 年），建扶荔宫。"以植所得奇草异木，有芭蕉二本"。神话说佛教始祖释迦牟尼吃下香蕉后获得智慧，因此把它尊为"智慧之果"。

西非到 7 世纪才有香蕉，是由阿拉伯商人传去的。传到西欧和美洲那就更晚了。现在壮泰族群的人们绝大部分都种香蕉，质量都很好，也喜吃香蕉。

中国在公元前 11 年已有香蕉，可见香蕉在此之前已存在。印度和马来西亚距离缅甸、泰国、老挝都较近，但那个时候，泰人、掸人、佬人还没有到达现在的居住地，已有了香蕉这种水果和名词，壮泰族群的先民有了 kui（香蕉）这个词之后，才迁徙，分化成不同的民族，也就把这个词带到现在的居住地，因此，在他们的语言里"香蕉"这个词是相同的。

李果，壮、泰、佬语均是 man，西周时期（前 1046—前 771 年）已出现。

火果，maak fai，在壮族地区是野果，与壮族比邻的越南岱族、侬族地区也是野果，到了西双版纳、德宏、老挝、泰国是家种的水果，动植物一般是从野生驯养成家种家养，可见他们的祖先把这种水果带到西双版纳、德宏、老挝、泰国后，从野生驯化成家种、家养的。产生于何时无法查考。

饲养业主要包括家禽和家畜，都是由动物驯化而成，在中国新石器时代已驯化成家养的动物，距今5000—1万年。

猪 mu、鸡 kai、鸭 pit 佬、泰 pet、壮语龙州话鹅 ban，但靖西、武鸣与泰、佬语同为 haan。上述家禽在春秋战国前，即公元前770年前已经出现。

有些动物还要考察出现的年代，如鸟 nuk 狗 ma、猫 meu、鼠 nu、猴 liŋ、鱼 pja、虾 kuŋ、螃蟹 pu、青蛙 kup、螺蛳 hoi、蛇 ŋu、蜜蜂 meŋ theeŋ、蚂蚁 mat、跳蚤 mat、蚊子 juŋ、苍蝇 meg fan、水蛭 piŋ、毛 khun、爪 lip。

中国在商周时期（前1600—前256年）进入了青铜时期，春秋战国时期（前770—前221年）步入铁器时代。

铜，壮语　tooŋ　佬泰 thoŋ　　　　　铁　壮语　lek　佬泰　lik。

船，壮语南部方言叫 lɯ，泰语、老语叫 lɯ，基本相同，互相可以听得懂。考古发掘证明，大约在5000年前，中国人的祖先已能把一大段树木挖空制成独木舟。到了殷代已改进为用木板制成的船。《诗经》记载，已会"桧楫松舟"，说明西周时已会用桧木做桨，用松木做船。到了春秋战国时期，已有专门制造船的工场。进入汉代，船的种类已有客船、货艇、战舰、渔舟之分。

竹筒饭，壮泰族群的各族都以生产稻谷为主，自然也以稻米为主食，他们的居住地又盛产竹子，于是砍下竹子，按竹节分成若干段，把一头的竹节打通，放入用水洗干净的米，在柴火上把米烤熟，味道芬芳可口，也便于携带到远处劳动和出远门食用。竹筒既是容器，又是炊器，可以储存食品。现在的有些饭馆还专卖竹筒饭。壮泰族群各族几乎都叫 khao lam。

阉鸡，2006年，笔者访问泰国，在曼谷造访东方书院后，泰国朋友热情邀请笔者去该学校斜对面的一家饭馆吃中饭，说是一家专门卖阉鸡和米饭的著名饭馆。泰国朋友用泰语说 pai（去）kin（吃）khaao（饭）kai（阉）ton（鸡），笔者完全听得懂，跟壮语龙州话完全一样，又使笔者大吃一惊，接着是极其兴奋，为什么壮泰语会一样呢？这不是经常使用的词吗！后来笔者知道，泰国人很喜欢吃阉鸡，街上开设的阉鸡饭馆很多。这点与在中国的壮傣小族群喜欢吃阉鸡很相似。阉鸡壮语、泰语、佬语都叫Kai ton，是名词。如果两个词的词序前后颠倒一下，变成 Ton kai，词意就有了变化，成了动词，阉/鸡，把一只小公鸡做阉割术。访泰归来后，笔者查阅资料才知道，阉割和阉割术在商代（前1600—前1046年）的甲骨文中已有对人的"宫刑"（男子割去睾丸，女子摘除卵巢）和阉猪的文字记载。春秋时期（前770—前476年）或春秋以前成书的《夏小正》中的"攻驹"和《周礼·夏宫》中的"攻特"是马阉割的文字记载。到了汉代（前206—公元220年）对牲畜的阉割术推行范围已很广泛。1997年和1982年在河南省方城县城关地区的两座东汉墓中，发现了两块犍牛画像石。可说明东汉时期中原一带已会阉牛了。羊的阉割记载最早见于大约成书于533—544年的《齐民要术·养羊第五十七》。鸡的阉割即阉鸡传说是三国时期华佗发明的。既然能阉割大牲畜牛、猪，阉鸡当然不在话下。

坐月子，妇女分娩后有一段调整、恢复健康的时期，汉语俗话叫"坐月子"，也有称为"月子"的，医学上又称为产褥。壮语南部方言龙州话叫 jiu bwn，天等县、靖西县央话叫 jiu（在）bwn（月），扶绥县壮话叫 na（坐）mwn（月），泰语叫 jiu（在）dwn（月），月的声母不同，但是韵母相同。韵母 m-b-d，从语音学来说，m 是次浊音，b 和 d 是全浊音，d 的发音是舌尖中。m 与 b 都是双唇音，由此可见，由次浊音发展到全浊音，全浊的 b 和 d，由双唇音向后移为舌尖中。从表面来看不能说是相同，只能说是相近。如从前面的论述来说，是相同的。

"坐月子"这个概念是何时出现的呢？妇女分娩时很用力，流血较多，体力消耗很大，因此分娩后的第一个月要进行调理，恢复健康。这是人类社会经过漫长岁月才获得的宝贵经验和知识。据西汉宣帝时（公元前73—前33年）人，当时著名的礼学家戴德及其侄戴圣，编辑了先秦儒学各家各派的学术论文为《礼记》一书，该书的《内则》篇中已记载了"月内"一词，即坐月子的意思。可见，在两千多年前已有了"坐月子"的概念，以后逐渐形成坐月子的习俗。

泰国泰族产妇"坐月子"的时间，与同族群的其他民族大致相同，分娩后的产假是一个月或45天，期间要吃补身子的食物，如焖鸡肉、烤猪肉。我国的壮傣小族群产妇吃鸡汤，肉汤，而不吃烧烤的食物。笔者曾经有机会看过一次泰族产妇坐月子的场面，泰国天气已很炎热，屋里还用木柴燃起熊熊烈火的火塘，产妇穿着背心坐在火塘旁，巫婆在旁手舞足蹈，口中念念有词，驱赶鬼怪侵害产妇和婴儿，保佑母子平安、健康。用手撒盐到火塘里，发出劈劈啪啪声，使火苗更旺。家人给他吃营养品。我们汗流浃背，耐不住热，赶快出屋。泰族与汉族不同的是，汉族产妇坐月子期间，严禁外人进入产妇卧室，以勉带来细菌感染产妇。

泰语"坐月子"又称 jiu（在）fai（火），这是因为产妇要烤火 6—10 天，故名。他们认为烤火可以更快地使子宫复原，身体康复。这与壮傣小族群的民族就不同了。这说明，他们分化成不同的民族后，各住一方后，地理、生态环境、社会环境、理念等不同，既有固有的词，也有不同的词表达，"坐月子"的内容也有差异。

坐月子老挝语叫 jiu（在）kam（守戒或禁忌期）或 naŋ（坐）fai（火），或 jiu（坐）fai（火）。有特制的床或椅子，在其下生有炭火，产妇除烤火外，喝热开水，洗热水澡，让血液流通得更快，禁忌吃凉和腥的食物，如鸭肉、鱼、香蕉，可以吃猪肉、鸡肉、水牛肉（黄牛肉不能吃）、姜。在干栏房的楼梯挂一个菱形的编制物，告示人们，这里有产妇，外人莫入。其过程和内容与泰国东北部大致相似，不同的是，头胎坐月子 20 天以上，以后各胎坐月子时间就逐渐减少。

寡妇，壮语南部方言广西龙州壮话叫 me maai，老挝语也叫 me maai，泰语也是 me maai。妇女叫 me，孤独叫 maai，直译为孤独的妇女。意译为"寡妇"，这个词何时出现，我们现在还不知道确切的时间，但《战国策·齐策四》载："哀鳏寡，恤孤独。"《战国策》大约是战国末年或者秦汉之间很多人写成的书。换句话说，"寡妇"这个词至少已有 2330 年的历史。

鳏夫，壮语南部方言叫 po mai，泰语、佬语叫 pho mai，基本相同，po 或 pho 的意思是指成年男子和上年纪的男子，mai 的意思是孤独，两者连在一起直译为孤独的男人，意译是鳏夫。《孟子·梁惠王下》载："老而无妻曰鳏"，表明这个词的历史悠久。

寡妇、鳏夫名词的出现表现婚姻形态已稳固，一旦男、女方有丧偶的情况出现之后，男不再婚，女不再嫁，这已不是原始社会了，已跨入文明社会。

枕头，广西德保县壮话叫 mon thu，天等县壮话叫 man hu，泰语叫

mon。靠枕，德保壮话叫 mon in，壮语与泰语一样，in 是靠的意思。何时开始有枕头的呢？原始人已会用枕头，是石头或草捆等做的枕头。到战国时，枕头就已经相当讲究了。1957 年，在河南信阳长台关一个战国楚墓里，出土了一张保存完好的漆木床，床上就有竹枕。北宋著名史学家司马光，用一个小圆木做枕头，睡觉时，只要稍动一下，头从枕上滑落，便立即惊醒，醒之后继续发奋读书，他把这个枕头取名为"警枕"。古人还在枕内放药以治病，叫作"药枕"。

帽子，壮语南部方言广西龙州壮话对婴儿戴的帽子叫 mo，而老挝语、泰语不论男女老少戴的帽子都称为 mo。帽子出现之前，有一段时间人们头上戴的是巾，到了南北朝时的北周武帝时（561—565 年）才开始出现帽子，后来不断改进，帽子的样式就多起来了。

梳子，壮语南部方言、泰语、老挝语都叫 vi，声韵母都相同。传说，轩辕黄帝时，人的头发是乱糟糟的，先是用手捋头发，后来吃鱼之后，发现鱼骨可以梳头发，可惜鱼骨尖锐，容易刺伤头，改用仿鱼骨形状用木制作，成为木梳。考古发掘证明，新石器时代晚期人们已会使用梳子了，在江苏省邳县刘林遗址发掘出土发掘出两件骨梳，年代距今 6000 年前后。在山东省邹县野店 M50 内出土一件骨梳，年代距今 5000 年左右。在山东省宁阳大汶口文化墓葬，山东省莒县陵阳河墓葬，山东省茌平县尚庄墓葬，浙江省海盐县周家浜文化遗址，江苏省吴县草鞋山和张陵山等地良渚文化墓葬，河南省陕县庙底沟文化遗址，山西省襄汾县陶寺文化遗址，甘肃省东乡县林家文化遗址，甘肃省永昌县鸳鸯池墓葬都发掘有梳子。此外，宁夏、湖北也发掘有梳子。在发掘的梳子中，以骨梳为多，其次是象牙梳、玉石梳。没有见木制梳子的报道，大概木质梳子易腐，不能长期保持的关系。

火柴，广西龙州壮话叫 kap（盒）fai（火），令人惊愕不已的是，老挝话也是 kap fai，泰国东北的佬人、泰人也叫 kap fai，与龙州壮话完全一样。而曼谷的泰语是 mai（木枝）khi（划）fai（火）。广西上林县的壮话叫火柴是 kuet（划）fai（火），也有"洋火"读音的汉语借词。上林县壮话与曼谷泰语的构词理念一样，只是发音不同。火对人类有着非常重大的作用，首先是使人能熟食，能取暖，在黑暗中能行动和做事，后来的许多发明都离不开火，使人类社会发生巨大变化。中国有燧人氏钻木取火的故事传说。到了中国南北朝（420—589 年）时期，我们的祖先已会把硫黄沾在小木棒上，利用火种或者火刀、火石便能比较方便地取得火，这算是最原始的火柴了。经过很多人反复的研究后，到了1833年，瑞典建立了世界上第一座火柴厂。1865年，火柴开始传入中国，由于来自西方，故称"洋火"，也叫"自来火"，直到1879年，在广东省佛山建立了中国的第一家火柴厂。

这种相同如何解释呢？为什么让笔者十分惊叹呢？到了19世纪中叶和末叶，壮、佬、泰人早已分化成不同的民族，定居在不同的国家，为什么还会相同？说明他们的语言构词法是一样的，理念是一样的，构成"火柴"一词的要素是一样的。它们分化后，新词还一样，其意义更大，更有意思。

鬼魂，原始社会的人对生老病死梦，对晴阴雨雷电虹，对太阳和月亮的升落等自然现象无法理解，得不到正确的答案，于是出现了鬼魂神灵观念，万物有灵观念。我国的壮族南部方言，越南的岱、侬、泰族，老挝的佬族，泰国的泰族，都叫鬼为phi，音译为"批"。壮族对鬼与神混为一词，鬼与神都叫"批"，鬼有善鬼和恶鬼之分，病死、寿终正寝正常死亡的人变为善鬼，溺死、跌崖、车祸等意外死亡的人就变成恶鬼。善鬼相当于汉族的神（当然汉族也有凶神和善神之分）。壮族要讲神的话，借自汉语的神。今天的泰语鬼与神是分开的，鬼依然叫phi"批"，"神"一字就从巴利语借入，khevada（克瓦达）。由此可见，鬼神观念最早是混为一谈的，神是后来出现的，是从鬼的观念中分裂出来的。壮泰族群对神的观念比汉族、印度人晚得多，壮族借自汉语，泰、老族借自巴利语。

魂，一般他们都叫khuan，音译为"宽"。细分的话，魂有两种：一种是还活着的人和动物的魂，就叫"宽"；另一种是已死的人和动物的魂，壮语南部方言叫khuan lai或phei，而泰国泰语借自巴利语vinyan，音译为"维延"。很有意思的是，"吓得要死"或"吓得要命"，广西天等县的壮话在说khuan nei dap phau，音译为"宽内达剖"，意思是"魂跑掉了，胆囊破了。"泰国泰语说khuan ne de fau，音译为"宽讷得否"，意思是"魂跑掉了，胆囊枯萎了"。从发音来看，非常近似；从含义来看，几乎一样。

在泰北清迈一带的泰人非常关注与超自然力的和谐，并设法维系这种关系，他们祭拜"批"的仪式已成为日常生活不可缺少的一部分。为了得到好运，心想事成，他们要举行"洪宽"（hong Khuan）仪式，表达他们虔诚祈求之心，有时还要借助萨满教的力量来达到目的。

我国学者谢远章说：泰语、傣语对魂的称呼与汉语有相似之处。泰语、傣语称魂为 khuan，魂的汉语中古音为"户昆切"。对古汉语发音有参考作用的广东省一些方言的发音，如客家话 fun，潮州话 hun，广州话 wan。泰国已故著名学者披耶阿努曼拉差吞在他的专著《泰—中》中，曾经对泰国与中国的魂进行对比研究，他得出结论说："从发音与内涵来看，汉语的魂与泰语 khuan 十分接近。"

巫师，壮语靖西、德保话、泰、佬等族都叫巫婆为 me mot，有人只汉译后一个字为"摩""末""麼""么"等等，是人与神（或天）交往的中介，只有通过他才能与神或天沟通。这种人和这个词出现于何时？无法考察。他应该是原始宗教的产物，与鬼神观念同时期出现。巫婆称之为 me mot，泰国有人认为，泰语的这个称谓是从孟·高棉语借来的，殊不知这是最古的泰语，应该是孟·高棉语借自泰语。

东南西北　这四方的方位词在甲骨文中已有，可见这种概念和词已出现 3000 多年了。壮、泰、佬族的方位词概念惊奇地一致，东方是"太阳出来的方向"，西方是"太阳下去的方向"，北方是"上面"，南方是"下面"。只是在读音上有点差异。用太阳的出没来判定方向，是非常形象的表达，是形象思维向抽象思维发展留下的痕迹。用上下方来表示南北方，是从地理位置来确定的，从这个词可以看出，上面、下面这种概念早于方位词概念。这些词对我们研究人类思维的发展，提供了一个有趣的实例。

词意	壮语南部方言龙州话	老挝语	泰语
东方	boi ha van ok	thit ta vin ok	thit ta vaan ok
	方向　太阳　出	方向　太阳　出来	方向　太阳　出来
西方	boi ha van tok	thit ta vin tok	thit ta vaan tok
	方向　太阳　下去	方向　太阳　下去	方向　太阳　下去
北方	bin	thit na	thit na
	方向　上面	方向　上面	方向　上面
南方	binta	thit taai	thit taai
	方向　下面	方向　下面	方向　下面

广西龙州县上降乡印山屯潘岳的母亲（1943 年出生）及其祖母都是这么说的，到了潘岳（1977 年出生）这一代，已不用这些古语词了，而

用汉语的东南西北。后来笔者到龙州县下冻镇布局村［距离越南高平省东溪县德陇社（即乡）仅1公里］搞田野调查，该村的壮族老人也有此说法，年轻人则用汉语借词。

贵州黎平县的侗语，东方是 ta man（太阳）ok（出来）teng（山），意思是太阳出山的方向；ta man（太阳）tok（落或掉下）tsin（山），意思是太阳落山的方向。南和北是借汉语的词。

挑担，壮、佬、泰语是 haap。

洗澡，壮、佬、泰语都是 aap。

捕鱼，在旧石器时代是用手捉，棍棒打鱼。新石器时代的文化遗存中已有鱼钩，进入传统农业以后，出现其他捕鱼工具。

鱼钩，壮、佬、泰族叫 bet。

鱼笱，壮、佬、泰语都是 sai。

长形渔网，壮、佬、泰语都是 he。

使笔者惊奇异常。有一些词又使笔者疑惑不解，如"左边"一词，壮语、老挝语是相同的，bee saai"右边"一词也应该相同，或者相近，令人奇怪的是不对称，壮语 bee sa。（见104页）完全不一样，该如何理解才能说明白呢？

三、壮、佬、泰人先民共同生活的画面，农业已比较发展

从上述相同或相近的词汇来看，壮、佬、泰族的先民，早在原始农业出现的时候，他们的先民就生活在一起，农业已比较发展，会利用水利——水坝，已经会使用铜铁器具，会用牛拉犁耕田，用种子播种用秧苗插田，从田埂的水口调节稻田的用水量，施草木灰做肥料，下雨时披着蓑衣在田间劳动。稻谷收割回来后，把谷壳舂掉，用簸箕把谷壳筛掉，米粒留在簸箕里。生米煮成饭后，用碗筷吃饭。园圃里种有芥菜、蕹菜、茄子、荸荠、芋头、豆、芝麻等蔬菜。还养有牛、马、猪、鸡、鹅等家畜家禽。用鱼钩、渔网捕鱼、捞虾。用盐来制作各种菜肴。有肥美的阉鸡肉吃，还饮酒。生活有了提高，除咸的食品外，还有甘蔗，吃甜食，吃可口的扁米，还有水果如李果、火果吃。织布机用苎麻、棉花纺织成布。他们的智慧已发展到相当高度，有了数字概念，会运用物理上的杠杆原理使用

筷子，挑担。剩余的产品拿去卖，买回自己缺的东西。已会讲究卫生，洗澡。会用丑话骂娘。已有鳏夫、寡妇的婚姻概念。鬼的观念也有了，都叫phi。这段时间他们的先民都生活在一起，没有分化成壮、泰、佬族，这段时间大约是6世纪以前。

本文原载于《布洛陀文化研究　2011年布洛陀文化学术研讨会论文集》，广西民族出版社2013年版

论壮泰民族传统文化教育的异同及原因

覃乃昌[*]

【摘　要】中国的壮族和泰国的泰族在传统文化教育方面有许多
共同性，如家庭教育的基本内容相同，社会教育方面重视生产技能、
社会伦理道德和行为规范教育等。但也有相异之处，主要是所受的思
想影响不同，在教育方式上，壮族重视用山歌传授，以及两个民族使
用的文字不同等。其相同的原因主要是两个民族所处的自然地理环境
相似，经济文化类型相同，并具有共同的历史文化渊源；而相异的原
因主要是两个民族分别受汉文化和印度文化的深刻影响，其民族宗教
发展的程度不同，民族文字的渊源也不同。

【关键词】壮族；泰族；传统文化教育；汉文化；印度文化

教育是随着人类社会的产生而产生的。当人类社会产生以后，社会要
延续下去，老一代就要把现成的生产力和生产关系传给新一代，于是就产
生了教育。只要人类社会存在，就会有教育。从这一点来说每一个民族都
一样。但是由于一个民族所处的自然地理环境不同，所受的社会文化影响
不同，因而其教育内容和形式也有某些差别。壮族与泰族的教育也是这
样，其家庭教育、社会教育和学校教育三个方面，有许多共同点，但也有
一些差异，现分类作比较如下。

一、传统家庭教育比较

(一) 壮泰民族家庭教育的基本内容相同

壮、泰两个民族的家庭一般都把是否能帮助父母做一些力所能及的劳

＊ 作者简介：覃乃昌（1947—2010），生前为广西民族研究所所长。

动并有一定的自理能力作为衡量子女好坏的标准。因此，在小孩子学会讲话以后，父母就开始对他们施以言传身教，让他们从小养成良好的生活习惯。一般在4—6岁时，家长就开始教他们学习扫地、擦地板、烧火煮饭、洗碗筷等家务劳动，6岁以后外出与大人一起做些劳动，如放牛、拾谷、送水等。10岁以后开始从事农业劳动，如插秧、耘田、除草、收割等。女孩子10岁以后，还要学习纺纱织布。壮泰民族农村家庭都有简易的木制织布机，过去居民穿的大都是自己织的布，特别是泰锦、壮锦，花纹图案很多，色彩斑斓，具有浓郁的民族特色，加工过程也比较复杂。一般家庭把纺纱织布、织锦作为对女孩子教育的重要内容，由母亲传授有关技术。这项活动大都在农闲时进行。

　　壮、泰民族的家庭都重视对孩子进行基本文化科学知识教育。一是语言文字教育，一般是在1—2岁开始教孩子正确使用语言，5—6岁开始教孩子认简单的字。泰族直接教孩子认泰文，壮族地区基本上使用壮语。懂得汉语汉文的家长自己施教，不会汉语汉文的家长，常常请村里懂得汉语汉文的人来帮教孩子，其目的是为孩子上学学习汉语文做准备。二是教孩子识数和进行简单的运算，一般在劳动中进行。壮族除教孩子用壮语数数外，还要教孩子用汉语数数、计数。三是动植物知识教育，主要是让孩子懂得常见的各种动植物名称。四是天文地理知识教育，主要是辨别事物所处的方位以及简单的气象知识。五是历史知识教育，通过讲故事，念儿歌传授本民族的历史和英雄人物的事迹。壮族除讲本民族英雄故事外，还讲汉族和其他民族的英雄故事，这些英雄故事大多与壮族有关，而且其中不少是壮族化了的。六是食物知识教育，主要是区别哪些动植物能吃，哪些不能吃，哪些可生吃，哪些必须熟吃，以及简单的食物加工方法。七是卫生和自我防护教育。教育孩子注意个人及家庭生活卫生，出门如何防止野兽攻击、昆虫叮咬和坏人伤害以及使用草药的方法。

　　壮、泰两个民族的家庭都注重对孩子进行伦理道德和礼仪教育，其中包括勤劳教育、节俭教育、诚实教育、尊老爱幼教育、孝顺父母教育、兄弟和睦相亲教育、邻里团结教育、交友教育等。礼仪教育包括家庭礼仪和社会交往礼仪。此外，还有复杂的婚姻和丧葬礼仪，有时也被当作礼仪教育的重要内容。

　　一些壮族和泰族农村家庭中还进行原始宗教信仰的教育。在一些泰族地区不同程度地保留着多神崇拜，人们认为日月、山川、田地等自然物都有灵魂，因此做一些较重大的事情，都要先祭神。例如进山打猎，要先祭山神；开沟引水，要先祭水神；插秧之后，要祭鸡鬼；运谷进仓，要祭谷魂。1992 年我们在泰国东北部素辇府考察时参加了当地的"大象节"，其中一个节目是大象进山拉木材之前举行隆重的祭神仪式。在沙功那空府古素曼县波底柏杉村，我们参观了设在村附近密林中的"族鬼庙"，这是人们专门祭村神（族神）的地方。在泰国许多农村，家有家神，族有族神，村有村神，都要定期举行祭祀，祭祀过程也是对孩子进行原始宗教信仰教育的过程。

与泰族一样，壮族的传统观念中也是万物有灵，周围的一山一石，一草一木，都会显灵，因而要举行许多祭祀活动，相应地产生了对孩子进行为什么要祭祀和怎样祭祀这些神的教育。在一些壮族人的传统观念中，天上的太阳是太阳神，打雷是雷神作怪，刮大风、下大雨是龙王翻身。山有山神，山间深谷是鬼魂栖身之地，因此对山有敬畏之感。凡奉为神山的，特别是居住地周围的山，不但禁止开荒、伐木、造坟，而且定期举行祭祀。动物有动物神，例如认为牛有灵魂，每年定期过"牛魂节"。蛙是雷公的儿子，被尊为蛙神，在红水河流域一些地方，每年春节期间要过"蚂拐节"即青蛙节，举行隆重的祭祀青蛙仪式。在这些原始宗教活动中，大人向孩子们传授了有关本民族宗教信仰的知识。

在家庭教育方法上，壮泰两个民族都重视把口头教育和实践教育结合起来。口头教育包括说道理、讲故事、唱儿歌、猜谜语等。但应该说更多的还是在生活和生产劳动的实践中施以各种教育。居住在农村的家庭，家长经常带领孩子一起从事耕作、狩猎、捕鱼、制造工具、纺纱织布、缝制衣服等劳动，而且尽可能让他们参加全过程，使他们在共同的劳动实践中接受有关知识，掌握生产劳动技能。对一些十分顽皮、不服从调教的孩子，除了说理外，也辅以瞪眼甚至打骂的方法，特别是一些文化素质较低，脾气暴躁的家长，当孩子哭闹或做错事时，也有以吓唬或用棍棒打的办法对待。在他们看来，在家听父母的话，尊敬老人，勤劳动，并掌握有一定的劳动技能，在学校听老师的话，学习成绩良好的孩子才是好孩子。

壮、泰两个民族对孩子教育的传统分工大体相同，即父亲主要教孩子耕作、狩猎、制造工具和传授其他文化知识，母亲主要教女孩子纺织、绣花、缝制衣服等劳动技能。在壮族农村的家庭中，女孩子 10 岁以后一般要逐步学会这些技能，并为日后出嫁和成家做准备，如果女孩子 18 岁还没有掌握这方面的技能，就会受到社会舆论的压力，并很难得到男青年的喜爱。

（二）壮族泰族传统家庭教育所受的思想影响不同

泰国素有"佛教王国"之称。小乘佛教是泰国的国教，除了南部马来人信仰伊斯兰教外，各民族几乎都信仰佛教。佛教对泰族人的影响是深刻的，泰族文化的各个领域都带有佛教的印痕，家庭教育也不例外，特别是在伦理道德教育方面更带有佛教的因素。例如，相信人生痛苦的原因是贪欲造成的，人的一切自身活动必将得到相应的报应，善行有善报，恶行有恶报。泰族家庭是根据这一道理，要求孩子修好事，行善道，不做邪恶之事，不做有违集体和他人利益之事。1992 年我们到泰国东北部农村考察，所到的村庄，许多公共设施如设在村中心的无人看管的电话亭，各地公路两旁供行人休息的小凉亭，村中的各种电线等，都完好无损。这除了管理的因素以外，对少年儿童的家庭教育，其中包括上述佛教教义的教育是起到重要作用的。又例如，在礼仪教育方面，泰族在一定程度上按佛教的要求进行，因而比壮族严格得多。泰族从小就对孩子进行严格的礼仪训练，平时与人见面要行礼，普通礼节为双手合十并靠近胸前，较高礼节为双手合十靠近鼻子，最高礼节为双手合十举靠前额。老人从小孩子身边走过，小孩子要蹲下为礼，表示对老人的尊重；小孩子从大人前面经过，要低头躬身而行。客人到家，小孩子要主动让座，并给客人递上茶水和槟榔（泰族农村居民喜嚼槟榔）。我们到泰族农村考察，所到之处，都受到上述礼仪的接待。

由于壮族地区经济文化发展不平衡，因而家庭教育的内容也有一些差别。直到 20 世纪 50 年代初期，一些经济文化比较落后、受汉文化影响较少的地区，其家庭教育保持着比较敦厚古朴的色彩，例如教育子女要勤劳，信守"男事渔猎，女事耕织"；要互相帮助，做到"一家有事万家帮"。据光绪《镇安府志》记载：（壮族人）"凡耕获，皆通力合作，有古风"。明代邝露《赤雅》记载壮族人"有无相资，一无所吝"。教育子女要热情好客，如《赤雅》中记载的：壮族"人至其家，不问识否，辄具牲醴，饮啖，久敬不衰"。清人闵叙在《粤述》中记载："（客）至，则鸡黍礼待甚殷。"这些习俗在许多地方世代相传。而在一些经济文化发展水平较高，与汉族文化接触较多的地方，在家庭伦理道德教育中则带有许多儒家文化的色彩，如把儒家的"三纲"（君为臣纲，父为子纲，夫为妻纲）和"五常"（仁、义、礼、智、信）作为家庭教育的重要内容，在著名的启蒙教材《三字经》中就有："三纲者，君臣义，父子亲，夫妇顺"。"曰仁义，礼智信，此五常，不容紊"的句子，要求孩子信守。

（三）传唱山歌是壮族传统家庭教育的重要形式

壮族有喜爱唱山歌的传统习俗，不论男女，从四五岁开始就学唱山歌。在壮族家庭中，往往是父教子、母教女，形成幼年学歌、青年唱歌、老年教歌的习惯。父母根据孩子的年龄及心理特点，教唱不同的歌，有传授生产生活知识的歌，有传授伦理道德、历史、天文地理知识的歌。如传授农业生产知识的有《12 个月农活歌》《二十四节气歌》《时令农事歌》，还有专门的锄地、播秧、种玉米、收割、采茶、训牛、打硪、戽水等劳动歌，反映行业劳动的纺纱、织布、织锦、染布、补衣、榨油、建屋、阉猪、货郎等歌。在对青少年进行伦理道德教育方面，壮族有一部著名的《欢传扬》即"传扬歌"（"欢"在壮语中即"诗"或"歌"的意思），共有 2100 多行，原歌为五言勒脚体，用古壮字（即方块壮字）抄写流传。这部长歌分有《孝敬》《养育》《妯娌》《分家》《后娘》等章节，其中大量内容是教育青少年要勤劳、正直、谦虚、礼貌，不要懒惰、赌博、偷盗、欺骗、游手好闲，教育人们用一定的标准去处理好邻里之间、父子之间、亲友之间、夫妻之间、婆媳之间、兄弟之间、姐妹之间、妯娌之间、孤儿与后娘之间、姑嫂之间的关系。长歌开宗明义，提出要学习做人的道理，弘扬良好道德风尚："提起笔来细思量，做人道理要传扬；编就山歌千百首，好让世人明主张"。例如歌中《孝敬》一章，专门教育青少年不要忘记父母之恩，要孝敬双亲，赡养老人，同时严厉谴责那些娶妻成家后嫌弃、虐待父母的不良行为，歌中唱道：

莫忘父母恩，辛苦养成人。/壮家好传统，儿女承家风；/儿孝敬双亲，邻里传佳名。/老人他服侍，合家乐融融。/娘忍饥吐哺，爹挑担打工；/羊有跪乳恩，人有父母情；/莫忘父母恩，辛苦养成人。/天下父母心，都望子成龙。/得妻弃双亲，人不如畜生；/得妻弃双亲，人不如畜生；/儿孝敬双亲，邻里传佳名。/儿孝敬双亲，邻里传佳名。

壮族家庭常用这样的歌来教育孩子。这部长歌朗诵起来感人肺腑，唱起来催人泪下，它在壮族家庭教育中的重要作用是不言而喻的。壮族家庭的传歌方式：一是手抄歌本，这种歌本用古壮字抄写，往往是父传子，子传孙，代代相传；二是口头传唱，父传子，母传女，从小起，耳濡目染，传了歌，也传了各种知识和做人的道理。近十多年来，有不少壮族家庭专门请当地歌师唱教育青少年爱劳动、孝敬父母、尊敬长辈等专题山歌并录音，在家里经常播放，既欣赏山歌，又对子女进行伦理道德教育，收到了很好的效果。

二、传统社会教育比较

（一）壮泰民族传统社会教育的共同性

壮族和泰族都是农业民族，社会发展程度大体相同，因此在传统社会教育方面有许多共同之处，主要表现如下：

1. 重视生产技能的传授

壮泰民族都以稻作农业为主，在农村，农事安排、耕作方法、管理技术等关系到每年生产的成败，因此，农业知识的传授就成为社会教育的一项重要内容。这种传授表现为自觉地、有组织地进行和在集体生产劳动实践中潜移默化两种方式。在稻作农业中，不少情况下是以家庭、家族、村屯为单位共同劳动，在经验丰富的长者的带领和指导下，青年人在劳动中自觉或不自觉地接受了农业生产知识。一些农业生产的基本知识还被编成通俗的歌谣，使之得到更快更好的传播。例如在壮族农村中就流传有反映农事安排的《十二月田歌》《农事歌》《四季歌》等，反映天气变化规律的《天气预测歌》，反映农作物性状特征及生长规律的《花果歌》《瓜果歌》，反映某项具体生产劳作的《种稻歌》《播秧歌》《看牛歌》《采茶歌》《锄地歌》《打硪歌》以及反映与农业生产有密切关系的《水歌》《旱歌》《劳动工具歌》等。

壮族和泰族地区许多农业生产知识是在节日活动中传授的。如壮族的开耕节、插秧节、尝新节，给人们传授农事安排知识和耕作方法，牛魂节教育人们爱护耕牛；蚂拐节（青蛙节）客观上向人们宣传青蛙对农业的重要性，要求人们自觉保护青蛙，农具节向人们传授农具的制作和使用知识。泰族民间节日大部分也与农业生产有关，如潘关栏节（ban kun lan，意为祈求谷物丰登）、扣坎节（kou kə:n，意为招谷魂）、潘扣直节（ban kou chi，意为用糯米饭到寺院去布施祈求平安）、束关扣节（su kan kou，相当于壮族的牛魂节）、送干节（即泼水节，源于祈求雨水）、芒飞节（mainfei，意求雨）等。通过这些节日，使青年人自觉或不自觉地获得丰富的农业生产知识。壮泰两个民族在传授农业和其他行业生产技术方面有时也由地方村政组织有计划地进行，例如由地方组织出面聘请技术人员和有经验的人来传授有关知识和技能，由地方集资或向上级政府申请经费举办传授某项专门知识的学习班、培训班。在泰国东北部卡拉沁府金满县诺囊乡，就有不少村子举办专门培训班，请外地师傅来向当地妇女传授农业生产和裁缝、食品保鲜、烹调等技术，办班经费由村委会向乡、县政府申请，县、乡政府派工作人员来协助培训班的工作。

壮族、泰族农村都比较重视传统的行业工匠教育，并在各种技术传授方面有相应的不成文的制度。壮泰民族早期的工匠教育是与巫连在一起的，各门技术都有自己的神，因而传授之前必须举行某种祭神仪式，以求得神的保佑。壮族拜师学艺一般在三年之后才举行授徒仪式，开始传授技艺，在实践中进行教学，不讲原理，只讲操作方法，通过示范指导，让学徒学会各种操作。学徒期满学成后，师傅送学徒一套工具，以后徒弟逢年过节来给师傅送礼，表示对师傅的尊敬和爱戴。

2. 重视社会伦理遵德和行为规范的教育

对青少年的社会伦理道德和行为规范的教育是保持社会稳定和经济发展的重要条件，也是民族繁荣兴旺的重要条件。因此，壮泰民族都十分重视对青少年进行社会道德和行为规范的教育，除了依靠德高望重的地方长者个别说服教育外，还发挥乡规民约的教育作用。

我们考察泰国东北部地区，不少乡都办有青少年培训中心，在地方政府支持下对青少年进行培训，其内容有：（1）禁毒教育。教育青少年认识吸毒对社会、对个人的危害，教育他们不要吸毒。（2）勤劳教育。教育青少年热爱劳动，勤劳致富，帮助一些青少年改变好逸恶劳的习惯。（3）法律教育。有的地方还设有专门的教育站，教师一般由当地师范院校的教员担任，有的还请县长、副县长来授课，培训哪方面的内容，则请哪方面的教师。各地根据当地的具体情况，提出办班计划，报县政府，由有关部门拨给适当经费，同时要求乡、村也提供一定经费，乡村没有经费，可发动居民用粮食、蔬菜、肉类顶替。壮族地区一些农村对青少年的培训方法与此大体相同。

　　壮泰两个民族都重视用乡规民约来约束和教育青少年，以培养他们良好的行为规范。在泰族农村，传统的做法是：青少年有触犯村规和其他不良行为的，由村长和村里德高望重的老人进行教育并提出警告，不听劝告者，则罚款。罚款由村长和老人估价，提出具体数额。在加拉信府孟肯县的依肯塞村，旧的习惯法规是：（1）猥亵摸弄妇女者，罚4个泰币（旧泰币，相当于现在的4000铢）；（2）强奸妇女者，罚10个泰币（相当于现在的10000铢），罚没款项交给受害者父母。现在该村仍有如下村规：（1）在村里打枪的，罚50泰币（新泰币，下同）；（2）禁止在公共鱼塘、水池中捕鱼，违者罚50泰币；（3）禁止在村中吵闹，按泰族习俗，吵闹是不吉祥的预兆，对吵闹者，先由村里的老人出面劝告，不听劝告者，罚50泰币；（4）对放牛、猪等牲畜下田，损害农作物者，先提出警告，造成较大损失者，受损失的一方可提出赔偿要求。对这些不成文的规定，主要由父母向子女进行传授，对子女进行行为规范教育。村长和村中的长者，也经常利用各种场合，对青少年进行教育。

　　从调查的情况对比，壮族农村的村规民约比泰族更为全面、系统化，执行也更为严格、规范。其主要包括以下内容：（1）公共财产的管理使用。包括乡村公共荒山、牧场、河流、水源等不动产和山林、蒸尝田稻谷和罚没收入的管理、保护、收存、发放、开支等。（2）公益事业建设。包括修桥筑路、挖掘公共水井、植树造林、护林防火、兴修水利、集资办学、修建校舍、延聘教师及人才培养等规定。（3）社会治安。包括对生产纠纷、土地和其他财产纠纷、强奸、离婚、伤害人命、盗窃、赌博、嫖娼的处理办法及防盗、防匪的规定。（4）环境保护。包括村寨公共场所、风景树、风景林、水源林、公共水井和其他饮用水源的管理和保护办法等。在运用乡规民约对青少年和其他村民进行教育方面，壮族地区也比较严格、规范。一是口头教育。即通过开会的形式进行宣传教育，对个别违犯的人，由村中德高望重的老人（或寨老）做口头教育工作，限期悔过。如广西龙胜县龙脊十三寨，过去由十三寨头人共同商议制定乡规民约，然后由各寨头人回本寨开居民大会传达，叫"众议"，要求各宗族、各户不得违反。二是用文字的形式进行教育，主要是立碑、立牌，将乡规民约刻（写）于碑、牌上，要求村民共同遵守。三是处罚。对严重违反乡规民约，屡教不改者，实行惩罚，包括罚款、写悔过书，肉刑，革除（即限令离开村寨），沉塘，活埋五个等级。这种由群众惩罚的教育方法，一直延续到20世纪40年代末。

（二）宗教信仰在传统社会教育中的作用不同

在泰国，寺院既是村寨事务活动的中心，又是学习文化和传授各种知识的场所。佛寺里除佛经外，还有历史、地理、天文、历法、语言、文学、医药等方面的书籍。在泰族一般人的传统观念中，男子只有入寺为僧，才有可能通过宗教教育掌握一定的文化知识，才会受到社会的尊重。男孩子当过一次和尚，才算成人；还俗以后，才能结婚，成家立业。因此，人们习惯将自己的孩子送入寺院做僧人的差使，或短期出家，这是寺院教育的起源。19世纪中叶，泰国教育有了较大发展，但学校仍基本上设在寺院。20世纪20年代以后，政府提倡普及普通教育，不断增设新的中小学校，设在寺院中的学校逐渐减少。现在泰国农村仍有送孩子进寺院为僧的习俗。一般有两种情况：一是孩子六七岁时送进寺院，时间一年至二年不等，然后再进小学读书；二是小学毕业后入寺院。入寺院一般有两种原因：一种是家庭生活困难者，让孩子进寺院既可以减轻家庭生活负担，又可以让他们学到文化知识；另一种是家庭生活并不困难，送孩子进寺院是为了让他们学习做人的道理，因为一般家长都认为僧人性情温和，品行端正，待人礼貌，是做人的楷模。寺院学习的内容，一是语言文字；二是佛教经文，其中主要是一种叫贝叶文的"丫字卜"；三是学习各种教规，其中有叫"simha""simbe""dam"的，分别是寺院各种禁忌和当地僧人应遵循的行为规范和戒律。此外，还学习其他方面的知识。寺院教育以讲授为主，在早晚布施活动后进行。入寺的少年儿童除了学习外，还要参加寺院的各种生产劳动，如除草、扫地、擦地板、清洗碗碟和佛事活动用的钵等。这些少年儿童，家庭生活困难者，一般继续留在寺院为僧，十一二岁方可为之举行剃度；进入现代以后，由于受外界的影响，青少年的宗教观念有淡薄的倾向。

壮族的师教是民间宗教，它没有全民族统一的组织，各自为政，教义、收徒、传教作法也不统一。一般是由一个年老的师公当头领（即师父），形成一个人数不多也不稳定的宗教团体，其活动范围大到一个乡，小到一个村屯。这种宗教团体没有固定的宗教场所，没有严格的教义，没有固定的经费来源，很少有财产，往往是以某个师父为核心开展活动，使用的宗教用具为袍、各种佛像、锣、鼓等。师公除了在有较大法事时聚徒活动外，平时则分散在各村寨，与普通人一样生活劳动，或为一些家庭所请，单独从事请神送鬼的活动。师公的经书用方块壮字抄写，一般为七言排歌式，腰脚韵，用壮语诵读，内容有宣扬祖师圣行，叙述壮族民间传说、民族英雄和神话人物事迹，如《布伯》《莫一大王》等，还有经过改编壮化了的汉族民间故事如《董永》等。其目的是宣传师教的教义，但客观上却向人们传授了本民族的历史和传统文化，起到一定的教育作用，成为壮族社会教育的一个方面。师教的师公也招收一定数量的徒弟，以传授教义。收徒时要在徒弟家中举行仪式，由徒弟家宴请宾客，请师公和他的徒弟们来念一两天经。师公让新徒头蒙黑布，盘坐席上（周围围上席子），自己在周围念经祷告，禀告祖师祖先，然后用清水画符喷洒驱邪。新徒自始至终瞑目而坐，听师父念经文、讲经，说师祖的来历，之后揭去黑布，在师父带领下按礼作法，经过一番培训，取得"执照"后，就可从事师教职业，单独做法事了。这是一种低层次的收徒传教活动，构成壮族传统社会教育的一部分，但很不广泛。在部分经济文化较发达的地区，从清朝初年开始，还出现了专门聚徒传教的机构和场所——师馆。师馆开始专门从事酬神驱鬼、丧葬祭奠等活动，并聚徒传教，后来师公经文、音乐、舞蹈经过师公和民间艺人的改造，逐步演变成有故事情节的师公戏，并在红白喜事或节庆活动中表演。至清末民初，师馆又演变为传授师公戏的场所和戏班。师馆还置有田产，租给佃农耕种，租金或租谷供师馆日常开支。师馆主持人称"馆佬"，学徒分正徒和预徒两种，有志于师公行业的男青年，交纳一定的学金即可入馆学习。在馆佬的指导下背诵师公经文、唱本，练习舞蹈、唱腔、使用乐器等，一年半载以后，根据成绩优劣或转为正徒，或淘汰。每批正徒，均由馆佬立字为辈，各徒皆以馆之字更换名字，犹如同辈兄弟。壮族上述的宗教教育特别是收徒传教与泰族的教育有某些相似之处，但它只是低层次的宗教教育，或者说是宗教教育的最初级的形式，差别是很明显的，其原因是壮族自身的宗教没有得到发展，而由于种种原因佛教对壮族的影响力又很弱，没有为壮族所全面接受，因而也没有成为壮族的宗教。

（三）歌舞教育各有偏重

唱歌，泰族叫"ɤoːŋpiːŋ""ɤoːŋləːn"，而壮族叫"ʔiːŋpiː""ʔiːŋfuːn"（北部方言）和"ɤoːŋsiː""ɤoːŋləːn"（南部方言）。壮语中除

"唱"叫 i:ŋ "歌"叫 si: 是借用汉语外,其余与泰语基本相同。即壮泰两个民族都把唱叫 ɤo:ŋ,把歌叫 pi:ŋ(壮语北部方言叫 Pi:,略有差别)和lə:n。只是壮族还把歌叫 fu:n,而泰语中 fu:n 则是指舞,这是由于古代歌舞是结合在一起的,其名称同一,后来泰族舞蹈得到充分发展,fu:n专门用来表示舞,而壮族在舞蹈方面没有得到充分发展,fu:n 仍用于表示歌(关于这个问题本章第四节还要专门论述)。ɤo:ŋ 在壮语中有喊、叫的意思,也有唱的意思。有一部分壮族地区在汉语的影响下,用 i:ŋ 表示唱,而 ɤo:ŋ 仅表示喊、叫和(动物的)吼、啸、咆哮;还有一部分地区(主要是壮语南方言区)仍用 ɤo:ŋ 来表示唱。由此可见,壮语和泰语中"唱歌"一词的叫法是基本相同的。

歌圩,在壮语中各地称谓不同,有叫"窝坡"(okpɔ:)、隆峒(ɤɔ:ŋdoŋ)、"窝敢"(okgap)等,这里"窝"(ok)是"出""出去"的意思,隆(ɤɔ:ŋ)是"下""下去","坡"(pɔ:)即岭坡、山坡,峒为山岭之间的平地,也叫峒场,"敢"(gap)即岩洞。三者大意分别为"到山坡去""出岩洞",都是"去赶歌圩"的意思。其中"敢"(岩洞)大概是古代壮民族居住过的地方,因为古代南方民族都曾经"以岩穴为居址"。[①] 而歌圩在壮语中还有一种说法最确切,即"弗坡"(fə:n bɔ:)、"弗峒"(fə:n doŋ:),其中"弗"(fə:n)为"圩","弗坡"即"岭坡上的圩市","弗峒"为田峒间的圩市或峒场的圩市,这就反映了壮族古代的歌圩是在岭坡上式峒场间进行的,而且后来以商品交易为主的圩市可能就源于歌圩。因为人们最初是利用人山人海的歌圩进行商品交易的,后来逐渐发展成为以商品交易为主的圩市,因而壮语中的"圩"可能就源于歌圩。直到现代许多壮族地区的圩市周围仍是热闹非凡的歌圩,它说明壮族地区的"圩"是由过去的以歌圩为主贸易为辅演变成为以贸易为主,以歌圩为辅,仍保留有歌圩的痕迹。

壮族歌圩兴于唐宋时期,盛于明清时期,一些地方歌圩的规模达数万人,有的圩期持续四五天之久。来自方圆几十里的各个峒场村落的人们,"采芳拾翠于山淑水湄,歌唱为乐。男亦三五群歌而赴之。相得,则唱和竟日,解衣结带,相赠以去"。各地的歌圩,每年举行一两次或三四次不

---

① 乐史:《太平寰宇记》。

等，一般有固定日期。"春歌正月初一，二月初三；秋歌中秋节，曰浪花歌"。① 歌圩以男女对唱山歌为主，还有抢花炮、演戏、杂技、武术表演、舞彩龙、舞彩凤等活动以及商品贸易。歌圩唱的不仅是爱情歌，还通过盘问等形式（盘歌对唱），唱历史歌、传统故事歌、生产歌、风俗歌，以及其他有关政治、经济、天文、地理、生活常识等内容的歌。壮族男女青年上歌圩之前，都要学唱这些歌，而且要熟练到不用歌本，可以自编自唱，出口成歌的地步，这是一个典型的学习过程，既学文化，又学许多专门知识，有的是自学，更多的是在老一辈歌手指导下学习。这些学习还要通过"考试"，试场就是歌圩，在对歌场上比谁的知识丰富，还要斗智斗勇，评判员就是观众。一年一度的歌圩，培养出一代又一代优秀歌手。由于过去没有本民族的文字，壮族传统的民歌中有许多优秀作品，就是通过民间口头传唱而世世代代地流传下来。在歌圩场上，人们在唱歌之余，也有讲故事的，通常是讲故事者神采飞扬，听故事者津津有味，这些故事一传十、十传百，一代传给一代。壮族的传统文化就是通过歌圩活动得到更多的保存，并不断得到丰富和发展。而通过歌圩活动，使人民获得了各种知识和经验，扩大了眼界，提高了自己的认识水平，这就是歌圩的社会教育功能。

　　壮族地区歌馆是在歌圩的基础上形成的，同时又是为歌圩服务的传授民歌的机构。歌馆有专职歌师，他们收徒传授民歌，主要是在上歌圩之前培养学徒的对答和反应能力。学徒上歌圩之后，遇到疑难问题，可以回歌馆继续请教。通过歌馆培养了壮族大批的优秀民歌人才，而这些人才又推动着壮族歌圩的发展。

　　泰族传统社会生活中也比较重视歌的教育，首先表现在青年男女在婚恋过程中也有以歌传情达意的。据我们于1992年对泰国农村的考察，在加拉信府，男女青年的相互结识以至恋爱，除了通过共同的生产劳动以外，还有通过节日活动（如6月的求雨节，10月的祭佛节等），或通过秋后农闲姑娘们集中纺纱织布、小伙子们串寨等形式实现。在这些活动中，就有以 ɣoːŋpiːŋ（唱歌）传情的。这种情况在四五十年前还比较盛行。在加拉信府的板康村，一位70多岁的老妇人向我们回忆她年轻时男女交

---

① 邝露：《赤雅》。

往的情景：秋后村里的姑娘们在一起纺织，外村的小伙子们便不邀而至，他们吹着芦笙、弹着琵琶，哼着山歌，向姑娘们靠拢。如小伙子们称赞姑娘生得漂亮，姑娘们便唱道：不要这样假惺惺地称赞，／槟榔树可跟甘蔗不一般；／凭你怎么品尝，／槟榔树也没甘蔗甜朗！／如远村来的小伙子以歌调情，姑娘们便反唇相讥唱道：／十个捞比不上一个鱼笙，／十个远村人比不上一个眼前人；／远村人可有如菜中的佐料，／近地的人啊像姜汁一样浓情。

这些歌是即时编唱，你来我往，互相对答，许多青年男女就在对歌中建立感情，进而结下姻缘的。这种即兴编唱的能力，是要经过一定的传授和训练才有可能获得的，而这种传授和训练的过程，即是教育的过程。这种情况现在在泰族中已不多见了。

泰族在宫廷生活以及在民间婚礼仪式等活动中还有各种形式的演唱、对唱，恕不赘述。泰族历史上没有形成壮族那样的歌圩，但舞蹈在泰族传统的社会生活中却具有重要的地位。

泰族能歌善舞，舞蹈动作细腻、优雅，具有浓郁的民族风格，较流行的有孔雀舞、象脚舞、神兽舞、刀剑舞、扇子舞、斗笠舞、南旺舞、登沙舞等。其配合的乐器主要有象脚鼓、锣、钹、笛、芦笙、口弦和三弦琴等。

泰族有专门表示"舞""舞蹈"的古老的词，叫"fu：n"（泰东北语）或"fu：n ram"，壮语中没有专门指称"舞""舞蹈"的词。

泰族的舞蹈除有少部分与生产有关外，大部分与各种仪式特别是宗教仪式有关。有为防治疾病跳的天神舞、齐僧品舞和为供奉神灵而跳的舞；有与战争有关的舞蹈，如剑舞、短棒舞、双刃剑舞以及拳击（拜师）舞等。在佛事活动中还有各种舞蹈，特别是在宗教游行等活动中的集体舞。泰族舞蹈在动作方面有共同性，特别是"缩"和"伸"两个动作。"缩"是膝盖往下蹲一些，"伸"是按音乐节奏在"缩"以后伸直腿，同时跨步或站在原地，在整个时间内以左右脚交替进行踏步。泰族舞蹈具有相对普遍的姿势，在集体舞中特别是在游行队伍中，不需用手脚臂腿同时配合，但是舞蹈者必须保持与音乐一致的节奏。泰族舞蹈还有全民性的特点，在一些节日活动和其他集会中，往往是以歌舞作为主要的娱乐方式。根据泰国学者素集·翁贴先生介绍："湄南河西岸从那空沙旺、信武里府、乌泰他尼府起到金盆地、大城、素辇府、北碧府、佛统府、叻丕府、碧差汶府地区，有'市井'（按：指民间）类歌舞的频繁活动，还有很多不同风格的形式。然而住在东岸的华富里府、北标府、那空那育府、巴真武里府、背柳府、春武里府、罗勇府、尖竹汶府和达叻府，差别不大，也与西岸一样没有掺杂散播，虽然唱歌跳舞遗留的迹象表明完全是从别处接受来的模式，如从西岸和蒙河流域接受来。具有不同风格的歌舞虽然分布在相互接近的村落，但可能由于口头语言的细微差别而引起了差异。"①

毫无疑问，这种全民性的舞蹈，必须有大量的舞的教育作为基础，因此可以说，泰族传统社会教育中，舞的教育占有重要地位。壮族传统社会生活中也有较为丰富的舞蹈，因而在传统社会教育中也有舞的教育。广西宁明花山崖壁画反映了当时人们翩翩起舞的情景。流传于红水河流域的扁担舞，壮语叫"谷榔""特榔""打鲁烈"，它是由历史上的"春堂舞"演变而来的，是壮族人民庆贺丰收的舞蹈，唐代刘恂《岭表录异》记载了壮族古代"春堂舞"情况："广南有春堂，以浑木刳为槽，一槽两边约十杵，男女间立，以春稻粮，敲磕槽弦，皆有遍拍。槽声若鼓，闻于数里，虽思妇之巧弄秋砧，不能比其浏亮也。"宋代以后还出现反映男女青年爱情生活的"绣球舞"，反映生产劳动的"采茶舞""戽水舞""捞虾舞"，反映对牛的崇拜的"牛头舞""春牛舞"，反映青蛙崇拜的"蚂拐（青蛙）舞"。每年收割之后，特别是在春节期间，为了庆贺丰收，感谢神灵和祖先的保佑，人们举行各种文娱活动，其中跳舞是表达人们喜悦心情的重要形式。这类舞蹈有：铜鼓舞、舞狮子、舞龙、唱采茶、花凤舞、麒麟舞、"干阁"（孔雀）舞、鸿鹄舞、翡翠舞、舞龙马、纸马舞、白马舞、龙鱼舞、鲤鱼舞、仙马彩凤、横鼓舞、蜂鼓舞等等。壮族传统社会教育中也包含有舞的教育，在舞的教育中，也给人们传授了生产生活及其他方面的知识。但壮族民间舞没有泰族的广泛，更没有具备全民性的特点。从性质上看，壮族舞蹈具有鲜明的稻耕文化特点，正如壮族舞蹈家蓝秋云女士所说的："壮族的民间舞蹈……无论是直接反映农耕生产方式的民间舞蹈，还是原始宗教舞蹈以及一些自娱性民间舞蹈，都有鲜明的稻耕文化取向。"

从上述我们可以归纳出以下几点：（1）壮泰两个民族"唱歌"一词

---

① 素集·翁贴著，方土伦译：《泰—老语各群体的文化艺术和环境的关系》，《广西民族研究》1992 年增刊《壮泰语诸民族历史与文化资料译丛》，第 194 页。

的叫法基本相同。（2）壮泰两个民族传统社会教育中都有歌的教育，但壮族歌的教育更为突出，尤其是歌圩，在壮族传统社会教育中占有十分重要的地位。（3）壮泰两个民族社会教育中都有舞的教育，但泰族舞蹈教育更有普遍性；泰语中有"舞蹈"一词，叫"fuːn"，壮语中没有"舞蹈"一词，"fuːn"在壮语中指"歌"。（4）泰族的舞蹈与宗教紧密联系在一起，具有娱神的性质；而壮族的舞蹈则具有鲜明的稻耕文化特征，主要表现为娱人。自然，泰族舞教育中更多包含着宗教内容，而壮族舞的教育主要包含生产劳动的内容。

三、学校教育比较

（一）壮族和泰族学校教育产生的历史不同

教育是和人类社会同时出现的一种社会现象。学校则是人类社会和教育发展到一定阶段的产物。按照一般规律，学校产生必须具备以下条件：社会生产日益发展，有可能使一部分人脱离生产劳动专门办教育和受教育；社会事务日益复杂，需要培养专门人员进行管理；文字的产生，文化知识更加丰富，有了便利的学习条件和更丰富的学习内容，需要建立有组织有计划的专门教育机关，只有具备了这些条件，才会产生学校。一般认为，学校教育产生于原始社会末期或奴隶社会初期，经历一个从不完备到比较完备的长期发展过程。根据《周礼》《礼记》二书记载，中国在虞舜以前的五帝时代（前 2700 年）已有大学[①]，名为"成均"[②]。当时已有"图画文字"和"象形文字"，而有文字自然会有专门教授文字的机构，因而出现学校的雏形是完全有可能的。另据《尚书·舜典》和《尚书·虞书》记载，虞舜时代已有专门学官，管理教育事业，并已分为"司徒""秩宗""三礼"三大部，分别管"五教"（即父义、母慈、兄友、弟恭、

---

　　① 这里的"大学"不是现代大学的意思，而是指"大人之学"，即成人的学校，或指级别较高的学校。

　　② 《周礼·春官·宗伯下》："大司乐掌成均之法。"郑康（玄）注董仲舒云："成均，五帝之学。"《礼记·文王世子》："以其序，谓之郊队，远之于成均。"〔注〕董仲舒曰："五帝名大学曰成均，则虞痒近是也。"

子孝)、"三礼"(即祀天神、享人鬼、祭地祇)、"典乐"(即乐教)。到了西周时代(前1046—前771年),已经有了比较完备的学校教育政策和学制系统,学校分为国学和乡学两种,前者是专为奴隶主贵族子弟设立的学校,后者是按地方行政区域为一般奴隶主和部分庶民子弟设立的学校,只有小学一级。到了春秋战国时期,随着经济的发展,政治上王权衰落,官学教育已不适应社会发展的要求,"学在官府"逐渐被冲破,一批知识分子流落到下层,兴办私学,从而引起官学的衰落和私学的兴盛。孔子是打破西周以来"学在官府"的局面,首开私人讲学之风的重要历史人物。私学是由私人办的学校,其主要形式有私塾(亦称家塾)、村塾(亦称族塾)两种形式。西汉时岭南壮族地区已出现了私学。官学是由政府办的学校,唐宋以后有府学、州学、县学、书院、社学、义学等。壮族地区的官学,始于隋代,隋文帝开皇十七年(597年)令狐熙任桂林总管,拨款为各州县"建城邑,开设学校",吸收当地学生入学,结果是"华夷感激,称为大化"。这里的"夷"是指当地少数民族,即壮族先民。壮族地区的府学始于唐代,有柳州、桂林等府学,其他一些州县也分别建立了州学、县学,唐代广西已形成官学和私学并行发展的教育体制。宋代还创办了书院。元、明、清三代出现了社学和义学等初等教育的地方学校。在土官统治地区,除土官家中办有私塾外,一些地方还开办了专门招收土官及其亲属子弟的土府学校。

根据泰国学者提供的资料,古代泰国北部、中部、东北部和南部有相似的教育儿女的形式和方法,其教育形式和方法向宗教机构发展。"古代泰国主要的教育机构除了对子女和成员在德育、体育、手工业等方面进行熏陶、教育的家庭和家族外,宗教组织、寺庙等也是重要的教育机构,尤其是佛寺,是学习场所和泰国艺术的产生地。"

这里有两点必须明确:其一,是壮族的私塾(包括家塾和村塾)与传统的家庭教育是截然不同的。传统的家庭教育是通过家庭成员在日常生活和劳动实践中给子女以教育,在很大程度上是对子女施以熏陶式的教育,让他们在实践中掌握各种知识和技能。而私塾是通过延聘教师(个别情况下也由家长担任教师),使用一定的教材并以比较固定的方式和程序进行教学的教育形式,有固定的教学场所,因而属于学校教育。其二,寺院教育虽然也有固定的教学场所,也教授一些文化知识,但其主要目的是传授佛教教义,而不是系统学习文化知识,所以寺院教育还不是严格意义上的学校教育，但这并不否定寺院教育在教育培养人才方面的重要作用。

进入近代以后（大约为19世纪50—60年代以后），泰国和中国壮族地区都开始了近代教育，出现了近代的学校。近代教育主要是学习采用西方的教育方式和形式。在泰国，1873年朱拉隆功继承王位以后，进行了教育方面的改革，他在宫廷里创办了采用西方课程的学校，让王公贵族的子弟入学。一些亲王还被派到欧洲留学，同时对传统的寺院教育进行改革，按西方教育制度，创办了新式的学校和训练专门科技人才的专科学校，让教育逐步从佛教寺院里解放出来。1871年，第一所学校在王宫中创立，这所学校以学习泰文和算术为主，后来又开办了一所学习英文的学校，这两所学校都是以训练国家机关公务员为目的。1881年设立一所军官学校，学生主要来自王宫侍卫军军官。1884年以后开始设立民间学校，但为了适应人民的传统习惯，大多数学校仍建在寺院里。1917年建立了朱拉隆功大学，这是泰国历史上第一所高等学府，内设医科、工艺科、工程科和政治学、法律学、文学等学科，许多专业性学校如商业学校、工业学校、农业学校和师范学校等在20世纪初期也不断地建立起来。1898年建立各地方教育局，作为专门的教育行政机构，以加强对教育的管理。1921年国家制定并颁布了普及初级义务教育条例（即小学教育条例），规定7岁以上至15岁的儿童必须接受小学教育，教育费用由当地居民摊派。从1921年至1931年的10年间，全国小学发展到5000多所，小学生人数从200多万增至700多万。此外，还有美国人、英国人和法国人办的一些教会学校。

壮族地区也从19世纪末到20世纪初废除科举制度，兴办新式教育，称为"新学教育"。1897年在桂林创立了"广仁学堂"，1902年，广西体用学堂改为"广西大学堂"，同年，桂林、宜山、榴江、思恩等县办起了小学堂。到1909年，广西建有中学堂14所，实业学堂7所，师范学堂10所，高等小学堂和初等小学堂1078所，壮族聚居的府、州、县治所在地均建有学堂。到民国时期（1911—1949年）壮族地区学校教育取得较大发展。

壮泰民族近代以来学校教育从学制、课程设置等方面看大体相同。就目前而言，泰国一般每个村办有一所小学，每个乡办有一所中学。乡村小学的规模一般为100—400名在校生（政府规定有100名以上学生即可开办一所小学）。小学学制 6 年，中学学制为初中 3 年，高中 3 年。小学课程有社会知识（含历史、地理等）、语文、算术、英语、音乐、体育、手工等。教学方式以课堂授课为主兼以组织学生进行讨论，此外还组织学生进行生产劳动实践。一般每天 6 节课，每周上课 5 天。这些情况与壮族地区大体相同。

（二）壮族和泰族学校教育所受的思想影响不同

壮族学校教育基本上是汉文化教育，受到中国传统的教育思想影响，其中主要是儒家教育思想的影响。儒家是指崇拜孔子学说的学派。儒家学派是中国思想史上的重要学派，中国几乎每个朝代都有其代表人物，传播其思想，对中国几千年的政治、经济、文化等方面产生极其深刻的影响。儒家学派在学校教育方面的思想主要体现在《礼记》一书中。其提出的学校教育纲领是使人们先天的善性得到明复和发扬，并达到"至善"的境界，而"至善"就是"为人君止于仁，为人臣止于敬，为人子止于孝，为人父止于慈，与国人交止于信"。用中国儒家代表人物之一朱熹的解释即"尽夫天理之极，而无一毫人欲之私"。这是对中国封建社会君臣父子等伦理纲常的最明确的概括表述。它对中国两千多年来的学校教育包括壮族的学校教育产生了特别重要的影响。根据《礼记》，学校教育的目的就是"修己治人"，"修己"即"修身养性"，"治人"即统治别人，只有"修己"，才能"治人"，这是中国封建教育的实质。《礼记》还规定了教育制度、教育内容、教学原则和方法。例如在教学原则方面，提出了"教学相长"即教与学互相依存、互相促进；"尊师重道""启发诱导"等；在教学方法上，提出"问答""讲解""练习""类比"等。所有这些原则、方法，在壮族地区现代教育中仍然使用，并对教育的发展起到重要影响和推动作用。

自 19 世纪中叶拉玛四世蒙谷王发动宗室改革以来，佛教更加深入人心。从 1932 年至今，泰国的每一部宪法都规定国王必须是佛教徒和佛教的保护人。现代历届政府也都提倡佛教，并鼓励和发挥佛教的"辅政"作用。佛教对今天泰国社会生活有着巨大的影响，国家庆典和民间礼仪大多采用佛教仪式。男性佛教徒要削发为僧，短则几天、数月，长则数年地在寺院中接受佛教熏陶的习俗传统，至今仍不变。1932 年以后，政府不断增设新的中小学校，而设立在寺院内的学校逐渐减少。到 1973 年，全国设在寺院内的学校有 9000 所，但由于佛教对教育的深刻影响，所以在政府制定的中、小学教科书中，还包括有佛教的伦理、拜佛常识、寺院祭典和加入僧籍的手续等内容。在泰国，中、小学生参加民族节日活动，同时还参加由寺院举行的一些活动。

（三）壮族和泰族学校教育使用的语言文字不同

泰族学校教育使用的语言为泰语，只是在一些以高棉语为母语的地区采用高棉语和泰语双语教学，即用泰语读课文，但为了让学生理解，再用高棉语进行解释。壮族地区学校则采用汉、壮两种语言进行双语教学。壮语和泰语同属壮侗语族壮傣语支。据有关学者研究，两种语言语法大体相同，基本词汇大约有 60% 相同或相似。两者的同源性是毋庸置疑的，但它们是两种语言。壮族学校教育使用的文字主要是汉字，20 世纪 50 年代创制的拼音壮文目前正在一些壮族地区的中小学中试验推广使用。泰族学校教育则使用泰文。泰文与汉文是两种不同的文字，与以拉丁字母为基础的拼音壮文也是不同的文字。

据有关学者研究，自商周至战国时期（前 1600—前 221 年）壮族先民已在陶器上刻画原始文字。这种文字发展缓慢，到秦（前 221—前 206 年）统一岭南，汉文化传入岭南地区，壮族原始文字随之被淘汰，而导致新的壮族文字——方块壮字（又称"土俗字"）的产生，这种文字按照汉文的六书构字法，利用汉字的音、形、义结构，创造出类似汉字的形体，但读音则为壮音，意义也是壮义。这种方块壮字在壮族地区被大量使用于碑刻、契约、家谱、药方、楹联，记录歌谣、传说，故事、师公唱本以及编写剧本等，成为壮族人民传情达意、陈理记事的工具，对壮族文化的传承起到了重要作用。但由于汉文化的深刻影响，汉字在壮族地区的广泛推广使用，加上壮族没有形成本民族统一的政权，因而方块壮字没有得到统一规范而无法形成全民族通用的文字，当然也不可能用于编写各种教材成为学校教学使用的文字，仅在民间流传使用至今，在社会教育方面发挥一定作用。

20 世纪 50 年代初期，在国家帮助下创制了一套以拉丁字母为基础的壮族文字，并用这种文字编写了教材，培养了一批壮文教师，目前壮文正在部分中小学校教学中试行推广使用。

泰文是在公元 13 世纪由兰甘亨国王创造的。在此之前，人们学习的是吉蔑文和孟文，以后巴利文、梵文分别随小乘佛教、大乘佛教和婆罗门教在泰国的传播而传播。1283 年，兰甘亨国王召集国内文人学士，将流行于泰国地区的巴利文、梵文、吉蔑文、孟文等，根据泰语的特点，经过吸收、改造、修订，使之成为本民族独特的文字。为了让广大人民群众认识了解和使用这种文字，兰甘亨国王叫人把它刻在石碑上；为了便于人们学习，在拍那莱玛哈勒国王时代编写了第一本泰语教材——《如意宝书》，该书对发音相同但写法不同的词作了解释，并讲解了语法和写诗法，可以说包括了泰语从初等教育到高等教育的内容。学校教育出现以后，又用这种文字编写各种教材，使这种文字进入了学校，成为学校教育统一使用的文字。泰文原先是手抄，然后刻到贝叶或抄到鹊肾树皮做成的纸上，这种书籍不便于使用。到了拍难葛老昭玉华国王时代（1824—1851 年），发明了泰文印刷，第一次印刷了《泰语语法教材》等书籍，从而为学校教育的发展创造了条件。

四、壮泰民族传统文化教育异同原因论

综上所述，壮泰两个民族传统文化教育在许多方面是相同的，其区别在于：壮族传统文化教育主要受中国儒家思想的影响，而泰族传统文化教育主要受佛教文化的影响；壮族家庭和社会教育中比较注重歌的教育，而泰族家庭和社会教育中比较注重舞的教育；两个民族传统教育在使用语言和文字方面也不相同。现在就相同和相异的主要原因分述如下。

（一）壮泰民族传统文化教育相同的原因

1. 自然地理环境相似

壮族地区与泰族地区虽没有接壤，但其地理位置十分相近，而且壮泰语民族群体（如壮、岱、侬、老、泰、掸、阿含等民族）在东南亚的分布是连成一片的。壮族地区位于东经 99°57′到 112°、北纬 21°31′到 26°45′，东起广东省连山壮族瑶族自治县，西至云南省文山壮族苗族自治州，南至北部湾，北至贵州省从江县，西南与越南接壤。泰族地区（泰国）位于印度支那半岛中部，北部与老挝及缅甸接壤，东边以湄公河为界与老挝接壤，西接下缅甸，东南与柬埔寨为邻，其最北端为北纬 21°左右，与壮族地区最南部大约在同一纬线上，而其经度为东经 96°50′到 106°之间，与壮族地区几乎处在同一经度上。泰国东南临泰国湾，西南濒安达曼海，地势北高南低，大部分为低缓的山地和高原，北部山高林密，中部湄南河流域为平原地带，湄南河纵贯南北。这种地形与壮族地区也有某些相似之处。气候方面，泰国为热带季风气候，全年分热、雨、凉三季（2—5 月、6—11 月、11—1 月），年平均气温 24℃—30℃，年降雨量 1000 毫米以上。壮族地区属亚热带气候，夏季日照时间长，冬天霜雪少，南部地区基本上无霜雪，年降雨量在 1500 毫米左右，气候条件与泰族地区也有许多相同和相似之处。这种自然地理条件方面的相同和相近，是两个民族在文化方面具有许多共同特点的重要原因。当然，一个民族的外部环境并非纯客观的自然空间，对一个民族文化发生重大影响的并非只是客观的自然地理因素，还包含许多社会因素，如外民族的文化影响等，但是自然地理因素的影响是不可忽视的。

2. 经济文化类型相同

经济文化类型是指居住在相似的自然地理条件之下，有相近的社会发展水平的各民族在历史上形成的经济和文化特点的综合体。这种经济文化类型不是单纯的经济类型，而是经济和文化相互联系的综合体，这是因为经济发展方向和地理环境在很大程度上决定着各族人民的物质文化特点，决定着他们的居住地和住房的类型，交通工具和搬运重物的方式，以及饮食用具、衣服、鞋帽和装饰等。按照当代的民族学理论，壮族属于农耕经济文化类型组中的丘陵稻作型。就我国而言，丘陵稻作型分布地区从云南中部经贵州、广西、海南、台湾到东北沿边，构成一个不连贯的大新月形地带。属于这一类型的民族还有傣、侗、布衣、水、仫佬、毛南、黎等民族。水稻种植与干栏建筑的结合是丘陵稻作型的基本文化丛结，而渔捞活动也往往是一个重要的补充特征。属于这一类型的各个民族均嗜米食，喜酸辣，服装尚黑白两色（至少在老年人身上是如此），运输和行走中善用小船和竹排，负重多以肩挑。居民除普遍存在各种原始信仰外，也多有信佛教或道教者。而就整个丘陵稻作文化圈而言，除上述中国境内的民族以外，还包括中南半岛（习惯称东南亚）的各个民族，其主要有泰、老、掸等民族，这些民族与壮侗语民族几乎一样具有上述的经济文化特征。壮族与泰族都是稻作民族，都是稻作文明的创造者。就语言而言，壮泰民族在稻作词汇方面 90% 以上是相同和相近的。例如对稻、稻米、稻米饭，两个民族都称之为 khau；稻的亚种籼稻、糯稻，两个民族都称之为 khau sim、khaunu：或 khauniu。稻从栽培过程到收获的各个环节，如选种、播种、田间管理、收割、稻谷贮藏以及稻谷加工等，壮泰民族都有相同和相近的词汇，这些词汇自成系统，没有源于具他民族语言的任何痕迹。围绕稻作农业，壮泰两个民族都形成了一系列带有原始的共同的宗教信仰，于是产生了一系列崇拜的对象，如 khuan khau（谷魂），khuan na（田魂），khuan vai（牛魂）等，并产生相应的节日活动，如谷魂节（kin khuan khau）、牛魂节（kin khuan vai）、田魂节（kin huranna）等，并在节日中举行祭拜活动。至今在一些壮族和泰族地区仍举行这些活动。他们把谷魂、田魂、牛魂等看作是主宰稻作农业、决定年成丰歉的一种神秘的超自然力，并对它们进行顶礼膜拜。这些原始信仰活动，是壮泰民族稻作文化的一种特殊表现，成为人们精神生活的重要组成部分，可见稻作农业在这两个民族中历史的悠久。此外，在壮族和泰族地区还有许多独特的"那"字地名。"那"（na）在壮语和泰语中都是"田"，壮族和泰族以稻作为主，他们居住的地点往往与稻田连在一起，而且生活也与稻田息息相关，因而他们聚居的村落（一般称"板""曼"）常常以他们俗称的各类田来命名。这种以"田"字命名的特点是：以各类田的俗称作为标志，采用"类名加专名"的办法，构成以"那"字起头的"齐头式"地名，如"那洛"（na luo）即山冲的田；如果这个地方是一个村庄，则称为"板那洛"，这里的"板"是村的意思，意为"地处山冲田边的村子"。这种地名在壮族地区和泰族地区普遍存在。"那"（田）是伴随着稻作农业的出现而出现的，是稻作文明的鲜明标志。以"那"字命名的一个个地名，则把这一标志变成一个个活化石，展示在人们的面前。法国语言学家梅耶说过："每一种古代的大'共同语'应该表现为一种文明类型"。语言是民族文化特征中最稳定的特征，"关于各民族的情况，有一种比之骨头、工具和墓葬更为生动的证据，这就是他们的语言"。壮泰语自成体系的稻作词汇和"那"字地名，说明这两个民族很早就开始了稻作农业，创造了稻作文明。他们同属一个经济文化类型——稻作文明类型，这种在经济文化类型上的共同性，是壮泰两个民族传统文化教育相同和相似的又一个重要原因。

3. 壮族和泰族在历史上同源

我国华南地区与中南半岛在地理上连成一片。根据考古学研究，从旧石器时代晚期到新石器时代，我国广东、广西地区与中南半岛都普遍存在打制石器，而且均以砾石石器为主。打制石器中砍砸器比较常见，器身保留有原石面，打制方法比较简单，很少第二次加工。从古人类化石看，柳江人等我国南方古人类都具有赤道人种的特点，这是蒙古人种与赤道人种混血的结果，这些情况说明我国南方人类与中南半岛人类在旧石器时代就有往来。到了青铜时代，不仅有段石锛、有肩石斧、几何印纹陶继续在东南亚出现，而且早期铜鼓、青铜靴形钺、有肩铜斧、日字形铜斧、象铃、削刀、一字形护手匕首、人象形茎匕首、短剑、戈、干栏建筑、悬棺葬、凿齿等古越人的典型器物和风俗，东南亚青铜时代中均有发现，说明进入青铜时代以后，我国南方古越人仍然与中南半岛的人类有交流和往来，而这种交往主要表现为古越人的南迁。这就说明壮族与泰族可能有相处在一起的经历。我国著名学者凌纯声先生把壮、老、泰、掸族及阿含人称之为"泰掸族群"，他在 20 世纪三四十年代就指出，泰掸族人与侗水族群分家之后，向西逐步移动，这时更有许多族派分出来，如贵州的仲家（即今布依族）、广西的壮族人、侬人、土人以及云南的沙人，通称为壮语群，这一群有一部分后来南移到越南北部，成了那里的泰人（指侬族和岱族等），到云南境内的泰族人，其留下的称为摆夷（即今傣族），"至于西迁的泰族人，他们到了澜沧江和怒江一带，又分成两支，西支迁入缅甸境内，就是缅甸南北掸部的掸人，再向西北至中缅未定界一带为坎底（khom，按：即阿含人）。南支进入泰国、寮国（按：即今老挝）北部，便是今日的寮人（laos，即老族）；掸人和寮人通常合称为大泰（Tai Nyai），大泰人比之构成泰国民族主干的暹人较早进入中南半岛，等到暹人移居泰国本土时，已是十一世纪初叶的事了，他们通常称为小泰（Tai Noi），以别于较早移居的大泰人"[1]。由此可见，壮族和泰族可能有过相处在一起的历史，这是他们在传统文化教育方面相同和相似的又一个重要原因。

（二）壮泰民族传统文化教育相异的原因

1. 两个民族所受的文化影响不同

先秦时代的著作《逸周书·王会解》说："路人大竹"，其下注曰：

---

[1] 凌纯声：《中国边疆民族与环太平洋文化》，台湾联经出版事业公司 1979 年版，第 50 页。

"路，音骆，即骆越。"说明骆越地区很早就与中原地区有经济往来。《史记·夏本纪》说："淮海维扬州……贡金三品，瑶、琨、竹箭，齿、革、羽、旄，岛夷卉服，其筐织贝，其包桔柚、锡贡"。关于"岛夷卉服"，据孔安国注："东南之夷草服葛越，蕉竹之属，越即苎祁也"。这里的葛即葛麻布、苎麻布，蕉即以蕉麻织的布，竹即以竹纤维织的布，这几种产品都是岭南古越族很早就生产了的。另外"包桔柚"可能就是冬竹笋，名为苞笋，为岭南特产。宋《太平御览·竹部》说："《东观汉记》曰马援至荔浦（今广西荔浦）见冬笋，名曰苞笋，上言禹贡'厥苞桔柚'疑谓是也，其味美于春夏笋"。说明早在夏商时代，岭南就有贡品进入中原地区，并与中原地区有经济文化交往了。

春秋战国时期，岭南越族与中原汉族仍有密切交往，据有关学者研究，西汉刘向所辑的战国时代楚人屈原等辞赋的《楚辞》中就有许多反映越族习惯的内容，还有不少越族的语言。例如《九歌·东君》中的"暾将出兮东方，照吾槛兮扶桑"。其中的"暾""槛"二字，用汉语是无法解释的，它们都是古越语，现代壮话中称太阳为"暾纹"，其中"暾"为眼睛，"纹"为天，即天之眼睛，壮族传说中认为太阳是天的眼睛。"槛"即古越语的"房子"，现代汉语仍称房子为"槛（栏）""干槛（栏）"。此外，西汉刘向著的《说苑·善说》中，记载春秋时代楚国令尹鄂君子晰在游船上赏榜越人唱的《越人歌》，这首歌已由现代壮语言学家韦庆稳先生用壮语对照翻译，从而证明了它是一首壮族先民的歌，说明在春秋时代岭南越族与汉族的文化交流就十分密切。公元前221年，秦始皇统一六国，建立秦王朝后，派50万大军进击岭南，经过艰苦征战，"三年不解甲弛弩"，终于统一了岭南，设置了桂林、南海、象三郡，郡下设县，从此，岭南壮族地区划入中国版图，买行郡县管理，壮族地区主要受到汉文化的影响，在传统文化教育方面主要受儒家思想文化的影响。在郡县制下汉文化的影响主要通过以下途径：一是中央王朝派往岭南的官吏和征战后屯田和留戍岭南的将士，其中特别是派往（或贬谪）岭南的一些文官对汉文化的传播做出了巨大的贡献。除前文提到的隋代的令狐熙外，还有唐代的容州刺史韦丹、柳州刺史柳宗元等。韦丹在任期间重视教育，对当地少数民族"教化耕织，止游惰，兴学校，民贫自鬻者，赎归之，禁吏不得掠为隶"。同时还"教种茶麦，仁化大行"。由于在发展当地经济和文化教育方面的贡献，使他深得民心，"没四十年，民思之不忘"。

柳宗元在柳州期间，修葺文庙，兴复学校，教授生徒，为当地的文化教育发展做了不少好事。他特别重视尊孔和儒学教育。他在柳州上任两个月，就组织发动各方人士修好被损坏的孔子庙，他主张教育要顺从天性，要求学生不断努力，尽力之所及，同时主张严格要求教师，要避师之名，求师之实。他要求学生尊孔，实际上就是尊重儒家思想，因为孔子是儒学的祖师爷。二是大批汉族文人南下授徒讲学，传播汉文化，这些南来的文人，有的是避乱而来，有的因"罪"而被流徙，有的则是在岭南出仕做官，他们传授的基本上是儒家文化。在汉文化的影响下，壮族自唐宋时代开始出现了一批有较高汉文化水平的知识分子，他们对汉文化在壮族中的传播也做出了重要的贡献。三是大批中原居民迁居岭南，"与越杂处"，传播了汉文化。到了明代，广西壮族地区已经是"土七民三"，即汉族占人口30%的比例了。而近代以来，汉族人口又发展到占广西总人口的50%以上。四是因经商和其他原因，促进了壮族地区与中原的交往，从而加快了汉文化在岭南壮族地区的传播。由此可见，壮族传统文化教育受汉文化特别是儒家思想的影响是深刻的。而泰族在建立自己独立国家之前，其所处的地区主要有婆罗门教传播。1278年，素可泰地区的泰族，在其首令坤邦克朗刀和坤波孟的领导下，推翻真腊人的统治，宣布独立，建立泰族人自己的国家——素可泰王国，此后，积极引进佛教，并使佛教发展成为素可泰王国的国教，从而对泰族传统文化教育产生了深刻的影响。直接进入泰国的佛教是小乘佛教，分两路进入：一路从北部和中部一直南下；另一路是从印度东海岸进入。而大乘佛教则是先进入中国的西藏，而后才进入泰国北部。后来随着素可泰王朝版图的扩大，属斯里兰卡教派的佛教也传入素可泰王国，以后佛教逐渐占统治地位，成为泰国的国教，普遍受到人们的崇拜，从此寺院在传统文化教育方面也占有了重要的地位。寺院除作为对青少年进行道德教育的场所外，还成为创造各种艺术的中心，其中包括建筑艺术、雕塑艺术和美术。到了阿瑜陀耶时代，寺院作为学习场所的地位变得突出起来，出现了男子20岁必须剃度出家的习俗，这些出家的男子要有一年时间学习佛法和做法事，同时还要接受德育教育，学习高棉文和巴利文，而且他们也乐意拜有知识、有时间授课的僧侣为师学习文化知识。而到了拍专葛老昭玉华时代（1851—1868年）寺院教育更趋完善。当时在寺院中学习的人一般分为三种：第一种是比丘，他们按照风俗习惯剃度后必须学习佛法和三藏经，尤其要学习巴利文；第二种是沙弥，他们一般在 11—12 岁开始剃度，学习的内容和比丘一样；第三种是寺童，他们要帮助比丘、沙弥做事才能学习，同时还要接受道德教育。以后，这种寺院教育更加完善，它不仅成为社会教育的重要部分，而且对传统家庭教育和学校教育也产生了重大影响。

2. 壮泰民族宗教发展的程度和民族心理不同

歌舞出现很早，它们是伴随着人们的生产劳动而产生的。在歌谣产生之前，就有了配合劳动节奏的音乐（歌唱）和舞蹈。《尚书·尧典》说："击石拊石，百兽率舞"，《吕氏春秋》也说："昔葛天氏之乐，三人操牛尾，投足以歌八阕"。这里"击石拊石"，"投足以歌"，"三人操牛尾"，"百兽率舞"，说的都是用音乐舞蹈表现某种情绪。古代的诗、歌、舞为一体，是密不可分的，《礼记·乐记》中说："诗言其志也，歌咏其声也，舞动其容也，三者本于心，然后乐器从之"。《毛诗序》也说："诗者，志之所之也，在心为志，发言为诗，情动于中而形于言，言之不足故嗟叹之，嗟叹之不足故咏歌之，咏歌之不足，故手之舞之，足之蹈之也"。这一点从壮、泰两个民族对歌舞的称呼也可以看出。本文第二部分我们已提到，壮、泰两个民族语言中，歌这个词都叫 pi：ŋ（pi：）、lə：n，只是 fu：n 这个词，在壮语中指歌，而在泰语中则指舞。这是否又矛盾了呢？其实并不矛盾。因为古代壮、泰两个民族对歌舞统称为 pi：ŋ（现代壮语为 pi：）、fu：n、lə：n，由于社会发展状况的不同，泰族的舞得到比较充分的发展，因而在泰语中 fu：n 被专门用来指舞；而壮族的歌得到较为充分的发展，因此，壮语中 fu：n 仍指歌。民间的歌舞在其最初流传时，是一种原始艺术，它主要源于两个方面，一是生产实践，二是宗教祭祀。原始的劳动舞多体现飞禽走兽的不同姿态和人们劳动的动作，前者如壮族的翡翠舞、"干阁"舞、鸿鹄舞、白马舞，泰族的孔雀舞、象脚舞等，后者如壮族的采茶舞、戽水舞、春堂舞等。原始的仪式性的舞蹈，大体上与宗教祭祀相联系，带有巫术和娱神的性质。这类舞蹈如本文第二部分中提到壮族的反映对牛崇拜的牛头舞、对青蛙崇拜的蚂拐（青蛙）舞，泰族的天神舞以及在佛事活动中的各种舞蹈。1992 年在泰国考察期间，我们参加素辇府举办的大象节，其中表演了人们赶大象进山搬运木材之前举行的祭祀仪式，祭祀中跳起了舞。壮族师公在举行法事时也边哼唱边跳舞。古代"巫"与"舞"同音，可以说舞是由巫教仪式发展演变而来的。有学者认为，《周礼》《后汉书》和《唐书》等记载的我国古代的傩舞，就是一种祭祀舞蹈，它借用舞蹈的形式，驱除四方疫鬼，广西花山崖壁画中就有祭祀水神的舞蹈，这些说法都是很有见地的。壮族和泰族在宗教方面都经历了由动植物崇拜、图腾崇拜、祖先崇拜到多神崇拜的发展过程。但是，由于泰民族所处的地理位置的原因，受到了来自印度文化的强大影响，其中特别是佛教的影响。另一方面，在公元13世纪素可泰王朝建立之前，泰族地区受着真腊帝国的统治，宗教方面则是婆罗门教占统治地位，随着泰族人的国家——素可泰王朝的建立，泰民族要求建立与其政治独立相适应的独立文化，其中特别是宗教文化，用以抵制婆罗门教。在这种情况下积极引进了经过改革的小乘佛教，并使之成为自己的国教。早在公元13世纪到14世纪，素可泰王朝就大兴土木，修建寺院，在素可泰城设立僧堂，专门为僧人剃度，并把小乘佛教传播到邻近国家，形成自己独立的宗教文化。自此，泰族的宗教就朝着统一和逐步完善的方向发展，并以佛教作为本民族的宗教。佛教在泰族文化中具有十分重要的地位，它影响着泰族生活的各个方面。共同源于多神崇拜（巫教）的各种仪式的壮泰两个民族的舞蹈，在泰族社会中则演变成统一的与佛教仪式相联系的舞蹈，并随着佛教的发展而得到充分的发展，形成各种形式的民族性的艺术，"fu:n"也从对歌舞的称呼中分离出来，专门用于称呼舞蹈。

壮族的情况却不大一样。隋代以后，随着道教传入壮族地区，壮族宗教开始演变成以本民族宗教为主，吸收了道教内容的巫教。如上文所述，巫教不是完全意义上的宗教，它没有统一的组织，各自为政，收徒传教的方法也不一致。它远没有成为壮族全民族的宗教，因此，一些由巫教仪式发展而来的舞，也不可能成为壮族全民性的舞蹈，舞蹈发展的总体水平也低于泰族。同时这些舞蹈也由娱神逐步转变为娱人的性质。这一点特别表现在壮族地区师馆的演变上。如前所述，师馆原为广西中部地区壮族乡村聚徒传教和从事酬神驱鬼、丧葬等活动的场所，产生于清乾隆年间（1736—1795年）。清末以后，随着巫教逐步走向衰落，师馆中的师公经文、音乐、舞蹈娱神成分也随之减弱，而娱人的成分则逐步得到加强和发展。经过师公和民间艺人的改造，这些师公经文、音乐和舞蹈演变成有故事情节的师公戏，并在红白喜事和节庆活动中表演，受到人民群众的欢迎和喜爱。到清末和民国初年，师馆也演变成传授师公戏的场所，并建立起专门的师公戏班，师公剧成为人们喜闻乐见的剧种，在来宾县、武宣县等壮族聚居地区的农村，20世纪50年代以后成立了不少师公剧团，每当演出，常常吸引了成千上万名观众。经过改造的师公戏，还参加省级和全国的文艺会演，获得奖励，这样，作为原始宗教仪式的师公音乐、舞蹈，其性质完成了从娱神向娱人的转变，但由于包括汉族戏剧舞蹈在内的汉文化的强大影响，这种音乐舞蹈没有发展成为壮族全民性的艺术。当然，舞的教育也不可能在壮族传统社会教育中占有重要地位。另一方面，在壮族社会生活中，唱歌的风气却变得日益兴盛，从而使壮族传统社会教育中，歌的教育占有十分重要的地位。壮族传统文化教育中"歌化"教育（即用传唱山歌进行教育）的特点源于壮族人民喜歌这种民族心理，这种心理特征是由壮族居住的环境特点所决定并在长期的劳动生活中形成的。壮族主要居住在山间平地，即壮语称为"dong"峒的地方，这种峒与平原地区相比，人们相互交往比较困难，为改变在相对闭塞的环境中劳动的寂寞境况，提高劳动效率，人们自然地利用唱歌来表达各种思想感情，增添劳动和生活乐趣，他们往往遇事即歌，以歌代言。春秋时代壮族先民唱的《越人歌》就是这种以歌代言的反映。宋代周去非在《岭外代答》一书中记载："广西诸郡，人多能合乐，虽耕田亦必口乐相之。"不仅如此，而且在唱山歌中形成一种以唱歌来显示自己的才华和品格的心理特征。周去非在《岭外代答》中又说：壮族人"迭歌相和，含情凄惋……皆临机自撰，不肯蹈袭，其间乃有绝佳者"。这里说的是一种"不肯蹈袭"的心理特征。因为作为青年男女来说，唯其如此，才更赢得对方的尊敬和爱慕。对此清代刘锡蕃在《岭表纪蛮》一书中有一段精彩的论述：壮族地区"无论男女，皆认唱歌为其人生观上之主要问题，人之不能唱歌，在社会上即枯寂寡欢，即缺乏恋爱求偶之可能性；即不能通今博古，而为一蠢然如豕之顽民"。正是这种心理特征和生活美学观念促使许许多多的壮族人自幼习歌，形成父母亲在孩子小时就开始传歌的习俗。壮族的歌圩正是在这种心理特征下形成和发展的，反过来，歌圩的形成和发展更加强了这种心理特征。歌圩与上述喜歌善唱的习俗及心理特征应该说是相辅相成的。关于歌圩的起源问题，一种普遍的观点是原始时代对偶婚制的"择偶"生活。当时由于实行氏族或氏族部落之间的择偶婚配，由于各氏族或氏族部落分散于各个"峒"之间，山川阻隔，青年男女见面机会较少，于是氏族或部落之间互相商定，在劳动之余安排时间地点，让男女双方聚会，选择配偶。正如前文所述，此为岭南谓市为"圩"的来历。晋代沈怀远在《南越志》中说："越市之名为圩，多在村场，先期召集各商或歌舞以来之，荆南岭表皆然"。也就是说，早期的"圩"不仅是进行贸易的场所，而且是歌舞社交的场所。人们在歌舞社交中对唱山歌，进行择配。而青年男女以歌展示自己的才华品格并以此博得对方的尊敬和爱慕的心理特征和生活美学观念，又加强了歌圩对唱山歌的竞争性质，从而有力地推动了歌圩的兴盛。推动壮族歌圩形成和发展的还有两个重要因素：一是壮汉文化交流，二是宗教活动。汉文化传入壮族地区后，壮族民间诗歌的内容和形式更为丰富，除了本民族以外，中华民族的历史及英雄人物，各种天文地理知识、民间传说，都成为歌唱的内容。例如，汉族的《梁山伯与祝英台》等民间传说以及《杨家将》等历史故事，被改编成具有浓郁的壮族特色的山歌到处传唱。此外，在汉文化影响下，人们依据汉字构字方法创造的方块壮字，以及利用这种文字抄写的大量壮族民歌，对壮族民歌的发展也起到重要的推动作用。宗教方面，大约在隋代以后，壮族民间已出现专门的巫师从事宗教活动，原来依附于宗教集会以娱乐择偶为目的的歌舞，就摆脱了宗教活动而独立发展。"而在歌舞当中，人们又偏爱于歌，更喜欢用歌考察对方，表达自己内心丰富而细腻的感情，这样，唱歌比跳舞更为盛行。"加上上述壮族喜歌善唱的心理特征和生活美学观念，从而有力地推动了壮族歌圩的形成和发展。壮族歌圩萌芽于氏族社会时期，形成于唐代（歌仙刘三姐传说就是这一时期出现的），宋代得到发展，兴盛于明清时期，这一时期壮族一些地方歌圩的规模达万人以上。传授山歌和歌圩的习俗对壮族教育的深刻影响是必然的。

3. 壮泰民族文字的渊源不同

在壮语和泰语中，写字的"写"都读成近似于"来"（ra：i^{31}），"ra：i^{31}"在壮泰语中还有一个意思，即昆虫爬行。在壮族民间传说中，关于文字发明是和昆虫爬行或昆虫啃吃树叶联系在一起的。泰族中也有类似的传说。这是因为写字与昆虫爬行或啃吃树叶的现象十分相似。这说明了两个民族在很早的时候，就有创造本民族文字的愿望和要求，并且对创造文字的认识也是相同或相近的。就一般而言，世界上各民族的文字是随着该民族及其国家的形成而形成的。泰文是在泰民族及其国家——素可泰王朝建立以后出现的。这是因为任何一个民族国家都需要既符合本民族语言特点又适应本民族经济文化发展的文字。文字是传递信息的工具，也是把一个民族维系在一起的纽带，它对于一个民族的生存和发展是至关重要的。由于泰族当时处于大量的巴利文和吉蔑文通行的社会环境之中，因此其文字只能在巴利文和吉蔑文的基础上进行创造。这就是泰文采用今天的形式并且与壮族民间流行的方块壮字截然不同的基本原因。壮族的土俗字（也叫方块壮字）的出现，按一般说法是在唐代。广西上林县麒麟山的《澄州无虞县六合坚固大宅颂碑》是壮族文人韦敬办等的作品，也是我们目前所能见到的方块壮字的最早的实物凭证，这块碑刻立的时间是唐永淳元年（682 年），碑文的汉字中夹有不少的方块壮字如𭅺、𬁨、嵅等，这些方块壮字有的至今仍流行使用。方块壮字在宋代得到发展，并大量出现在各种历史文献中。南宋范成大（1126—1193 年）《桂海虞衡志》中说："俗字，边远俗陋，牒诉券约专用土俗书，桂林诸邑皆然。"该书列举了𡎆、閂、仦、𡘇、妖等一批方块壮字。南宋周去非《岭外代答》也记有一批方块壮字，说明当时方块壮字在民间已广泛流行。值得注意的是，泰文出现的时间在 12 世纪下半叶，与方块壮字盛行的南宋时期十分接近，这不可能是巧合，而是处于相近发展水平的两个民族已经形成的标志之一。所不同的是泰族建立了自己的国家，而壮族没有形成统一的政权，其结果是泰族有了本民族统一的文字，而壮族则不可能形成本民族统一的文字。壮族方块字是在汉文化的影响下创造的，它仿照六书构字方法，采用汉字的音、形、义和偏旁构造而成，既具有本民族的特点，又有汉字的特点。虽然，由于这种方块壮字没有得到规范从而不能成为真正意义上的民族文字，但它是壮族人民借助先进的汉文化发展自己，同时又保持本民族文化特点的实践，是壮民族智慧的结晶。由于它是在汉文化的影响下由民间创制的，因而它与泰文在形式上截然不同。

参考文献

1.《"布泰"村的年节》，泰国东北部地区的调查材料，由陆群和整理，见《广西民族研究》1993 年第 1 期。

2. 乐史：《太平寰宇记》。

3. 邝露：《赤雅》。

4. 白耀天：《泰族的婚姻、丧葬和宗教信仰》，《广西民族研究》1993 年第 1 期。

5. 素集·翁贴著，方世伦译：《泰—老语族各群体的文化艺术与环境的关系》，《广西民族研究》1992 年增刊《壮泰语诸民族历史与文化资料译丛》。

6. 蓝秋云：《壮族民间舞蹈的稻耕文化特点初探》，载《壮学论集》，广西民族出版社 1995 年版。

7. 王炳照：《简明中国教育史》，北京师范大学出版社 1985 年版。

8. 中山大学东南亚历史研究所：《泰国简史》，商务印书馆 1984 年版。

9. 李富强：《壮族文字的产生、消亡与再造》，《广西民族研究》1996 年第 2 期。

10. 林耀华：《民族学通论》，中央民族学院出版社 1991 年版。

11. 梅耶著，岑麒祥译：《历史语言学中的比较方法》，科学出版社 1957 年版。

12. 德国语言学家 T. Grimm 语，引自容观琼《人类学概论》，中山大学 1982 年油印本。

13. 凌纯声：《中国边疆民族与环太平洋文化》，台湾联经出版事业公司 1979 年版。

14. 《新唐书·韦丹传》。

15. 欧阳若修等：《壮族文学史》，广西人民出版社 1986 年版。

本文原载于《广西民族研究》2002 年第 3 期

"勐"论

黄兴球[*]

【摘　要】"勐"是中南半岛地区一个出现频率很高的地名，广泛分布于中国西南部傣族地区，越南西北部的泰族地区，老挝、泰国和缅甸掸邦地区，可以称这个地区为"立勐地带"。"勐"的原义是"一片地方"，后来衍生出"城镇、国家"的新意，成为壮泰族群社会的一个行政机构和社会组织。"勐"作为政权组织是由阶级对立而出现酋邦政权后，才开始存在于壮泰族群社会中的，时间是9—10世纪。

【关键词】勐；壮泰族群；东南亚

东南亚地区是世界上人类文化多样性保存得最丰富的地区之一。壮泰族群是东南亚陆地上的重要居民，广泛分布在泰国、老挝、越南西北部，缅甸掸邦，中国境内的壮侗语各民族也包括在内。从政治制度来看，东南亚地区的不同族群所采取的社会体制是不一样的。"板—勐体制"是壮泰族群的文化特征之一，是壮泰族群社会组织、行政制度特色的具体体现。而越南京族社会的标志性层级组织是"村"（Lang 可音译为廊）、"社"（Xα）；缅甸缅族社会则是"缪"组织[①]；柬埔寨高棉民族自扶南时代就实行"天竺之法"[②] 的社会制度。"板—勐结构"与这些民族社会的组织制度的不同，构成了东南亚文化多样性的画面。这里限于篇幅，不再展开

* 作者简介：黄兴球（1964—　　），广西忻城县人，浙江工业大学越南研究中心教授，历史学博士。

① 格兹洛娃：《英国征服前夕缅甸社会关系史片断（关于缪纪土地所有制）》，参见黄祖文、朱钦源编译《缅甸史译丛》，新加坡：新加坡南洋学会，1984 年，第48 页。

② 姚思廉等：《梁书》（列传第四八·诸夷），中华书局1983 年版，第789 页。

对它们之间的比较论述，只着重讨论壮泰族群社会"板—勐体制"中的"勐"的含义、分布、起源等问题。

一、"勐"的含义

关于"勐"的含义，学者们有不同看法。德国年轻女学者嘉娜（Jana Raendchen）对老挝存世的《澜沧王国史》等 8 种古代贝叶经进行梳理后，认为"勐"包含以下四种含义：第一，"勐"是一个由众多的"板"组成的自治区域，它是社会政治单位，是政治和仪式的中心。第二，它是一个以水渠灌溉系统维持水稻种植为经济基础的小城邦或者王国。第三，由几个"勐"组成的，以从前的勐政治传统和印度的"曼荼罗"概念混合而成的更大的政治单位。第四，佛教经典中使用"勐"这个概念等同于"世界""宇宙"之意。[1] 中国学者也注意到"勐"地名的现象，认为"壮语和泰语称水渠为'蒙' $\mu\tau9$, ^{24} 或 $\mu\tau\alpha$, ^{24}，应当说，这个词比表示城区或邦国的'孟'的出现要早得多。壮语的 $\mu\tau9$, ^{31} 和泰语的 $\mu\tau\alpha$, ^{33} 当出自 $\mu\tau\alpha$, ^{24} 一词的拟音易调和扩义引申。"[2] 作者似乎是在暗示"勐"同水渠有关。有人认为"勐"是指"地方"[3]，这个意义是最为适合壮泰族群语言的本意的，其在壮族北部方言来宾土语的读音为" $\beta9$, ^{33} ""水渠"在壮族北部方言来宾土语的读音为" $\mu9$, ^{42} "。这两个读音的声母、声调都不同，意思也不同，在壮族北部方言中区分得非常清楚，不能混淆。因此，把"勐"同"水渠"联系在一起，那是后来才发生的事，是壮泰族群中的部分民族在某个地域建立起"勐"组织之后为了加强对农田灌溉的管理才形成水渠管理体系，这种水渠管理体系才能与政治体系结合起来，使得"勐"的意思起了变化。虽然水渠是先决的、天然形成的，但这种天然的资源只有在被人类利用之后，加以人为的修缮和管理，才可能有效地形成一个体系。并且，要弄清楚是先有水渠系统的天然生成条件，

① Jana Raendchen："The Socio-Political and Administrative Organization of mang in the Light of Lao Historical Manuscripts"，"TAICULTURE" Vol 17，Berlin，2004；19 – 42.

② 潘其旭：《从地名比较看壮族与泰族由同源走向异流——壮族文化语言学研究系列论文之二》，《广西民族研究》2001 年第 1 期。

③ 云南省地名委员会办公室：《云南地名探源》，云南人民出版社 1988 年版，第 95 页。

后有政治体系的"勐"与这种水渠管理体系的区域上的重叠，换句话说，国家、城市意义上的"勐"是在水渠管理体系的天然基础上建立的，而不是相反。否则，将不能解释没有水渠灌溉系统的地方也存在"勐"的历史事实。

在"壮泰文化区"里，与水渠、河流紧密相关的"勐"是比较少的。比如老挝的丰沙里省的"勐乌怒""勐乌德"，是因南乌河而得名的，但是在南乌河流域并不只是成为一个"勐"而是分为南、北①两个"勐"。中国境内西双版纳的"勐腊"是与南腊河有关的，但其得名却与一则传说有关，并非是因南腊河的灌溉系统而得名。② 越南境内的"勐"地名中也没有完全同灌溉的河流名称相同或者流域重叠的。比如"勐青"（MuangThanh）在今越南的奠边府地区，那里并没有一条名为"青"的河流。看来，将"勐"与河流联系起来的说法，证据不足。因此，"勐"具有的"城镇、城市、国家"的意义是后来派生出来的，"勐"的原生意义就是"一片地方"。

越南学者比较早地关注到"勐"这个组织。琴仲于1978年在河内出版的《越南西北泰人》一书中，有专章讨论了"勐"的问题。他认为从泰族的历史传说中，"勐"在公元1世纪、2世纪就出现了。在越南西北的泰人居住区，历史上曾经出现了14个"勐"，他还对勐的层级结构的情况有了详细的记述。在"勐"的起源问题上，他虽然也注意到勐与河流的水利灌溉系统的联系，但他不认为勐起源于水利系统，亦即他在这个问题上没有解释清楚。③

二、"勐"的分布

"勐"地名在中国境内的分布主要在云南省的傣族地区，从德宏到西双版纳再到元江都有分布，但在云南省东部与广西接壤的文山州这片壮族相对聚居的地区，没有见到以"勐"命名的地名，再往东到广西、广东也没有"勐"地名。这就有了一个新发现，在中国境内，有"勐"地名

① 老挝语中"德"意思是"底部""南部"，"怒"意思为"北部"。
② 云南省地名委员会办公室：《云南地名探源》，云南人民出版社1988年版，第95页。
③ 琴仲：《越南西北泰人》（越南文），河内：社会科学出版社，第299—377页。

与无"勐"地名的分界线大致以云南省境内的元江为界，元江以西有"勐"地名的分布，以东则无。

"勐"地名在越南的分布，最南边有河静省的"勐山"（Muang Son），最北边有老街省与云南省文山州马关县接壤的"勐广"（Muang Khuong）。"勐"地名在越南的分布主要集中在越南与中国、老挝接壤的河静、义安、清化、山萝、莱州、老街等西北部各省，而越南东北部没有"勐"地名的分布。笔者根据越南学者整理越南国家第一档案馆留存的19世纪的材料所做的统计，发现在越南"北圻"27个省中，以"勐"冠首的地名共有67个，这些以"勐"字冠首的地名都是分布在越南西北部的北宁、北江、北件、河东、河江、河南、海阳、海宁、福安、和平、宁平、太平、太原、南定、山西、建安、兴安、谅山、高平、福寿等省份，特别是集中在山萝、老街、莱州、安沛四个省。与中国广西邻近的越南北部、东北省份，虽有"板""那"等壮泰族群地名的分布，却没有"勐"地名。在越南境内，有"勐"地名与无"勐"地名的地域分界线大致以红河为界，红河以西是有"勐"地名分布的，以东则无。而红河的上游就是位于中国云南省境内的元江，就是说元江—红河这条河流是"勐"地名分布的一个天然的界限。

"勐"地名在老挝全境都有分布，比如老挝北部丰沙里省的"勐夸"（Muang Kua）、南部占巴塞省的"勐门"（Muang Mun），老挝故都琅勃拉邦的旧称就是"勐萨"（Muang Swa）。勐在老挝语中的真正读音是"μ；9N1"，其含义是"城市、城镇、国家、地区"。在老挝，还通常在县一级名称前面都冠以"勐"字，比如垄南塔省就有"勐星""勐龙""勐那列"等县，"勐"是老挝县一级行政级别。当然，在老挝并非所有的以"勐"冠名的地方都是县名，还有很多地名虽冠以"勐"字，但不是县份。老挝设立"勐"的事件并被载入史册是在澜沧王国时期。1357年澜沧王国的国王法昂设立了6个"垦勐"，下设"匡勐"的行政机构①，这是"勐"在老挝被当作行政区的一层级别的开始。但是，有理由相信应该在此前"勐"作为"地方"的意思已经长期存在，到法昂时期才可能被定为行政级别。1777年暹罗入侵老挝，把琅勃拉邦、万象、占巴塞三

---

① 蔡文枞：《老挝的行政区划演化》，《东南亚》1987年第1期。

个王国变成自己的属国。暹罗也是用"勐"的体制对老挝进行管辖统治的。1911 年，法国殖民者在老挝设 立了省（khueng）—县（muang）—州（kong）—乡（Taseng）—村（Ban）各级行政管理体制。1975 年老挝人民民主共和国成立后，这种行政体制被稍做改变而沿袭下来。①

"勐"地名在缅甸的分布集中在掸邦、克钦邦，也就是掸族的聚居地区，其地名有如勐密、勐弄、勐光、勐廊、勐苏、勐乃、勐潘等。② 勐地名在泰国也是到处都有，不再一一列举。

归纳而言，"勐"无论是作为地名抑或作为行政的单位，其分布地域集中在中国西南部傣族地区、越南西北部的泰族地区、老挝、泰国和缅甸掸邦、克钦邦地区，可以称这片连接在一起的区域为"立勐地带"，这个地带的东部边界大致从云南省元江往南，进入越南北部后继续以元江的下游河段——红河为界，直至越南的义安省为止，北部边界大致沿着中国云南省西双版纳傣族自治州的北部州界向西延伸到德宏州并进入缅甸北部的萨尔温江岸边，西部边界以缅甸北部的萨尔温江向南沿着缅甸、泰国边界直到暹罗湾岸边，南部以老挝柬埔寨边界、泰国柬埔寨边界为界。

三、"勐"的起源

关于"勐"的起源，泰国学者披耶阿努曼拉查东曾有专门的论述。他在《泰人过去的生活》这本小册子中，立有"版勐的产生"一节，专门论述这个问题。③ 但是在读了他的文字之后，不免有些失望。因为他根本就没有给出"勐"产生的原因，而是想象式地描述了"公共房"如何出现的一个过程，这与读者的期待大相径庭。

前已述及，有学者认为"勐"的起源与水渠有关。"勐"的起源不可能源自水渠灌溉系统，因为这样的解释违反了"国家起源"的一般学说。恩格斯指出："国家是社会在一定发展阶段上的产物，国家是表示这个社会陷入了不可解决的自我矛盾，分裂为不可调和的对立面而又无力摆脱这

---

① 蔡文枞：《老挝的行政区划演化》，《东南亚》1987 年第 1 期。

② 周敏主编：《世界分国地图·缅甸》，中国地图出版社 2003 年版。

③ 披耶阿努曼拉查东：《泰人过去的生活》，载段立生译《泰国当代文化名人——披耶阿努曼拉查东的生平及其著作》，中山大学出版社 1987 年版，第 243—320 页。

些对立面。而为了使这些对立面，这些经济利益互相冲突的阶级，不致在无谓的斗争中把自己和社会消灭，就需要有一种表面上凌驾于社会之上的力量，这种力量应当缓和冲突，把冲突保持在'秩序'的范围以内，这种从社会中产生但又自居于社会之上并且日益同社会脱离的力量，就是国家。"①　由此看来，"勐"不管是作为"国家"或者"城镇"的意义，都不可能起源于水渠，而只能同壮泰族群社会中产生了阶级对立有关。

"勐"的出现就是壮泰族群社会国家形成的初级形式，可能应该称之为酋邦。"壮泰文化区"内古代酋邦的存在已经在中国古籍中有大量的记载，历代正史都以"列传"内容记述有关中国以外周边国家的事迹，代代不绝于书。但是这些记录都是以"国"的概念记载的，没有从"勐"的角度去进行叙述。尽管在中国境内的傣族地区的傣族文献中关于"勐"的记载很多，但是多数是从一个地方的"勐"的土司的家世着眼，从中也难得看到"壮泰文化区"里"勐"的全貌。今天，当我们把"勐"作为一个问题提出来专门讨论时，"勐"的真实面目更加清晰了。首先，"勐"的最初意义是指"一大片地方"，这样的意思在现代北部壮语方言中仍然保留着，没有产生原意的变化，在泰语、老挝语中也同样具有这一层含义。其次，"勐"由最初的意义转变为具有"国家""城市""政权"的意义，是由于在壮泰族群社会中出现了酋邦政权、地方政权，为了分别所辖区域而区分彼此时才衍生的新的意义。

板—"勐"体制是壮泰族群社会的一个基本特征。"板"是最先出现于壮泰族群社会的组织，并且长期存在下来，成为壮泰族群社会特征的具体体现之一，是作为一个历史事件——即制度的产生的最好证明，它形成于壮泰族群未分化的上古时代，因而其名称、结构、功能在整个壮泰族群社会中都是一致的。"勐"是在壮泰族群社会中后来才出现的、比"板"组织更高一级的社会组织，它的原意是"一片地方、一个地区"，随着壮泰族群中能够建立政权的民族出现后，这种政权所管辖的区域继续使用"勐"这个传统意义来称呼其所管辖的地域，才使得"勐"的原意发生了改变，包含有"国家"的意思；又因为政权所在地往往是城市、城镇，"勐"就又加进了"城市"的意思。这是国家政权的产生给壮泰族群社会

---

①　恩格斯：《家庭、私有制和国家的起源》，中共中央马克思恩格斯列宁斯大林著作编译局《马克思恩格斯集》（第四卷），人民出版社1995年版，第170页。

所带来的变迁的表现。还必须看到，尽管"勐"加进了新意，但是它作为国家也好，城市也罢，都还是要指"一片地区"，因为城市、国家都有其管辖的地域，"勐"的原意还是能保留下来。

一句话，"勐"作为政权组织是壮泰族群社会出现阶级后随着国家政权建立的需要而产生的。

四、勐出现的时间

那么，"勐"这种社会组织是什么时候出现在壮泰族群社会的呢？在老挝的"坤博隆"（KhunBorom，KhunBulom）神话传说中，坤博隆被当作了老挝人的祖先，他掌权时，派了他的七个儿子分别去管理七个"泰人"（Tai）居住的地方，这七个地方分别是[①]：

1. 勐骚澜沧（Muang Sw a Laan Saang），由坤罗（Khun Lo）统治；

2. 勐贺（Muang Ho），由坤尼帕兰（Khun Ni phaalaan）统治；

3. 勐朱拉尼或称帕拉坎（Muang Chulanii，Muang Plakan），由坤朱松（Khun Chu Song）统治；

4. 勐育奴（Muang Yoonok），由坤赛鹏（Khun Saiphong）统治；

5. 勐腊沃阿育达亚（Muang Lawoo Ayutthayaa），由坤坎尹（Khun Kham In）统治；

6. 勐盆（Muang Phun），由坤哲庄（Khun Chet Chuang）统治；

7. 勐曼或勐红萨（Muang Man，Muang Hongsaa），由坤罗端（Khun Lok Don）统治。

这个传说所反映的是"泰人"建立政权，实行土地分封占有的过程，特别应该注意到的是，这七个"勐"包括了当今所有壮泰族群中自称为"泰"（Tai）的这部分人所分布的区域，也就是"立勐地带"所在的区域。这就证明了"勐"由描写地域的意思转向王国政权意义的转变过程。

再以老挝的"勐萨"为例，来进一步证明这个事情。老挝古都琅勃拉邦[②]另有一个名字叫"萨"（Swa），这是因为旧时建立政权统治这个地方的是一个名字叫"Swa"的克木族首领。老挝史籍《南掌纪年》记载

---

① 马哈西拉·维拉冯：《坤博隆的传说》（老挝文），万象：老挝文化部，1967 年。

② "琅勃拉邦"之名是因请来了琅勃拉邦神像而得。

说：在佬族首领坤博隆的长子坤罗率领民众自勐青（今越南北部奠边府一带）沿乌河而下，来到湄公河边的"萨"（Swa），与当时统治那里的克木族首领坤干哼及其子孙大战后获胜，才建立起佬族人对那里的统治。① 老挝克木族一则关于与新来的人（就是佬族人）争夺琅勃拉邦地盘的民间故事，与《南掌纪年》的这个记载相吻合②，看来确有其事。

从《坤博隆的传说》《南掌纪年》到克木族的民间故事关于勐萨的历史变迁，我们得出下面两个结论：第一，"勐萨"前面的"勐"字是佬族人加上去的，本来在克木族那里叫"萨"就可以了。第二，随着"泰人"的迁移，"勐"的地名被安置到新的占领地，成为"泰人"统治或者占有这些地方的标记，一种难以磨灭的标记。

那么，"勐"作为一种王国或者国家政权的标志是不是在坤博隆时代就出现了呢？老挝学者认为《坤博隆的传说》是 16 世纪的作品，是宫廷史官的创造。③ 16 世纪已经是很晚的时间，所以不可能从作品的创作时间去判断作品中提到的"勐"的出现时间。从《坤博隆的传说》中提到的"坤罗"从勐青南下乌河进攻勐萨的情况来看，"勐"的出现应该是在坤博隆成为"勐青"的统治者之后才出现的。这是老挝方面的材料所能提供的一个模糊的时间概念。

再从越南方面的情况看，越南学者认为泰族大概在 9 世纪、10 世纪的时候出现在越南的西北部，随着泰族的到来，"勐"的地名也出现了。"勐"的名称来源于贵族的领地。④ 这个说法刚好与越南泰族在越南实行封建统治的事实相符合，是"勐"成为政权管理机构的实质性表现。越南学者得出这个判断的依据是越南泰族的民间抄本《关都勐》（Quan To Muang），他们收集到 30 多个版本，整理后出版在《越南泰族历史文化资料》一书中。"关都勐"是泰族语的音译，意译的意思是"建勐造勐的传

① 何平：《湄公河名称的含义及其所反映的民族历史变迁》，《云南社会科学》2005 年第 5 期。

② 叶廷华等著，赵建国译：《老听人与铜鼓》，中国古代铜鼓研究会编《铜鼓资料选译》（第 5 集），1983 年，第 40—41 页。

③ 马哈西拉·维拉冯：《老挝国史：从古代到 1964 年》（老挝文），国家图书馆 2001 年版，第 18 页。

④ 吕文卢著，莫俊卿译：《法属时期岱侬泰族社会制度初探》，《世界民族》1984 年第 3 期。

说"，就是关于"勐"的故事。故事的梗概是他们的祖先"刀银""刀征"率领黑泰人从中国境内沿着红河向南迁徙，定居在"勐炉"（muang lo，现在属于越南安沛省）后，其子孙逐步向西部的"勐青"（今越南奠边府地区）扩张地盘。这些故事没有明确的时间标志，从中反映出他们来到越南已经有 35 代人了，如果以每一代是 30 年计算，等于 1050 年，越南学者整理这些故事的时间是 1977 年，1977 减去 1050，等于 927 年，即 10 世纪。他们由此得出"勐"在越南的出现应当是在 9 世纪、10 世纪随着泰族的到来而出现的结论。[①]

从中国方面的材料来看，傣族有关于"勐神"由来的传说[②]，但是"勐神"由来和"勐"的出现是两个概念和两个事件，不可混同。傣族关于"勐神"由来的传说也没有明确的时间记载，不足以用来作为判断"勐"出现的时间的依据。德宏傣族有一个《嘿勐沽勐》的文本，专门讲述勐卯及其附近在历史上出现过的王国的情况，据考证是佛寺中的大佛爷卞章嘎于乾隆三十四年（1769 年）写成的。[③] 该书所记述的傣族建立勐的最早时间是"傣历辛卯年（前 364 年）"，说"有一位国王在罕萨建立了王城"。[④] 这个时间以及该书记事的开始时间都是卞章嘎追述往事的臆断时间，并非真实的纪年，亦不可当作勐起源的时间的参考。

综合以上老挝、越南、中国的关于"勐"方面的信息，可以认为，"勐"的出现是比较晚的事情，出现的时间可能在 9 世纪、10 世纪。

参考文献

1. 格兹洛娃：《英国征服前夕缅甸社会关系史片断（关于缪纪土地所有制)》，参见黄祖文、朱钦源编译《缅甸史译丛》，新加坡：新加坡南洋学会，1984 年。

2. 姚思廉等：《梁书》（列传第四八·诸夷），中华书局 1983 年版。

---

① 邓严万：《泰族社会历史资料》（越南文），社会科学出版社 1977 年版，第 34 页。

② 岩温扁编：《谈寨神勐神的由来》，中国民间文学出版社 1981 年版。

③ 卞章嘎著，龚萧政译：《嘿勐沽勐》，载德宏州史志编委办公室编辑《德宏史志资料》（第十一集），德宏：德宏民族出版社 1988 年版，第 5、37 页。

④ 同上。

3. Jana Raendchen: "The Socio-Political and Administrative Organization of mang in the Light of Lao Historical Manuscripts", "TAICULTURE", Vol. 17, Berlin, 2004: 19—42.

4. 潘其旭:《从地名比较看壮族与泰族由同源走向异流——壮族文化语言学研究系列论文之二》,《广西民族研究》2001 年第 1 期。

5. 云南省地名委员会办公室:《云南地名探源》,云南人民出版社 1988 年版。

6. 琴仲:《越南西北泰人》(越南文),河内:社会科学出版社,第 299—377 页。

7. 蔡文枞:《老挝的行政区划演化》,《东南亚》1987 年第 1 期。

8. 周敏主编:《世界分国地图·缅甸》,中国地图出版社 2003 年版。

9. 披耶阿努曼拉查东:《泰人过去的生活》,载段立生译《泰国当代文化名人——披耶阿努曼拉查东的生平及其著作》,中山大学出版社 1987 年版。

10. 恩格斯:《家庭、私有制和国家的起源》,载中共中央马克思恩格斯列宁斯大林著作编译局《马克思恩格斯集》(第四卷),人民出版社 1995 年版。

11. 马哈西拉·维拉冯:《坤博隆的传说》(老挝文),万象:老挝文化部,1967 年。

12. 何平:《湄公河名称的含义及其所反映的民族历史变迁》,《云南社会科学》2005 年第 5 期。

13. 叶廷华等著,赵建国译:《老听人与铜鼓》,中国古代铜鼓研究会编《铜鼓资料选译》(第 5 集),1983 年。

14. 马哈西拉·维拉冯:《老挝国史:从古代到 1964 年》(老挝文),国家图书馆 2001 年版。

15. 吕文卢著,莫俊卿译:《法属时期岱侬泰族社会制度初探》,《世界民族》1984 年第 3 期。

16. 邓严万:《泰族社会历史资料》(越南文),社会科学出版社 1977 年版。

17. 岩温扁编:《谈寨神勐神的由来》,中国民间文学出版社 1981 年版。

18. 卞章嘎著，龚萧政译：《嘿勐沽勐》，载德宏州史志编委办公室编辑《德宏史志资料》（第十一集），德宏：德宏民族出版社 1988 年版。

本文原载于《广西民族研究》2009 年第 4 期

阿洪王国的历史与变迁
——印度东北部侗台语民族研究之一

潘　汁

【摘　要】13 世纪至 19 世纪印度东北部的历史当数阿洪王国 (the Ahom Kingdom) 的历史。阿洪王国是 13 世纪上半叶由侗台语民族之一支的阿洪人在布拉马普特拉河上游地区建立的国家。阿洪人的先民属中国古代的"百越"系统，与云南傣族、缅甸的掸族有着直接的族源关系。与周边的山地民族相比，阿洪人拥有先进的稻耕农业技术，并由于文字、宗教、政治军事体制等因素，使其得以稳定和发展。但是由于人口比例、交流与融合方面的变迁以及内部斗争的消耗，加上英、缅等外部势力的入侵，终于让延续了六百年的王国灭亡了。本文在探求阿洪王国历史的同时也对阿洪人的语言、文化等方面的变迁进行分析，审视他们是融入还是脱离印度的主流文化的趋势。

【关键词】侗台语民族；阿洪王国；印度化；历史

首先要说明侗台语民族及相关支系等概念。以往在对印度东北部侗台语民族研究时大都将之认为属泰系民族（Tai-Speaking Peoples），具体有阿洪泰（Tai-Ahom）、坎底泰（Tai-Khamti）等，也有称之为台语民族的。如此容易使人误认为他们是泰国的泰族直接迁徙于此，因此有必要将这些称谓加以分析说明。所谓侗台语民族，是指有着相同的历史渊源和语言文化的多个民族的集团，国外称为 Tai、Kadai、Dai-Kadai、Kam-Tai 等。中文的叫法也不统一，如侗台、壮泰、傣泰或卡岱，也有叫作岱台、傣掸等。这里的"台"或者"泰"，与台湾的"台"无涉，也不是指泰族直接从泰国迁徙而来，而是某些侗台语民族自称"Tai"或者"Thai"的记音。这个中文的提法始于李方桂先生，他从语言学的角度创造了"台语""侗台语"两个概念。一般来说，国内的侗台语民族叫作壮侗语民族，国外的则仍然称为侗台语民族。侗台语民族源于中国古代的"百越",已经是学术界趋于认同的共识。中国境外的泰族、佬族、岱族、侬族、掸族等,以及中国境内的壮族、侗族、傣族、布依族、黎族等民族,都来自这个群体,是"同根生的民族"。①

印度东北部的阿洪人(Ahoms)是侗台语民族的一个支系,阿洪王国是侗台语民族建立的国家。

一、阿洪王国的地理环境与疆域

阿洪王国的中心地带在当今印度的阿萨姆邦,位于发源于青藏高原、横贯阿萨姆邦的布拉马普特拉河上游,地处喜马拉雅山南麓。尽管纬度较高,但由于喜马拉雅山脉的阻隔,使来自印度洋的暖湿气流常年作用于平缓的南麓区域。布拉马普特拉河冲积而成的河谷平地,气候温暖,雨量充沛,植被丰富,自然环境迥异于干燥多尘的南亚大陆腹地,而与东南亚地区有明显的相似性。侗台语民族是世界上最早的水稻种植者之一,阿萨姆的自然环境给阿洪人迁居于此并适应当地自然环境提供了首要的条件。另外,北方的喜马拉雅山脉、东南方的帕凯(Patkai)山脉、缅甸境内的中东部高原也对布拉马普特拉河上游流域地区形成了天然的屏障,俨然一个自成一体的地理单元。这个地理环境的特点也是造成阿洪人迁徙到布拉马普特拉河上游流域以后与其母体的联系遭到阻断的主要原因之一。

阿萨姆邦面积约为7.8万平方公里,南边与梅加拉亚、特里普拉、米佐拉姆、曼尼普尔邦接壤,东面与那加兰邦相接,北部与阿鲁纳恰尔邦接壤,北方与不丹国交界,西部和南部与孟加拉国也分别有两段国境边界。经西孟加拉邦、比哈尔邦这一条狭长的走廊与印度大陆本土连接。在阿洪王国的全盛时期,其势力范围覆盖了整个印度东北部。除曼尼普尔外,印度东北部的其余各邦都曾经纳入了阿洪王国的版图。从阿洪王国灭亡直至印度独立以后,印度东北部的其余各邦才陆续从阿萨姆划分出来。纵观阿洪王国的历史,它的中心区域是相对稳定的,但国家疆域却因外部势力的入侵而随之发生变化。

---

① 参见范宏贵《同根生的民族》,光明日报出版社2000年版。

至于"阿萨姆"名称，也与阿洪人的来历有关。阿洪人迁居阿萨姆地区以后，当地人将阿洪人建立的国家称为哈萨姆（Ha Siam），意即掸人（Shans）的土地，后来由于发音上的变化而成为阿萨姆（Assam）[1]。"暹（Siam）与掸（Shan）仅为一音之转"[2]；又，"掸即 siam 或 syam，读作 sayam，即掸亚姆，是一个梵文名词，最初是印缅北部居民对永昌徼外人的称呼，其后由四周各族长期沿用"[3]。阿萨姆地名的由来也折射出阿洪人与缅甸掸族的关联。但是梵文中也有"阿索姆"（Asom）一词，意为"不平，无双"，用来描绘阿萨姆自然地貌倒是恰当的，是不是阿萨姆由梵语阿索姆转化得来还有待研究。不过由此来看，或许将阿洪王国看成"阿萨姆王国"更贴切一些。

二、阿洪王国早期的历史

早在阿洪人之前就有侗台语民族到达阿萨姆地区，所以对阿洪人往印度东北部地区的迁徙，如果认为这是侗台语民族首次到此活动，显然是不正确的。公元 7 世纪唐代高僧玄奘出访印度，历时 17 年，归国后著《大唐西域记》，其中记载了他应东天竺迦摩缕波国国王鸠摩罗的邀请讲经说法。这个历史悠久的迦摩缕波古国就在今印度东北部阿萨姆境内卡姆拉普（Kam rup），卡姆拉普是印度东北部最著名的古城遗址之一。那么，迦摩缕波古国的居民是何人？同时代的《蛮书》说"越礼城在永昌北……又西至茫部落，又西至盐井，又西南拔熬河丽水城，寻传大川称在水东。从上郎坪北里眉罗苴盐井，又至安西城，直至小婆罗门国[4]"。据江应樑先生考证，此文之"茫部落"当为"茫蛮部落"。"丽水"为伊洛瓦底江，"小婆罗门国"，当在今印度东部连接缅甸的阿萨密地方……这里分布着金齿、漆齿、绣脚、绣面、雕题、僧耆等十余部落，均为傣族之先民[5]。另外，"……在蓬帝国（Pong）的第十三代君主苏肯姆法执政时期，他的

---

①　何平：《从云南到阿萨姆：傣掸民族历史再考与重构》，云南大学出版社 2001 年版，第 398 页。

②　G. E. 哈威著，姚枬译注，陈炎校订：《缅甸史》，商务印书馆 1957 年版，第 120 页。

③　《傣族简史》编写组：《傣族简史》，云南人民出版社 1986 年版，第 9 页。

④　樊绰：《蛮书·城镇》。

⑤　江应樑：《傣族史》，四川民族出版社 1983 年版，第 104 页。

兄弟萨姆隆法是他的部队总司令，率兵征服了卡恰尔、特里普拉和曼尼普尔，越过山地闯入了布拉马普特拉河坝区，从此地发起了一连串征战，掸人从萨地亚到迦摩缕波（Kamrup），逐步把整个地区征服了，这很可能是经过几个世纪中的若干次入侵才完成的。因为阿萨姆的编年史料所记载的相当于公元 1228 年那一年，正是诸古法（chukupha）登基的年份"①，这是英国人道尔敦著作《孟加拉人种学》中所载的研究成果《公元一八七五年阿萨姆邦拉金普尔地区少数民族统计报告》，文中的"诸古法"应该就是苏卡法。苏卡法立国登基不应该是出征当年就能实现的，而是经过了相当长时间的积累、准备。我们可以从上述情况中得知早期侗台语民族在阿萨姆活动的情况，尽管道尔敦文中所提到的"蓬王国"② 是个西来名词，在我国的古文献中从未见过，但这也只是名称上的不统一而已，并不能否定这一段历史事实。有学者否定"蓬王国"的存在，认为那只是一个讹传，但是中国的文史典籍中自汉唐以来对滇缅至印度阿萨姆一带的滇越、掸国等政权实体及其风土人情的记载甚多，所提之地，之人，之事，似不能以区区一名称之讨论而一概否定，而且持否定论的学者也没有证据来否定其"越"的族属。

由此看来，"印度阿萨姆地区，应是东汉掸人分布的西界"③，合乎史料，也是符合现状的。

对阿洪王国早期历史的研究主要是从阿洪人留下编年史开始的。这种编年史最先用傣掸文字书写，在印度也是最早的编年史。"由于后来阿洪人逐渐接受了印度东北部地区阿萨姆邦的语言与文字，故年代较晚的一些编年史和其他文献是用阿萨姆文书写的。"④ 阿洪人的编年史称为"布兰吉（Buranji）"，采用傣历纪年（Sak），因而在年代推断上有较高的可信度。但有时对于同一事件却出现多种"布兰吉"记载有不同的时间，故而造成时间上有些不统一。

---

① 转引自《傣族简史》编写组《傣族简史》，云南人民出版社 1986 年版，第 12 页。

② 《傣族简史》编写组：《傣族简史》，云南人民出版社 1986 年版，第 12、75 页；另外转引自 G. E. 哈威著，姚枬译注，陈炎校订《缅甸史》，第 100 页；Dalrymple, *Oriental Repertory*, 第 477 页；Pemberton, *Report on the Eastern Frontier of British India*, p. 108。

③ 《傣族简史》编写组：《傣族简史》，云南人民出版社 1986 年版，第 11 页。

④ 何平：《从云南到阿萨姆：傣掸民族历史再考与重构》，云南大学出版社 2001 年版，第 385 页。

　　在阿洪人的"布兰吉"记载的传说中，提到了昆龙和昆莱兄弟俩，他们是顺着梯子从天上来到了一处叫作勐丽勐兰（Mong Ri Mong Ram）的地方，就地建立国家并当上了最高的统治者。经学界前辈方国瑜先生的考证，勐丽勐兰与勐卯有关，就在云南的瑞丽一带。[①] 昆龙和昆莱统治勐卯的时间大约是 10 世纪末 11 世纪初[②]。有意思的是缅甸的掸族的民间神话中，也有相同的说法[③]。从这里面可以总结出两点结论：第一，阿洪人的祖居地是勐卯；第二，缅甸的掸族也和阿洪人一样从勐卯向西北迁移。

　　重要的是，"勐丽勐兰"是不是一个具体的地名？在侗台语言中，大量存在这种 ABAC 式（名词 A + 形容词 B + 名词 A + 形容词 C）的叠词，具有绘声绘色的表意功能。"勐丽勐兰"也可作为"勐兰勐丽"，在此结构中，A（勐）是表示地方、地域单位的名词，B（丽）、C（兰）是形容词，有"黑暗、遥远、难以找到"之意。以壮语为例，"弄兰弄丽"（rung^{53} lap^{55} rung^{53} li^{55}）意思是"遥远、分不清的弄场"，"塥兰塥丽"（ko^{42} lap^{55} ko^{42} li^{55}）即"印象模糊、难以找到的角落"。以此推之，"勐丽勐兰"绝非具体的地方，而是带有模糊、大概、不准确色彩的侗台语地名。那么，是什么原因造成阿洪人对自己的祖居地产生了模糊呢？从阿洪人传说中的"勐丽勐兰"可以研判出，阿洪人从祖居地迁移出来已经很久了。当然还有一种可能是"勐丽勐兰"也不在勐卯，而是傣掸先民到达勐卯之前的居住地。

　　大多数关于阿洪王国及阿洪人的研究，包括印度东北部本土学者研究，都认为是第一代王苏卡法率领庞大的军团从他们的祖居地勐卯向着印度东北部远征，于 1228 年征服阿萨姆并建立了阿洪王国，根据是阿洪人在其编年史"布兰吉"上有如此记载。但是，这种英雄史诗式的记载可能有其夸大或者不实的成分，并不是唯一可信的。首先是自然地形因素的制约，云南的德宏、瑞丽以及缅甸东部、中部、北部一带，山脉高耸，沟壑纵横。境内有怒江和伊洛瓦底江两大水系，支流众多，要实现距离长达千里的远征，实在是不可想象。其次，远征受到强大的缅甸蒲甘王朝的制

---

① 方国瑜：《元代云南行省傣族史料编年》，云南人民出版社 1958 年版，第 28 页。

② 范宏贵：《同根生的民族》，光明日报出版社 2000 年版，第 246 页。

③ Sai Kam Mong：*The History and Development of the Shan Scripts*，Silkworm Books，Chiang mai，2004，p. 13.

约。13 世纪上半叶，蒲甘王朝完全有能力控制整个缅甸。要越过高山深
壑，又要面对强敌，要达到远征的目的地同样非短时间内所能实现。另
外，当时缅甸东、中、北部地区还分布着许多占关据险的民族群体，彼此
间经常相互攻伐，对于远征的阿洪人来说同样也是不易过关的。因此，认
为阿洪第一代王苏卡法率众从勐卯直接向阿萨姆进发、于 1228 年建立了
阿洪王国的结论显得很牵强。相比之下，正如前文所讲过的，"……苏肯
姆法执政时期，他的兄弟萨姆隆法是他的部队总司令，率兵征服了卡恰
尔、特里普拉和曼尼普尔，越过山地闯入了布拉马普特拉河坝区，从此地
发起了一连串征战，掸人从萨地亚到迦摩缕波（Kamrup），逐步把整个地
区征服了，这很可能是经过几个世纪的若干次入侵才完成的"，这个推断
似乎更加合理一些。

勐卯是阿洪人的故乡，苏卡法正是从这里向西迁徙的。阿洪人编年史
所记载的 1228 年应该只是苏卡法登基的时间，而不是他率众离开勐卯或
进入阿萨姆的时间。合理的推断是他（或者其他的首领）此前率领一支
人马先进入缅甸，或许在今缅甸的掸邦地区停留，再向北寻找理想的居住
地。阿洪与缅甸掸邦的关系是，"在阿洪人占据布拉马普特拉河流域期
间，他们与勐拱或勐卯龙这样的泰人国家的关系得到强化"①，由此可推
断，阿洪人曾经和掸族一样，是今缅甸境内掸邦的居民。

有的"布兰吉"所载的传说中，苏卡法是 1215 年带着掸族国王所持
的王权象征"梭陀"（Somdeo），带领 9000 人的男女，大象两头，马三百
匹，从勐卯龙出发，花了 13 年时间从胡贡（Hukawng）河谷越过了帕凯
（Patkai）山脉，进入到了上阿萨姆，最先在迪潘（Tipam）建国，1251
年迁至查莱碉（Charaideo）并建都于此。② 苏卡法进入阿萨姆后，与布拉
马普特拉河谷的原住民摩兰人（Morans）、那加人（Naga）、勃拉人（Bo-
rahis）交好，鼓励阿洪人与当地各民族通婚，同时武力征伐强悍的楚提
亚人（Chutias），建立了一个小王国，阿洪人把自己的国家叫作"勐敦顺
坎（Mung Dun Shun Kham）"。然后逐步征服像勃拉希、摩兰这样的当地

---

① Puspadhar Gogoi：*Tai of North East India*，Chumpra Printers and Publications Pvt. Ltd.，Dhe-maji，1996，p. 2，3.

② 栗田靖之：《北東イソド諸民族の基礎資料》，國立民族學博物館研究報告別册 9 号，1987 年，第 33 页。

民族，将其同化。

总而言之，阿洪人从勐卯的迁徙，经缅甸到达阿萨姆，这是一个逐渐的、长久的过程。到达布拉马普特拉河流域后才真正找到了理想的栖息地。站稳脚跟后，阿洪人在这一地区大力发展稻耕农业，在与周边民族频繁交往的同时，自身也逐步发展壮大起来。

三、阿洪王国大事记

纵观传承了近600年的阿洪王国历史，可分为5个时期：第一阶段是建国后到第七代王苏党法（1397—1407年在位）执政前的169年的发展阶段；第二阶段从1397年至第十六代王苏生法（1603—1641）执政期间的1615年，是受到婆罗门教影响，逐步印度化的阶段；第三阶段是莫卧儿王朝入侵时期，时间为1615年至第三十代王苏牙法被鸩杀的1672年，也可称为回教战争时期；第四阶段是1672年至英国人威尔什率领英国远征军介入阿洪国事务的1792年，这个阶段是阿洪王国内部纷争加剧、国家持续衰弱的阶段；第五个阶段是1792年至第一次英缅战争结束、仰达坡条约签订的1826年，这是英国加强对阿洪王国控制直至灭国的阶段。

阿洪国在第一个阶段里，具有与东南亚其他侗台语民族政权一样的特点，和四周的其他民族群体频繁交往，和战靡常。对内则加强政治、经济、军事、文化等方面的建设，是重要的发展时期。开国君主苏卡法死后其子苏登发继位，对位于勐康的那拉族进行征讨，又将迪库（Dikhu）河以东的地方从卡查尔族（Kachari）手里夺回。到了第四代王苏康法（Sukhangpha，1293—1332年在位）时代，阿洪国已经取得了布拉马普特拉上游流域的支配权。

第二阶段始于苏党法（Sudangpha，1397—1407年在位），由于其父王被暗杀，他自幼由婆罗门家庭抚养，深受婆罗门教思想的影响。他的即位被视为阿洪王国印度化开始加深，婆罗门教从此也在宗教、政治上取得了崇高的地位。

第三阶段是莫卧儿伊斯兰王朝入侵时期，也叫回教战争时期。时间为1615年至1672年。1615年，印度莫卧儿王朝派一个叫塞克瓦希姆（Sekwashim）的将领率兵分多路入侵阿萨姆，在巴拉里河（Barari）河、哈穷（Hajon）被阿洪军击退，但在巴列柏塔（Balebaita）击败了阿洪军，阿洪军队退回到斯里加特（Srighat），莫卧儿军追至，阿洪军又败退至科利亚巴尔（Koliabar），莫卧儿和军占据高哈蒂（Gauharti），以此为据点，企图入侵阿萨姆腹地。阿洪王国战事不利，只好提出和平解决。于是通过和谈划定了国境线：以布拉马普特拉河北岸的支流巴那底河（Barnati）到南岸的阿苏里亚里（Asuleoari）作为两国的边界。但此举并未给两国带来永久和平，相反，"长期的混战在莫卧儿人和阿豪马人（即阿洪人——本文作者注）之间开始了"①。此时阿洪国还遭受阿萨姆周边的达夫拉（Dafra）、坎腾那加（Khamten Naga）等周边山地民族的入侵。1662 年，印度莫卧儿王朝的孟加拉副王米尔·朱姆拉赫（Mir Jumlah）又远征阿萨姆，阿洪军复大败。莫卧儿军队从高哈蒂、森拉加尔（Simragar）和科利亚巴尔三处进军：占领了阿洪王国首都噶尔贡（Garhgaon）。阿洪国王退到了查莱雕。但是当时正值雨季来临，莫卧儿军补给困难，不得不后退，攻势减弱，阿洪军得以喘息，重新组织进攻并夺回首都噶尔贡。由于战事过久，加之天气恶劣，双方无力再战，最后缔结和约。不久米尔·朱姆拉赫病死，莫卧儿军也撤退到了孟加拉。与莫卧儿长期反侵略战争中的最伟大的胜利是 1771 年的萨莱嘎战役，当时阿洪将军腊西特·波甫坎（Lacit Borphukan）率领阿洪军民在高哈蒂郊外大败莫卧儿军队，成功遏制了莫卧儿王朝势力的扩张，具有重大意义。莫卧儿军撤退后，阿洪王国恢复元气，再次征讨与莫卧儿的战争期间侵扰阿洪国的那加族等山地民族。这次战争是阿洪王国有史以来最重大的战争，虽然在战争中损失严重，但战争结束后通过整肃周边民族，疆域反而有所扩大，地位也得到了加强。

第四阶段始于第三十代王苏牙法被鸩杀的 1672 年，之后的十年内出现了好几位国王，不是被废黜就是被弑杀。阿洪王国进入混乱时期。任巴尔巴鲁尔、巴尔普康、巴尔高哈因、布尔哈高哈因②的四位大臣不择手段竞争引起的，阴谋、反叛、暗杀、内乱一直在持续，王国内部秩序混乱到了极点。高哈蒂也再次落入印度莫卧儿军队之手，周边山地各族也反复入侵。但是贾达达尔·辛格国王（Gadadhar Singh，1681—1696 年在位）即位后定都于帕尔科拉（Palkora），平息了内乱，打败并驱逐占据高哈蒂的

---

① 恩·克·辛哈、阿·克·班纳吉：《印度通史》，商务印书馆 1973 年版，第 659 页。

② 阿洪王国最重要的大臣职位。

莫卧儿军，把阿洪王国与印度莫卧儿王朝的国境线划定在玛纳斯（Manas）河。这一时期另外一件重大的事件是阿洪国内新出现的教派冲突。瓦斯纳瓦（Waishunava）派势力逐渐变强大，和萨克塔（Sakta）派之间有很尖锐的对立。贾达达尔·辛格拥护萨克塔派，迫害瓦斯纳瓦教派并杀害该派的僧侣。到了希巴·辛格国王（Sib Singh，1714—1744 年在位）时期，印度教受到了特殊的庇护。但在拉克什米·辛格国王（Lashmi Singh，1769—1780 年在位）的年代，属于印度教的一个教派摩亚马里亚（Moamaria）派的反叛，使阿洪王国更进一步地走向衰微。

第五个时期是英国势力影响并使阿洪王国走向灭亡的时期。由于摩亚马里亚教派的叛乱，四处都是自立为王的混乱状况，加上阿洪国附属的土侯国也趁机反叛，连首都也被焚毁。此时的阿洪国王高利纳特·辛格（Gaurinath Singh，1780—1795 年在位）已经不能控制局面，遂求助于英国。1792 年威尔什（Walsh）大尉率部进入阿萨姆，帮助阿洪王国平叛，混乱的局面暂时得以平息。随着英军的撤退，高利纳特·辛格国王放弃了朗普尔，迁都于约哈特（Jorhat），不久，觊觎已久的东印度公司在上阿萨姆驻扎了军队。此后阿洪王国内部出现了多次内乱和外来势力的侵扰，每一次阿洪国在无力解决的时候都求助于英国，英国因而开始介入阿洪王国的内部事务。在 1824—1826 年间的第一次英缅战争中，阿萨姆邦成为四个主战场之一（另外三个分别是阿拉干、伊洛瓦底江下流和丹那沙林）①。英国以协助阿洪王国驱逐入侵的缅甸军队为名，趁机控制了阿萨姆，废除了由缅甸扶持的傀儡国王约郭什瓦尔·辛格（1821—1824 年在位）。第一次英缅战争以英国的胜利告终，1826 年 2 月 24 日双方签订了仰达坡条约（Yandabo Treaty），英国确立了对阿萨姆的实际支配权，阿洪王国沦为英国的附庸。1833 年英国在阿萨姆另外划出一小块土地，名义上由前国王普兰达尔·辛格（Purandar Singh，1818—1819 年在位）直接管理。1836 年，英国以不交税为由，突然罢免了普兰达尔·辛格。两年后的 1838 年，英国正式宣布将阿萨姆邦纳入英国版图。

---

① 参见恩·克·辛哈、阿·克·班纳吉《印度通史》，商务印书馆 1973 年版，第 931 页。

四、阿洪王国世系

关于阿洪国的起始和灭亡时间，还存在很大的争论，原因是阿萨姆各地的编年史"布兰吉"所记载的并不尽相同，但是多数人认为阿洪国始建于1228年。阿萨姆本土的学者将阿洪王国灭亡的时间定在1838年，理由是到了这一年英国才宣布将阿萨姆并入英国版图。而早在1826年《仰达坡条约》的签订时，就已经确立了英国对阿萨姆的支配权，条约签订当时阿洪王国已全面受到英国的控制，甚至连王位也虚缺。尽管后来的1833年至1836年还出现过名义上的国王，实际上只是保留了对国王的供养，并没有实际行使管理国家的效能，充其量就是名义上的土邦，名存而实亡，故1826年应视为阿洪王国年代的下限。从第一代国王苏卡法1228年开国至1826年，共计三十八代王，延承了598年。

阿洪王国世系年谱如下：

1228—1268年苏卡法

1268—1281年苏登法（苏卡法之子）

1281—1293年苏宾法（苏登法之子）

1293—1332年苏康法（苏宾法之子）

1364—1369年虚位

1369—1376年苏图法（苏康法之子）

1376—1380年虚位

1380—1389年提欧坎底（苏康法之子）

1389—1397年虚位

1397—1407年苏党法（巴穆尼·昆瓦尔，提欧坎底之子，自小由婆罗门家庭抚养）

1407—1422年苏央法

1422—1439年苏砝法

1439—1488年苏生法（苏砝法之子）

1488—1493年苏亨法（苏生法之子）

1493—1497年苏品法（苏亨法之子）

1497—1539年苏洪蒙（斯瓦尔伽那衍，迪兴吉亚罗阇一世，苏品法之子）

1539—1552 年苏廉蒙（郭尔郭衍罗阇，苏廉蒙之子）

1552—1603 年苏坎法（库拉罗阇，苏廉蒙之子）

1603—1641 年苏生法（普拉塔·辛格，普拉罗阇，布迪斯瓦尔伽那拉衍，苏坎法之子）

1641—1644 年苏拉姆法（贾亚迪提亚·辛格，伯伽罗阇，苏生法之子）

1644—1648 年苏廷法（诺利亚罗阇，苏拉姆法之子）

1648—1663 年贾亚杜瓦吉·辛格（伯伽尼亚罗阇，苏廷法之子）

1663—1670 年苏庞蒙（查克拉杜瓦吉·辛格）

1670—1672 年苏尼亚法（乌达亚迪提亚·辛格，苏庞蒙之弟）

1672—1674 年苏兰法（拉姆杜瓦尔·辛格，苏庞蒙之弟）

1674—1675 年苏洪伽（萨马古里亚罗阇、坎央吉亚罗阇，第 13 代王苏洪蒙后裔，萨马古里亚也是王室家族的一支）

1675—1675 年郭巴尔罗阇（苏洪蒙后裔）

1675—1677 年苏津法〔阿尔允·昆瓦尔，迪兴吉亚罗阇二世，苏生法（普拉塔·辛格）之孙〕

1677—1679 年苏雷法（帕尔瓦提亚罗阇）

1679—1681 年苏历法（拉那德瓦吉·辛格，出自王室分支萨马古里亚家族）

1681—1696 年苏帕法（贾达达尔·辛格，郭巴尔罗阇之子）

1696—1714 年苏戎法（鲁德拉·辛格，苏帕法之子）

1714—1744 年苏坦法（希巴·辛格，苏戎法之子）

1744—1751 年苏年法（普拉马塔·辛格，苏戎法之子、苏坦法之弟）

1751—1769 年苏拉姆法（拉杰斯瓦尔·辛格，苏戎法之子、苏坦法之弟，与第十七代王苏拉姆法年号相同）

1769—1780 年苏钮法（拉克什米·辛格，苏戎法之子、苏坦法之弟）

1780—1795 年苏锡庞法（高里纳特·辛格，苏钮法之子）

1795—1811 年苏令法（喀玛列斯瓦尔·辛格）

1811—1818 年苏定法（昌德拉坎塔·辛格，苏令法之弟）

1818—1819 年普兰达尔·辛格

1819—1821 年昌德拉坎塔·辛格（二次登基）

1821—1824 年约郭什瓦尔·辛格（大臣赫莫·艾迪欧之弟，缅甸扶

持的傀儡王）

　　1826 年《仰达坡条约》签订

五、阿洪王国的政治制度

　　阿洪王国国王的王位一直保留着阿洪语的称号，"法"意即"王"。但是除传统的本族语称号外，苏党法还冠以了印度教的贵族头衔，甚至国王还起了印度化的名字，从苏洪蒙开始，一直如此。这也被视为阿洪人印度化加深的表现。

　　阿洪王国国王的地位是至高无上的，国王拥有最高的权力。但王位并不一定是单线继承的，通常国王从少数的几个王室家庭中选出，当然新国王也是第一位国王的后裔。遴选新国王先由两位大臣布哈哥哈因和伯尔哥哈因①共同推选，然后再由另外三位大臣加入，共同完成新王的确定。但在王位继承人问题上多次出现的长期的纷争，曾经出现选不到王位继承人而导致虚位的情况。这种由大臣们来参与遴选新君的制度，一方面有利于王国的延承，另一方面也容易招致宫闱之乱，造成国家的不稳定。17 世纪、18 世纪发生的王位之争，严重削弱了阿洪王国，也是它走向灭亡的重要原因之一。

　　阿洪人是历史上侗台语民族大迁徙洪流中的一支，有与其他的侗台语民族群体较为相似特点。侗台语民族是稻作民族，聚居、守土是其主要的特点，又由于阿洪人是集体迁徙，内部结构、内部关系得到较好的维持，语言、文化也相对稳定，这对内部凝聚力的形成与维系起到了至关重要的作用。建国初期，国王之下所设官职均以阿洪语称之：大臣"邦勐（Phrang Mong）"、阶级次一级大臣"叨勐（Thao Mong）"，以下还设有"叨（Thao）""录令（Ru Ring）""录百（Lu Bak）""录少（Lu Sao）""甫坎（Phukan）""甫克（Phu Ke）""普津勐（Phu Kin Mong）""纽勐（Niu Mong）"等等。所有 16—50 岁的强壮男子都必须向国家服劳役，这些服劳役的人被通称为"派"（Paik）。"派"每 4 人一组，轮流服役，即每人为期 3 个月。每 5 个 4 人小组共 20 人设一名官员"录少"（意为 20

――――――――――

　　①　大臣职位名称——本文作者注。

人首领），5 名"录少"及其所辖的"派"共 100 名又设 1 名"录百"（意为百夫长）管辖，10 名"录百"及其所辖的"派"1000 人设 1 名"录令"（意为千夫长）管辖。所有的"派"及各级官员均隶属于国王"昭法"。"派"可分得份地，但土地所有权仍属于"昭法"。战争期间，"派"还必须从军①。可以看出，阿洪王国内部以土地为联系纽带，以劳役（兵役）代替课税，带有强烈的军事性质。这样的制度使得阿洪人到达印度东北部后，与当地以采集、游猎为主的山地民族相比，无疑显示出了较强的凝聚力，能够使阿洪人在相对稳定的稻耕农业的基础之上，迅速得到立足和发展。

六、阿洪人的文化特征

前文已经叙述，阿洪王国是侗台语民族建立的国家，阿洪人是侗台语民族的一个支系，其先民与中国古代的"越人"有着密切的族源关系。所以阿洪文化的底层是侗台语民族共有的"越"文化。（百越）共同带有以下相同的几个特点：首先，图腾崇拜相同。和许多侗台语民族一样，阿洪人也奉行青蛙崇拜，表现为"蛙亲"形式，阿洪人称之为"贝库里碧雅"（Bhekuli Beaya）。"当天旱少雨时，人们举办给青蛙结亲活动。……年轻人四处寻找青蛙，找到以后村民们聚集在一片空旷地上，敲锣打鼓吹号唱歌，祈求雷神带来云朵。这时两只青蛙已经准备好，先找到青蛙的人被认为走好运之人。他们将已分出雌雄的两只青蛙放进两个不同的经过精心装饰的笼子里，分别代表着新郎和新娘的房间，然后年轻人边唱边打鼓，又一边给青蛙沐浴，再将青蛙放进轿子，将雄蛙抬到放置雌蛙的人家里，整个过程人们不停地给青蛙浇水，伴随着人们唱着婚礼仪式上的传统民歌，再把这对青蛙抬到河边或者水塘边放生，就像真的给人办婚礼那样。之后人们大摆宴席，享用糯米饭和鸭肉，用槟榔和槟榔酒、谷子来拜水神，以唱山歌的方式来祈求雷神和雨神尽快播雨。"② 另外，过去阿洪

---

① Chow Nagen Hazarika：*We Revive，We Survive*，Prition，India，1996，p. 261——转引自何平《从云南到阿萨姆：傣掸民族历史再考与重构》，云南大学出版社 2001 年版，第 399 页。

② Puspadhar Gogoi：*Tai of North East India*，Chumpra Printers and Publications Pvt. Ltd.，Dhemaji，1996，pp. 41 –42.

人曾盛行鸡卜，民间还保存着相当数量的鸡卜经，至今还有些神职人员还用鸡卜的办法来求祥避凶[1]，与"越人好鸡卜"的有关史料相符。阿洪人的早期建筑形式与至今仍然多见于中国南方、东南亚的侗台语民族地区的干栏式建筑相同。再者，阿洪人善驶舟，在与莫卧儿军队的战争中，阿洪人的水军曾多次重创敌军。[2] 这也和"越人善用舟"[3] 的史料记载相吻合，成为越人的特点之一。越文化所表现的稻耕农业生产生活方式，在阿洪文化上得到了体现。

阿洪文化中除了自身的侗台语民族共有的"越"文化特征外，他们在向印度东北部迁移之前就已经受到了中国文化的影响，无论是语言上还是劳动、生活器具上至今都可以看出这种影响。前文所列的阿洪王国的官职名称中，就有些直接取自汉语，如"Pak"（百）、"Paik"（派），就是很好的例子。表现在由于地理位置的关系，阿萨姆地处印度文化往东方发展的前沿，加之划入印度版图已有一百多年的历史，来自印度文化的影响是不言而喻的。阿洪人母语的消亡，使自己的宗教文化更趋于印度化，这是阿洪人深受印度文化影响的最好证明。另外，阿洪文化中也有缅甸文化的成分，因为阿洪人的祖居地勐卯（今云南瑞丽一带）曾与缅甸交流密切，小乘佛教既由缅甸传入，文字也借鉴了经过简化改良的缅文[4]。在阿洪人迁居阿萨姆之初，与祖居地勐卯以及缅甸境内的掸族曾有密切的交往，自然也会接受缅甸文化的影响。

七、阿洪人的语言文字

可以肯定，阿洪人到达阿萨姆的时候他们的语言是勐卯的傣（掸）语，其语言文字形式与同时期的傣（德宏、瑞丽）、掸语言是相同的。经过长期与当地其他民族的交流，在印度化的过程之中，阿洪人自己的语言

---

[1] Puspadhar Gogoi: *Tai of North East India*, Chumpra Printers and Publications Pvt. Ltd. , Dhemaji, 1996, p. 40.

[2] 栗田靖之：《北東イソド諸民族の基礎資料》，国立民族学博物館研究報告別冊 9 号，1987 年，第 39 页。

[3] 《淮南子·齐俗训》。

[4] Leslie Milne, *Shans at Home*, Originally published in 1910 by John Murray, Albemarle Street, W. , London, Republished in 2001 by White Lotus, Bangkok, Thailand, pp. 212 – 213.

发生了的变化，逐渐失去了主导的地位而最终不再作为交流的工具来使用，但仍保存于文献、宗教活动中。苏联语言学家建立的"语言底层"理论认为，历史上的民族融合往往会造成语言融合，语言接触的双方有一方最终会"战胜"，有一方会"战败"，"战败者"虽已消失，但可能会在"战胜"语言中保留一些成分，形成一个"底层"[1]。阿洪语经长期而缓慢的变迁，成了"死的语言"（dead language），变成了阿萨姆语的底层，现在的阿萨姆语中有相当数量借自阿洪语的词汇[2]。阿洪语失去主导地位而逐渐归于阿萨姆语，这个过程应该很早就发生了。今天的阿萨姆，我们已经看不到带有侗台语色彩的地名，而在华南、西南和东南亚地区，以侗台语命名的地名数不胜数，成了研究侗台语民族定居或者迁徙的"活化石"。有不少学者认为阿洪语是18世纪、19世纪才消失的，他们所列举的主要原因有二：宗教、语言、文化的印度化和英国殖民势力的压迫。这些观点并非全面，因为实际上阿洪王国的印度化早就进行，甚至到英国人来到时阿洪文化就已经以印度化的面貌出现了，上述所讲的关于地名的探讨就是很好的证明。

13世纪阿洪人来到阿萨姆时已经使用比较成熟的文字"傣那文"，"他们带来自己的宗教、传统、服饰、习俗，同时还有他们编年史、文学和语言"[3]。在他们的祖居地勐卯，11世纪左右就已经出现采用巴利文书写的文字，后来受到缅文的影响得到简化改良而趋于成熟。这种文字大量使用于阿洪人的包括编年史"布兰吉"在内的各种文献中。

阿洪语言文字的变迁、消亡，每一步都是在印度文化的影响下进行的。

八、现代社会的阿洪人

由于印度政府执行迥异于其他国家的民族政策，对民族划分的标准也

---

① 李锦芳：《侗台语言文化》，民族出版社2002年版，第94页。

② Puspadhar Gogoi：*Tai of North East India*，Chumpra Printers and Publications Pvt. Ltd. ，Dhemaji，1996，pp. 53 - 60.

③ Sai Kam Mong：*The History and Development of the Shan Scripts*，Silkworm Books，Chiang mai，2004，p. 76.

不同，印度官方往往没有公布少数民族的人口数据。根据阿萨姆邦政府
2001 年公布的数据，该邦人口总数为 2641 万人①。但是对于阿萨姆邦的
各民族人口的有关官方数据，我们不得而知，所能掌握的只有印度本土学
者提供的数据。来自阿萨姆邦的诺莫·昌德拉·格贵博士说，"印度泰系
民族②人口为一百三十二万③"，其中信奉佛教的 2 万多人。据此可推算，
除了极少数居住在阿鲁纳恰尔邦、梅加拉亚邦等地外，余下的大部分应是
主要聚居在阿萨姆邦的阿洪人的人口总量了。中国学者引用的阿洪人口数
据也是比较混乱，不同作者有不同的数据，甚至同一作者的数字也是前后
不一。④

　　英国吞并阿萨姆以后，出于强化统治的需要，加强对阿洪人上层贵族
的拉拢、分化，有的继续享受俸禄，有的则遭监禁。⑤ 文化上更是不遗余
力地进行同化，推广英语教育，在政治、经济、文化等各方面强化阿萨姆
与印度大陆本土的一体化。这些措施客观上对阿洪人淡化阿洪王国的历史
记忆，增强对印度政治文化的认同产生了加速催化的作用。值得注意的
是，德国旅行探险家埃托·埃勒斯（Etto Ehlers）1901 年在柏林发表的
《纵马游印度支那》⑥（第一卷）一书中，对阿萨姆的风土人情进行了颇
为详细的描述，记录了像那加、克彻（Koch）等当地民族，但是该书通
篇都没有关于阿洪人的只言片语，可见当时阿洪人已经不再被看作独立的
民族或者族群。印度独立后，东北部的行政版图几经变化，曾经是完整一
体的概念的"阿萨姆"被分成了五六个行政区域，大量的外来人口涌入
阿萨姆邦，造成了新的社会矛盾，其核心就是资源与利益分配的问题。现

---

　　① 数据来源于印度阿萨姆邦政府网站，http//assamgovt. nic. in/profile. htm。

　　② 即侗台语民族——本文作者注。

　　③ Nomal Chandra Gogoi：*Tai，Thai and Dai：Origin Evolution and Dissemination of Tai Culture in China and Southeast Asia with Special Reference to the Ahoms of Assam*，proceedings of the International Conference on the Comparative Studies on the Dai Culture in Four Rivers Valleys in Yunnan，2003.

　　④ 参见李锦芳《侗台语言文化》，民族出版社 2002 年版，第 14 页；范宏贵《同根生的民族》，光明日报出版社 2000 年版，第 20、264 页等。

　　⑤ Puspadhar Gogoi：*Tai of North East India*，Chumpra Printers and Publications Pvt. Ltd.，Dhemaji，1996，p. 6.

　　⑥ Etto E. Ehlers，*On Horseback through Indochina*，Volume 1. *Assam*，*Burma*，and the Andamans and Nicobars，Originally published in 1901 by Allgemeiner Verein für Deutsche Literatur，Berlin，republished in 2002 by White Lotus，Bangkok.

在，世界近一半的红茶出自阿萨姆邦，该邦的石油产量也占了印度石油总产量的一半。但是经济的快速发展并没有给包括阿洪人在内的"原住民"带来相应的利益。他们将这些问题归咎于外来人口的大量涌入以及印度中央政府的政策，于是从 20 世纪 60 年代至今，阿萨姆邦经常出现爆炸、骚乱等严重的社会问题。最近，"据印度亚洲通讯社报道，2007 年 1 月 5 日晚至 6 日晨阿萨姆邦还发生了多起武装分子袭击事件，造成至少 34 人死亡。此外，武装分子还制造了两起爆炸事件。……2000 年以来，类似针对外来者的系列暴力袭击已经造成至少 100 人死亡。"[1] 这固然是少数的极端分离主义分子所为，但是这一系列的社会问题却是有其深层次的社会背景的。面对着政治、经济和文化上被边缘化的危险，在如何捍卫自己的利益这个问题上，阿洪王国的后人们是以"阿洪人"还是"阿萨姆人"出现在政治舞台上？很显然，阿萨姆当地的不同民族选择了团结与合作，统一以"阿萨姆人（Assamese）"的身份登上印度的社会舞台。今天的阿萨姆邦已不存在纯正的"阿洪人"血统，也不存在纯粹的"阿洪人"社区，"阿洪人"已逐渐归于"阿萨姆人"而出现在当今印度社会的大舞台。就具有政治意义的民族身份而言，"阿萨姆人"已经取代"阿洪人"，成为阿洪人新的民族身份。尽管曾经辉煌一时的阿洪王国在印度东北部历史上占有重要的地位，但关于这段历史的记忆并不妨碍阿洪人积极融入印度主流文化、在新的历史舞台寻找自己定位的步伐。

九、结语

从有关文献资料来看，侗台语民族在印度东北部活动早在汉唐时期就开始了，但是影响并不算大。规模和影响最大的迁徙是 13 世纪的阿洪人，他们在 13 世纪初（很有可能是更早）从祖居地勐卯（今云南瑞丽）向缅甸迁徙，再向西北进发，于 1228 年在布拉马普特拉河上游流域建立国家政权。由于该地区气候温暖，植物茂盛，雨水充沛，适合作为稻作民族的阿洪人的生存发展。因为阿洪人是集体迁徙，有自己的语言、文字、宗教和比较严密的内部组织结构。到印度东北部后，与当地各民族交往密切，

---

[1]　新闻来源于新华网，http://news.xinhuanet.com/world/2007－01/06/content_ 5573906. htm。

在民族融合的过程中逐渐失去了本民族的宗教、语言文字，受印度文化影响一直是阿洪人发展的趋势。阿洪王国沿承了近六百年，是有史可考的时间最长的侗台语民族建立的国家。由于外部势力的侵犯，加上内部的争斗和宗教矛盾的加剧，阿洪王国逐步走向了衰亡。阿洪人在新的形势下，已趋于对"阿萨姆人"的认同。在长达六百年的统治中，阿洪王国对阿萨姆以及周边地区的历史、文化产生了很大的影响。对阿洪王国的研究，也是侗台语民族研究的一个组成部分，对整体上研究侗台语民族的历史文化，无疑有着重要的意义。

参考文献

1. 李锦芳：《侗台语言与文化》，民族出版社 2002 年版。

2. 范宏贵：《同根生的民族》，光明日报出版社 2000 年版。

3. 梁敏、张均如：《侗台语族概论》，中国社会科学出版社 1996 年版。

4. 范宏贵：《华南与东南亚相关民族》，民族出版社 2004 年版。

5. 江应樑：《傣族史》，四川人民出版社 1983 年版。

6. G. E. 哈威著，姚枬译注，陈炎校订：《缅甸史》，商务印书馆 1957 年版。

7. 貌丁昂著，贺圣达译，何平校：《缅甸史》，云南省东南亚研究所，1983 年。

8. H. R. 戴维斯著，李安泰、和少英等译：《云南：联结印度和扬子江的锁链》，云南教育出版社 2001 年版。

9. 栗田靖之：《北東イソド諸民族の基礎資料》，国立民族学博物館研究報告別册 9 号，1987 年。

10. William Clifton Dodd：*The Tai Race*，First published in 1923 by The Torch Press，Cedar Rapids，Iowa，the United State，republished in 1996 by White Lotus.

11. Sai Kam Mong：*The History and Development of the Shan Scripts*，Silkworm Books，2004.

12. 何平：《从云南到阿萨姆：傣掸民族历史再考与重构》，云南大学出版社 2001 年版。

13. Puspadhar Gogoi：*Tai of North East India*，Chumpra Printers and Publications Pvt. Ltd，1996.

14. Leslie Milne，*Shans at Home*，Originally published in 1910 by John Murray，Albemarle Street，W.，London，republished in 2001 by White Lotus.

15. 贺圣达：《缅甸史》，人民出版社 1992 年版。

16. D. E. G. 霍尔：《东南亚史》，商务印书馆 1982 年版。

17. 梁英明等：《近现代东南亚》，北京大学出版社 1994 年版。

18. 刘兴武编译：《南亚民族问题资料》，中国社会科学院民族研究所世界民族研究室，1984 年。

19. 方国瑜：《元代云南行省傣族史料编年》，云南人民出版社 1958 年版。

20. 恩·克·辛哈、阿·克·班纳吉：《印度通史》，商务印书馆 1973 年版。

21. 《傣族简史》编写组：《傣族简史》，云南人民出版社 1986 年版。

本文原载于《广西民族研究》2007 年第 1 期

第二篇　历史篇

关于壮泰民族的起源问题

——壮泰传统文化比较总论之一

覃圣敏[*]

　　本文是作者多年来对壮族和泰族传统文化进行比较研究的重要成果。

　　广西壮族和泰国泰族虽有千山万水相隔，但在传统文化上却有诸多共同点，在语言上的共同点尤其明显。何以如此？这应与壮泰民族的共同起源有关。本文简略回顾并分析了学术界有关壮族和泰族起源问题的各种主要观点，然后综合语言学、历史学、考古学、古人类学、民族学、文化人类学等多学科的最新研究成果，同意壮泰民族"同源异流"的说法，并进行了较全面的论述，其中不仅论证了壮族和泰族起源于古代西瓯、骆越，还以越人为起点，往前追溯了侗台语与中国南方及东南亚古人类的关系，往后探究了瓯、骆、越人的分化，指出壮族和泰族分离的时间，主要应在我国历史上的三国两晋南北朝时期。

　　对主要分布于广西的壮族和主要分布于泰国的泰族的传统文化，曾有许多人从不同的侧面进行过研究，并指出了二者的共同点和不同点，但直至今日，尚未见有人系统地对壮族和泰族的传统文化进行过全面的比较研究。近几年来，我们分别从自然环境、史前人类、考古文化、语言文字、生产习俗、传统建筑、生活习俗、人生礼仪、宗教信仰、伦理道德、习惯法规、社会结构、文学艺术、文化教育、民间科技 15 个方面，对壮泰民族的传统文化进行了比较研究，证明壮泰传统文化在各方面确实有着许多共同点和不同点。壮族和泰族的主要分布区之间相隔着千山万岭，其传统文化有差异是很自然的，但为什么却有着许多共同点呢？这就必然涉及壮泰民族的起源问题。因此，本文运用语言学、民族学、考古学、文化人类

　　* 作者简介：覃圣敏，生前为广西民族问题研究中心研究员。

学、历史学等学科最新的一些研究成果，试作一次综合研究，以求教于学术界。

由于壮族和泰族的起源问题前人都分别作过许多研究，并发表过许多种观点，因此，这里有必要首先作些回顾和分析，然后再提出我们的看法。

一、壮族起源问题的回顾与分析

关于壮族的来源问题，如将前人的各种观点概括起来，主要有两种：一种是"外来说"，另一种是"土著说"。

（一）"外来说"分析

"外来说"总的认为壮族是从其他地方迁到广西来的，而从何地迁来，又有不同说法。有的说直接从山东、河南迁来的，也有的说从四川、陕西一带辗转迁来的，还有的说从湖南、福建、广东迁来的，等等。至于迁入广西的时间，多数说是宋代，还有一部分说是明代。

这些"外来说"的根据，主要是流传于各地壮族民间的族谱和一些碑刻。现在的壮族都有姓有名，各姓氏都一代代流传有本姓氏宗族的族谱，有的祖坟还立有墓碑。综观各姓氏的族谱和墓碑，几乎都没有说是广西本地土著的，所以，从表面上看，壮族"外来说"的根据似乎很充足。但是，综观壮族民间流传至今的族谱，多是清代以来陆续编修的，明代编修的已经很少见到；墓碑也多刻立于明清时期。这些族谱或墓碑多数都说是在宋代（960—1279 年）从中原的"山东白马"迁到广西的。由于编修族谱或刻立墓碑的时间与其文中所说迁入广西的时间已相距数百年之久，因而其可信程度如何，还需要谨慎考订。假如这些族谱或墓碑所说的都可信，那么，在宋代以前广西地方就不应该有壮族人。但这是完全违背历史事实的。据《淮南子·人间训》记载，广西地方在秦朝时就生活着势力强大的土著民族西瓯、骆越。而据历史学家和民族家们的研究，一致认为西瓯、骆越即今壮族的先民。约在公元前 219 年，秦始皇派五十万大军分为五路攻略岭南（今广西、广东），其中一路曾经遭到西瓯、骆越人的顽强抵抗。越人利用地形、地物在夜间袭击秦军，击杀了秦军统帅屠睢，使秦军"伏尸流血数十万"；逃得性命的秦军提心吊胆，"三年不解甲弛弩"，精神高度紧张。进攻广西的秦军有两路，至少有二十万人，为数已经不少；秦军装备的精良，亦远非越人可比。但人数众多、装备精良的秦军却遭到了越人的重创，可见越人在人数上比秦军更多。秦军虽然最后打败了越人，但也不可能将广西的越人全部杀光，西汉时广西还有许多越人，就说明大部分越人生存、繁衍下来了。既然壮族的先民西瓯骆越繁衍下来了，那为什么壮族各姓的族谱都未曾提及，而几乎都说是从北方迁来的呢？其中必然有着深刻的社会原因。为了便于理解，我们先从壮族宗族情况说起。

宗族的重要标志是姓氏。从历史上看，中国的姓氏大约是在西周时（前1046—前771年）由汉族先民发明创造的，而壮族先民直到秦代（前221—前206年）仍是有名无姓。据《淮南子·人间训》记载，秦军攻略广西时曾经击杀了西瓯君译吁宋。这个"译吁宋"，只是西瓯首领的名字的译音而已，并没有姓氏。西瓯人的首领尚且如此，其他一般的西瓯人就可想而知了。而到秦代以后，壮族先民受到汉族影响，才陆续取了姓氏，较早的有吕、黄、苏等姓，以后又有韦、覃、莫、蓝、周、宁、凌、白、卢、邵、柴、李……这些姓氏，大部分都是汉族姓氏。个别多见于壮族中而少见于汉族中的姓氏，往往也都与汉族姓氏攀亲，如说"覃"姓原为"谭"姓，"韦"姓原为"韩"姓，因其先祖在某个时候得罪了朝廷而惨遭灭九族之祸，其后代为了躲避灾祸而又保留原来宗族的某些标志，故而省掉"谭"字"韩"字的一半，才成为"覃""韦"。

为什么壮族人多借用汉族姓氏或与汉族姓氏攀亲呢？除了文化落后的原因之外，最根本的原因是与历史上各朝代实行的民族压迫和民族歧视政策有关。例如史书上提到僮族（壮族原来写作僮族）时，往往把"僮"字写成"獞"字，不把僮人当人看待而看作野兽。在社会交往中，壮族人和其他少数民族也往往被人看不起。这种民族歧视政策及其实施所产生的后果，致使壮族人产生心理上的自卑感，于是就千方百计地把自己的祖先说成是从北方迁来的汉人，借此提高本宗族人的社会地位。

当然，这种附会并非完全凭空编造，也有一定的历史事实为根据。因为在历史上，从秦始皇用兵岭南开始，以后各朝代都有不少北方汉人迁入广西，有的是从军而来，有的是经商而来，有的则是逃荒避难而来，情况颇为复杂。这些南迁广西的北方汉人，有不少与当地越人通婚，生男育女而延居下来。这种历史事实的确存在，而且这些南来的北方汉人姓甚名谁，古代史官不可能一一记录在案。这就为壮族人附会族谱祖籍提供了机会。在历代南迁广西的北方人中，也许是宋代的山东（太行山以东）白马人影响较大，所以壮族人族谱中也多将其祖籍附会为"山东白马"。

另外，壮族人既然借用汉人姓氏，又企图借族谱以提高自家的社会地位，于是就"顺手牵羊"，将汉族人姓氏族谱中的先祖也奉为自己的先祖了。这样，就将本来似是而非的历史变得顺理成章了。这种情况，或许可以从台湾高山族布农人的汉姓中得到一些启示。1996 年时，我们曾到布农地区访问。布农人本无汉姓，直到 20 世纪二三十年代，是汉人官员为了便于编制户籍，而随意给辖区内的布农人取了"王""周""全""伍""辜"等汉姓，后来就沿用下来了。其实这些布农人同大陆中原的王、周、全、伍、辜等姓氏宗族，根本就没有什么血缘关系。如果他们不把这一重要史实记录下来传给后代的话，再过几百年后他们的子孙追溯起来，恐怕就会误以为他们的祖先来自中原的同姓宗族了。

所以，不能单凭借姓氏族谱就说壮族来自北方汉人。当然，在壮族形成和发展的过程中，不排除有汉人加入的成分，因为民族的形成和发展不同于宗族。一般来说，宗族是由血缘关系组成的，没有血缘关系就不能成为宗族的成员；而民族则由地缘关系而形成，只要是在一定的地域内共同生产和生活，具有共同的语言、共同的风俗习惯、共同的文化心理等，就可以成为某个民族的成员，而不管其血缘关系如何。所以，南迁的汉人来到广西后，受壮族人的影响而改变了他们原来的语言和风俗习惯等，就变成了壮族的成员。但是，总的看来，变成壮族的汉人在壮族中的比例并不大，充其量也只是很少的一部分而已。所以，壮族的主体无疑应是广西的土著民族。

（二）"土著说"分析

所谓"土著说"，总的认为壮族是由广西史前的土著民族发展而来。这是目前学术界比较一致的看法，其根据主要是三方面材料：

第一，历史文献材料。从流传至今的汉文史籍来看，壮族的先祖可以追溯到春秋战国时期（前 770—前 221 年）的越人，具体说是西瓯和骆越。这些越人到东汉时期（25—220 年）称为乌浒、俚人，南朝至唐朝时期（420—907 年）称为僚人，宋代以后（960—1911 年）除了原有的俚、僚等名称外，还有布土、土人、撞、僮、侬、浪、沙、儂等 29 种不同名称。这是对不同地方或不同支系的壮族人的称谓。到 20 世纪 50 年代，统一称为"僮族"，1964 年时根据周恩来总理的提议，才将"僮"字改为"壮"字，并沿用至今。这些不同的名称，因时代的不同而异，但它们的前后关系基本上是清楚的。

第二，体质人类学材料。广西地区先后发现了旧石器时代晚期（以柳江人为代表）和新石器时代早期（以桂林甑皮岩人、柳州鲤鱼嘴人为代表）的许多古人类骨骼材料，将这些材料和现代壮族人的体质形态材料相比较的结果，发现壮族在其体质形态的形成过程中，与包括广西在内的岭南地区一些新石器时代的古人类有着继承的关系；壮族的根源不仅可以追溯到新石器时代早期的甑皮岩人、鲤鱼嘴人，甚至还可以追溯到旧石器时代晚期的柳江人。也就是说，现在的广西壮族人是由柳江人、甑皮岩人和鲤鱼嘴人逐步发展而来的。

第三，文化人类学材料。将这方面材料综合研究的结果，发现现代壮族的许多风俗习惯，例如语言、民居建筑形式、生活习俗、丧葬习俗等，都与广西的古代越人或新石器时代的古人类的习俗有着承接的关系。在语言方面，用现代壮族可以译通春秋时期（前 770—前 476 年）的"越人歌"（详附后），证明现代壮语与古代越语有着渊源关系。在民居建筑形式方面，据文献记载，壮族先民居住的房子为"干栏"式建筑（即高脚屋），广西考古也发现不少"干栏式"房屋的模型；这种建筑形式在壮族地区至今仍然可以见到。在生产、生活习俗方面，古代越人是稻作民族，日常种植水稻；喜食大米饭，犹嗜糯米饭；喜庆或节日喜欢对唱山歌，各地都有"歌圩"。这些在现今壮族中依然如此。在丧葬习俗方面，广西新石器时代的遗址中，常见二次葬和蹲葬；而现今壮族在人死后盛行二次葬，拾骨时亦多作蹲坐状。

由以上几方面的材料看来，壮族的主体应是由本地的史前人类发展而来无疑，而在其形成和发展的过程中，不排除有其他民族加入的成分。

二、泰族起源诸说

泰族的起源问题，从公元 19 世纪以来西方和泰国学者不断提出了许多种观点。据泰国《法政大学学报》1981 年第 2 期上的"泰族的发源地：知识的宝库"一文介绍，概括起来约有如下五种观点：

（1）认为泰族起源于中国四川省，这是英国伦敦剑桥大学教授拉古伯里在其 1885 年出版的《掸族的发源地》一书中最先提出来的，后来得到泰国"暹罗历史之父"丹隆·拉查奴帕亲王的赞同，他于 1924 年在朱拉隆功大学的演讲和 1934 年出版的《论古暹罗统治的性质》一书中重复并发挥了拉古伯里的论点。

（2）认为泰族起源于中国西北边陲的阿尔泰山，后迁入四川，再迁入云南，最后迁到泰国素可泰。这一观点最初是由长期在泰国清莱府传教的美国牧师杜德在《泰族——中国人的兄长》一书中提出的。后来，英国驻清迈府总领事吴迪于 1926 年出版的《暹罗史》一书和泰国学者坤威集玛达拉于 1928 年出版的《泰国的根基》一书，都重复并发挥了杜德的观点。

（3）认为泰族起源于中国南部和东南亚北部。这一观点最初是由英国探险家阿克马尔·R. 柯尔奎洪在 1885 年出版的《CHRYSE》一书中提出的，其后 1894 年英国驻中国海南岛领事 E. H. 派克在《中国评论》一书的"古老的泰帝国"一章中也持此观点。

（4）认为泰族起源于马来西亚半岛和印度尼西亚群岛地区，以后才逐渐迁到现今泰国的土地上。这一观点为泰国学者颂萨·素旺那在 20 世纪 60 年代提出，他比较了泰国人和印度尼西亚人的血型，发现二者极为相似，因而认为泰族起源于印尼群岛，以后迁入湄南河流域并逐渐北上。

（5）认为泰族是土著民族，自古以来就生息在现今泰国的土地上。这是泰国学者研究了本国考古发现的古人类遗骸而提出的最新观点，其中的代表人物是泰国西里叻医学院解剖系的素·盛威昌先生。他将泰国—丹麦联合考察队在北碧府大小桂河两岸发现的 37 具人类遗骸同现代泰人遗骸进行对比研究的结果，认为这 37 具"新石器时代人类遗骸和现代泰人的遗骸完全是一致的"，所以，"现在泰国的土地也就是史前泰人祖先生息的地方"。

以上几种观点，概括起来也是"外来说"和"土著说"两种。"土著说"只有第（5）种观点，而"外来说"则比较复杂，还可分为"源于中国说"和"源于印尼说"两种，上述第（1）（2）（3）种观点就是"源于中国说"，第（4）种观点即"源于印尼说"。在"源于中国说"的几种观点中，说源于中国西北的阿尔泰山或四川省，根本就没有什么根据，因而现在已经没有什么人相信了，但认为源于现今中国云南省境内的古代南诏国、大理国的观点仍有不少人相信。论者认为南诏和大理国是泰族人建立的国家，后来由于"受中国人的压迫而南迁"。其实，这种观点一开始就受到众多学者的反驳，例如曾在泰国教育部学术厅任职的历史学家匪德里克·莫特就认为，南诏国的主体民族是白族和彝族，泰族的人数并不多，而且不是统治者，所以，南诏国操泰语的民族和泰国境内的素可泰时代的泰人在历史上没有任何直接的关系。20世纪70年代以来中国云南社会科学院的杜玉亭、陈吕范二位教授也对此问题进行了研究，并在《历史研究》1978年第2期上发表了题为"忽必烈平大理国是否引起泰族大量南迁"的论文，也认为大理国的主体民族是白族和彝族，与泰族无涉，因而那种认为元朝忽必烈平定大理引起泰族大量南迁的观点就成了无稽之谈。至于说泰族源于中国南方的观点，现在看来是有道理的，我们将在后面详加分析。

"源于印尼说"是一种新观点，而且因为论者颂萨·素旺那是用现代科学的方法，将现代泰族人和印度尼西亚人的血型进行比较的结果，因而是值得重视的。但是，仅从血型的相似而导出泰族人起源于印度尼西亚的重大结论，根据显得过于单薄，因而并未引起人们的注意。

"土著说"也是很值得重视的新观点。泰国的考古发现表明，至少在一万多年前在现今泰国的土地上就已经有人类在活动，这些史前人类如果能在泰国土地上延续下来，就应该成为泰国的土著民族。但是，这些土著民族是否就是泰族的先民呢？泰国学者找到了一些证据，不仅是前面提到的西里叻医学院素·盛威昌先生，另一名泰国学者亲·育迈在《泰国史前时代》一书中也说，泰国新石器时代的人类在体质形态上与现今泰人的特征没有多大差别。这的确是为泰族"土著说"提供了一个重要的证据。但是，如果泰族真是泰国的土著民族的话，有些重要问题难以解释，且待下面再论。

三、壮泰民族"同源异流"说

前面分别介绍了有关壮族起源和泰族起源的各种观点，但尚未涉及壮泰两个民族在起源上的关系。对这个问题，中国学术界也有许多学者从不同的角度进行了分析和论述，他们的共同看法是：壮族和泰族"同源异流"。我们综合研究的结果，觉得"同源异流"一语比较准确地概括了壮泰两个民族的起源和发展问题。正因为"同源"，才使壮泰民族在传统文化上具有许多共同点；又由于"异流"，才使两个民族的文化产生差异。下面，我们将详细加以论述。

（一）从语言上看，壮泰同源

每个民族都有其共同语言。语言学家依据谱系分类法，将世界上的各种语言分为不同的语系、语族和语支。从语系到语支，都有亲属关系，其亲属关系犹如血亲关系中的祖辈、父辈和子辈关系。一个语系是由同一个共同的原始母语分化成的若干个亲属语言组成的语言群，犹如血亲中的祖辈；语族是在同一语系之下按语言亲属关系的远近分成的语言群，犹如血亲中的叔伯父辈；语支则是同一语族之下分成的若干个亲属关系最近的语言群，犹如同一父辈下的兄弟姐妹，血亲关系最近。按照这种谱系分类法，中国的语言学家通常都将壮语和泰语划归于汉藏语系侗台语族壮泰语支。尽管语言学界的意见并非完全统一，但分歧点在于侗台语族的系属问题，而对侗台语族及壮泰语支内部各种语言的亲属关系则没有争议。这是按照传统的语言谱系树分类的结果，但有些问题（例如确定同源词的标准问题）在理论上纠缠不清。近年来中国年青一代的语言学家、北京大学的博士陈保亚先生越出传统谱系树的旧框框，提出了"联盟树"的新理论。他创造了一种区分两种语言之间是同源关系抑或接触关系的新方法：将斯瓦迪士（M. Swadesh）1952 年从印欧语言中挑选出的被公认为人类语言中最稳定的 200 个词汇分为二阶，第一阶是斯瓦迪士本人在1955 年从这 200 个词汇中筛选出的 100 个在人类语言中更为稳定的核心词，也称为"第一百词"；第二阶是剩下的 100 个词，也称为"第二百词"。然后根据两种语言在第一阶和第二阶中的关系词[①]的多少来确定从第一阶到第二阶是上升还是下降，如果是上升，则表明这两种语言没有同源关系而仅有接触关系；如果是下降，则表示这两种语言有同源关系。其关系如图 1 所示[②]：

这个图可以称为"关系阶曲线图"，经过在已知有同源关系或不同源

---

① "关系词"是指两种语言间有语言对应关系的词。由于仅仅根据对应关系尚无法确定这些词是同源词还是借词，故而名之为"关系词"。

② 据陈保亚《论语言接触与语言联盟》，语文出版社 1996 年版，第 198 页。

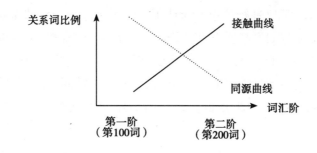

图1　语言关系阶曲线

而仅有接触关系的各种语言中进行验证，结果都证明这种方法是正确的。尽管关系阶曲线在不同语言中的倾斜度不同，有少数甚至是平直的，但绝大部分同源关系的总指向是下降的，而接触关系的总趋向则是上升的。我们运用这种方法对壮语和泰语进行比较的结果，第一阶有 79 个关系词，第二阶有 56 个关系词，从第一阶到第二阶的趋向是下降的，说明壮泰语有同源关系。

　　另外，我们曾将 2000 多个基本词汇在壮泰语中比较，读音相同或相近的约占 75%。从发生学的角度来分析，壮泰民族原来应该是共同生活在一起的，不然就不可能产生这么多共同词汇。有人曾经设想，壮语和泰语的共同点，有可能产生于两个民族间的交往。但是，这种设想经不起推敲，因为壮泰先民分布区之间相距甚远，陆上没有河道沟通水路，陆路也因千山万岭的阻隔而不畅通，海道还要绕过马六甲海峡，风险甚大。在交通如此不便的自然条件下，壮泰先民的交往必然受到限制而不可能频繁。即使壮泰先民有所交往，也不可能达到在语言上具有那么多共同性的地步。这点还可以从壮族和汉族的交往结果得到反证。从地理条件看，壮族先民分布区和汉族地区之间的交通条件远比壮泰民族分布区之间便利得多；从交往的历史看，即使仅从秦代算起，壮族先民和汉族的交往至少已有二千多年，而且从未间断过。但直至今日，壮汉之间的语言差距仍然很大，用壮语和汉语仍然无法直接进行交谈。这种情况与壮泰语言之间的亲近距离形成了鲜明的对比。例如，1991 年我们和泰国学者同去访问广西靖西县（南壮）的一个农村。该村的村民从未听人说过泰语。刚开始时，村民们对泰国学者说的泰话并不明白，但当泰国学者把一句话的有关词汇分开，一个单词一个单词地反复说了几次之后，村民们很快就反应过来，一个小时不到就可以进行简单的对话了。当说到农户中一些家具的名称时，一个壮族中年妇女甚至还纠正了泰语翻译人员的误译，结果使大家开怀大笑，壮泰之间的语言距离一下子缩短了许多。如果用汉语普通话同村民交谈，绝对达不到这种效果。所以，壮泰语言的共同性，不可能仅仅由于两个民族的交往所能形成的，而是因为原来曾经在一起共同生活的缘故。

（二）从文献上看，壮泰源于古代"越人"

越人是在中国历史上的春秋、战国和秦汉时期（前8世纪—公元3世纪）活跃于中国长江以南广袤地域中的松散的民族集团，因活动地区的不同而分为不同的支系，并有不同的名称。例如，分布在今浙江、福建省一带的，称为"东瓯""于越""闽越"等；分布在今广东的，称为"南越"；分布在今广西的，称为"西瓯""骆越"，或合称"瓯骆"；分布在今云南、贵州的，称为"滇越""夔越"等。由于支系繁多，故史书有时又统称为"百越"。各地各支越人后来大多同化于汉族，唯有西瓯、骆越发展成为现今的侗台语各民族。

据西汉人刘向（约前77—前6年）所著的《说苑》卷十一"善说篇"记载，公元前528年的一天，楚王母弟子皙（官为令尹，掌管全国军政大权）在湖中泛舟，给他划船的一个越人用越语唱了一首歌（后人称之为"越人歌"）。子皙当时听不懂，便叫人翻译成楚语（汉语方言）。子皙听懂后很高兴，以隆重的礼节赏赐这位划船的越人歌手。这说明汉语和越语是不同的，要经过翻译才能沟通。可贵的是，刘向在《说苑》中用汉字记音的方法，将这首"越人歌"的歌词的读音记录下来，并附有用汉语翻译的意思，因而是极为难得的语音资料。十几年前，壮族语言学家韦庆稳先生将记音的汉字拟构出其古代读音，然后与侗台语中的壮语、傣语、泰语进行对照，最后用壮语将原歌词的意思翻译出来，结果发现，原歌词的词汇和语法与现代壮语差别不大，其前后词序正与汉语相反；用壮语翻译出来的意思与原附汉译的意思完全一致；原歌词与现代壮族山歌有着共同的特点，例如壮族山歌多是临时随意而唱，常以提问开头，腰、脚韵互押，"越人歌"也是这样。

这一珍贵的语音资料说明，壮、泰语的历史至少可以溯到2500年前的古代越语。也就是说，壮语和泰语都是由古代越语发展而来的，所以，壮族和泰族应由古代越人发展而来，因为语言和民族群体是形影不离的。

（三）从古人类学和种族学上追溯古代越人的来源

既然壮泰民族共同源于古代越人，那么古代越人的来源又如何呢？这方面由于已经没有文献资料可依据，因而只能依靠古人类学和种族学的材料。

"种族"也叫"人种"，是指在体质形态上具有某些共同的遗传特征（如肤色、发色、发型、眼色、血型等）的人群。根据不同的遗传特征，全世界的人类可分为三大人种：蒙古人种（黄色人种）、赤道人种（黑色人种）和欧罗巴人种（白色人种）。三大人种在形态上和血型频率上虽有区别，但在生物学上同属一个物种，具有共同的祖先。这个"共同祖先"，不能狭义地理解为由一对夫妇繁衍成为今日全世界的人类，而是指由同一个物种进化而来。人类的进化大致经历了古猿—直立猿人—古人（早期智人）—新人（晚期智人）—现代人等几个阶段。在猿人和早期智人阶段，人类与动物虽然已经有了本质的区别，在体质形态上也越来越进步，但尚未显示出种族的特征。大约到了晚期智人阶段，当时的人类社会已发展到旧石器时代晚期，各地人类的体质形态才显示出种族的特征。这是不同的人群长期生活在一定地域内适应那里的自然环境而形成的特征。种族形成以后，有些人群越出原来活动的地域，辗转进入其他种族的活动地域，并同那里的种族相混杂。不同种族互相混杂的结果，又形成了不同种族的混合体，例如，波利尼西亚人种就是蒙古人种、赤道人种和欧罗巴人种混杂的结果；日本北方群岛的千岛人种是蒙古人种和赤道人种混杂的结果。

中国华南、西南和东南亚各国在地理上连成一片，地形、气候、植被和野生动物群等自然环境也相似，因而可视为同一个自然区域（以下简称为 HSD 区域）。根据一百多年来的考古发现，HDS 区域在 100 多万年前即有人类在活动，而且在人类发展的几个阶段中未有间断，都有人类化石发现。例如，与古人类起源有关的古猿阶段的化石，有中国云南省开远、禄丰县发现的腊玛古猿和西瓦古猿，它们是人类的直接祖先，距今约有几百万年。属于猿人阶段的人类化石，有印度尼西亚爪哇岛东部发现的莫佐克多猿人，被认为是东南亚地区最早的直立猿人，距今约有 190 万年；在中国云南省的元谋县也发现了"元谋直立猿人"，距今约有 170 万年；在印度尼西亚中爪哇特里尼尔发现的"爪哇猿人"，为晚期猿人，距今约有130万年；在越南谅山，也发现有距今约50万年的猿人。属于智人阶段的人类化石有：在中国广东省韶关发现的"马坝人"，为早期智人，距今约20万年；在云南省昭通县发现的"昭通人"和在印度尼西亚中爪哇梭罗河畔发现的人类化石，也属于早期智人；在老挝查尔干平原北面的坦杭和中国广西柳江县，则发现了晚期智人的化石。至于新石器时代的现代人的骨骼材料，在HSD区域各地都有发现，难以逐一罗列。

在这些古人类材料中，距今年代超过5万年以上的，虽然我们无从确定其种族，但是由于在HSD区域中从一百多万年以前直到现在，一直是人类活动的重要区域，因而可以认为，现在生活在这一区域的人们的渊源，不会与这里的猿人、早期智人完全无关。而且，大约到了几万年前的旧石器时代晚期，长期适应自然环境的结果，HSD区域的晚期智人（如广西柳江人）已经显示出蒙古人种的一些特征。此后，直到距今几千年前的新石器时代，有许多赤道人种进入本区域，同这里的蒙古人种混杂在一起。这两个种族混杂的结果，就使本区域的人类形成了蒙古人种南亚类型（简称南亚人种），亦即在体质形态的主体上保留着蒙古人种的基本特征，但明显混有赤道人种的一些特征。例如，广西新石器时代的甑皮岩人和鲤鱼嘴人，就明显混有赤道人种的若干特征。鲤鱼嘴人的鼻颧角为163.60°，已经超出了蒙古人种的最大限度149°鼻根指数完全落入尼格罗人种的范围；齿槽指数、齿槽面角、眶高虽然接近蒙古人种的下限，但也落入尼格罗人种的范围。甑皮岩人接近于阔上面型的上面指数、阔鼻型的鼻指数、低的鼻根指数和突颌型的齿槽面角等，都表现出赤道人种的特征。泰国中石器时代、新石器时代的古人类，也是混有赤道人种的一些特征，以至于论者见仁见智，认为是澳大利亚人种、美拉尼西亚人种、蒙古利亚人种或尼格罗人种的都有，有的干脆表述为尼格罗人种和蒙古利亚人种的混合人种。最后这种表述正好抓住了南亚人种的重要特征。

南亚人种的分布，大致可以中国的长江为界①，长江以北为北亚人种，长江以南为南亚人种。据中国科学院古脊椎动物与古人类研究所研究员张振标的最新研究，认为现代的北方中国人可能是由以北京猿人为代表

---

① 北青：《中国人起源有新说》，《南宁晚报》1998年5月23日第二版。

的北方直立人发展而来的，而南方中国人可能是由云南元谋猿人或爪哇猿人为代表的南方直立人发展而来；华北人和华南人的差异，可以追溯到十几万年前的早期智人，而到四五万年前的晚期智人，南北两大类型的不同特点已经完全成立。① 这两大类型的发展轨迹不同：蓝田猿人、北京猿人（直立猿人）—陕西大荔人、辽宁金牛山人（早期智人）—北京山顶洞人（晚期智人）—北方新石器时代人（现代人）—现代华北人；元谋猿人、爪哇猿人（直立猿人）—广东马坝人（早期智人）—广西柳江人（晚期智人）—南方新石器时代人（现代人）—现代华南、西南人。由此看来，南亚人种无疑是由 HSD 区域的古人类发展而来的。直到现在，这个区域内的人种，除有一部分为澳大利亚人种（Anstraloid race）中的维达类型（Veddoid type or A.）以外，主要的仍然是南亚人种。

　　由于南亚人种的分布范围相当广大，又由于各地南亚人种同赤道人种混杂的程度不同，因而在体质形态上呈现出不同的特点，可惜直至目前，尚未见到人类学家对南亚人种作出更细的系统分类。从已发表的一些论文看来，南亚人种中至少还可以分出马来类型（Malayan Type or Mongoloid race）、古蒙古类型（Palaeo-Mongoloid）。我们注意到，广西史前人类——壮族以及泰国史前人类——泰族虽然同属南亚人种，但二者在体质形态上是有所差别的。例如蒙古利亚人种的重要特征之一是上门齿的舌面呈铲形结构，但据泰国学者亲·育迈指出：泰国史前人类班考人和现代泰人上门齿的铲形特征不明显；另外，波形头发是澳大利亚人种的特征之一，这一特征在现代泰人中的出现率较高。而广西的史前人类和现代壮族人的上门齿则有明显的铲形特征，波形头发极少见到。我们曾将壮族（龙胜、大新、马山三个组群，1992 年）同泰族（泰国北部、东北部和中部六个府的 1202 名士兵，1929 年）进行了比较，有些测量项目的差距较大，例如：头最大长，壮族为 181.4—186.3，而泰族为 176.4；头最大宽，壮族为 147.7—150.0，而泰族为 153.0；额最小宽，壮族为 108.0—113.1，而泰族为 103.3；面宽，壮族为 140.5—141.6，而泰族为 137.1；容貌面高，壮族为 186.0—188.3，而泰族为 182.5；形态面高，壮族为 122.4—122.8，而泰族为 111.0；鼻高，壮族为 53.4—54.2，而泰族为 46.4；口

① 北青：《中国人起源有新说》，《南宁晚报》1998 年 5 月 23 日第二版。

裂宽，壮族为51.2—53.8，而泰族为46.6；头指数，壮族为79.8—81.5，而泰族为83.4；形态面指数，壮族为86.8—87.2，而泰族为79.9；鼻指数，壮族为73.1—74.9，而泰族为83.4，如此等等。将壮族、泰族、傣族、黎族、侗族、汉族进行比较的结果，壮族和泰族的遗传距离和在聚类图中的关系都比较远，如图2、表1所示：

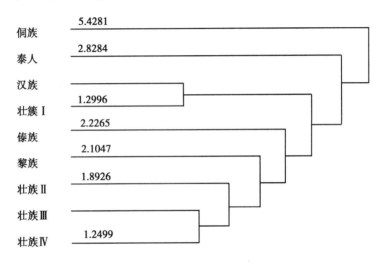

图2　壮族和泰族等人群间的系统聚类①

表1　　　　　　　　　壮族与泰族等人群间的遗传距离②

	泰族	黎族	壮族Ⅰ	汉族	壮族Ⅱ	壮族Ⅲ	壮族Ⅳ	侗族	泰族
傣族	0	3.4356	3.6682	3.8642	3.0912	2.8994	2.2265	5.4281	5.5433
黎族		0	2.25602	2.3715	3.0950	2.5801	2.1047	6.0882	5.4186
壮族Ⅰ			0	1.2996	3.8103	3.5713	2.8929	7.8500	5.5687
汉族				0	3.7664	3.6004	2.8838	7.8500	6.4295
壮族Ⅱ					0	2.2771	1.8926	5.7732	6.1601
壮族Ⅲ						0	1.2499	5.7988	2.8284
壮族Ⅳ							0	5.9081	5.4937
侗族								0	5.4937
泰族									0

　　由于壮族和泰族在体质形态上有所差别，因而有可能属于南亚人种

---

① 据李富强、朱芳武《壮族体质人类学研究》，广西人民出版社1993年版，第341页。

② 同上书，第340页。

中的不同类型。这点也许正是广西和泰国的新石器时代文化差别较明显的根本原因。例如，泰国的彩陶文化相当丰富，而广西则几乎没有。

（四）古人类学、种族学与语言学的对应

古人类学、种族学上的北亚、南亚不同人种，正好为解决语言学界长期争论不休的侗台语系属问题提供了有力的依据。在 20 世纪 30 年代，中国学者李方桂先生根据侗台语和汉语在语音上的对应关系和结构上的同构关系认为，侗台语和汉语有同源关系，因而将侗台语归入汉藏语系。但是，美国学者白保罗（Paul K. Benedict）认为，侗台语不应归属于汉藏语系，而应该归属于南岛语系，其主要根据是：在基本词汇中汉语和侗台语几乎很少同源，而在侗台语和印度尼西亚语中却找到不少确凿有据的同源词。李方桂则认为，汉族和侗台语的同源词不能在中古汉语更不能在近现代汉语中寻求，而应追溯到上古汉语。他在上古汉语中找出了 140 多个词，以证明汉语、泰语和藏语有同源关系。但他仍未能最后解决问题。现在的中国语言学家普遍感到，侗台语和汉语之间，的确存在一种"类型上十分一致，但同源词非常难求"的矛盾，所以对侗台语的系属问题多持谨慎态度。

问题的产生，恐怕还要从施莱哈尔（A. Schleicher）的语言谱系树上找原因。正如张公谨先生所指出的，如果"把世界语言作为一个整体来考察，我们立刻看到一种矛盾的情况令人注意。这就是：从古至今世界的语言的数量是不断减少的，据说公元前世界上有 15 万种语言，到了中世纪只有七八万种，到了 20 世纪只剩下 6000 种语言。语言学家们预测，再过 100 年，世界上就只有 600 种语言了。而按谱系树理论来说，现今的若干种亲属语言是由某一种原始母语分化来的，也就是说，古代的一种语言变成了现今的若干种语言，那么，语言也像世界的人口数一样，应该是不断增加的"。因此，"用家族观念来套用到语言分类上来，这只是施莱哈尔的'进化论偏见'，实在无法说明语言这样一种社会、文化现象"。① 但是，谱系树的确有其合理和正确之处，这是否定不了的，对印欧语系来说尤其如此。但这种理论并非放之四海而皆准的准则，至少是不能完全解决

---

① 张公谨：《侗台语：分化与演化中的评论》，《中央民族大学学报》1997 年增刊。

东方汉藏语系中的问题。于是，陈保亚先生在《论语言接触与语言联盟——汉越（侗台）语言关系的解释》一书中提出了有关"联盟树"的新理论，认为"人类语言的演化有谱系模式和联盟模式两种根本模式"，并把印欧语系作为谱系模式的典型代表，而把汉语和侗台语的关系作为联盟模式的重要代表。我们在前面曾经引述过他创造的区分两种语言之间是同源关系抑或接触关系的新方法。根据他本人运用这种方法对汉语和侗台语进行比较的结果，两种语言的关系词数量从第一阶到第二阶为上升趋向，说明侗台语和汉语之间只是接触关系而非同源关系，但这种接触关系是较深的接触而非一般接触，以至侗台语的结构类型与汉语相同，因而侗台语和汉语是"异源同构"的关系；而将侗台语同南岛语系中的印度尼西亚语、马来西亚语比较的结果正好相反，关系词的数量从第一阶到第二阶的趋向是下降的，说明侗台语与印尼语、马来语确有同源关系，但侗台语的结构类型已经发生变化而不同于南岛语，因而侗台语和南岛语是"同源异构"的关系。

从表面上看，侗台语的基本词汇多为单音节、有声调的独立语，而南岛语的基本词汇则多为多音节、无声调的黏着语，二者似乎差别很大，为什么说二者有同源关系呢？据倪大白先生研究，发现侗台语与印尼语之间发生了一些有规律的变化：侗台语的单音节是由印尼语的多音节简约而来，同源的部分大多是印尼语多音节中的第二音节，少数为第一音节；有的出现了音节减缩的现象，即第一音节的声母直接同第二音节的韵母结合；有的声母、韵尾或韵母发生了变化，但在近似的范围之内，不是差得很远。例如：

词汇	印尼语	北壮	南壮	泰语
田	tanah	na^{31}	na^{21}	na^{33}
村	kampuŋ	ba：n^{55}	ba：n^{55}	ba：n^{41}
门	pintu	tou^{24}	tu^{33}	tu^{33}
舌头	lidah	lin^{42}	lin^{21}	lin^{453}
鸭子	bebek	pit^{55}	pet^{55}	pet^{22}
蚂蚁	semut	mot^{33}	mat^{11}	mot^{55}
我	aku	kou^{24}	ku^{33}	ku^{24}
你	kamu	mɯŋ^{31}	maɯ^{21}	maɯ^{33}
一	satu	diou^{24}	nəŋ^{21}	nəŋ^{33}、diou^{24}

死	matay、patay	ta:i^{24}	tai^{33}	tai^{24}
熄灭	padam	dap^{33}	dam^{33}	dam^{24}、lam^{41}
头	hulu	çlu^{33}	hu^{23}	hua^{24}
鼻子	hiduŋ	daŋ^{33}	laŋ^{11}	laŋ^{41}
眼	mata	ta^{24}	ta^{33}	ta^{24}
喝（水）	minum	du:m^{35}	dum^{55}	dum^{22}
抓捉	taŋkap	kap^{33}		jap^{55}
里边	dalam	daω^{35}	laω^{55}	laω^{55}
臭	bau	hau^{24}	khi:u^{33}	men^{24}、khiəu^{24}
下来	turuŋ	γoŋ^{31}	nuŋ^{21}	luŋ^{33}、loŋ^{33}
水	damlom	γam^{42}	nam^{32}	nam^{33}
日	wari	ŋon^{31}	van^{21}	van^{33}
月	bulan	dωn^{24}	den^{33}	dωan^{33}
星	'ə（n）daw	dau^{24}di^{24}	dau^{33}	dau^{33}

为什么会产生这种现象呢？倪大白先生从中国海南省三亚市近郊的回族语言中得到了启发。三亚回语的音节结构也像侗台语一样属汉语类型，即声母＋韵母＋声调。据史书和地方志记载，三亚回族是在986—1486年分批由海路从越南的占城迁到海南岛的。越南的占语属于南岛语系印度尼西亚语族。将三亚回语同印尼语比较的结果，发现回语的大部分基本词汇是跟印尼语和占语同源的，同源部分大多是印尼语汇第二音节，而且同源词之间有一定的语音对应关系。但是，在汉语的强烈影响之下，经过1000多年的衍化，三亚回民原来所操的占语变成了今天的回语（以单音节为主，有声调，还有相当数量的汉语借词），彻底改变了占语的结构类型。这种变化叫作"语言的类型转换"（Lingnistie Typologicai Shif）。通过三亚回语的实例，倪大白先生认为，包括壮泰语在内的整个侗台语源自南岛语系（马来—波利尼西亚语）印度尼西亚语族，但在历史发展的长河中，侗台语受到汉语的强大影响而经历了"类型转换"（简称"转型"）的过程，从而彻底改变了原来的结构类型，亦即从多音节简化为单音节，从无声调变为有声调，从黏着语变成了词根语，因此，侗台语与印尼语相比已经有了质的不同，从南岛语类型变成了汉语类型。只是由于侗台语各民族的先民与汉族交往时间更早、范围更广，因而侗台语发生转型的时间比三亚回语更早，受到汉语的影响更深罢了。倪先生没有指明侗台语转型

的具体时间，但是我们可以根据一些史实进行推断。如果侗台语真是来源于印尼语的话，那么，原始侗台语转型的时间应该早在春秋后期（公元前6世纪前期）就已经完成了，因为前述"越人歌"就是春秋后期的越人所唱，而歌词已是单音节、有声调，用侗台语可以释通。但是，在春秋时期或春秋以前，汉语是否具有如此强大的力量，足以使原始侗台语转型呢？这是容易令人怀疑的，所以，陈保亚先生在说到转型问题时比较慎重，仅指出了三种可能：（1）侗台语受汉语影响而转型；（2）汉语受侗台语影响而转型；（3）南岛语受南洋诸岛土著语影响而转型；而没有指明哪一个是转型者。

其实，在主张侗台语和南岛语同源的中国学者中，大多认为转型者应为侗台语。从中国历史上看，在春秋以前有夏、商、西周三个王朝。夏（约前2070—前1600年）是中国历史上的第一个王朝，商（前1600—前1046年）和西周（前1046—前771年）都是当时的东方文明大国。商时的文化和政治影响已延伸至长江以南的越地，如楚国已成为商朝的盟国。西周时中原文化和政治势力进一步向南发展，甚至已延伸至广西地区。据考古发现，长江以南的安徽、湖南、广西、广东等地均发现过西周墓葬和中原器物。在西周初期，王室经常派专人到各地收集民间的歌谣，后来汇编成《诗经》。这是中国历史上第一部最早的诗集，其中的很多诗歌，很可能采集于越族民间而翻译成汉语，因而有许多诗虽然写的是汉字，但却要读成越语的音才押韵。例如"父""母""有""火""牛""馐"等词，需要分别读为〔po、me、mi、huai、çi、hou〕，与现今的壮、泰语差不多。这说明西周时汉越语言交融已达到一定程度。如果说，南方越人是由元谋猿人、爪哇猿人—马坝人—柳江人—甑皮岩人、鲤鱼嘴人等发展而来的话，这一南方系统的文化发展同由北京猿人、蓝田猿人—大荔人、金牛山人—山顶洞人—半坡人等发展而来的北方系统相比，明显处于劣势，而在历史发展的长河中，这两个系统的人们共同体并非互相隔绝不相往来，而是有较多接触和交流，即使仅从已建立国家政权的商代算起，至春秋后期历时也已有一千多年。这样，属于北方系统的占有发展优势的汉语，就有可能对越语产生正向影响而使越语转型，并且也有充足的时间供越语转型。

假如侗台语真的源于印尼语，是否意味着亚洲大陆上的越人来自印尼群岛呢？可能性不大。尽管印尼爪哇岛上发现了从直立猿人到现代人的骨骼材料，说明那里确是古人类活动的重要地区，却不是唯一的，因为云南、越南、广东、广西等地也发现了从直立猿人到现代人的骨骼材料。从自然条件来说，HSD 区域的古人类从猿人发展到现代南亚人种，其赖以发展的历史大舞台主要应在南中国和东南亚大陆上。当然，在历史的长河中，不能排除爪哇岛上的古人类会到大陆上来，同样也不能排除大陆上的古人类会到印尼群岛上去。但最后结局可能犹如一些专家在《民族辞典》上所指出的，现今印尼群岛上的古老居民为尼格利陀人（negritos），他们"约在旧石器时代后期自亚洲大陆迁去，其后裔为今日的库布人和普南人。……马来人约在新石器时代至金属时代分数批陆续迁入，排挤并同化了当地的尼格利陀人而成为印度尼西亚的主要种族成分。"① 所以，印尼语极有可能是远古时代大陆上的居民迁到印尼群岛时带去的，后来滞留在那里而沿袭至今；或者是原来 HSD 区域内的人们，所操大体上均为类似印度尼西亚语的语言，但由于印尼群岛自然条件的封闭性，那里的语言保留较多的本来面貌，而大陆上原来的印尼语母语却受汉语的影响发生了转型变化。

（五）越人的分化及其迁徙

古代百越发展到后来，大部分支系都同化于汉族之中，唯有西瓯、骆越发展成现今的侗台语各民族。为了阐明壮泰民族的分化和迁徙，下面略述瓯骆越人分化为侗台语族各民族的大致情况。

"民族"一词，在西方通常是指依靠历史、语言或种族的联系而被视作同一整体的人群，通常写作 Nation。而在中国大陆，一般是指在历史上形成的具有共同语言、共同生活地域、共同经济生活以及共同心理素质的人们共同体。由于语言是民族群体的重要特征之一，所以语言的分化往往可以反映出民族群体的分化。按照中国语言学界的分类，侗台语族原来包括黎语语支、侗水语支和壮泰语支。根据近年来的研究成果，仡佬语和布央语也作为一个语支被归入侗台语族之中，这样，侗台语就包括四个语支。现将四个语支所包含的各种民族语言列图②如下：

① 《民族辞典》"印度尼西亚人"条，上海辞书出版社 1987 年版，第 297 页。
② 据梁敏、张均如《侗台语族概》，中国社会科学出版社 1996 年版，第 7 页。

台语支——包括中国的壮语、布依语、傣语、临高语和东南亚部
分国家的泰语、老挝语、掸语、石家语、土语、侬语、岱语、黑泰
语、白泰语、坎梯语以及已趋于消亡的阿含语等

侗台语族

侗水语支——包括中国的侗语、仫佬语、水语、毛南语、莫语、锦
语、佯僙语、拉珈语、标语等

黎语支——包括中国的黎语、村语

仡央语支——包括中国的仡佬语、拉基语、普标语、布央语、
耶容语和越南北部的拉哈语等

图 3　侗台语族的各语言列表

侗台语族各语支在地理上的分布如图 3 所示①，各语支分化的时间有
早有晚，据梁敏、张均如研究，最先从侗台语族中分化出来的是仡央语
支，其次为黎语支，再次为侗水语支，最后为台语支。这种分化情况大致
如图 4 所示。②

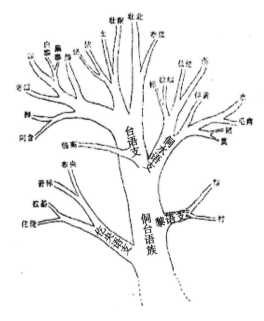

图 4　侗台语各语支分布示意

①　梁敏、张均如：《侗台语族概》，中国社会科学出版社 1996 年版，第 11 页。
②　同上书，第 13 页。

图5 侗台语各语支分化示意

在这里，我们没有必要对侗台语族每个语支中各民族的分化逐一加以分析，仅分析与本课题关系最密切的壮族和泰族。前面说过，壮泰民族的先民起源于古代百越民族集团中的西瓯、骆越，共同生活于今广西、广东境内，那么，他们共同生活到什么时候？何时才分离呢？这方面虽然没有明确的历史记载，但可以从一些时代特征比较明显的基本词汇中得到启发。下面先看看一些有关联的词汇：

北壮（武）	南庄（龙）	泰语	词义	时代
na^{31}	na^{21}	na^{33}	水田	西汉前
han^{31}	kan^{21}	kha:n^{33}	田埂	西汉前
kja^{55}	kja^{24}	kla^{41}	稻秧	西汉前
hou^{55}	khau^{24}	kha:u^{41}	稻谷、米饭	西汉前
hou^{55}niu^{13}	khau^{24}neu^{35}	khau^{41}neu^{35}	糯饭	西汉前
fa:i^{35}	pha:i^{24}	fa:i^{41}	棉花	西汉前
o:i^{55}	o:i^{24}	ɔ:i^{41}	甘蔗	西汉前
va:i^{31}	va:i^{21}	khwa:i^{33}	水牛	西汉前
ɕω^{31}	mo^{21}	wuə^{33}	黄牛	西汉前
e:k^{35}	e:k^{55}	ɛ:k^{21}	牛轭	东汉

çai²⁴	thai³³	thai²⁴	犁	东汉
çai²⁴na³¹	thai³³na²¹	thai²⁴na³³	犁田	东汉
pa³¹、jau⁵⁵	phω³³	phə²⁴	耙	东汉
kjai⁵⁵na³¹（上林）	—	—	耙旱田	东汉
γai⁵⁵na³¹（上林）	—	—	耙水田	东汉
—	phω³³na²¹	phə²⁴na³³	耙田	东汉
γe:ŋ⁴²	le:ŋ³²	lɛ:ŋ⁴⁵³	旱	西汉前
tu:m³³	thu:m²⁴	thuəm⁴¹	水淹	西汉前
fa:i²⁴、va:i²⁴	pha:i³³	fa:i²⁴	水坝	晋—南朝
ki:n	tsa:u²¹	—	水枧	晋—南朝
lo:k⁵⁵	lok⁵⁵	kaŋ³³han²⁴	筒车	晋—南朝
ko:n³³	ko:n⁴²	kɔ:n¹¹、vi:t⁵⁵	戽斗	汉
luŋ²¹kuat⁵⁵çi²⁴	luŋ²¹kuat⁵⁵che⁵³	—	龙骨车	晋—南朝
ka:i²⁴	kha:i³³	kha:i²⁴	卖	汉
çaω⁴²	ɬaω³²	sω⁴³⁵	买	汉
ki:m²⁴	kim³³	ji:m²⁴	金	汉
ŋa:n²⁴	ŋək²¹	ŋən²²	银	汉
lu:i²⁴	lu:i³³	—	铜钱	汉
çaŋ³³	tsaŋ¹¹	tshaŋ⁴¹	秤	汉
pe:ŋ³¹	pe:ŋ²¹	phɛ:ŋ³³	贵	汉
tsi:n⁵⁵	thuk⁵⁵	thu:k²²	便宜	汉
γo:m²⁴	ho:m³³	hɔ:m²⁴	攒钱	汉
kiu³¹kuŋ⁵⁵	kiu²¹kuŋ³⁵	sa³³pha:n³³kho:ŋ⁵⁵	拱桥	晋—南朝
ho:i²⁴	ho:i³³	hin²⁴pu:n³³	石灰	明
jen²⁴	jen³³	bu³³li¹¹	烟	明
su:p⁵⁵jen²⁴	su:p²²jen³³	su:p²²bu³³li¹¹	吸烟	明

　　在上列词汇中，有的在壮语和泰语中读音相同或相近，为同源词；有的读音则迥然有别。读音相同或相近的同源词，应是在壮泰民族的共同生活中产生的，也就是说，这些词汇产生时壮泰民族尚未分开。而读音决然不同的非同源词，是在不同的文化背景下产生的，所以，它们形成时壮泰民族已经分离。但是，同源词产生的时间有早有晚，而要说明壮泰民族共同生活的最后时间，应该根据这些词中出现时间最晚者来推断；而读音迥异的非同源词出现的时间也有早有晚，要说明壮泰民族何时开始分离，应该根据这类词汇中出现时间较早者来推断。根据这样的原理来分析，在壮

语和泰语中读音相同或相近的同源词中，有些与稻作农业有关的词汇产生的时间应该较早，例如 hou^{55}、khau^{41}（稻谷、米饭），hou^{55}niu^{24}、khau^{33} neu^{24}（糯谷、糯饭），na^{33}（水田），han^{31}、kha：n^{33}（田埂），kja^{55}、kla^{41}（稻秧），ɔ：i^{55}（甘蔗），vai^{55}、fai^{41}（棉花），ɣe：ŋ^{42}、lɛ：ŋ^{453}（旱），tum^{33}、thuəm^{41}（水淹），ko：n^{33}、kɔ：n^{33}、kɔ：n^{11}vit^{55}（戽斗）等，这些词开始出现的时间我们虽然无从进行确切的考订，但至少在东汉以前（25 年以前）即已形成，因为在两汉时期越人的经济社会中，稻作农业已有较大发展，提到的这些农作物、农具等已在稻作农业的生产中应用。随着稻作农业的发展，一些新的技术才逐渐得以推广和应用，因而有些词汇出现较晚。例如 vai^{31}、khua：i^{31}（水牛），çai^{24}、thai^{24}（犁），phω^{33}、phə^{24}（耙），e：k^{35}、ɛ：k^{22}（牛轭），çai^{24}na^{31}、thai^{24}na^{33}（犁田），Phω^{33} un^{21}、phəna^{33}（耙田）等词就出现得较晚，因为西瓯、骆越虽然是较早进行稻作农业的群体，但使用牛力拉着犁耙耕田，则要到东汉时期（25—220 年）才出现。

在壮泰语中读音相同或相近的词汇中，还有一些与商业贸易有关的词汇，例如 ka：i^{24}、khai^{33}（卖），çaω^{42}、sω^{453}（买），pe：ŋ^{31}、phɛ：ŋ^{33}（贵），th u：k^{22}（便宜），çaŋ^{33}、tshai^{41}（秤），ki：m^{35}、ji：m^{33}（金），ŋan^{11}（银），lui（铜钱），ɣo：m^{24}、hɔ：m^{24}（攒钱）等。从西瓯、骆越的社会发展来说，利用金、银、钱币和秤进行买卖的商业贸易活动，并形成贵、便宜、攒钱的观念，大约也是在西汉时期（前206—公元8年）才开始形成，要到东汉时期才盛行。广西、广东地区迄今未发现过西汉以前的货币而西汉时期的货币已较普遍就是明证。

由牛耕、犁耕及商业贸易等词汇出现的时代及其在壮泰语中读音相同或相近的情况来分析，可知壮泰两个民族在一起共同生活最晚的时间为汉代（前206—220 年），因为在几千个壮泰语的基本词汇中，目前我们还没有找到比汉代更晚的在壮泰语读音相同或相近的同源词。

在壮泰语中读音迥异的词汇中，有的出现得很晚，例如，烟草大约是在明朝嘉靖年间（1522—1566 年）才传入广西并开始流行的，因而"吸烟"一词的出现应在嘉靖年间或稍晚。"吸烟"的"吸"，在壮语和泰语中相同，都是 sum^{21}；而"烟"就不一样了，壮语叫 ji：n^{24}或 jiɔn^{24}，是借用汉语的词汇，泰语则叫 bu^{33}li^{11}，可见有不同的来源。又如"石灰"，中国大约要到明代才学会用石灰岩（$CaCO_3$）来烧成石灰，所以在壮语中称为 hoi^{24}，而泰语则叫 $hin^{24}pu:n^{33}$，二者完全不同。由"吸烟""石灰"等词汇来看，壮泰民族到明代时已经分离了。但是，这还不是二族分离的最初时间，因为从另外一些词汇来看，还可以把分离的时间提前。例如"筒车"（汉语又叫"天车"），是一种把水提到高处的工具，以较大的木柱为轴心，制成一个带有辐条的大水轮，轮的周边系有与轴心平行而斜置的竹水筒，每两条对称的辐条末端系有与轴心垂直的以竹篾编成的叶片。整个大水轮直立于河边水中，叶片受水力冲击而使水轮转动。随着水轮转动，下方的竹筒没入水中盛水，又随着水轮转动而转到上方，自动将竹筒中的水倾倒入特备的水槽中，通过水枧的导引而流入农田。这种筒车，壮语叫 $lo:k^{55}$，大约出现于东汉以后（公元 220 年以后）唐代（公元 618—907 年）以前；而泰语叫 $kaŋ^{33}han^{24}$，读音完全不同。又如"龙骨车"（汉语又叫"翻车"），也是一种提水工具。据明代徐光启《农政全书》卷十七记载，这种工具是东汉灵帝建宁（168—172 年）时的毕岚或者是三国时魏国（220—265 年）的马钧发明的，估计应在两晋南北朝时期（265—589 年）才传到广西、广东。在壮语中，龙骨车叫 $luŋ^{11}kuok^{55}çi^{24}$，是借汉语词汇；而在泰语中也是迥然不同。又如，用石块或火砖砌成的"拱桥"，中国大约出现于东汉时代（25—220 年），在河南省新野县出土的东汉画像砖上已有拱桥的图形，但传到广西应在东汉之后，壮语叫 $kieu^{21}ku:ŋ^{55}$，泰语叫 $sa^{33}pha:n^{33}kho:ŋ^{55}$，其中的"拱"是相同的，而"桥"则不一样，应有不同来源。由"筒车""龙骨车""拱桥"几个词汇来看，在壮族发明"筒车"之前和"龙骨车"和"拱桥"传到壮族地区之前，壮泰民族已经分离，故二者分离的时间似应在东汉以后（220 年之后）至唐代以前（618 年之前）的这段时间之中，相当于中国历史上的三国两晋南北朝时期。这段时间正是中国历史上社会动乱最严重的时期。

这个推论还可以从壮族和泰族的历史中得到印证。

从壮族历史来说，壮族先民原来没有自己的文字，但到唐代时（618—907 年），在汉文化的长期影响下，壮族先民们已经仿照汉字的形、音、义的结构方式，创造了自己的土俗字（俗称方块壮字），并逐步在民间流行。广西上林发现的唐代碑刻上就已经出现这种土俗字。另外，到唐代时壮族先民已有较多的人（特别是上层权贵人物）模仿汉人起了姓氏，宗族观念基本上已经比较牢固。如果壮泰先民在唐代以后（公元 907 年之后）才分离，也就是说壮泰先民在唐代还生活在一起的话，那么，不管他们走到哪里，或多或少都会保留一些原来已经形成的文化传统的痕迹，但在事实上，泰族地区既没有发现一些汉字或土俗字的蛛丝马迹，也毫无姓氏的踪影。尤其是宗族观念，它一旦在民众中生根，是很难泯灭的，所以姓氏作为宗族的标志，绝不会被轻易放弃。如果说有人为了躲避官方的杀戮而改名换姓的话，那也只是改换姓氏而已（如传说中的"韩""谭"姓改为"韦""覃"姓），绝不会取消姓氏；何况迁到泰国后，那里已是汉人官方势力鞭长莫及之处，根本不需要改换姓氏，更无必要取消姓氏了。由这些分析的情况看来，唐代时壮泰先民已经不在一起共同生活，所以，他们的分离宜应在唐代之前。当然，这只是就壮泰先民较大规模的迁徙或就构成泰国泰族的主体而言，并不排除在汉代以前和唐朝以后也有小规模的迁徙，因为人们迁徙的原因除了大动乱的社会原因以外，还有局部的天灾人祸或其他原因。至于泰族先民迁徙的路线，梁敏、张均如刊在《侗台语族概论》一书的附图（见图 16－1－5）可作参考。但是，按此图所示，我国云南省西双版纳、德宏等地的傣族是由泰国、缅甸北上的。此点我们觉得不妥。如果说，越人的迁徙因受到由彝族、白族建立的南诏国、大理国阻隔的话，那么，也只应在唐宋时期如此，因为南诏国、大理国分别建立于唐、宋时期；而在唐朝以前，越人完全可以经由云南的文山、昆明而抵达德宏、西双版纳，没有必要绕道泰国、缅甸。

从泰国的历史来说，约略也可以印证泰族先民约在公元 220 年至 618 年之间迁入。尽管泰国历史不很清楚，但据中国史书的零星记载和后人的一些研究，在素可泰王朝前后，泰国境内先后建立过不少国家。例如：

《汉书·地理志》载，西汉平帝元始年间（1—5 年）曾派遣使者经东南亚远航印度，"自日南障塞、徐闻、合浦船行，可五月，有都元国；又船行可四月，有邑卢没国；又船行可二十余日，有谌离国；步行五十余日，有夫甘都卢国。……"其中的都元国、邑卢没国、谌离国，据中国学者考证，认为这三国中至少有一国在今泰国境内。中山大学的张荣芳教授认为，都元国应在今泰国南部的北大年；厦门大学的韩振华教授则认为，邑卢没国在今泰国华富里，谌离国在今泰国佛统境内。

三国吴时，朱应、康泰曾于公元 230 年出访东南亚，归国后将所见所闻写成了《扶南异物志》《吴时外国传》等书，均提到了位于今泰国中部的金陈国（又名金邻国）。

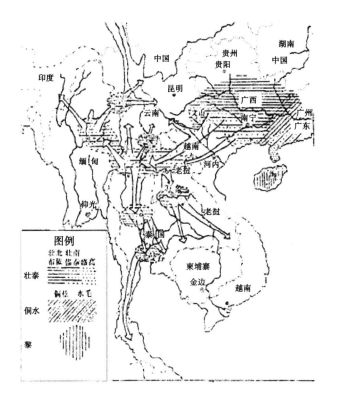

图 6   泰族先民迁徙路线示意

1—7 世纪，今泰国境内有堕罗钵底国（又名堕和罗、杜和罗、投和等）、盘盘国、赤土国、狼牙修国、哥罗国等。其中的盘盘国，位于今泰国南部半岛的北部，曾先后于南朝刘宋王朝的元嘉至大明年间（424—464 年）、萧梁王朝的大通元年（527 年）、中大通元年（529 年）、中大通六年（534 年）和唐朝贞观年间（627—649 年）多次派遣使者到中国访问。赤土国位于泰国南部半岛的宋卡、北大年一带。隋朝大业三年（607 年），隋炀帝曾派使者到那里访问，当时的赤土国王曾派 30 艘船出海迎接，又命王子随同中国使团回访。堕罗钵底国位于泰国中部，其使者曾于贞观十二年（638 年）和贞观二十三年（649 年）两次到唐朝首都长安（今陕西省西安市）访问。

到宋代（960—1279 年）时，中国史书已无堕罗钵底国之名，而新出现了罗斛国，可能是罗斛国取代了堕罗钵底国的缘故。罗斛国也是位于泰国中部（以华富里为中心），其商船经常到中国福建省的泉州做生意；宋朝于崇宁二年（公元1103年）派使者到罗斛国，罗斛国的使者也于政和五年（公元1115年）到中国访问；绍兴二十五年（公元1115年），罗斛国把一头大象赠送给中国宋朝。南宋末年（公元1270年），南宋的宰相陈宜中为躲避元兵，曾途经占城（今越南中南部）抵达湄南河上游的暹国（素可泰）流寓直到客死于此。

　　素可泰王国大约建国于公元1257年，中国史书称之为"暹国"。素可泰王国原是高棉帝国吴哥王朝的属地，"公元1257年前后，高棉帝国里的一位泰族亲王坤·室利·膺沙罗铁（这是高棉国王赏赐的梵文名字）在他的能干的儿子坤·兰摩甘亨的帮助下，成功地脱离了高棉人的统治而独立出来，并建造素可泰城作为其首都。他死后，坤·兰摩甘亨继承王位。他扩展领土，向南直到马来半岛，向西直到马都八，即现今的下缅甸"①。至元十九年（1282），元世祖忽必烈曾遣何子志、皇甫杰出使暹国，可是在中途被占城王抓起来杀了。此后从至元二十六年至大德三年（公元1289—1299年）的十年中，暹国曾五次遣使访问中国，暹国国王兰甘亨②的文书"金册"曾于至元二十九年（1292年）送抵广州，由广东宣慰司转送到元朝大都北京。③ 到13世纪后半叶，素可泰王国兼并了罗斛国。元朝元贞二年（1296年）中国浙江人周达观出使真腊（今柬埔寨），归国后写有《真腊风土记》一书，书中首次用"暹罗"一名指称兼并罗斛国后的素可泰王国。

　　在素可泰王国的北面，即今泰国北部，有一个兰那王国，是在泰人部落或部落联盟的基础上建立起来的国家。国王昭孟莱约于1287年建都于清迈，中国史书称为"八百媳妇国"，亦称"八百大甸"。在此之间，泰国北部还有一个也是由泰人建立的国家帕夭王国和一个孟人建立的国家南

---

　　① 披耶阿努曼拉查东著，马宁译：《泰国传统文化与民俗》，中山大学出版社1987年版，第19页。

　　② 在中国《元史》中，兰甘亨的名字作"敢木丁"或"拉玛甘亨""罗摩坎亨""拉玛克摩项""兰摩堪亨"等不同译名。

　　③ 在泰国丹隆·拉查努帕亲王笺注的《御定本泰王史》（修订本）一书中，曾说素可泰王国国王兰甘亨两次出访中国元朝，但经中国学者查检，均未查到此事。如果真有此事，中国史书是不会遗漏的。

奔王国（亦称女人国）。1296 年和 1338 年，兰那王国先后兼并了南奔国和帕夭国，称雄一方。13 世纪末，兰那王国还干预中国西双版纳的事务，因而触怒了中国元朝中央。于是，元朝于 1300 年出兵兰那。兰那王国曾经重创元军，但最后仍于 1312 年归顺于元朝，兰那国王被元朝中央委任为宣慰都元帅。这样，兰那王国在名义上就成了中国西南地区的土司之一。后来，因兰那王统绝嗣，老挝国王的儿子塞塔提腊通过其母（原为兰那王国公主）于 1543 年谋得兰那王位，兰那从此成为老挝王国的一部分。不久，泰缅战争爆发，清迈成为泰缅双方反复争夺的战略要地，曾被缅军控制近二百年，直到 1774 年才归入泰国版图。

"公元 1350 年，素可泰南部兴起了一股新的泰族力量，通称乌通国王，亦即阿瑜陀耶第一代国王，即拉玛蒂布提一世。"[①] 拉玛蒂布提一世生于 1314 年，其时为素可泰兰甘亨大帝的末期。他后来成为素可泰王国素攀府乌通城太守的女婿，30 岁时继承其岳父的职务，这时素可泰王朝的势力已衰弱，又遇旱灾疫病，人们于是举城搬迁。新任乌通太守乘机于 1350 年宣布独立，自称拉玛蒂布提一世，并在阿瑜陀耶建都立国。阿瑜陀耶王国对内励精图治，对外东征西伐，逐渐强大起来。到至正九年（1349 年），阿瑜陀耶王国征服了素可泰王朝，中国史书称此事为"暹国降于罗斛"。不仅如此，阿瑜陀耶王国甚至使原来统治泰国的高棉帝国反过来成为自己的属邦。可能是在原来罗斛国境内兴起的缘故，故中国史书仍将阿瑜陀耶王国称为"罗斛国"。中国明朝建立后，大城王朝经常派使者到中国，有时一年来几次；中国也多次派使者到大城，这是中泰关系史上来往最为频繁的时期。据不完全统计，从洪武三年到崇祯十六年（1370—1643 年）的 200 多年中，大城王朝的使臣到中国达 102 次，而明朝使臣出访大城王朝也有 19 次。"阿瑜陀耶共延续了 417 年，于 1767 年为缅军所灭。"[②]

上述在今泰国境内的古代国家中，据研究，泰国南部半岛的都元国、金陈（金邻）国、盘盘国、赤土国是马来人和占人建立的国家；而泰国中部的邑卢没国、湛离国、堕罗钵底国、罗斛国等，则是孟—高棉族建立

---

① 披耶阿努曼拉查东著，马宁译：《泰国传统文化与民俗》，中山大学出版社 1987 年版，第 6 页。

② 同上。

的国家，只有泰国北部的兰那王国和中部的素可泰王国、大城王国才是泰族建立的国家。正如披耶阿努曼查东在《泰国传统文化与民俗》书中说，"一千多年前，泰国大部分领土，除马来半岛的南部地区之外，都处于印度教化堕罗钵底（457—657年）的讲孟语民族和高棉或柬埔寨帝国（957—1257年）的统治之下，而马来半岛则处于宗主国室利佛逝这一印度教化的苏门答腊帝国（657—1157年）的统治之下。"① 可见由泰族建立的国家，在泰国的历史上比较晚，这与泰族不是泰国境内的土著民族，而是后来才迁入的历史有关。

从泰族进入泰国境内，到在泰国建立国家，其间需要有一个过程。披耶阿努曼拉查东说："早在一千多年前，泰族的一些部落就已在不同的时间、从不同的方向迁移到现在的泰国。……他们首先居住在今泰国北部地区，并组成许多小的独立国家。……在13世纪之前，泰国北部已出现颇具规模的王国，以清迈为都城，第一代国王为孟莱。"② 这个"一千多年前"可能只是披耶阿努曼拉查东的一种推测，因为未见他列出具体的根据或理由，但是，他的推测正好与我们在前面论述的壮泰分离的时间大致在220—618年的推测不谋而合。因为泰族先民从广西迁出后，要辗转经过今越南北部、老挝，才能进入泰国，这是需要时间的；泰族迁入泰国后，逐步建立、发展和扩大自己的势力，更加需要时间。这样，大约经过几百年的时间，泰族的势力终于发展到在北部建立了自己的国家——素可泰，并逐步统一了全泰国。建立国家后，素可泰王朝就可以运用政权的力量，创造和推广泰文，并将全国各地的各种不同语言统一为泰语。由于这种泰语基本上是以220年以前的古代越语为基础的，因而许多基本词汇和壮语相同或相似。又由于泰族在其发展过程中，不断地与当地的土著民族通婚，以致泰族和壮族的体质形态有所不同。

参考文献

1. 张专声震主编：《壮族通史》，民族出版社1997年版。

---

① 披耶阿努曼拉查东著，马宁译：《泰国传统文化与民俗》，中山大学出版社1987年版，第17—18页。

② 同上书，第5页。

2. 简佑嘉编译：《关于泰族族源的几种观点》，《东南亚》1984 年第 4 期。

3. 邹启宇：《中泰关系史简述》，《东南亚》1985 年第 2 期。

4. ［泰］素集翁贴著，简佑嘉译：《泰人不是从何处来》，《东南亚》第 2、3 期。

5. 徐松石：《泰族僮族粤族考》，1963 年香港修订本。

6. 韩振华：《中国与东南亚关系史研究》，广西人民出版社 1992 年版。

本文原载于《广西民族研究》1998 年第 3 期

泰语民族的迁徙与现代傣、老、泰、掸诸民族的形成

何　平 *

【摘　要】泰语民族的发源地到底在哪里？或者说今天分布在中国云南和与之毗邻的东南亚中南半岛地区的现代傣、老、泰、掸诸民族是从哪里来的？这个问题一直是国际泰学界关注的焦点。本文认为，泰语民族的发祥地是在今广西、云南和越南交界一带地区，其先民是后来才辗转迁徙到今天他们居住的这一带地区并形成今天分布在中国云南和东南亚的傣、泰、老、掸诸民族的。

【关键词】泰语民族；迁徙；现代傣老泰掸诸民族；形成

国际泰学界所说的泰语民族（Tai-speaking Peoples）是更大的壮侗语族群中的一个分支。在过去一个多世纪里，人们根据各自所掌握的资料和对资料的理解，对泰语民族的起源进行了探讨，提出了各种各样的说法。随着研究的深入，越来越多的证据表明，泰语民族的发祥地是在今天的广西、云南和越南交界一带地区，其先民是后来辗转迁徙到今天他们居住的这一带地区并形成今天分布在中国云南和东南亚的傣、泰、老、掸诸民族的。如果我们肯定泰语民族的先民是后来才从这一带地区迁徙过去的，那么，接下来的问题必然就是：他们是在什么时候迁徙到今天分布的地区并形成今天我们所见到的这些民族的呢？从目前的情况来看，学术界对这个问题的研究还不多。因此，笔者拟就这个问题谈一谈自己的看法。

---

* 作者简介：何平，云南大学历史文化学院教授。

一

　　许多学者认为，今天分布在东南亚地区的泰语民族是从今壮族地区迁出后分化形成的。那么，他们是在什么时候迁出去的呢？此前，曾经有一些学者作过探讨。

　　例如，范宏贵先生在《壮族与傣族的历史渊源及迁徙》一文中，根据一些词汇所具有的时代特征，并参阅一些其他方面的资料，认为："在春秋时代以前，即距今 2700 年以前，壮族与傣族同一起源，共同生活在岭南一带。春秋到汉代以前，即距今 2700 年至 2100 年前，已进入农业为主的社会，傣族的祖先从岭南向南迁徙，定居在现在的居住地。"① "傣族先民大迁徙的时间，大约是在春秋至汉代以前，即公元前 8 世纪至公元前 2 世纪的六百年间进行的。"②

　　在另一篇题为《泰族起源与迁徙再探》的论文中，范宏贵先生通过进一步对壮、傣、泰语言进行比较和对傣语系民族自己的一些文献进行分析后认为，与中国傣族同源的今天泰国的泰族先民也是在同一时期从广西一带迁出的。范宏贵先生认为："在公元前 2 世纪以前，壮、泰、傣等族还是一个人们共同体，尚未分化成不同的民族。他们于不同时期、不同路线、分多批次地由北向南迁移。……在漫长的迁徙过程中，广西右江以南地区，云南的文山地区、西双版纳地区成为中继站，在此歇脚，然后再继续向南行走。"③

　　在论证泰语民族从华南向外迁徙的时间时，范宏贵先生谈道："现今出版的傣族历史著作，如《傣族简史》，江应梁的《傣族史》，曹成章、张元庆的《傣族》，从历史文献中追溯傣族的最早记载是汉代，江先生讲得很清楚，《史记·大宛列传》载：昆明之属无君长，善盗寇，辄略杀汉使。然闻其西千余里，有乘象国，曰滇越。这是历史文献中论述傣族先民

---

① 范宏贵：《壮族与傣族的历史渊源及迁徙》，《思想战线》1989 年增刊。

② 同上。

③ 范宏贵：《泰族起源与迁徙再探》，载云南省社科院东南亚研究所《东南亚》1991 年第 3 期。

最早的记载。"①

　　我认为，范宏贵先生从语言学的角度对壮语、傣语和泰语进行比较分析提出的关于泰语民族与壮族同源以及泰语诸民族均是从岭南一带迁徙到云南乃至中南半岛的论断是极有道理的，但是，说公元前 8 世纪至公元前 2 世纪这一时期就已"定居在现在的居住地"，所举的例子却是"滇越"，显然是沿袭了我国傣泰民族史研究领域的讹误。②

　　潘其旭先生在其《从地名比较看壮族与泰族由同源走向异流》一文中也认为："我们对泰国北部的泰语方言称为'交趾语'和操'交老语'的缘由，就有可能找到较为合理的线索和答案：他们同属古代百越族群某支的后裔，可能是迟至秦汉时期由中国岭南先后向中南半岛迁移。迁移的路线，可能是一路朝西北线溯江而上，沿柳江、南盘江至贵州转云南，经老挝进入泰北；一路是沿西线郁江、邕江、左江，经越南、老挝移入泰北。三国时治今云南曲靖市的交州（今壮族居住地之一），唐代治今云南西畴县的交趾城（今壮族居住区之一），也许就是其迁徙和与壮族和布依族分化过程中留下的地名踪迹。泰北方言又称'交老语'，亦反映了这部分泰北的泰人先民由越南经老挝的中转历程。而在他们迁移之前，50 万秦兵南下，与越人交战八年之久，秦才统一岭南设桂林、南海、象郡。当时秦国和秦人在越人心目中是极为深刻的。至汉代之际，汉族尚在形成当中，尚鲜有'汉人'之称，岭南越人便将南下的中原人仍视为秦国之人。故早先迁徙分化的南越人知秦而不知有汉，后随国界划定，又隔绝千山万水，其后裔（如泰、老、掸族系）也就习称中国为 mueng chin 即'秦国'，称汉人为 khon chin 即'秦人'，称汉语为 pasa chin 即'秦语'。喜欢与一些外国人称中国为'唐'，中国人为'唐人'的情况相似。这些称

---

　　①　范宏贵：《壮族与傣族的历史渊源及迁徙》，《思想战线》1989 年增刊。

　　②　过去，有一些学者把《史记》中提到的"滇越"说成是傣族先民建立的国家。近年来，关于"滇越"是傣族先民建立的国家的说法已被包括笔者在内的许多学者所否定。关于"滇越"不是傣族先民建立的国家的详细论述，请参见汶江《滇越考——早期中印关系的探索》（载《中华文史论丛》，上海古籍出版社 1980 年第 2 辑）、陈孺性《关于"越""盘越"与"滇越"的考释》（载中国台湾《大陆杂志》1992 年第 84 卷第 5 期）、何平《"滇越"不是傣掸民族先民建立的国家》（《中央民族大学学报》1999 年第 3 期）。又见何平《从云南到阿萨姆：傣——泰民族历史再考与重构》（云南大学出版社 2001 年版）第 1 章。

谓，在一定程度上反映了其先民在历史上最迟迁徙和开始分化的时代的印迹。"①

我的看法则是，即使是那个时候真的发生了泰语民族先民的迁徙，也只是刚刚开始，而这个民族群体的主体的迁徙肯定是在更后来的时期。

许多学者都谈到，由于曾经生活在汉文化圈的范围内，现在泰语诸民族的语言中还保留着许多古汉语词汇，这些古汉语词汇有的并没有时代特征，但有一些词汇却带有明显的时代特征，从这些带有时代特征的古汉语词汇来分析，很难说泰语民族先民的主体那么早的时候就从其故土迁到了今天的居住地。例如，在泰语诸民族的历史上，有一种古老的行政区划，傣语发音为 gwuen，老语发音为 kwuen。过去我国出版的一些书籍中将其译写为"圈"或"根"，其准确译音应当是"格温"。"格温"往往用来称呼一个国家的最高一级地方行政区划或邦邑等古代封国。据老挝史籍记载，1353 年老挝建立"澜沧王国"后，其创立者法昂将全国划分为 6 个"格温"。② 据泰北史籍记载，1442 年，兰那国十世王蒂洛格格腊调南邦太守闷洛那空到朝廷任职，闷洛那空提出的任职条件包括"属于哪个格温的纳贡人，就归该格温的长官管理"③。到了近代，泰北清迈的兰那王派一位王族重建勐芳，他将全勐分为了 7 个"格温"。④ 在我国云南南部的傣族地区，历史上也有"格温"的区划。西双版纳封建领主统治时期，将这一地区的平坝各勐划分为 12 个"版纳"，称"西双版纳"。同时也将少数民族山区划分为 12 个"格温"，称"西双火格温"（以前译写为"西双火圈"）。⑤

据考证，傣泰语言中对于最高地方行政区划的称呼之一的所谓"格温"或"圈"或"根"，实际上就是古汉语"郡"字的谐音。⑥ 我们知道，"郡"是秦朝统一中国并实行郡县制后设置的最高一级地方行政单位，汉代沿袭了秦代的郡县制，一直到唐代才废除了郡的设置。泰语民族

---

① 潘其旭：《从地名比较看壮族与泰族由同源走向异流》，《广西民族研究》2001 年第 1 期。

② 蔡文枞：《老挝的区划演化》，《东南亚》1987 年第 1 期。

③ 谢远章：《泰—傣古文化的华夏影响及其意义》，《东南亚》1987 年第 1 期。

④ 同上。

⑤ 同上。

⑥ 同上。

古代政治制度中的"格温"制即"郡"制表明，这个民族群体的主体至少在秦汉时期乃至秦汉以后相当长一段时间内仍然还在中国中原王朝的统治范围以内。

又如，今天的泰语诸民族都使用干支纪年。据研究，干支在我国虽然已有着悠久的历史，但早期的干支只是用来纪日，并不用来纪年。一般认为，用干支来纪年是西汉后期才开始的。[①] 因此，泰语民族的先民接受华夏民族的干支纪年应当是在西汉后期以后乃至东汉以后的一段时期了。

而且，除了特殊的由于战争引起的迁徙以外，一般来讲，这种迁徙是相对缓慢的，正如潘其旭在分析了壮族地区的壮语地名和泰国的泰语地名后所说的那样："现代的壮族和泰族的聚居地域相距上千里，壮语地名和泰语地名仍保持着很大的一致性，其主要原因，一是在其分化之前，大的共同语的语言系统、基本词汇和语法结构的模式已趋向定势；二是由于壮族和泰族自古为稻作民族，即使迁徙也是渐进性环链式的，而不是背乡弃田的长驱或跳跃式。这当中曾经与壮族保持着相近的活动地域，然后才逐步向远地推移。从历史和语言来观察，到宋代尚有一部分壮族分化向东南亚移动，同一模式的地名也就连成一片，可以说，这些'齐头式'的地名留下了泰族迁徙路线的足迹。"[②] 然而我认为，这种迁徙，特别是泰语民族先民的主体的迁徙发生的年代要比作者推断的更晚。

克里斯·贝克尔在对泰语民族从越人中分化出来并向西迁徙的过程进行探讨时也认为："这种散布（即迁徙——引者注）不是一个简单的、线性的过程，（傣泰民族今天这种分布状况）是由一批批的小群体经过数千次短距离的迁徙后才形成的。这些民族的传说（在讲到他们的祖先迁徙的时候）一般提到的就是首领率领几千人的迁徙。"[③]

也就是说，即使是泰语民族先民中有一部分人很早就离开了他们的发源地，这个民族的主体到达他们今天的居住地并形成今天的傣泰语诸民族也是若干世纪以后的事了。

泰语民族的先民在向中国云南西南边地和中南半岛迁徙的过程中，逐

---

① 刘乃和：《中国历史上的纪年》（上），《文献》1983 年第 17 期。

② 潘其旭：《从地名比较看壮族与泰族由同源走向异流》，《广西民族研究》2001 年第 1 期。

③ Chris Baker, "From Yue To Tai", in Journal of the Siam Society, 90. 1 & 2 (2002).

渐分化，并在分化的过程中，不断与当地其他民族融合，逐渐形成了一些新的支系，最终形成了我们今天见到的这些虽然关系密切却又有差别的新的民族。

二

越南学者认为，在泰语民族的迁徙分化过程中，其东部支系形成的时间最早。① 所谓的东部支系指的就是今天分布在越南西北部及其周围一些地区的泰语族群。这些民族有的自称为 Tai，也有的自称为 Dai，过去我国学者在论及越南西北部地区的这些泰语民族时，多将其译写为"岱"，其支系有"岱稿""岱浪""岱良""岱藤""岱美""岱康"等等，但越南民主共和国成立以后，正式将这些民族定名为 Tai，故现又多将其译写为"泰"。施莱辛格也认为，今天居住在越南北部的泰语民族是最早从原始泰语族群中分出来的几支。②

关于越南西北地区的这些岱——泰民族及其支系出现或形成的时间，学术界的看法并不一致。越南有学者认为，早在前4—前3世纪的时候，就有一部分被称为"虑"的古泰人在今天越南西北地区的孟清（奠边）及其周围地区建立了"国家"。据说今天莱州奠边县、巡教县和山萝省的马江县一带仍留有"虑人"的许多地名，如三门城（三万城）、纳虑田、孟虑乡等等。③

也有学者认为，直到10—14世纪这一时期，越南岱——泰民族中的白泰、黑泰、红泰支系的先民才先后迁到越南西北地区的。④

越南学者邓严万认为，今天越南的岱—泰民族的先民可以追溯到古代的骆越人和与之有关的一些当时分布在今中国广西、云南和越南北部的民族群体，邓严万认为："在找到的泰人、佬人和越南西北、老挝的卢人的

---

① 邓严万：《越南岱—泰各民族集团的形成时间及其过程》，范宏贵译，载云南省历史研究所《东南亚资料》1983年第1期。

② Joachim Schiliesinger，"Tai Groups of Thailand"，Volume 1，White Lotus Press，Thailand，2001，p. 22.

③ 陈科寿：《越南泰族的社会及文化》，载云南省历史研究所《东南亚资料》1982年第3期。

④ 同上。

各种传说和手抄材料，都统一记载说：泰人、佬人和卢人在进入印度支那以前的故乡是在'九条河汇合'的地方，即红河（南刀）、沱江（南德）、马江（南那）、湄公河（南空）、南乌河、南那河，还有两条在中国的不知名的河流。上述材料还记载他们的祖先居住的各勐（即区域、'国家'），如勐翁、勐埃、勐洛、勐贺、勐波德、勐俄、勐阿、勐敦黄。现今已确定这些地名都在现在的云南南部。特别值得注意的是，勐天或勐腾即现今的奠边府一带。过去的勐天可能较宽，包括勐德、越南西北马江一带和老挝的丰沙里地方。勐天的意思，可能是天的勐。在越南的西北、老挝，甚至泰国的泰族几乎都认为勐天是他们祖籍的地方。"①

　　施莱辛格在论述中越边境地区古代壮族和傣泰民族的先民分离以及中国云南南部傣族和越南北部的岱—泰民族的形成时也认为：在公元初的几个世纪里，当中国和越南都加强了对当地的行政和军事控制并沿着红河流域向北方深入的时候，当地的泰人被分为了两个群体。第一个群体包括了中国南部的云南省的（傣）渴人和今天老挝东北部和越南西北部的泰丹（黑泰）和泰皓（白泰）。生活在今天奠边府一带勐天地区黑水河以西的泰丹人在当时是定居在最南端的泰语民族。一些资料表明，这些人是今天居住在老挝、泰国和缅甸的所有泰语民族的祖先。在新的地理、政治和文化环境下，由于与他们北方的亲族同胞隔离，他们的习俗和文化沿着另外的方向发展了。被语言学家判定为原始泰语的第二个群体居住在东南亚的东边一隅和红河流域北边和东北边，他们受到了中国文化的强烈影响。这一个群体包括好几个支系，名称也各不相同，中国的官方文献中把他们统称为壮族，包括了当地一部分土人和侬人。中国广西和贵州以及越南西北部地区的这些泰人后来在语言和文化方面发生了分化，朝着不同的方向发展了。

　　在5—8世纪这一时期，一些主要的泰族支系已经在越南北方的黑水河流域和老挝最东北边和邻近的中国的一些地区定居下来了。1990年在越南北方的奠边府也就是主要由泰丹（黑泰）人居住的泰人的勐天城发现了5个铜鼓，据研究，这些铜鼓就是属于泰人的，其年代距今已有2000多年了。过去一些历史学家和考古学家认为，勐天曾经是泰人的中

---

　　①　邓严万：《越南岱—泰各民族集团的形成时间及其过程》，范宏贵译，载云南省历史研究所《东南亚资料》1983年第1期。

心和西双楚泰的王城所在地，有关铜鼓的考古发掘支持了这种理论。

根据泰丹人的口传史，他们传说中的故土勐天是一个分布于黑水河流域的由 12 个封建邦国结盟而成的统一的政治组织的都城，他们把这个政治组织叫作"西双楚泰"，意为"十二泰邦"。①

但关于岱—泰民族的最后形成，邓严万认为是 11 世纪占据今天中越边境一带地区的侬志高起兵失败以后的事了。邓严万谈道："侬志高起兵之后，中国和越南的两个朝廷更加严密地控制了这个地区。两国的边界逐渐得以清楚划定，各国极力将自己的文化同化这个地方的各个民族。自此，结束了这个东支岱—泰民族集团的共同祖先的历史。在中国的部分形成壮部族，包括壮、侬、沙、水、高栏等各集团。在越南的部分形成岱部族，与越族的关系日益密切。后来，岱集团与在中国的部分壮族人小集团，经过一段历史时期后，和从平原地区上来的越人各集团混合，形成现今在越南操岱—泰语言的民族集团。"②

克里斯·贝克尔在分析今天越南西北地区的泰族群体的形成过程时也认为，这个群体是从公元初到 13 世纪这一时期从红河流域不断进入今天越南西北山区的骆越人逐渐混合形成的。③

综合目前所能接触到的资料，我认为，今天越南西北地区的岱—泰民族的形成实际上经历了一个漫长的过程，很可能的情况是：古代的骆越人和与之有关的一些当时分布在今天中国广西、云南和越南北部的民族群体中的一些支系，包括那一部分被称为"虑"的群体，大概在前 4—前 3 世纪的时候开始进入今天越南西北地区的孟清（奠边府）及其周围地区，形成了一个从广西西部、云南南部到越南北部的早期泰语民族分布带。后来，不断有这些操原始泰语的民族群体从他们共同的发源地迁出，进入今天越南的西北以及周围一些地区，特别是在 10—14 世纪这一时期，越南岱—泰民族中后来被称为白泰、黑泰、红泰等支系的先民先后迁到越南西北地区，经过融合后，最终形成了今天我们见到的越南西北部及其周围地

---

① Joachim Schliesinger, "Tai Groups of Thailand", Vol. 11, White Lotus Press, 2001, Bangkok, pp. 31 – 32.

② 邓严万：《越南岱—泰各民族集团的形成时间及其过程》，范宏贵译，载云南省历史研究所《东南亚资料》1983 年第 1 期。

③ Chris Baker, "From Yue To Tai", in Journal of the Siam Society, 90. 1& 2 (2002), p. 7.

区的泰语民族。

在原始侗泰语民族分化和泰语民族的先民从他们的故土迁出的过程中，留在今天中国境内的那一部分人中的大部分人，后来逐渐"汉化"形成了今天我们所见到的壮族等民族；分布在今天越南北方的骆越群体也被"汉化"而演变成了今天越南的主体民族越族，另外一些群体则在后来的"汉化"或"汉越化"的过程中形成了今天越南北部地区的侬、沙等民族或他们的支系；向西或西南方向迁徙到中国云南西南部和西部即今天的西双版纳和德宏等地以及中南半岛中部和西部地区的这个民族群体中的大部分人在后来的历史发展过程中逐渐接受了印度的文化，演变成了今天我们所见到的傣、老、泰、掸诸民族及其支系；而迁入今天越南西北及其周围一些地区的那些民族群体，在后来的历史发展过程中，既没有像他们东边的亲缘群体一样被"汉化"或"汉越化"，从而变成了新的民族，也没有像他们西边的那些同胞那样被"印度化"，而是更多地保留了原始泰语民族或原始侗泰语民族的文化特征，其最明显的一个特征就是，这些泰语民族群体在文化方面受中国汉族文化或后来越南北部地区越人的"汉越文化"影响的程度不像他们东部的壮族和侬族等亲缘民族那样深，也不像他们西部的那些"印度化"的同胞一样信奉小乘佛教，而是保留着泰语民族的原始宗教。

这个民族群体应当还包括今天分布在今天中国云南元江、玉溪等地的傣族即"傣亚"这一支，也即所谓的"花腰傣"。傣语中的"亚"字，意思有多种，若在工作或上课时说"亚"，即下班、放学之意；若对开会、赶集或赕佛的人说"亚"，即为散会、散场之意；若对夫妻关系说"亚"，则是离婚的意思。据西双版纳的传说，从前佛祖云游到傣族地区，傣那、傣泐、傣绷、傣艮等都赶去赕佛，聆听佛祖讲经说道，唯有傣亚来迟了。傣亚人来的时候，佛祖已走，佛事已散，所以这支人就被称为"傣亚"，不信佛教。又据傣亚人的传说，在古老的年代，在傣族大迁徙中，大队伍已经往南走远了，看他们披荆斩棘砍路，砍倒的芭蕉树都抽心发芽长大长高了，我们自认追不上，是"散落"在后面的一支，故称"傣亚"。[①]

---

① 　高立士：《傣族支系研究》，《中央民族大学学报》1998 年第 6 期。

在一部分泰语民族的先民向今天越南西北部及其周边地区迁徙和发展的同时，还有一些群体则向更远的西部或西南部迁徙，这些群体最后定居在今天云南西南部的西双版纳和西部的德宏以及中南半岛的老挝、泰国、缅甸等国家，并逐渐接受了印度文化，形成了今天我们所见到的泰语民族这个群体的主体，也就是今天中国云南西双版纳和德宏的傣族以及今天老挝的老族、泰国的泰族、缅甸的掸族及这些民族的各个支系。

三

在谈这些向西迁徙的早期泰语民族或泰语民族的先民的历史时，不能不提到哀牢。美国传教士杜德在其《泰族——中国人的兄长》一书中论述泰语民族的起源和早期历史时，曾说泰语民族起源于西亚，以后才迁徙到中国，而且，到中国后，他们最初是居住在北方，后来才因中国人的压迫迁往南方的。为证明其观点，杜德还把拉古伯里提到的中国史书中记载的"大蒙""巴人""哀牢""南诏"和"摆夷"等串起来，弄出了一个关于泰语民族起源和七次大规模迁徙的理论。①

事实证明，杜德的这种观点是错误的，尤其是说泰语民族起源于西亚并一度居住在中国北方以及后来在云南西部建立了南诏王国等，均被证明是站不住脚的。

但是，杜德提到的中国史籍中记载的有些古代民族或部落，比如"哀牢"，到底与泰语民族有没有关系？却仍然值得深入研究。

哀牢是中国古籍中提到的一个民族群体的名称。最早的是东杨终的《哀牢传》，惜已失传。之后，常璩的《华阳国志》、范晔的《后汉书》当为现存记录哀牢历史的最早记载。此后，郦道元的《水经注》、杜佑的《通典》、李昉等撰的《太平御览》、马端临的《文献通考》、田汝成的《炎徼纪闻》、杨鼎的《南诏通纪》等均有哀牢的记载。

由于杜德把哀牢的历史同南诏的历史搅在一起，而事实证明南诏并不是泰族建立的国家，所以，我国一些学者在批判杜德的观点时，也否认哀牢与泰语民族的关系。但是，还有一些学者却认为，哀牢可能是早期的

---

① William Clifton Dodd, "The Tai Race: Elder Brother of the Chinese", White Lotus Press, Thailand, 1996 (reprinted), pp. 1 – 19.

泰语民族之一。有学者指出："西方学者关于哀牢问题的观点和我国（一些）学者的观点不能相提并论。在哀牢问题上，我们既要批判西方学者对于中国历史和东南亚历史的杜撰和歪曲，又要敢于去研究这个问题，提出我们自己的见解。"①

中国史籍在提到哀牢的时候，哀牢的主体似乎是居住在今天的云南西部地区。《后汉书·西南夷传》说："永平十二年（69 年），哀牢王柳貌，遣子子率种人内属，其称邑王者七十七人，户五万一千八百九十。口五十五万三千七百一十一。西南去洛阳七千里，显宗以其地置哀牢、博南二县，割益州郡西部都尉所领六县合为永昌郡……"

但是，《华阳国志·南中志》在追溯哀牢的历史时是这样说的："永昌郡古哀牢国，哀牢山名也，其先有一妇人名沙壹，依哀牢山下居"。《后汉书·西南夷列传》也记载："哀牢夷者，其先有妇人名沙壹，居于牢山"。

从史书的这些记载中我们可以看出，东汉时期的永昌虽然是"古哀牢国"的地方，但是，这个名称是因为哀牢山（牢山）得来的，而哀牢人的祖先原先是居住在哀牢山一带的。我认为，这里所说的哀牢山或牢山，指的应该就是今天云南南部元江流域的哀牢山一带。这一带地区正好与今天的越南和广西相近，是早期泰语民族先民活动区域之一。按照史书的记载，哀牢人最初就生活在这一带地区，后来，一些哀牢人向西边迁走了，那就是中国早期史书中提到的哀牢。

《后汉书·西南夷传》记载说，"永平十二年（69 年），哀牢王柳貌遣子率种人内附，其称邑王者七十七人，户五万一千八百九十，口五十五万三千七百一十一。西南去洛阳七千里，显宗以其地置哀牢、博南二县，割益州郡西部都尉所领六县，合为永昌郡。"从此，西迁的哀牢处于了东汉王朝的直接统治之下。

后来，哀牢时有反叛，不断遭到中央王朝的讨伐，许多人被迫迁走，永昌郡人口大减，所以，《南齐书·州郡下》便有"永昌郡，有名无民，曰空荒不立"的记载，以至于到东晋成帝时（326—342 年）不得不最终废除了永昌郡和哀牢县。

---

① 景振国主编：《中国古籍中有关老挝资料汇编》，中州古籍出版社 1985 年版，第 283 页。

此后，中国史书中就不再见有关于哀牢人的记载，代之而起的就是
"僚"。据戴裔煊先生研究，"僚"就是早先的"哀牢"，这两个词又来源
于"骆越"的"骆"，他们"整个民族之老家为骆越地"①。

还有一些可能后来向南或西南迁徙，迁到今天的老挝和越南西北一些
地区去了。

例如，越南和中国的一些史籍后来把今天越南西北地区和老挝一些地
区也叫作哀牢，如《大越史记》外记卷四《赵越纪》说："赵越王庚午三
年（梁大宝元年，550 年），（李）天宝兵败，乃收余众万人，奔哀牢境
夷獠中。"

《大南一统志》清化省山川条云："马江……自云南九龙江发源，经
哀牢入兴化枚州。"

《越史通鉴纲目》前编卷四引黎阮荐《舆地志注》云："哀牢部落甚
繁，在在有之，皆号曰牢。今考诸书，则哀牢今属云南，唯族类甚繁，散
居山谷，故我国（指越南——引者）沿边、老挝万象以至镇宁、镇蛮、
乐边诸蛮，俗皆以为牢。"

《皇明象胥录》卷三也载，嘉靖九年（1530 年），"（莫）登庸立子方
瀛为国大王，而僭称太上皇，率兵攻蟺清化，蟺败走义安及葵州，复穷
追，走入哀牢国，哀牢即老挝也"。

又徐延旭《越南山川略》云："越南有大横山，……山西北接隅为万
象国，古之哀牢国也。"

并且，越南人在历史上还多次入侵老挝的哀牢国，如《越南历代疆
域》的作者陶维英即根据其所掌握的资料论述说："1290 年，陈仁宗战败
元军之后，计划征哀牢国，因为它经常和牛吼入犯沱江方面的我国边界。
1294 年，上皇陈仁宗亲征哀牢，生擒人畜甚众。1297 年和 1302 年，范五
老受命抗击哀牢。到 1330 年，上皇明宗又事亲征"。上皇因见牛吼常依靠
哀牢而不肯臣服，认为要平定牛吼，必须先给哀牢以沉重的打击。因此，
于开佑六年（1334 年），上皇打算由义安道进兵，直攻哀牢国（其时，哀
牢有两个国家：万象即永珍和老挝琅勃拉邦）。……上皇命军队追击哀牢

---

① 戴裔煊：《僚族研究》，载中南民族学院民族研究所资料室编《南方民族史论文选》，
1982 年，第 223 页。

人，但哀牢仍不肯降服。"①

因此，我认为，中国早期史籍《后汉书》中所说的活动在今天云南西部地区的哀牢，是哀牢这个群体中西迁的一支，而后来被越南和中国史籍提到的哀牢则是迁到今天老挝和越南西北部地区的另外一些哀牢人。

据前引《大越史记》外纪卷四《赵越纪》记载，赵越王庚午三年（梁大宝元年，公元550年），李天宝兵败，率余众万人"奔哀牢境夷獠中"。这里说的哀牢，应该是指今天的老挝。

《越史要》卷一说得更清楚："国史梁简文帝大宝元年，李天宝与族李佛子起兵抗梁，为陈伯先所败，入九真，走哀牢，筑城自居，号桃郎王。按九真今为清（清化）义（义安）静（河静），桃郎所居地，盖即邻清义之哀牢，而非隶云南之哀牢也，明甚。"

从史书的记载来看，中国境内的哀牢后来从记载中消失了。哀牢消失以后，出现了"僚"这个名称。而今天云南境外的老挝和越南西北部地区，主要是老挝北部地区以及居住在当地的民族，后来则一直被称为哀牢，所以，许多学者都认为，哀牢就是今天泰老民族的先民。如戴裔煊先生就认为："僚人之'僚'，哀牢之'牢'，俱为'骆'之异写，亦即Lao之对音。"② 陈序经先生也认为："越南人还叫老人为哀牢，这是沿用这个种族的原来的名称。"③ 而"哀"则只是一个语气助词，没有特定的含义。④

越南西北地区的岱—泰族和中国云南的花腰傣等泰语民族的先民中，有一些可能也是中国和越南史籍中提到的后来分布在当地的"哀牢"的后裔。专门研究老挝历史的美国学者斯图亚特·福克斯就认为，哀牢就是后来进入到今天老挝东北部和越南西北部"西双楚泰"（即今天奠边府一带）的泰老民族的先民。⑤

"牢"或"僚"或"老"（有时也写作佬）是广义的泰语民族中一个

---

① 陶维英：《越南历代疆域》，钟民岩译，商务印书馆1973年版，第320—321页。

② 戴裔煊：《僚族研究》，载中南民族学院民族研究所资料室编《南方民族史论文选》，1982年，第223页。

③ 陈序经：《掸泰古史初探》，1962年自印本，第9页。

④ 段立生：《哀牢是傣系民族的先民》，《中山大学研究生学刊》1982年第1期。

⑤ Martin Stuart-Fox，"The Lao Kingdom of Lan Xang：Rise and De-cline"，White Lotus Press，1998，Bangkok，Thailand1. p. 36.

古老的族称，除了中国和今天的老挝以外，今天泰国的中部以北地区的泰人、特别是泰国东北部地区的那些说泰语的人，在古代也一度统称为"老"。而"牢"或"老"这个词的最初含义是人。泰国学者集·蒲米萨认为，"牢"或"佬"一词还不是指一般的与兽不同的人，而是指文明的人，指统治阶级，相当于印度的雅利安人，以文化民族自居。与"老"相对应的是"卡"，指那些说孟高棉语的民族和其他山区民族。① 后来，"老"这个字又一度演变成了带有高贵社会地位的称号，在泰国北部和老挝的史籍里，记载坤真以前的"银扬王国"（又译恩央王国）国王的称号大部分都以"老"字开头。②

如果说哀牢就是泰语民族中的泰老民族这一支的先民的话，那么，按照这些史籍的记载，这一支以哀牢或老为族称的泰老民族最早出现在今天老挝北部地区的时间是 6 世纪。或者说，在 6 世纪前后，一支叫作哀牢或老的泰老族才开始在今天的老挝北部地区活动。

但是，应当注意的是，在很长一段时期里，哀牢或老的活动区域主要是在今天老挝的北部地区。据学者研究，老挝的《南掌纪年》（《澜沧纪年》）中说老挝人的始祖坤罗率领老挝老族的先民进入今天老挝并战胜当地"卡人"的故事主要发生在今天老挝的北部地区。在坤罗之后约 20 代国王即到了澜沧王国的创建者法昂的时候，老族人的势力才扩展到今天老挝的南部地区。③

汉斯在其《兰那简史》一书中根据其所掌握的资料论述泰语民族的先民向今天中国的云南南部和中南半岛地区乃至印度东北部地区的迁徙时认为："许多证据表明，一些群体就是在 500 年至 800 年及 800 年到 1050 年这个时期从那里（指红河流域——引者注）迁徙到老挝北部和中国南部的，后来又进入了老挝、泰国（于 1225 年到 1250 年期间占领了高棉化

---

① ［泰］集·蒲米萨：《暹泰佬孔各族名称考》，泰国 Duang Kamol 出版社 1976 年版，［泰］黎道纲中译稿，打印稿（云南大学西南边疆少数民族研究中心资料室藏），第 137 页。

② "The Chiang Mai Chronicle", translated by David K. Wyatt and Aroonrut Wichienkeeo, Silkworm Books, Chinag Mai, 1995, p. 9.

③ ［泰］集·蒲米萨：《暹泰佬孔各族名称考》，泰国 Duang Kamol 出版社 1976 年版，［泰］黎道纲中译稿，打印稿（云南大学西南边疆少数民族研究中心资料室藏），第 112 页。

的孟人城市素可泰)、缅甸北部、云南和阿萨姆。"① 其提到的这个民族群体进入今天老挝的时间与后来的中、越史籍提到的南迁的哀牢出现在今天老挝一带的时间相吻合。

专门研究老挝民族史的学者劳伦特#查西（Laurent Chazee）则认为"泰人"是从 9 世纪以后开始向老挝迁徙的。接着，"11 世纪，当高棉人在南方还有很大影响的时候，泰人从云南、广西和越南北部地区来的移民开始影响了老挝……在 11 到 13 世纪，泰族共同体在整个泰人半岛确立了统治地位，建立起了琅勃拉邦和万象这两个政治上独立的邦国"。②

总之，最有可能的情况是，早先的"哀牢"可能是最早的一支泰老族人，他们当中有一部分人后来进入了今天的老挝北部和泰国东北部地区，并且一直把"牢"或"老"作为他们的族称。以至于越南人一直把老挝叫作哀牢。后来，在不同的历史时期，又有一些不同程度地受到中国文化影响的说"原始泰语"的人不断迁徙到今天的老挝一带，他们逐渐融入了早先居住在这一带地区的叫作"老"的群体。大约在 10—13 世纪的时候，随着这些操原始泰老语的民族群体的融合与发展，以及他们同更早的时候就生活在当地的那些说孟高棉语的民族相融合，初步形成了今天老挝的主体民族现代老族。

斯图亚特·福克斯在论述老挝的民族关系和现代老族的形成时特别强调了这一点，他说："今天老挝最早的居民是老听人，他们居住在低地的表兄包括孟人和高棉人，他们说相同的南亚语系语言……到公元第一千年代末，一些说泰语的人使湄公河中游和湄南河流域汇入了新的民族成分，虽然他们在文化方面从孟人和高棉人那里借鉴了很多东西，但最终在政治上占据了主导地位的他们使泰（老）语成了当地的语言，并使他们取代了那些拒绝同化的老听人部落，迫使他们退到高纬度地区。他们还特别与低地的孟高棉民族通婚，所以，就像其他民族一样，今天的老龙人是一个

---

① Hans Penth, "A Brief History of Nan Na: Civilization of North Thailand", Silkworm Books, Thailand, 2000, p. 38.

② Laurent Chazee, "The Peoples of Laos: Rural and Ethnic Diversities", White Lotus Press, 1999, p. 14.

混血民族。"①

14 世纪出现在老挝的澜沧王国（南掌王国）应该是老挝现代老族初步形成的结果和标志。

戴裔煊先生在论述"哀牢"或"僚"的起源和发展的情况时认为："其中心区域在广东西南部，广西西南部（原文如此，似应为南部，因为后面又提到了西南部——引者）、西南部至整个老挝之地。由此向四方辐射。除向印度支那半岛分布外，在中国本国者可以分为三支，西支溯西江支流向西北斜上，散布于四川、贵州以至于湖北、湖南间，东支则沿东南沿海向东北斜上至于长江口。"②

这个群体向老挝发展的支系后来与先前居住在当地的孟高棉语民族和后来不断汇入当地的其他泰语民族的支系融合以后，形成了今天老挝的主体民族老族及其支系。而在中国境内发展的大部分"僚"，后来大部分恐怕都融合到汉民族和其他民族群体中去了。只有分布在今天云南西南和西部边陲的一些支系，后来成了当地傣族的一部分。唐代人樊绰在其《蛮书》卷4《名类》中记载说："黑齿蛮、金齿蛮、银齿蛮、绣脚蛮、锈面蛮，并在永昌、开南，杂种类也。"永昌、开南即今天云南的西部和西南部地区。许多学者都认为，《蛮书》提到的这些"蛮"，都是傣族的先民。③如果真是这样的话，后来云南西双版纳和德宏地区的傣族，很可能就是在这些群体的基础上演变形成的。

---

① Martin Stuart-Fox，"The Lao Kingdom of Lan Xang：Rise and Decline"，White Lotus Press，1998，Bangkok，Thailand1，p. 2. 又：作者这里用的"老听人""老龙人"等名称，用的是过去老挝政府对老挝民族进行划分时用的名称。老挝政府曾经把全国的民族划分为三类，一类叫作"老龙人"，意思是"居住在平坝地区的老族人"，即今天老挝的主体民族老族以及其他一些说泰老语言的民族或民族支系；第二类叫作"老听人"，意思是"居住在山坡上的老族人"，实际上，"老听人"主要是说孟高棉语的民族；第三类称为"老松人"，意思是"居住在山顶上的老族人"。主要是比较晚近才迁入老挝的说藏缅语的苗族、瑶族等民族。老挝政府把所有民族的名称前都加上一个"老"字，目的是想以模糊民族差别的方式实现多民族国家的统一和最终实现民族融合。但这不是一种科学的民族划分标准，所以现在已经放弃了这种划分法。

② 戴裔煊：《僚族研究》，载中南民族学院民族研究所资料室编《南方民族史论文选》，1982 年，第 223 页。

③ 江应：《傣族史》，四川民族出版社 1983 年版，第 96—108 页。

四

在泰语民族先民的迁徙过程中，还有一些向更远的西南方向迁徙，进入了今天的泰国一带。泰语民族的先民是在什么时候迁到今天泰国这一带地区的呢？目前我们确实还没有直接的证据。因此，对这个问题，我们只能根据一些文献或其他资料来推断。

据泰北和老挝一带流传下来的年代较早的一部编年史《素旺空坎成的传说》记载，世界自洪水浩劫后进入了兴盛时代，洪水退去后出现了一片陆地，这个地方后来被称为庸那迦国。据传说，菩提散銮城的銮吉蔑人北上先建立了名叫素旺空坎成和乌蒙卡塞拉城的城邦，其疆界北到孟荣、景洪西双版纳，同塞銮城即现今中国的云南接壤。① 说明当地最初是吉蔑人（即高棉人）居住的地方。

《哈里奔猜城的传说》和《章黛维氏的传说》则记述说，素瓦台和素探达两位修行者于小历 17 年或 22 年（公元 655 年或 660 年）建成哈里奔猜城并请罗斛国国王罗蜡之女娘章黛维公主来治理哈里奔猜城之事。② 也反映出当地早期居民是与高棉人同源的孟人。

另一部编年史《辛霍纳瓦的传说》则记载说，那空素贴城（即拉差卡勒哈城）国王特瓦甘之子辛霍纳瓦带领部属来到古代吉蔑人管辖的素旺空坎地区，于佛历前 132 年（？）建立了古代景线城。辛霍纳瓦在古景线城的王位传了 44 代，吉蔑人又征服了这一城邦，后来亡国君主的儿子拍龙率众起义，战胜了吉蔑人并追击到后来甘烹碧城所在之地，天帝派建造神建起甘烹碧城（意为金刚石墙之城），阻挡拍龙王子继续追击。拍龙王子领兵撤退到柴巴甘城（即清迈北面的范城）。后来一个名叫柴锡里的王子继承了柴巴甘城的王位，这时，素探玛瓦滴城（即孟族的直通城）出兵进攻柴巴甘城，柴锡里率领 10 万户百姓南下，在甘烹碧地区的贝城（又名德莱德楞城）建立政权。不久，庸那柤城陷落，变成了一个大湖。③

---

① ［泰］巴差吉功扎：《庸那迦纪年》，王文达译、简佑嘉校，云南民族学院和云南省东南亚研究所，1990 年，第 9 页。

② 同上书，第 10 页。

③ 同上书，第 9—10 页。

这个故事反映了泰人先民在南迁的过程中同当地土著孟高棉人争夺地盘的情形。

那么，泰族先民向今天泰国境内迁徙是从什么时候开始的呢？在泰北和老挝的《锡浪那空景线的传说》《屏卡氏的传说》《清甘玛里匿》（《清迈城纪年》）、《拍耀城的传说》《清莱城的传说》《难城的传说》《堆东佛塔的传说》《素贴佛塔的传说》《南邦佛塔的传说》《玉佛的传说》《拍信佛的传说》《檀木佛的传说》《锡兴佛的传说》《拍耀城銮通央王的传说》等史籍和传说中，都从布昭老蜀王在散扫山（即堆东山）兴起说起，说是蒲甘王阿努鲁（即阿奴律陀）王请邻近诸邦君主聚会创制小历，而庸那迦兰那泰人君主未去参加。天帝让仙子老蜀下凡，老蜀从堆东山顶沿银梯下山，前来站立在大枣树下的银坛之上，众百姓拥戴老蜀为恩央清劳城王，王位后来传了九代或十一代到披耶老祥时，在夜赛河近旁的堆东山尾另建京城，起名柴武里景线城，此城王位传十一代到坤恩，坤恩有两子名坤清和坤宗汤，坤恩派坤宗汤到堆端山尾建一城，称普甘耀即拍耀城，由坤宗汤统治此城。坤清则继承柴武里景线之王位。坤宗汤有子名坤真，为第十九世王，坤真具有雄才大略，他征服了南掌及安南，中国宋朝皇帝封坤真为交巴干城王。[1]

上述记载虽然带有一些神秘色彩，年代也有许多错乱之处，但是，我们从中还是可以看出，泰人迁去之前，当地的土著是孟高棉人，泰人是后来才陆续迁到当地的，而且时间并不是很早。比如，一些史籍在说泰北传说中的泰老人的银扬王国的建立时，提到了缅甸蒲甘王朝的阿奴律陀国王，阿奴律陀在位的时间是 1044—1077 年。在谈到坤真的传说时，又提到他被中国宋朝皇帝封为交巴干城王。如果这些故事反映的时间是真实的，那么，它们所说的似乎都是 11 世纪时的事。

另外，有学者认为，传说中的建于今天泰国北部地区的"庸那伽国"建国的时间应该是在 10 世纪前后。[2] 即使是这个时期，泰语民族的先民在今天泰国北部地区的建国的年代也不是很早。

谢远章先生通过对古泰语中保留的大量古汉语词汇的分析后也认为，

---

① ［泰］巴差吉功扎：《庸那迦纪年》，王文达译、简佑嘉校，云南民族学院和云南省东南亚研究所 1990 年，第 10—11 页。

② 江应：《傣族史》，四川民族出版社 1983 年版，第 174 页。

东南亚和云南的傣泰语民族大概 是在一千多年前才从我国南方迁徙过去的。①

张伯伦则通过对泰语进化史的研究后认为，从泰语进化史来看，泰语民族进入中南半岛的时间是比较晚的，是在 10—12 世纪。②

汉斯在其《兰那简史》一书中对泰语民族进入今天泰国北部地区的时间进行论述时认为："第一批泰人大概是在 1050 年疟疾大流行后不久来到的。有一份编年史提到说，1150 年时，在南奔附近的湄滨河河畔，有一个泰人的村寨。大约一个世纪以后，即 1260 年，孟人城市南邦有一位为孟人服务的泰人官员反叛，并短期占领了南邦城。"③

这些学者的论述都认为泰语民族进入今天泰国并在当地建国的时间是在 10 世纪前后。

美国学者维亚特最近又通过对一块古代石碑铭文的研究，把泰族进入今天泰国这片土地的时间稍微提前了一些。按维亚特的研究，泰族在 8 世纪左右进入了泰北地区，而在 1219 年这块碑铭的年代前夕进入素可泰以北的帕府一带并建立了他们的城镇。④ 如果维亚特的研究结论和我国一些学者对樊绰在其《蛮书》卷 4《名类》对当时云南西部地区乃至境外一些地区的民族的记载的推断是可信的话，那么，泰族先民进入今天泰国北部地区的时间大概是从 8 世纪或更早一点的时候才开始的，但不会早得太离谱。

进入泰北的这些泰人后来被他们的邻居称为"［泰］阮人"（Yuan）或"［泰］允人"（Yun）或"［泰］庸人"（Yon），传说中的"庸那迦"（巴利文拼写为 Yonaka，泰文拼写为 Yonok）即是从这个名称来的。

最初，泰阮人居住在今天的缅老泰三国交界一带地区乃至更北边的一些地区。他们历史上最有名的国王就是芒莱王。泰国史书记载，芒莱王与

---

① 谢远章：《再论泰—傣古文化的华夏影响及其意义》，载云南省社科院东南亚研究所《东南亚》1990 年第 3 期。

② Martin Stuart-Fox, "The Lao Kingdom of Lan Xang: Rise and Decline", White Lotus Press, Thailand, 1998, p. 158.

③ Hans Penth, "A Brief History of Lan Na: Civilizations of North Thailand", second edition, Silkworm Books, Thailand, 2000, p. 38.

④ David K. Wy-att, "Relics, Oaths and Politics in Thirteenth-Century Siam", Journal of Southeast Asian Studies, 32 (1), February 2001, The National University, Singapore, p. 39.

云南西双版纳傣泐人建立的"泐国"的王室还有亲戚关系。芒莱于 1259 年 20 岁时在清盛继承父位为王。1263 年，又建立了一座城市，并以他的名字命名为清莱。当时，孟人的势力已经衰落，高棉人的势力也迅速退却，因此，芒莱王的势力得以向南边发展，并于 1281 年或 1292 年一度占领了孟人城市南奔。[1]

最初进入泰北地区的泰阮人没有自己的文字，也不信佛教。在与孟人接触之后，泰阮人才从孟人那里接受了他们的宗教和文化，并加以改造，从而创造出了自己的文字和形成了自己的文化。与孟人文化接触后，泰阮人开始使用两种字母来书写：一种为世俗体，即采用孟文字母来拼写泰阮人的方言；另外一种叫作"达摩"（Dhamma）字母，泰阮人用泰话发音为"檀"（Tham），主要用于佛教经文的抄写。

据泰国北部的编年史记载，1296 年，芒莱王又建立了一座新城，即清迈（清迈的意思就是"新城"）。1327 年，芒莱王的后人又在先王即位的地方清盛再建了一座城市，即是今天见到的清盛。以后，清迈逐渐发展成了泰北的政治、经济和文化的中心，泰北各地泰人的小勐如难、帕等均归附了清迈。泰北由此被称为了"兰那王国"或"兰那泰"。

1400 年到 1525 年期间是兰那王国的黄金时期。这一时期，兰那泰阮人的文化对周边地区产生了很大的影响。以今天老挝的朗勃拉邦为中心的南掌王国（澜沧王国）、缅甸景栋的泰坤人（又译为泰艮人），云南西双版纳的傣泐人，都采用了兰那泰的泰阮人的"达摩"（Dhamma）或"檀"（Tham，泰文对"达摩"的异写）字母，此后，泰国北部、老挝西北部、缅甸掸邦东北部一部分地区和中国云南西南部的西双版纳傣族地区便形成了一种相通的、一直延续到今天的"达摩字母文化"。

泰庸人的一支后来还进入了今天缅甸东北部的景栋一带地区，与当地民族融合后形成了今天缅甸东北地区的掸族的主体。

在泰人的先民迁徙的过程中，另外还有一些支系进入了湄南河流域，一些人与当地的孟人和高棉人统治集团成员通婚融合，逐渐形成了一个新的族群——泰暹人或暹泰人。泰国学者黎道纲先生认为："湄南河流域的各个王系，由于文化相同，彼此通婚联合，逐渐形成一个单一民族，这个

---

① Hans Penth，"A Brief History of Nan Na：Civilization of North Thailand"，Silkworm Books，Thailand，2000，p. 11.

民族就是高棉人、占婆人和周边国家人们口里的 Syam 人。所谓 Syam 人……也就是今日泰国境内的暹泰民族。"①

暹泰人或者叫泰暹人大概在 13 世纪 40 年代控制了素可泰城，但直到兰甘亨于 1279 年左右继承其兄为王之后，素可泰才真正成为一个暹泰族的政治中心。当时，素可泰通过扩张兼并了周边许多高棉人的城邦和已经居住在当地的泰人的小勐，形成了一个规模较大的泰人国家。

在兰甘亨统治时期，素可泰成了一个富裕而强大的中心，国王兰甘亨是一位虔诚的佛教徒，大力宏扬小乘佛教，使小乘佛教取代了早期的原始宗教而成为国教。在著名的兰甘亨碑铭中，兰甘亨向世人炫耀他的王国如何如何的富足，"水里有鱼，田里有稻"，人民可以自由地往来和做生意，王国的赋税很轻，国王执法严明公正。碑铭还说，向素可泰表示归顺的有来自琅勃拉邦、南乌河以及湄公河两岸的老族人。还有记载说万象和勐骚也在归顺素可泰的泰老民族的小邦的行列。②

1351 年，另外一支暹泰人的统治者拉玛提婆迪以阿瑜陀耶为中心，建立了阿瑜陀耶王朝，阿瑜陀耶取代了早期的暹泰人王国素可泰以后，控制了今天泰国中部最富庶的地区。此后，暹泰人势力日益壮大，逐渐发展成了今天泰国的主体民族。

向西迁徙到今天云南西部和缅甸北部一带的另外一些泰人支系，逐渐形成了泰语民族中的大泰这一支系。据大泰人的史籍记载，他们早在公元 6 世纪甚至更早就在瑞丽江流域建立了国家。但是，直到 13 世纪时，以勐卯为中心的大泰民族的势力才真正崛起建立了强大的勐卯王国即麓川政权。明代"三征麓川"以后，大泰地区归属中国中央王朝。后来，缅甸东吁王朝崛起，四处扩张，控制了一部分大泰人地区，这一部分地区的大泰人也就成了今天缅甸北部地区的掸族的主体。

参考文献

1. 范宏贵：《壮族与傣族的历史渊源及迁徙》，《思想战线》1989 年

---

① ［泰］黎道纲：《泰国古代史地丛考》（华文版），中华书局 2000 年版，第 243—244 页。

② A. B. Griswold and Prasert na Nagara, "The Inscription of King Rama Gamhen of Sukhodaya", JSS 59, 2 (1971): 208.

增刊。

2. 范宏贵：《泰族起源与迁徙再探》，《东南亚》1991 年第 3 期。

3. 潘其旭：《从地名比较看壮族与泰族由同源走向异流》，《广西民族研究》2001 年第 1 期。

4. 蔡文枞：《老挝的区划演化》，《东南亚》1987 年第 1 期。

5. 谢远章：《泰—傣古文化的华夏影响及其意义》，《东南亚》1987 年第 1 期。

6. 刘乃和：《中国历史上的纪年》（上），《文献》1983 年第 3 期。

7. Chris Baker，"From Yue To Tai"，in Journal of the Siam Society，90. 1 & 2（2002）．

8. 邓严万著，范宏贵译：《越南岱—泰各民族集团的形成时间及其过程》，《东南亚资料》1983 年第 1 期。

9. Joachim Schiliesinger："Tai Groups of T hailand"，Volume 1，White Lotus Press，Thailand，2001.

10. 陈科寿：《越南泰族的社会及文化》，《东南亚资料》1982 年第 3 期。

11. 高立士：《傣族支系研究》，《中央民族大学学报》1998 年第 6 期。

12. WilliamClifton Dodd，"The Tai Race：Elder Brother of the Chinese"，White Lotus Press，Thailand，1996（reprinted）．

13. 景振国主编：《中国古籍中有关老挝资料汇编》，中州古籍出版社 1985 年版。

14. 戴裔煊：《僚族研究》，载中南民族学院民族研究所资料室编《南方民族史论文选》1982 年版。

15. 陶维英著，钟民岩译：《越南历代疆域》，商务印书馆 1973 年版。

16. 陈序经：《掸泰古史初探》，1962 年自印本。

17. 段立生：《哀牢是傣系民族的先民》，《中山大学研究生学刊》1982 年第 1 期。

18. Martin Stuart- Fox，"The Lao Kingdom of Lan Xang：Rise and De-cline"，White Lotus Press，1998，Bangkok，Thailand1.

19. 集·蒲米萨著，黎道纲译：《暹泰佬孔各族名称考》，泰国 Duang Kamol 出版社 1976 年版，打印稿（云南大学西南边疆少数民族研究中心资料室藏），第 137 页。

20. Hans Penth，"A Brief History of Nan Na：Civilization of North Thailand"，Silkworm Books，Thailand，2000.

21. Laurent Chazee，"The Peoples of Laos：Rural and Ethnic Diversities"，White Lotus Press，1999.

22. 江应：《傣族史》，四川民族出版社 1983 年版。

23. 巴差吉功扎著，王文达译，简佑嘉校：《庸那迦纪年》，云南民族学院、云南省东南亚研究所 1990 年版。

24. 谢远章：《再论泰—傣古文化的华夏影响及其意义》，《东南亚》1990 年第 3 期。

25. David K. Wy- att，"Relics，Oaths and Politics in Thirteenth – Century Siam"，Journal of Southeast Asian Studies，32（1），February 2001，The National University，Singapore.

26. 黎道纲：《泰国古代史地丛考》（华文版），中华书局 2000 年版。

27. A. B. Griswold and Prasert na Nagara，"The Inscription of King Rama Gamhen of Sukhodaya"，JSS 59，2（1971）.

本文原载于《广西民族研究》2005 年第 2 期

壮侗语诸民族与东南亚相关民族的渊源与迁徙

范宏贵

  我国的壮、布依、傣、侗、水、仫佬、毛南、黎族，越南的 岱、侬、泰、卢、布依、热依族，老挝的老龙族，泰国的泰族，缅甸的掸族，印度的阿萨姆人，现有约 8000 万人。100 年前，西方学者对上述的一些民族作了语言调查对比，认为他们之间有亲缘关系。此后，中外语言学家又作了进一步的语言调查研究，结论也相同。有人泛称这些民族为泰族，这是错误的。过去，由于时代的限制，资料的局限，对他们的渊源关系不是很清楚；对其中某些民族的迁徙缺乏确凿的根据，只是一种推测，更无法解释他们为什么分化形成不同的民族。稍后，历史学家、民族学家除根据语言资料外，又加上历史文献、考古资料进行探索，但是资料很有限，不足以解决这个重大课题。

  古今民族的起源、发展和形成，是个非常复杂的问题，并不都是古代的甲民族发展为现代的甲民族，即直线的等同关系。民族的起源、发展和形成要经过一个漫长的历史时期，人生短暂的几十年，还观察不到这种变化。加之，不同时代的人，对民族的认识、识别会有一些差异。因此，当时的人很难阐明这 一课题，只有后代的人根据资料才有可能讲清楚。

  鉴于此，要解决前人未能解决的问题，就不能再走老路了，要另辟蹊径。这条道路就是深入民族地区，广泛搜集资料、进行多学科的综合研究。40 多年来，我国许多学者对各民族的语言、历史、社会、文化、宗教、风俗习惯进行了调查，搜集到十分丰富的材料，尤其是 1980 年以后，在我国政府的重视下，搜集、整理、出版了很多各民族的史籍，这是以前凭个人力量无法实现的事。同时，东南亚各国也搜集、整理、出版了一些深藏民间的古籍。这就为我们的研究超越前人提供了有利条件。如果，我们用人类学、考古学、历史学、语言学、民俗学等学科的资料和观点来综合研究，并且不是单个民族孤立地进行研究，而把这些民族的资料进行通盘考虑，必定会取得比较良好的效果。这些民族的语言相同和相近的资料、数据，已发表了不少论文和资料，为了节省篇幅，在此不再赘述。他们的语言相同或相近，只有两种可能，一是借来的，二是同源。基本词汇和语法借用外民族的情况，几乎是不可能的。那么，只能是同源。1982年，韦庆稳先生发表了一篇论文，用壮语可以把春秋时代楚国的一首《越人歌》翻译出来。① 此后，有学者用壮语再译了《越人歌》，还有的学者用侗语、傣语也能把这首《越人歌》译出来。于是便产生了争论，《越人歌》是壮、侗、傣哪个民族的？其实，把他们的渊源搞清楚，这种争论就迎刃而解了。用壮、侗、傣语都能译 2500 年前的《越人歌》，正说明那时他们还是居住在一起的，还是一个人们共同体。这也反映了当时楚国有不少越人。那么，这些民族是否起源于楚国这块地方呢？当然，单靠这点材料还不能立论。

关于各民族的来源，每个民族都有一些传说，例如，壮族较普遍的说法有两个：一是他们的祖先是北宋时期随狄青征讨侬智高而南来，原籍在山东白马街，越南的岱族也有此传说；二是从江西省珠玑巷迁来的，侗族也有此传说。他们一般都有家谱为证，祖先是汉族的名门望族，说得有根有据。这些传说和家谱是否可信呢？翻开历史记载，我们可以看到，在唐代，今广西、云南文山一带、中越边境两侧已有壮族先民僚、生僚，"西原蛮"栖息、活动。北宋时，侬智高起兵以前，在左、右江流域和中越边境两侧也有侬氏的活动，而且力量相当强大。他们的祖先随狄青南来、江西珠玑巷迁来的时间都在此之后，显然，传说和家谱是不可靠的。这种现象的产生，是因为历代的封建统治者歧视和压迫少数民族，例如非汉族不能读书，不能参加科举考试，甚至租买田地也不允许，于是伪造家谱，民族成分也改了。

值得注意的是，云南省西双版纳傣族用傣文手抄的傣族创世史诗《巴塔麻嘎捧尚罗》②，1986 年译成汉文本出版③，有 11000 多行，内容十

---

① 《试论百越民族的语言》，《百越民族史论集》，中国社会科学出版社 1982 年版。

② 此书名为傣语音译，"巴塔麻"，的意思是第一次，"嘎"的意思是一整套，"捧"是神王，"尚罗"是开创人类。连起来是"神开天辟地"的意思。

③ 西双版纳傣族自治州民族事务委员会 1981 年铅印本。

分丰富，涉及开天辟地、天地形成、众天神诞生、神火毁地球、万物诞生、人类形成、葫芦人的传说、谷子诞生、神制定年月日、人类大兴旺、迁徙等等。在傣族史诗的迁徙篇章里，详尽记叙了他们祖先的迁徙经过，篇幅很长，这里只概述其要点：傣族的祖先原来居住在遥远的地方，为了寻找好地方，先在首领帕雅桑木底（傣语，帕雅意为王，桑木底意为任命、委任）的率领下，众人向南迁移；后来又在苏米召和雅罕冷两位女王的率领下继续迁移，拐了千道湾，绕过千座山，叶落了又发，花开了又结果，有的饿死、病死在路上，有的被野兽吃掉；最后到达现在的西双版纳一带。两位女王率领两支人，分别居住在不同的地方。

《巴塔麻嘎捧尚罗》一书产生于何时，已无从考证，但写于傣历903年（公元1543年）佚名的《谈寨勐神的由来》一书中已提到此书。

此外，用傣文写的《本勐傣泐西双邦》（傣族十二部落）、《西贺勐龙》（十六大勐）、《巴沙坦》等书，也记载傣族祖先从北向南迁徙的经过，其中有些人物、地名与《巴塔麻嘎捧尚罗》相同。

上述傣文书虽然讲了傣族祖先的迁徙情况，但未言明是从北方的什么地方往南迁移的。

傣文的《沙都加罗》[①] 一书稍微明确了一些，说傣族的祖先原来居住在冷森林的地方，雨水像盐巴，住在山洞里，没有火取暖，没有布遮身，大人小孩互相搂抱取暖，为了觅食求生，才由冷森林的地方转移到热森林的地方。又说，傣族祖先还住在冷树林山洞的那个时候，刮冷风，下像白树叶一样的雨，大人小孩又冷又饿。于是，沙罗率领众人向南迁移[②]。

1988年4月，笔者在西双版纳景洪县拜访了傣族文学专家岩温扁。他说，曾经看过一本傣文书，书名已忘，现存云南省副省长刀国栋（傣族）处。该书讲到，有一支傣人原来居住在 nam Sam SoP（三条河流汇合处）地方（位于何处不详），这里下雨像盐巴。下雨像盐巴，下像白树叶的雨，这是对下雪的形象比喻。西双版纳以北下雪的地方很广，他们的原居住地在何处呢？壮语与傣语基本相同，壮族居住地在西双版纳的北方。笔者以894个基本词（现代政治述语均借自汉语，不包括在内）对壮语

---

① 一部记载傣族祖先变迁和宗教的书，出书年代不详。

② 佚名：《谈寨神勐神的由来》，载祜巴勐著岩温扁译《论傣族诗歌》，中国民间文艺出版社1981年版，第96—100页。

和傣语作了比较（有对应规律可循的词包括在相同的词中，声母和韵母中有一个相同的，称为部分相同）将其列表如下：

对比语种	相同数	百分比	部分相同数	百分比	合计	百分比
壮语南部方言龙州话 傣语西双版纳方言	311	34.8%	155	17.3%	466	52.1%
壮语南部方言龙州话 傣语德宏方言	245	28.4%	189	21.1%	443	49.6%
壮语北部方言武鸣话 傣语西双版纳方言	215	24%	170	19%	385	43.1%
壮语北部方言武鸣话 傣语德宏方言	176	16.7%	156	17.4%	332	37.1%

在语法上，词序在壮傣语中具有表达语法功能的重要作用，词序主要是主语—谓语—宾语。

语言的变化比其他社会现象缓慢得多，较有稳定性。因此，语言是活的社会化石，正如体质人类学家可以根据原始人的头骨化石，恢复其相貌，甚至整个人体一样，我们也可以借助语言材料追溯古代民族的起源、演化和形成诸问题。

现在壮族聚居的南宁、百色以南属亚热带，并不下雪，不很寒冷。桂林一带则下雪，尤其是高寒山区，风很大。南宋周去非于1178年撰写的《岭外代答》卷4也说，桂林常有雪，稍南则无。

据对哺乳动物化石的研究和分析，在更新世中期（距今10万年前），华南的气候比现在要冷。[1]

对5万年前的柳江人洞穴动物群化石的研究表明，华南密布着大片森林。[2] 由于喀斯特地形的关系，岩洞很多，是古人良好的栖息处所。

商周时期的甲骨文中已有越字出现，写为戉，后来演变为越。在秦汉的古籍中，越与粤通用，百越亦可写为百粤。"百越"一词最早见于战国末年编写的《吕氏春秋·恃君览篇》："杨汉之南（高诱注：扬川汉水南），百越之际，敝凯诸夫风余靡之地，缚娄、阳禺、骥兜之国，多无君。"百字在汉语里，亦可解释为众多的意思，百越即支系众多的越人。

周代青铜器铭文中已有"仓吾"一词的记载，后来写成苍梧，为越

---

① 周明镇：《哺乳类化石与更新世气候》，《古脊椎动物与古人类》1963年第4期。

② 黄万波：《华南洞穴动物群的性质与时代》，《古脊椎动物与古人类》1979年第4期。

人居住地，其地在今湘、桂、粤三省交界地带。战国时期写的《战国策·楚策》载："楚南有洞庭、苍梧。"《后汉书》卷 68《南蛮传》亦说："吴起相悼王，南开蛮越，遂有洞庭、苍梧。"《汉书音义》说："苍梧越中王，自命为秦王。"表明分布在苍梧的居民是越人。苍梧人是百越人中的哪一支呢？《淮南子》《史记》和《汉书》都记载，在桂林一带，包括漓江、桂江、西江流域，广西、广东、湖南交界的地带，居住着百越人的一支西瓯人。秦始皇用兵岭南时，曾与西瓯人发生激战。西瓯人杀伤杀死秦军数十万，可见西瓯人很多。从《汉书·地理志》对当地人口、户数的统计看，估计西瓯人约有 20 万。从以上论述，我们可以初步认为，西瓯人是壮、傣、泰族的先民，其居住地以桂林一带为中心，分布在广西、广东、湖南交界地带。

西汉时期，我国人口年平均增长率约 7‰，前期的数年间达 10% 以上。东汉 75—157 年间，人口年平均增长率约 6‰[①]。前 218 年秦始皇用兵岭南时，西瓯人约 20 万人，如按人口年增长率 8‰计算，到 1992 年，应有 8888517000 人大大超过壮侗语族各族人口总数。超过的人数，要么迁移，要么融合到其他民族中了。现今在我国操壮侗语族语言的 8 个民族，大约 2000 万人，在越南、老挝、泰国、缅甸、印度的约 7000 万人。可见在东南亚的人口多过在中国的，这种迁徙不可能是一次性完成的。

前述《巴塔麻嘎捧尚罗》一书中说，傣族祖先的迁徙先是在帕雅桑木底率领下进行的，后来是在苏米答、雅罕冷两女王率领下继续完成的。迁徙的原因是为了寻找好地方。《沙都加罗》一书则说，傣族祖先的迁移是在首领加罗的带领下进行的，迁徙原因是因为大自然和气候的恶劣，使他们饥寒交迫，为活命而迁移。可见这两本历史文献所说的迁徙并不是一起，而是两起。再从后来的历史文献和民间传说看，壮、傣、泰各族的祖先是在不同时期、不同地点和路线逐渐迁徙到现在居住地，既有大规模的集体迁徙，也有人数较少的分散迁移，"听我们老人说，那些没有离开冷森林，或者沿途住下来的祖先，到了我们今天的时代，他们子孙的房子还是用土盖成，并没有完全摆脱山洞的习惯呢。有的由于失群，与亲戚断掉了联系，语言变了，衣服变了，完全变成了同一个世道里的另一种民族。

---

① 袁永熙：《中国人口·总论》，中国财政经济出版社 1991 年版，第 46 页。

然而，不管他们怎么变法，仍然是同一个山洞祖先们的后代，仍然是我们今天的兄弟姐妹。说不定他们当中的某一个老人，还是你家的叔伯舅舅哩。这是因为世道混乱所造成，也是我说未能达到完全集中的道理。"①这里所说的"完全集中"，意思是没有全部聚居在一起。关于这个问题，在下面还要详细论述。

　　上述傣族的历史文献，没有言明傣族祖先的迁徙时代。现在让我们作一番考证。《巴塔麻嘎捧尚罗》一书，如果没有掺入后人的内容，而是原型的话，这本书中已讲到傣族先民在迁徙时已有数字、年月的概念，已会开辟田地种谷和饲养家畜家禽，已有衣裳穿（奇怪，没讲到有裤子）。这有助于我们考证他们的迁徙时代。再就是，在得出壮族与傣族同一起源的结论之后，我们就得探讨他们是何时分化形成不同的民族的。据数学史的研究，人类最早的数字概念只有1、2，多3个，3以上的数字是以后逐渐发展起来的。《巴塔麻嘎捧尚罗》里已进入万、十二万的大数字概念，表明他们已进入文明时代。历史学家们认为，克木人是泰国、老挝的原始居民之一，他们的数词如下：

　　1 muol, 2 K'bar, 3 K'Po, 4 K'Pon, 5 ha, 6 hok, 7 tset, 8 Pet, 9 Kau, 10 SiP

　　1、2、3、4是本民族语言，5—10则是借自壮语和泰语。属克木语族的兴门族语言亦如此，数词1—4是本民族语②，5—10则是借壮语或泰语。这表明他们的发展还处于低级阶段时，泰人的祖先进入当地，双方有了密切交往，当克木人、兴门人发展到需要5以上的数字概念时，便借自泰语。这一情况还表明，泰族迁入泰国和老挝，不会很早很早，但也不会是很晚的时候。年月的概念是在数学概念相当发展的基础上产生的。壮族何时有年月的概念，已无从得知。傣族有自己的历法，傣历的纪元开始于公元638年3月22日。傣历的干支纪年与汉历相同。年的概念与干支有密切关系，但不能等同，应该先有年的概念，而后才有历法，有干支。创世史诗中已有年月的概念，证明他们迁徙的年代不会很早，也不会很晚。

---

　　①　佚名：《谈寨神勐神的由来》，载祜巴勐著岩温扁译《论傣族诗歌》，中国民间文艺出版社1981年版，第107—108页。

　　②　克木语、兴门语、数字读音，参见吴德盛、张文生《现今老印各语言的地理分布》，载越南《语言》杂志1973年第1期。

壮语与傣语的词汇在如下几方面是相同的：

农业方面：田、水、稻、刀、犁、耙、黄牛、水牛、轭、种子。

饲养业方面：猪、鸡、鸭、鹅、马、羊、狗、猫。

野兽方面：象、虎、熊、猴子、狼、穿山甲。

饮食方面：碗、筷、米、饭、菜、盐、肉、酒。

在此必须说明的是，现代傣语叫碗为 Vaan，武鸣壮语也叫 Vaan，是借自汉语的词，过去傣语叫 thui，与现代靖西、龙州壮语相同。天体、气象方面：天、太阳、月亮、星、云、雷、风、雨雾、霜。这些词的相同处，表明在农业、狩猎业、饲养业已出现的时候，甚至已出现被子、席子、枕头、衣、梳、梯的时候，壮、傣、泰族的祖先还生活在一起，还是一个人们共同体，因此，与农业、狩猎业、饲养业有关的词自然是相同的。另外，买、卖两词壮、傣、泰语也相同，也表明他们共同在一起时，已出现了买卖关系，有了剩余产品，用于交换，社会已较发展了。

有趣的是，壮、傣、泰语"衣"一词是相同的，但"裤子"一词不同。大概他们共同生活一起时，只有衣，没有裤，裤子的出现是在他们分化成不同的民族以后才出现的。前些年，我们在山区还可以看到或听到，妇女只用布围着下部，内中并没有穿裤。男子只用一块布兜住生殖器，或用块布围着下身。

酒、布、铁等词，壮、傣、泰语是相同的，表明他们共同生活在一起时，已有酒、布、铁了。

考古发掘证明，在新石器时代，西瓯人地区已出现原始锄耕农业、饲养业、纺织业。发现商代晚期至战国早期的盛酒器卣和罍。这表明距今3100 年至 2000 年前，西瓯人已有酒。

壮、傣、泰族现今称越南为 keu，译成汉文，就是"交趾"的意思。"交趾"一词，尧舜时已出现，其地望还不十分明确，后人各说不一。前219 年，秦始皇用兵岭南，将五岭以南的越地置为南海、桂林、象郡。西汉元鼎五年（前 112 年），设置交趾郡，地望比较明确，即今越南北部。此称沿用了 300 多年，后来虽屡有更迭，但壮、傣、泰族民间仍习惯称越南为 keu（交趾），称越南人为交趾人，直至今日。我国史书上往往也简称为交人。

壮、傣、泰语在前述几方面词汇的相同，我们又考证出这些物品出现的年代，综合上述各个学科的论述和考证我们可以得出这样的结论，在春秋时代以前，即距今 2700 年以前，壮、傣、泰等族还是一个人们共同体，生活在一起，分布在桂、粤、湘交界地带，其中心在桂林附近。春秋至汉代以前，即距今 2700 年至 2100 年前，已进入农业为主的社会，他们的祖先开始逐渐南移。

那么，傣族祖先西双版纳之前，居住在这里的是什么人呢？

西双版纳辖景洪、勐海、勐腊 3 县。1958 年进行的民族调查说，勐海县的傣族是从"勐色本"（地理位置不详）迁来的①。勐腊县最早的土曾居民是布角人、插满人②。1988 年笔者到西双版纳进行民族调查时，勐腊民族事务委员会主任岩糯比（傣族）及其他一些人说，该县的傣族是从外地迁来的，原来居住于此的是布角人、插满人，现在人口已很少。

傣族到达现在的居住地后，经过漫长艰苦的经营，才生根、发展起来。唐代人樊绰写的《蛮书》已记载，在唐代，已有傣族的先民"黑齿蛮、金齿蛮、银齿蛮、绣脚蛮、绣面蛮"生息在云南。到了宋代，傣族的力量逐渐强大起来，叭真入主西双版纳 12 年（1180—1192 年），管辖勐遮、勐兰那（今泰国清迈）、勐交（今越南西北地区）、勐老（今老挝）。叭真有 4 个儿子，长子道木冷封于勐兰那，次子道埃温封于勐交，三子道木冷封于勐老，四子采邑勐景洪（今西双版纳）。③

傣、泰语，勐是区域、国家的意思，兰那是百万稻田或广阔水田的意思。兰那国位于泰国清迈（旧译景迈或昌莱），建于 1118—1188 年，泰国史称为景迈王国。兰那人又称"泰永"，是泰族的一个支系，与西双版纳的傣族在语言、文字、风俗习惯上基本相同。④ 叭真封长子道木冷为兰那国王，可见他们的相互关系。到元代，我国史书称兰那国为八百媳妇国，交往仍很密切。

壮、傣、泰等族祖先的迁徙前浪是在 2100 年前，迁徙后浪仍在 1000 年后继续。我们且看历史文献的记载。

---

① 《傣族社会历史调查（西双版纳之五）》，云南民族出版社 1983 年版，第 29 页。

② 《傣族社会历史调查（西双版纳之一）》，云南民族出版社 1983 年版，第 91 页。

③ 《勐遮历史点滴——译自西双版纳自治州刀有良副主席藏书》，载《傣族社会历史调查（西双版纳之九）》，云南民族出版社 1988 年版，第 138 页；朱德普：《泐史校补》，载《傣族社会历史调查（西双版纳之十）》，云南民族出版社 1987 年版，第 131 页；《西双版纳宣慰世系》，高立士译注，云南民族研究所，1981 年，第 1 页。

④ 江应樑：《傣族史》，四川民族出版社 1982 年版，第 197 页。

历史文献记载，1053 年，侬智高起兵反宋，横扫广西、广东失败后，率领部众从广西南宁退往云南特磨道（今云南省广南县），依靠当地的侬人生存，这说明在 10 世纪以前，壮族定居云南省文山一带。侬智高的余部有的便定居下来，有的向西或更南的方向迁移。《元江县志》说，侬智高败退大理后，其宗族和部下寄居于元江县，后为当地的僰人、倮人、摩些人所逐，移居元江县南的十二版纳（即西双版纳）与十二朱汰。宋末，子孙散居今泰国北昌莱府。史籍记载，侬智高退往云南的部众共数千人，大部分留居特磨道，少部分到大理、元江，进入泰国的人数不会很多。

《古今图书集成》方舆汇编职方典第 1506 卷元江府部记载："侬人，其种在元江，与广南同是侬智高之党，窜于此者，楼居无椅凳，席地而坐，脱履梯下而后登。甘犬嗜鼠。妇人衣短衣，长裙。男子首裹青花帨，衣粗布如绨。"由此看来，侬智高部众的后裔，习俗已很像傣族。1988年，笔者到云南省元江县进行民族考察，得知现今元江县已无壮族，但有傣族 1 万多人，他们称为花腰傣，以妇女腰间系花带而得名。她们的服饰与西双版纳的傣族不同，很近似壮族妇女的服饰，尤其与广西宝坪乡板价、板六村自称 Pu noŋ 的壮族妇女相似，头戴大而稍平的竹帽，边沿略向上弯。他们的语言与壮语相近。由此看来，侬智高部众的后裔，要么已迁往他处，要么已演变成傣族。

到了明代，人们已知侬人（壮族的一个支系）与傣族既有关系又有区别，如明代天启年间（1621—1627）纂写的《滇志》卷 20 就说："侬人，其种在广南，习俗大略与百夷同。其酋为侬智高裔，部夷亦自号侬。"所谓百夷，就是傣族。

此外，还有一些民间传说。1950 年 8 月至 1951 年 5 月，中央访问团第二分团在云南慰问期间，作了一些民族情况调查，其中有点滴傣族来源的调查，如元阳县太和乡牛角寨调查报告说，窝尼（哈尼）族是最早的土著居民，"在窝尼之后迁来的是罗罗（彝）人，随后的摆夷（傣），汉族。摆夷人说他们的老祖公是从广南县迁来的，因为那边'毛人'吃人"[①]。元江县的"摆夷来自石屏。据说是被汉族统治者压迫而来，此地有一句俗话

---

① 《中央访问团第二分团云南民族情况汇集》下册，云南民族出版社 1986 年版，第259 页。

说：'罗罗'被赶山头上，摆夷被赶山冲冲（山沟之意）"①。

1988 年，笔者在云南调查民族情况时得知，位于元江河畔的新平县漠沙乡的花腰傣，传说他们的祖先是从广西迁到新平县。迁徙到此地时，有个头人带领众人打猎充饥，追赶马鹿，来到元江，肚子饿了，烧蚌壳充饥，直至太阳落山，天黑了，又走累了，没有再跟随大队人员迁到西双版纳，留居在新平、元江。因此，西双版纳的傣人称新平县、元江县的傣人为 tia ia lɯt（傣雅泐）或 tai lo kia（傣倮该），意为停留下来或漏下来的傣人。而他们则自称为 tiatsuŋ（傣仲）。在以往的历史上，新平县、元江县的傣族男女青年有的为了逃婚，双双情人避居西双版纳。又传说，傣人的祖先迁到元江县后，原先居住在这里的民族说，他们不能在这里住，箭射到哪里，你们（傣人）就搬到哪里。结果射到西双版纳，其实他们是派人先到西双版纳，把箭插在地上。傣人到达西双版纳后，又遇到上述的情况，使用同一方法，把箭插到泰国，于是傣人迁到泰国居住。②

在勐腊县，传说居住这里的傣族人民远在宋末元初年间，从现在的文山专区所属广南、丘北等县，打仗出来，道经安南奠边府、勐莱至勐乌乌得后流入此地，迄今已有 800 多年的历史……

曼龙勒老人波保说；该寨的历史有七八百年了。大部分是从外国的奠边、林边来，其余小部分是由车里来。这个寨在勐腊地区，历史最早。以前插满人居住此地，当时人口稀少，勐腊坝子大部分是一片青荒。此寨建立后，插满人与傣族同居，因两族互相争夺土地，因而闹成了极大纠纷。在打仗时，外国来的人口日益增多，插满人不能抵抗，有的北上，有的逃往外国，该寨被傣人占了。③ 后来有相当一部分插满人与进入的傣族融合成为今天勐腊县的傣族④。

"傣族未进入勐腊勐拿之前，是插满人和布角人居住。迁徙原因，与忽必烈占领洱海区与滇池区域后，遣元将兀良合台南征交趾有密切关系。从资料中只有因打仗而迁的线索，其中大致年限与迁移路线：1253 年是

---

① 《中央访问团第二分团云南民族情况汇集》下册，云南民族出版社 1986 年版，第283 页。

② 1988 年 4 月据元江县大水平乡，北田寨岩松傣族，汉名李存仁，在县石油公司加油站工作及新平县漠沙乡供销社傣族陶正兴、封世安对笔者的讲述。李、陶、封 3 位均 50 多岁。

③ 《西双版纳傣族社会综合调查（一）》，云南民族出版社 1983 年版，第 91—93 页。

④ 同上。

忽必烈征云南的时间，1269 年南宋覆亡，1270 年，元蒙正式称元朝。其路线是从故地广南、丘北南下至越南奠边府，再往西北进入［老挝］勐乌乌得，辗转流徙至勐腊地区，迄今已有七八百年了。"① 广南县、丘北县是壮族聚居区，可见壮、傣、泰、老龙族关系的密切。

西双版纳现有壮族 1300 多人（1982 年），自称 Pujai，傣族称他们为"布央"，毗邻而居的瑶族称他们为"斗傣"，意思是停留下来的人，都集中在勐腊县。他们的祖先原住在广西，大约在 700 多年前开始迁徙，其路线是：广西—云南文山地区—元阳—江城—老挝—勐腊，留居老挝的人较多。移居勐腊县的，有些已演化为傣族。②

布依族早已居住在贵州省，自称 Pu jai，壮族有一支系也自称 Pu jai。布依族在语言、文化、风俗习惯等方面与壮族相同，南盘江以北在贵州省境内的称为布依族，南盘江以南在广西境内的称壮族。据史书记载，五代时（907—960 年），楚王马殷带领一部分人从邕管（今广西南宁地区）迁到贵州。《明史》卷 257 载，明嘉靖年间（1522—1566 年），"张鸣岐言：仲贼（布依族）乃粤西瑶僮种，流入黔中，自贵阳抵滇，人以三万计，寨以千四百七十计"。可见迁移的人数不少。《南诏野史》也记载："三苗之后，有八种，黔省最多，流入滇中者，惟仲家（布依族）、花苗而已。"他们居住在云南省广南府、广西府、曲靖府、开化府、临安府。除曲靖府外，其分布与壮族的一支——侬人的分布是一致的。他们的足迹已靠近老挝地界。以前，云南省没有公布有布依族——1982 年 10 月 29日，《云南日报》正式公布云南省有布依族，他们原是壮族中自称 Pujai 的沙人（他称）。由此可见：

第一，壮族与布依族的关系十分密切，但又不是一个民族，《古今图书集成》方舆汇编职方典第 1506 卷元江府部也说："沙人，习俗多同侬人。"

第二，进一步说明，这种民族迁徙，也有从贵州来的成分。他们的足迹已到达元江府，与云南省傣族地区相毗连。

第三，这种民族迁徙，有历史记载，是确实存在的。

侗族与壮族毗邻而居，分布在广西、贵州、湖南交界地区。侗族的古

---

① 《西双版纳傣族社会综合调查（一）》，云南民族出版社 1983 年版，第 91—93 页。

② 范宏贵：《云南省勐腊县壮族情况调查》，《广西民族研究》1988 年第 4 期。

歌《侗族祖先哪里来》说，他们的祖先是从梧州、燕州、浮州迁徙到现在的居住地。而这三个地名是唐代才开始出现的，由此可知，其迁徙年代当在唐代或稍后的一段时间。侗语（榕江县车江话）与壮语（武鸣话）941 个词的比较，其中有 173 个词相同，占 18.39%，部分即声母和韵母相同的有 288 个词，占 30.61%。如二者在一起，相同或相近的词有 461 个词，占 48.99%。侗族的祖先在梧州、燕州、浔州之前，居住在何处？我们无从知道。但从现有资料看，应与西瓯人有关。从侗、壮、傣语词汇的比较看，农业的词是相同或相近的，由此可以认为，在农耕时代，侗、壮、傣族还是一个人们共同体，后来才分化成不同的民族。①

　　前面在论述中国壮、傣族的迁徙时，已涉及泰国泰族最早的迁徙。由于同源，壮泰语有不少相同的语词。笔者以壮语龙州话 217 个词与泰国话作了比较，相同的有 83 个词，占 38.2%，相近的有 26 个词，占 11.9%。二者加在一起，共有 109 个词，占 40.1%。

　　1987 年，笔者陪几位泰国朱拉隆功大学的学者到武鸣县参观，指着车窗外的水田用壮语龙州话说：mi minam dam na（没有水插田），泰国学者完全听得懂，她用泰语重复说：mi minam dam na，略微不同的是"水"这个词，壮语 a 是短音，泰语是长音，na 的声调不同。同年，泰国著名学者巴色·纳那空（Prasrt Nanakorn）博士到广西访问调查壮族后说，古泰语的有些词汇，只有到壮语里才可以找到。有些古泰语义不清楚的，到壮族语里也可以找到正确的解释，例如"种子"一词，泰国学者以前认为是从梵语借来的，不料到壮族地区一看，这个词的泰语与壮语一样，从而推翻了借自梵语的说法。又如"笋壳"一词，现代泰语已无法解释，壮族里还保留着，从而知其义。

　　1986 年，笔者到泰国进行学术访问，热情的主人在我们住的旅馆房间里摆放着一篮水果，当我吃到叫 maak fai 的水果时，使我大吃一惊，因为我在中越边境的壮族地区吃过这种果，maak 是果，fai 是火，译成汉语叫火果。《龙州县志》亦记载，该县产火果。这是一种生长在山沟里的野果，熟透后才甜。像这种毫不起眼的水果，壮、泰语在声、韵、调上完全一样，意思一样，不可能是壮语借泰语，也不可能是泰语借壮语，只能说

---

　　① 范宏贵：《侗族祖先迁徙地点、时间及其他》，《广西民族研究》1989 年第 4 期。

明他们过去生活在一起，是一个人们共同体。1988 年，我到西双版纳调查时，亦得知傣族也有这种果，德宏州的傣族也有，老挝也有，名称完全一样。再从越南的岱族、侬族是从广西南部迁入越南，从越南与越北地区到越南西北地区奠边府沿路散布着岱族村寨来看，西瓯人在南迁时，曾经在中越边境停留过一段较长的时间，然后再南移的，因而出现上述现象。

泰国的泰族传说，在远古时，中国的玉皇大帝①派遣他的信徒——中国云南的泰族来到中国和印度之间的国家定居，并鼓励他们行善，从事农耕。后来，泰族成为这个国土的主人。② 这个金色的国家就是泰国。

另一个传说讲，7—14 世纪，是泰族人的迁徙时期。他们从中国南部跋山涉水，穿行热带丛林，还要击退当地部落的袭扰，最终来到泰国并定居下来。③

傣国有个支系叫仂，现在分布在中国、泰国、老挝、缅甸。在中国西双版纳傣仂是傣族的一个大支系。

泰国的仂人主要聚居在清莱府的清孔、清坎、腾县；此外，还有不少居住在清迈府、南奔府、南邦府、披夭以及难府旺帕县农波村、东模村、波县的曼乱宰，披夭府上曼达法、下曼达法和清莱府坎县的满园村。这里的仂都说，他们的祖先由于战乱等原因从云南迁到泰国。

难府旺帕县波村现有 176 户，该村老人说，他们的祖先在数百年前从云南勐腊迁来这里，到泰国后分成两部分，一部分在景罕县曼纳弄建寨，一部分在曼农波建寨。后来曼农波的人多了，又分出一部分到曼顿罕、曼暖思建寨。他们每年 12 月祭祀祖先，在农波村的龙林举行，为时 3 天，与西双版纳的傣族的"灵披勐""灵披曼"一样，他们也是用牛做祭品，用牛皮煮肉。

泰国披夭府清闷县曼达法代（下达法村）的老人说，他们的祖先是300 年前从云南勐海县迁来这里定居的，他们过去常到中国走亲戚，例如 69 岁的女赞哈（歌手）咪侬燕仍有亲戚在勐海县景真，她曾经去过景真。

清迈著名人士皆希·林曼夏民先生也说："现在泰国北部仍然生活着许多其祖先从西双版纳迁去的人，他们在整个泰国北部人口中占 50%。

---

① 道教中地位最高的神，唐代才出现。
② 柯尔涅夫：《泰国文学简史》，外文出版社 1981 年版，第 2—5 页。
③ 同上。

在南奔还近 80% 的人其祖先也是西双版纳去的。"从西双版纳迁去的傣仿人所建的村寨，大多以原居住地的地名命名，如从西双版纳景洪迁去的人，建的寨子就叫景洪寨；从西双版纳勐笼寨迁去的，寨名仍叫勐笼寨；从西双版纳勐腊迁去的，寨名就叫勐腊寨。反之，也有不少仿人是从泰国清莱迁到西双版纳的①。这些都是较晚的迁移了。

1988 年，笔者到西双版纳调查民族情况时得知，他们的祖先曾经邀请过西双版纳清迈泰族、缅甸掸族的僧侣到西双版纳主持佛教寺庙。西双版纳的佛寺也派和尚到泰国、缅甸学习经典，双方交往颇为密切。

老挝古代流传下来的资料也说，在 6 世纪、7 世纪时，在华南各省的一些泰人乘船沿着红河、马江进入越南；沿着南乌江、湄公河进入老挝；沿着萨尔温江、伊洛瓦底江进入缅甸和泰国。在老挝的泰族人叫作泰老，在缅甸的叫作泰雅，在泰国的叫作泰暹。又说，在民族大迁徙中，泰老族从中国南部的云南、贵州逐渐南移到老挝以后，就把当地土著的人听族逐渐挤上山，泰老族便定居在老挝的琅勃拉邦省至占巴塞省一带的湄公河两岸。在老挝的历史发展行程中，泰老族逐渐成为老挝民族的主体。② 这些资料与上述史料和论述互相印证，是可信的。

越南学者搜集到越南泰族的手抄历史书《Quǎm To Mu'o'n，滚多门》（村寨纪事），类似中国西双版纳傣族的《泐史》。该书说，远古的时候，大地一片汪洋大海，天（Then）派遣两位天主：刀双和刀恩下凡，建设凡间。刀双是刀恩的父亲。他们俩首先来到 Muongom（勐俄姆）和 Muoug Ai（勐爱）。这两个地方都位于中国云南省西双版纳境内。父亲刀双便定居在这两个地方，把 6 根铜柱和 6 个葫芦分给 Muong Bo Te（勐博德）（今中国地界），另外两根铜柱和两个葫芦分给京人、老人地方和 Mu'o'ng Tom（勐敦），Mu'o'ng Toi（?）（勐多），Mu'o'ng lo（勐卢，今缅甸地界）。儿子刀恩带着 8 根铜柱和 8 个葫芦到 Mu'o'ng lo（勐罗），在此娶妻生子。该书的搜集者注释说，Mu'o'ng Xam lo 就是暹罗，今称泰国。泰人是从中国沿着湄公河迁移到动三罗的。其中一部分又从暹罗迁到老挝的上

---

① 王国祥：《访泰国泰仿人村寨》，云南《东南亚》杂志 1987 年第 4 期。

② 富米、冯维希：《老挝和老挝人民反对美国新殖民主义的胜利斗争》，人民出版社 1974年版，第 4 页。

寮，转到越南的木州，再迁到义路（天文震州）。①

越南的民族学资料说，越南的侬族大多是近几百年来从中国广西迁移到越南的，直至数十年前，这种迁徙还在进行，他们的自称还带有故乡的地名，例如 ok nok nug（窝诺侬），ok haag nug（窝杭侬），意思是从中国来的侬；万承侬，是从万承州（今属广西大新县）迁到越南的；英侬，是从龙英州（今属广西天等县）迁到越南的；安侬，是从结安州（今属广西天等县）移居越南的；雷侬，是从下雷州（今属广西大新县）迁移到越南的；归顺侬，是从归顺州（今属广西靖西县）移居越南的；昭侬，他们简称龙州为昭（州），是从今广西龙州县迁到越南的；崇善侬是从崇善县（今属广西崇左县）迁至越南的；越南的岱族，从中国广西迁到越南的时间较早，但也有近几百年来迁入越南的。壮、岱、侬族在语言、文化、风俗习惯上是相同的。

从以上的论述中，我们可以看到，西瓯人在南迁的过程中，在云南文山地区、贵州停留过一段相当长的时间，然后再继续向云南西双版纳、越南奠边府一带、老挝、泰国移动。西双版纳对中国的傣族来说，是迁徙的终点站，但对泰国的泰族、老挝的老龙族来说，是中转站。他们在中越边境停留过一段相当的时间，然后向毗邻国家转移。

中国、越南、老挝、泰国、缅甸等国家的国界，是在后来才划定的，远古时候并没有今天国界的概念，上述资料是用今人的国界概念来说明问题的。

西瓯人迁徙之后，由于山川的阻隔，距离遥远，各支交往不便，受到外界的影响不同，各自朝着不同的方向发展，形成不同的民族，犹如一株树，根是一个，经过若干年的发展，分出很多枝干一样，本是同根生，各枝自相连。

参考文献

1. 佚名：《谈寨神勐神的由来》，载枯巴勐著，岩温扁译《论傣族诗歌》，中国民间文艺出版社 1981 年版。

2. 周明镇：《浦乳类化石与更新世气候》，《古脊椎动物与古人类》

① 《村寨纪事》，越南史学出版社 1960 年版。

1963 年第 4 期。

3. 黄万波：《华南洞穴动物群的性质与时代》，《古脊推动物与古人类》1979 年第 4 期。

4. 袁永熙：《中国人口·总论》，中国财政经济出版社 1991 年版。

5. 《中国少数民族社会历史调查资料丛刊》修订编辑委员会：《傣族社会历史调查（西双版纳之五）》，民族出版社 1983 年版。

6. 《中国少数民族社会历史调查资料丛刊》修订编辑委员会：《傣族社会历史调查（西双版纳之一）》，民族出版社 1983 年版。

7. 《中国少数民族社会历史调查资料丛刊》修订编辑委员会：《勐遮历史点滴——译自西双版纳自治州刀有良副主席藏书》，《傣族社会历史调查（西双版纳之九）》，民族出版社 1988 年版。

8. 朱德普：《沟史校补》，《傣社会历史调查（西双版纳之十）》，民族出版社 1987 年版。

9. 《西双版纳宣慰世系》，高立士译注，云南民族研究所 1981 年版。

10. 江应梁：《傣族史》，四川民族出版社 1982 年版。

11. 《中央访问团第二分团云南民族情况汇集》（下册），云南民族出版社 1986 年版。

12. 《西双版纳傣族社会综合调查（一）》云南民族出版社 1983 年版。

13. 范宏贵：《云南省动腊县壮族情况调查》，《广西民族研究》1988 第 4 期。

14. 范宏贵：《侗族祖先迁徙地点、时间及其他》，《广西民族研究》1989 年第 4 期。

15. 柯尔涅夫：《泰国文学简史》，外文出版社 1981 年版。

16. 王国祥：《访泰国奉沥人村寨》，《东南亚》1957 年第 4 期。

17. 富米、冯维希：《老挝和老挝人民反对美国新殖民主义的胜利斗争》，人民出版社 1987 年版。

18. 《村寨纪事》，越南史学出版社 1960 年版。

本文原载于《广西民族研究》1993 年第 3 期

植物栽培：壮泰族群同源与分化的佐证

黄兴球[*]

【摘　要】植物的同名是共同族群认知某种植物的结果，是辨别民族起源是否同源的一个参考因素。壮泰族群对蕹菜、白菜、芋头等本地植物的同样命名，是他们为"同根生民族"的又一证据。他们对烟草、玉米、红薯等外来植物的异样命名，说明他们由同源而分化了。泰族、佬族对白菜与芥菜的不区分，说明他们在公元6世纪就已经离开了中国的岭南地区。

【关键词】壮泰族群；植物命名；民族起源；分化

当代社会，人类对于植物已经积累了丰富的知识，并使之成为人类科学文化体系中的一门重要学科——植物学。植物与人有着密切的关系，人依赖于植物，把植物的叶子、果实和根块当成食物或加工成生活用品，维持生命的需要，可以说，人须臾离不开植物。在人类探索、利用植物作为食物用品、用具的过程中，积累了丰富的知识。什么植物可以吃，什么植物可以治病、成为药材，什么树木、树叶可以用于造房子，在不同区域的人群中所累积起来的经验和知识是不一样的。因此，人的发展史就是一个认识植物、积累植物知识的过程。那么，从植物与人的关系来探讨民族历史应该是一个有意义的新路向。

壮泰族群是包括壮族、侗族、水族、布依族、傣族、黎族、仫佬族、毛南族、仡佬族、岱族、侬族、山斋（高栏）族、热依族、布标族、拉基族、佬族、普泰族、白泰族、黑泰族、红泰族、燮克族、润族、泰泐族、泰那族、泰族、掸族、阿洪族等民族在内的、具有共同文化特征的民

---

[*] 作者简介：黄兴球，浙江工业大学越南研究中心教授，历史学博士。

族共同体。他们都是春秋时期散布在中国南方的"越人"之后裔，战争、灾害、环境恶化等原因导致他们从古代广信地区开始向南，向西迁徙，从而遍布在从中国南方、越南北部、老挝、泰国、缅甸东北部，直到印度阿萨姆邦的一大片区域里。由于他们是"同根生的民族"[1]，至今仍然拥有不少相似的传统文化。因此，他们所分布的区域可以称为"壮泰文化区"。就壮泰族群而言，有几种普通的种植作物如蕹菜、芥菜、芋头、稻和甘蔗，其名称完全相同，说明壮泰族群在认知这几种植物时仍然处在相同的一个区域，没有分开。但是几种从域外传来的种植作物如玉米、红薯、烟草，其名称却差异很大，说明在这些外来植物到来的时候，壮泰族群已经各奔东西了。种植作物的传播是可以找到其传播的路线和传播的时间的，这就为考察壮泰族群分化的时间提供了一个新的参照。

一

人类对植物的分类是将其命名为不同的名称作为标识的。植物命名的相似说明这个族群对于植物的分类知识是一样的。壮泰族群常见的栽培作物蕹菜、芥菜、芋头、稻和甘蔗的读音完全一致，下面一一讨论之，其读音参见表1。

表1　　　　　　　　　壮泰族群五种常见栽培作物名称

作物 \ 民族	蕹菜	芥菜	芋头	稻	甘蔗
壮族	$Pjak^7 buŋ^3$	$Pjak^7 ka{:}t^3$	$Pji{:}k^8$	Hau^4	$ʔɔ{:}i^2$
泰族	$Phak^7 buŋ^1$	$Phak^7 ka{:}t^3$	$Phɯak^4$	$Kha{:}u^3$	$ʔɔ{:}i^4$
傣族	$phak^7 buŋ^1$	$Phak^7 ka{:}t^3$	$Phɯ{:}k^7$	$Khau^3$	$ʔɔ{:}i^4$
岱依族	$phak^7 buŋ^1$	$Pjak^7 ka{:}t^3$	$Phɯ{:}k^1$	$Kh\,ɣ\,u^3$	$ʔɔ{:}i^3$

1. 蕹菜

蕹菜又叫作空心菜。在4世纪的中国文献中就记载了在水中种植蕹菜的情况。"蕹菜，叶如落葵而小，性冷味甘，南人编苇为筏，作小孔浮于

---

① 范宏贵：《同根生的民族——壮泰各族渊源与文化》，光明日报出版社 2000 年版。

水上，种子于水中，则如萍根浮水面。及长，茎叶皆出于苇筏孔子，随水上下，南方之奇蔬也"①。在当时的中国南方，不仅在陆地上种了蕹菜，而且在水中也种植了。对于水中种蕹菜的情况，可能中国的北方人不懂得这种技术，所以觉得奇怪了。这说明中国南方人对于蕹菜的知识积累比北方人多。从嵇含的这段记载来看，蕹菜肯定是中国境内南北都生长的原生植物。

然而，曾经和正在居住于中国南方的壮泰族群对于蕹菜知识的积累也只是留下"pjak⁷buŋ³"这个名称而已，其余的记载和传闻并不多见。但是蕹菜的同名，正是壮泰族群共同认知这种蔬菜的结果。

就笔者近几年在越南、老挝、泰国旅行所见到的情况而言，现在壮泰族群仍然把蕹菜当作日常吃用的蔬菜，在越南、老挝、泰国等国的壮泰族群各族，都将蕹菜洗净后，摘下叶子，将茎干用刀剖开成小丝条，然后生吃。而中国境内的壮、侗、傣族多喜欢用油炒吃。在吃法上出现了差异，这是因为中国境内的壮泰族群各族受到汉族烹饪文化影响造成的，中国境外的壮泰族群仍然生吃蕹菜，才是壮泰族群传统的吃法。

2. 芥菜

芥菜，在整个壮泰族群中都被称为：pjak⁷ka:t³/ phak⁷ka:t³。中国多数学者认为中国的栽培芥菜不是外来种，而是由原生中国的野生芥菜发展而来②，也就是说芥菜是中国土生土长的蔬菜。长期以来，这种蔬菜在中国大江南北都有普遍的种植，是中国人常常吃用的一种蔬菜。当秋天收割芥菜时，一般都是将其在太阳下晒一下，然后将其腌制成酸菜，可以长时间保存，慢慢食用。笔者在老挝调查的时候，在老挝人的菜园子里没有看到有种植芥菜的，在万象、琅勃拉邦等城市的菜市场里也没有看到有出售芥菜的。有可能是因为老挝人习惯于吃糯米饭，芥菜带苦味，且不好生吃，所以他们不种植。实际上，老挝大部分地方的老百姓是根本不种蔬菜来吃的，他们常用来佐餐的是从森林中采集到的新鲜的竹笋、树叶等。

还有一点需要指出的是，佬族、泰族的"phak⁷ka:t³"一词，不仅指芥菜，而且指白菜，说明这两个民族没有将这两类蔬菜区分清楚。这是为

---

① 嵇含：《南方草木状》，载吴玉贵、华飞主编《四库全书精品文存》（第二十七卷），团结出版社1997年版，第6页。

② 陈材林等：《中国的芥菜起源探讨》，《西南农业学报》1992年第3期。

什么呢？白菜是中国的土生植物，这是得到公认的。在中国的古籍中称白菜为"菘"。因为"菘性晚凋，有松之操，故名曰菘"①。"菘即今人呼为白菜，有二种，一种茎园厚而青，一种茎扁薄而白，其叶皆淡青白色。"②大白菜的原始类型大约产生于6世纪以前的中国北方，在魏晋时期才培育出来的新的品种③。不论是一般的白菜还是新培育的大白菜，佬族、泰族都将之叫作"phak⁷ka:t³"，与他们对芥菜的叫法一模一样。这说明他们不能区分芥菜和白菜，因为他们没有关于白菜这种生长在中国北方的蔬菜的知识。从而可知，壮泰族群在6世纪时，大白菜作为一种新的菜种出现于中国北方，并有可能传播到岭南的时候，佬族、泰族已经离开了中国岭南地区。

3. 甘蔗

甘蔗在世界各地可能都有土生的品种，中国南方也是其原产地之一。在中国古代文献中，将之记为"柘"。在3世纪嵇含的《南方草木状》中就有关于甘蔗的记载："诸蔗，一曰甘蔗。交阯所生者，围数寸，长丈余。"④ 秦汉之际，南方的甘蔗运种到黄河流域⑤。到明代徐光启对于甘蔗在中国的情况有一个小概括："甘蔗，《说文》曰'藷，蔗也'。或为芋蔗，或干蔗，或邗藷，或甘蔗，或都蔗，所在不同。《汉书》《离骚》俱作柘。有'劣蔗'，一名'蜡蔗'，可作糖，江东为胜，今江浙、闽广、蜀川、湖南所生，大者围数寸，高丈许。"⑥

壮泰族群对于甘蔗的命名是完全一致的，都称之为"ʔɔ:i"。在机械化加工甘蔗制糖的工厂建立之前的20世纪60年代，广西的壮族地区、云南省的傣族地区都流行用木制的绞榨机榨蔗烧糖的传统方法，所以每年到秋天榨糖的季节，田野间到处都可以听到绞榨机榨蔗的声音，闻到烧制蔗

---

① 陆佃：《埤雅》（卷第十六），中华书局1985年版，第400页。

② 李时珍：《本草纲目》（菜部卷二十七，校点本第三册），人民卫生出版社1978年版，第1605页。

③ 刘宜生：《大白菜史话》，《世界农业》1984年第6期；陈树平：《略述历史上大白菜和姜种植范围的扩大》，《农业考古》1984年第1期。

④ 嵇含：《南方草木状》，载吴玉贵、华飞主编《四库全书精品文存》（第二十七卷），团结出版社1997年版，第4页。

⑤ 李璠：《中国栽培植物发展史》，科学出版社1984年版，第153页。

⑥ 徐光启：《农政全书》（上册·卷之三十·树艺），中华书局1954年版，第608页。

糖的香味。可惜，这种景象随着机械化糖厂的出现而很快消失了，甘蔗绞榨机成为博物馆中的陈列品。① 中国境内的壮族、傣族地区的榨蔗烧糖技术应该是从汉族地区传过来的。在唐代的时候，中原地区人民学会了印度人的制糖技术。有学者认为，"中国甘蔗的种植大约始于东周时期（前766—前750 年），主要是生食，至公元前 2 世纪中叶，人们压榨甘蔗取汁，称为'蔗浆'，又过了三四百年出现'蔗饧'，即砂糖，还有'石蜜'，即冰糖，在皇室中还是珍品。唐贞观年间（627—649 年），推广制糖方法，促进了甘蔗种植业，到了十一世纪北宋时期，长江以南种植甘蔗的地方已很广"②。

《清史稿》记载说，老挝的物产有"五金各矿，稻则有秔有稑，多包谷，少粟麦，有靛青、漆、藤、竹、麻、棉、椰叶、桄榔、甘蔗、槟榔、豆蔻、烟叶、芝麻、花生"③，这说明清代时甘蔗是老挝的物产之一。近年来，老挝甘蔗的种植有所发展，产地集中在与中国西双版纳近邻的垄南塔省勐星县，在那里出产的甘蔗可以卖到中国境内的糖厂。老挝国内没有本国的甘蔗生产基地，也没有糖厂来加工甘蔗制糖。这种状况与中国境内的壮族、傣族、布依族等民族具有比较机械化的榨蔗机以及比较好的煮糖技术相比是完全不同的。所以，在垄南塔省以外的其他老挝地区几乎是没有种植甘蔗的，老挝种蔗制糖的不发达正好说明一个道理，与壮族、傣族相比，佬族是在没有学会种蔗烧糖的技术之前就已经分开了。

泰国的泰族在什么时候种蔗榨糖尚未明了，可能对于甘蔗的认知与壮泰族群的其他民族是一样的早。在近代机械化榨糖技术使用之前（第六世王时期，1910—1935 年），泰族都是用的中国人所发明的木制榨糖机器——以牛为动力转动两个或三个木轮夹压甘蔗出汁的机器④。这种机器在 16 世纪时记录于宋应星的《天工开物》一书中，但这种机器的发明应

---

① 云南民族博物馆就陈列有从西双版纳征集来的木制榨蔗机。

② 范宏贵：《壮泰族群的亲缘关系》，载何成轩、李甦平主编《儒学与现代社会》，沈阳出版社 2001 年版，第 483 页；唐启宇：《中国作物栽培史稿》，农业出版社 1986 年版，第 555—556 页。

③ 赵尔巽等：《清史稿》（卷五二八·列传三百十五），中华书局 1977 年版，第 1469 页。

④ 覃圣敏：《壮泰民族传统文化比较研究》（第二册），广西人民出版社 2003 年版，第 1228—1230 页。

该早于 16 世纪。① 12 世纪王灼《糖霜谱》一书中所记载的榨蔗机不同于宋应星所记录的②，泰国泰族所用的榨蔗机也不是王灼所记录的那种。所以，从榨蔗机发明的时间看，那已经是很晚的事了。以榨蔗机发明的时间来考证壮泰族群的分化看来是不适当的。

但是，整个壮泰族群都称甘蔗为"ʔɔːi"这个事实，提供了一个考证其分化地点的机会。最早记录甘蔗的中国文献是《楚辞》，《楚辞·招魂》曰："腼鳖炮羔，有柘浆些。""柘"，就是后来的"蔗"。印度梵文称甘蔗为"iksu"，越南语称甘蔗为"mia"，马来语称甘蔗为"tebu"，孟族语称甘蔗为"baŏ"。③ 柬埔寨语称甘蔗为"aːm¹pao²"。缅甸语称甘蔗为"kyan¹"。操这些语言的民族都是在壮泰族群周围居住或者与之杂居的民族，他们给对甘蔗的命名显然与壮泰族群的"ʔɔːi"完全不同。这说明"壮泰文化区"内从古至今就有甘蔗这种植物，所以壮泰族群才能以自己不同于其他民族的命名来指称甘蔗这种植物。而中国文献中记载甘蔗的《楚辞》《汉书》等所反映的甘蔗的分布地域是中国南方，这与壮泰族群先民——"越人"所居住的地域是一致的。可以认为，甘蔗在中国南方是一种土生土长的植物，并非外来传播的植物，否则壮泰族群不会那么一致地使用"ʔɔːi"这个词来称呼甘蔗的。"ʔɔːi"这个词可以佐证壮泰族群是同源民族，外迁的泰族、佬族、掸族肯定在长有甘蔗的中国南方待过，证明他们的起源地一定在中国南方。

4. 芋头

芋头是中国土生土长的植物，有关于芋头的记载在中国史书中记载得比较早。《氾胜之书》专门有介绍种芋头的"种芋篇"，是对过去种芋头的经验之最佳总结。中国芋头的种植区域主要在珠江流域和长江流域④。这两个区域也是壮泰族群的先民——"越人"所分布的地区。壮泰族群称芋头为"pjiːk⁸/phɯak⁴/phɯːk⁷"，其语音的对应关系是非常明显的，说明壮泰族群对于芋头这种土生土长的植物的认知是一致的，这个"一致"也是壮泰族群同源的佐证。

---

① 宋应星：《天工开物》（卷上），中国社会出版社 2004 年版，第 194—196 页。

② 李治寰：《中国食糖史稿》，农业出版社 1990 年版，第 101—103 页。

③ 同上书，第 61 页。

④ 叶舟：《芋头小传》，《四川烹饪高等专科学校学报》（哲学社会科学版）2003 年第 3 期。

从以上植物的名称相同以及中国史籍中有关它们的记载，我们可以看出一个重要的事实：以上五种中国南方土生土长的植物，壮泰族群都用了一致的名称来称呼它们，这种一致正是壮泰族群的植物学知识积累一致的体现，也是他们是"同根生民族"的证明。这些作物都是自古以来壮泰族群经常种植、食用的，与他们的日常生活密切相关。壮泰族群确实在"食、衣、住、行"的"食"方面积累了公认的、相同的知识，因而他们对原来居住地的土生土长的几种食用栽培蔬菜的名称都是一样的，也正是这点共性，让我们看到了他们是同源民族的事实。中国南方确实是壮泰族群的故乡。我们还可以看到的另一个事实是6世纪时中国北方培育出新的白菜品种时，壮泰族群就已经分化了。

二

从玉米、烟草、番薯3种外来植物的传播来考证壮泰族群分化的时间将同上面土生土长的作物的种植相映成趣。

居住在中国境内的壮族、侗族、毛南族、仫佬族等民族对于玉米、烟草、番薯等外来作物的名称与中国境外的泰、佬、岱、侬各族对其称呼的异同是本节主要讨论的内容，同时还要通过对这几种作物播种历史的考察，来看一看壮泰族群分化的时间。

1. 玉米

玉米是中国土生土长的植物抑或是外国传入的，中国农学界有不同的看法。认为玉米是中国土生土长的植物的理由是：（1）有史可证。1476年成书的由云南人兰茂所写的《滇南本草》中有关于玉米种植的记载[1]。（2）实际考察材料证明中国广大的西南高原和华南地区分布有较原始的玉蜀黍的野生种，玉米不可能是外来的。[2] 把玉米当作是外来植物的学者占多数，他们认为玉米本土栽培说的证据不足，《滇南本草》是经过后人增补过的"残缺淆混，不可考订"的书，所载当为不实。[3] 罗香林最早提

---

① 向安强：《中国玉米的早期栽培与引种》，《自然科学史研究》1995年第3期。

② 李璠：《中国栽培植物发展史》，科学出版社1984年版，第69—70页。

③ 朱霞、李晓岑：《玉米是中国本土栽培植物吗？》，云南社会科学院历史研究所编《中国西南文化研究》，云南民族出版社1996年版，第207—216页。

出玉米传入中国大约在明隆庆年间（1567—1572 年）前后，最早传入的地方是福建。① 万国鼎认为玉米最早传到中国广西地区，时间是 1531 年。他后来又将时间修正为 1500 年②。何炳棣认为中国最早记录玉蜀黍的文献是在明嘉靖年间（1522—1566 年）修成的河南《巩县志》③。曹树基认为 1560 年玉米从中国西北传入内地④。综合学者们的这些看法，把玉米传入中国的时间具体定在某个年月恐怕很难，但说在 16 世纪是可以让人接受的。笔者赞同玉米为外来植物的说法。从壮族地区看，壮语土语称玉米为"hau^{4}ja：ŋ^2"，其中的"hau^4"，义为"米"，"ja：ŋ^2"是一个借汉词，是"洋、海洋"之意，"hau^{4}ja：ŋ^2"就是"洋米"⑤。从这个"ja：ŋ^2"可以证明玉米是随着汉人进入到壮族地区并将其传播给壮族人民。玉米进入壮族地区的时间虽有学者下了结论说是明代时传入，但没有给予解释⑥。西双版纳傣族称玉米为"xau^{3}doŋ^1"，德宏傣族称之为"xau^{3}fa^4"，布依族称之为"hau^{4}tai^5"和"hau^{4}vɯ：ŋ^2"。"fa^4"是"天"的意思，"tai^5"是"帝"的意思，"vɯ：ŋ^2"是"皇帝"的意思，所有这几个与"皇帝"有关的词语，说明这些民族把玉米当成是"皇帝米"。可见，玉米这种作物肯定是从汉族地区传到壮族、傣族、布依族地区的。就整个"壮泰文化区"来说，要考证玉米的传播时间、路线，用中国文献为参考当然是非常有价值的。但是，还得从中国以外的区域，特别是老挝、泰国、越南等国的情况去考察。从语言方面来看，老挝的佬泰各族都称玉米为"khau^{6}sa^{2}li^{2}u"。泰国语对玉米有两个称呼，一个是与老挝语一样的"khau^{5}sa^{3}li^1"；另一个称为"bao^{5}mai^2"，很明显这是一个借用自粤语的读音，很可能是由讲粤语的华侨带去的一个称呼。越南的岱侬语则称玉米为"khau^{6}bup^2"和"khau^{6}tai^2"。"bup^2"是一个借用自越南语的词汇，在越南语中指的就是玉米，很可能是岱侬族地区受到京族语言的影响后才使用的名称，而"khau^{6}tai^2"中的"tai^2"和布依族的称呼一样，都是借自汉

① 罗香林：《玉署黍传入中国》，《历史研究》1956 年第 3 期。

② 万国鼎：《五谷史话》，中华书局 1961 年版，第 33 页。

③ 何炳棣：《美洲作物的引进、传播及其对中国粮食生产的影响》，载王仲荦主编《历史论丛》（第五辑），齐鲁书社 1985 年版，第 222 页。

④ 曹树基：《玉米、番薯传入中国路线新探》，《中国社会经济史研究》1988 年第 4 期。

⑤ 蒙元耀：《壮傣侗语言底层之比较》，《广西民族研究》1992 年第 2 期。

⑥ 梁庭望：《壮族文化概论》，广西教育出版社 2000 年版，第 364 页。

语的"帝"字。在柬埔寨语中，玉米称为"po：t"。缅甸语则称玉米为
"Pyaun bu"。显然，玉米在整个壮泰族群内的各个民族及其周围民族的名
称都不一样。从实际的观察来看，笔者在老挝各地农村调查时，看到那里
的苗族、瑶族种植并食用玉米的情况比较普遍，而佬泰各族人民还是要种
植糯米、吃糯米饭，并不种植玉米，也不以玉米为粮食。他们所种植的玉
米数量很少，而且都是在靠近万象、琅勃拉邦的郊区种得较多，他们常常
在玉米刚刚成笋之时就采摘，拿到集市上出售，以玉米笋当作蔬菜来食
用。这种吃用玉米的方法在老挝普遍，在泰国、越南亦然。玉米作为外来
植物在被壮泰族群接受的时候，他们各自以自己的方式命名之，不像上面
那些土生土长的植物那样被用同样的名称来命名。壮泰族群内部对于玉米
的不同称呼，不仅在中国境内的各民族之间对玉米的称呼不一样，而且在
中国境外的各民族之间也有差异，这说明壮泰族群接受玉米这种作物的时
候有来自不同的源头——可能是汉族的、京族的或者其他转播者。壮泰族
群对玉米称呼的差异，至少可以说明在玉米传播到中国以前壮泰族群就已
经分化和迁徙，时间在 16 世纪之前。

2. 烟草

虽然有学者提出烟草先产自中国，后经阿拉斯加传入美洲，但多数学
者还是同意烟草原产于墨西哥的说法。[①] 在中国文献中，比较明确记载烟
草的书籍是明代名医张介宾的《景岳全书》一书，其中说道：烟草"自
古未闻也，近自我明万历时始出于闽广之间，自后吴楚间皆有种植之
矣。"求其习服之始，则闻以征滇之役，师旅深入瘴地，无不染病，独一
营安然无恙，问其所以，则众皆服烟。由是遍传，而今则西南一方，无分
老幼，朝夕不能间矣[②]。张介宾生于 1563 年，卒于 1640 年，此书成书于
明朝天启四年（1624 年）。此书反映了中国西南地区先于吴楚、闽广普及
吸烟之习，当否，仍需求证。有学者认为中国的烟草是由西班牙人带到菲
律宾后，华侨于"明代万历末年，也就是 17 世纪初，从菲律宾传到中国
台湾省，再传到福建，然后传播到中国各地。另一条传播路线从印度尼西
亚、菲律宾传到日本，又传到朝鲜，再传入我国东北辽东。还有一条传

①　中国农业科学院烟草研究所：《中国烟草栽培学》，上海科学技术出版社 2005 年版，第
1 页。

②　张介宾：《景岳全书》（下册），上海科学技术出版社 1959 年版，第 926 页。

播路线是从越南传入"[①]。吴晗提出的三条路线稍有不同：第一条是由日本传到朝鲜，又传入我国东北，第二条则从菲律宾传到福建、广东，又从闽广传到北方；第三条是由南洋输入广东。[②] 烟草传入中国虽有多条线路，但传入中国的时间是"公元十七世纪初"，当可信。佬族、泰族、傣族均称烟草为"$ja:^{21}sup^{24}$"，"$ja:^{21}$"在泰国语、老挝语中的本意是"药"，译为汉语用"雅"字表示；"sup^{24}"的本意是"吸"，两字相连，则表示"吸用的药"。佬族和泰族把烟草看作是药的一种，与壮族从汉族人民那里得来的认识有差异。在泰族、佬族、傣族的传统知识体系中，"雅"不仅与医药有关，而且与神灵世界有关，是他们传统知识体系的重要组成部分。[③] 更重要的是，泰族、佬族、傣族等民族是受佛教文化影响至深的民族，而佛教经典中早就有关于通过"吸烟"来治病的记载，当然所吸的烟不是来自燃烧"烟草"而是其他的植物。[④] 正是因为受佛教的这种治病知识的影响，"烟草"才被泰族、佬族、傣族等民族当成是药物来看待的。而壮族称之为"$ŋi:n^{3}$"，侗族称之为"jen^{1}"，仫佬族称之为"jen^{1}"，毛南族称之为"$ʔjen^{1}$"，布依族称之为"$ʔ:in^{1}$"[⑤]，这些民族对"烟草"的名称都是借用自汉语"烟"字的。这说明壮族、侗族、仫佬族、毛南族、布依族在接受"烟草"这种外来植物时只有一个信息源，那就是汉族。而泰族、佬族、掸族的信息源不同于这几个民族，所以导致认识上的差异。烟草作为一种外来植物传播入壮泰族群内，壮泰族群所给予它的待遇与玉米很相似，即用不同的名称命名之，甚至对它的作用也有不同的理解与运用。这也证明了在烟草传入的 17 世纪之时，壮泰族群已经分化了的事实。

---

① 范宏贵：《中越关系史中的一页——越南三种作物向中国传播记》，载《华南与东南亚相关民族》，民族出版社 2004 年版，第 449—451 页。

② 吴晗：《谈烟草》，《中国烟草科学》1979 年第 1 期。

③ 魏贵华、李飞：《中国与东南亚傣—泰语民族传统医药"雅"的社会文化分析》，载张开宁、邓启耀主编《多学科视野中的健康科学》，中国社会科学出版社 2000 年版，第 395—402 页。

④ 袁庭栋：《中国吸烟史》，山东画报出版社 2007 年版，第 25 页。

⑤ 中央民族学院少数民族语言研究所第五研究室编：《壮侗语族语言词汇集》，中央民族学院出版社 1985 年版。

3. 番薯

番薯，又叫甘薯、红薯、红苕等①，番薯是中国的外来植物是得到公认的。番薯的原产地是中美洲，哥伦布航行美洲后把它带到了西班牙，西班牙人又把它带到菲律宾。万历二十一年（1593 年）又有另一个人从菲律宾把薯藤绞在绳子中带回到福建长乐，他就是陈振龙。② 明代农学家徐光启在上海写《农政全书》的时候远离福建，可能听说到这件事，不能弄清这个人是谁，所以他只是提到"番薯则土人传云，近年有人在海外得此种，海外人亦禁不令出境，此人取薯藤绞入汲水绳中，遂得渡海。因此分种移植，略通闽广之境也"。这是从菲律宾到中国福建的第一条传播路线。范宏贵根据《东莞县志》等地方志书的记载，认为番薯传入中国还有第二条路线：越南——广东线。在明代万历庚辰（1580 年）时广东人陈益到越南取得番薯种带回种植。所以有人认为是陈益最先把番薯藤带回到中国。③ 番薯自外国传入，史载详明，不容置疑。然而，在中国境内于番薯传入之前就没有其他的薯类植物吗？答案是中国境内肯定有土生土长的薯类植物。徐光启就认为山薯和番薯是不同的，"薯有二种，其一名山薯，闽广故有之。其一名番薯，两种茎叶多相类，但山薯植援附树乃生，番薯蔓地生。山薯形魁垒，番薯形圆而长。其味则番薯甚甘，山薯为劣耳。盖中土诸书所言薯者，皆山薯也。今番薯扑地传生，枝叶极盛。"又说"薯蓣与山薯，显是二种，与番薯为三种，皆绝不相类"④。这显然是说薯蓣、山薯、番薯是 3 种不同的薯，特别是他提到的区分山薯、番薯的 3 个方面的特点是非常正确的。清代汪森《粤西丛载》转引《野史类编》曰："岭外多薯，间有发深山邃谷而得者，枝瑰连盛，有重数十斤者，味极甘香，名玉枕薯。"⑤ 光绪三十一年《临桂县志》载："闽广薯

---

① 江苏人民出版社：《大众农业词典》，江苏人民出版社 1962 年版，第 103—104 页。

② 陈世元：《金薯传习录》，参见《金薯传习录·种薯谱合刊》，农业出版社 1982 年版，第 23 页。

③ 杨宝霖：《我国引进番薯的最早之人和引种番薯的最早之地》，《农业考古》1982 年第 2 期。

④ 徐光启：《农政全书》（上册·卷之二十七·树艺），中华书局 1954 年版，第 540 页。《农政全书》成书于 1625—1628 年。

⑤ 汪森：《粤西丛载》，康熙版，广西民族大学图书馆馆藏。

二种，一名山藷，彼中故有之，一名番藷，有人自海外得此种。"[1] 这就很清楚了，只有从海外传入中国的才叫番薯，而在番薯传入中国之前，中国境内一定有其他品种的薯。现在，番薯在中国大地上广为种植。就壮族来说，他们也是将山薯和番薯区分得很清楚的，在壮语来宾土语中，称山薯为"$man^2pjɐŋ^8$"，番薯则称为"$man^2ta:ŋ^4$"。老挝语也称番薯为"$man^2ta:ŋ^4$"，与壮族完全一样。泰语称番薯为"man^2thet^8"，岱、侬语叫番薯为"$man^5buŋ^3$"。以上各种对于番薯的称呼都用了一个共同的冠首词"man^2"，这是壮泰族群称呼薯类作物的通用词。从这个通用词可以看出，壮泰族群对于薯类的认识是一致的，他们所认识到的"man^2"一定是土生土长在中国岭南地区的，因为这个"man^2"的叫法与汉语"shu"、越南语"$khwai^1$"、缅甸语"gzu^1nu^1"、柬埔寨语"$dam^1luŋ^2$"的叫法都不一样，这就证明了"man^2"这种薯类植物早就被壮泰族群先民独自所认识，这与考古学家的判断不谋而合。张光直认为"中国太平洋沿岸地区的考古发现强烈地表明，这里最早的农人种植水稻，可能也种植芋头、薯蓣等根块作物"[2]。如果种植芋头、薯的历史真的是那么长远，壮泰族群对这两种作物有本身的认知就是理所当然的了。但是，壮泰族群对番薯的不同称呼是给"man^2"加上不同的后缀词造成的，这说明番薯这种外来植物虽然具有与土生薯类相似的地方，但毕竟是外来的，加上壮泰族群接触到这种新的薯类的时间、地点都不一样，自然就按照各自的方式给它加上不同的后缀词了。总之，"man^2"是壮泰族群对于薯类的总称，在"man^2"之后加上不同的后缀词，用于区分不同的薯类。这样，壮泰族群既用"man^2"作为薯类的总称，又用其他不同名称来指称番薯，既有相似处，又有相异处。薯类总称在壮泰族群中的一致，正是壮泰族群认知这类植物时所得出的共同结论，是他们的文化共性的具体表现之一，是他们共处一处，对这种植物认知的结果。他们最先所共同认知的薯类应该是土生土长的，而不是从国外传播到中国的番薯。壮泰族群给予番薯的不同名称说明在16世纪番薯传播到中国的时候，他们就已经分化为不同的民族了。

---

① 黄泌、曹驯撰：《临桂县志》，光绪年版，广西民族大学图书馆馆藏。
② 张光直：《中国沿海地区的农业起源》，《农业考古》1984年第2期。

三

本文对于"壮泰文化区"内几种栽培植物的来源及其名称的考察，首先是依赖于中国汉文史料的记载，其次利用了笔者在异国进行调查时得到的一些见闻。对于植物的认知是人类最基本的乡土知识体系中最重要的部分。在壮泰族群的知识体系中所反映的时代特征为我们找到了他们分化的时间线索，新作物的产生、外来植物的传播都有对其进行时间考证的可能。本文得出的结论是，蕹菜、芥菜、芋头、稻、甘蔗等植物的同名佐证了壮泰族群是"同根生民族"的推断。到6世纪中国北方培育出大白菜并传播到岭南地区以前壮泰族群已经分化。到了17世纪，随着外来的玉米、烟草、番薯3种作物在中国南部和中南半岛的传播，壮族、侗族、黎族等中国境内民族对于玉米的名称不同于中国境外的泰族、佬族、掸族，也说明在明代之前壮泰族群早已分化。

参考文献

1. 范宏贵：《同根生的民族——壮泰各族渊源与文化》，光明日报出版社2000年版。

2. 嵇含：《南方草木状》，载吴玉贵、华飞主编《四库全书精品文存》（第二十七卷），团结出版社1997年版。

3. 陈材林等：《中国的芥菜起源探讨》，《西南农业学报》1992年第3期。

4. 陆佃：《埤雅》（卷第十六），中华书局1985年版。

5. 李时珍：《本草纲目》（菜部卷二十七，校点本第三册），人民卫生出版社1978年版。

6. 刘宜生：《大白菜史话》，《世界农业》1984年第6期。

7. 陈树平：《略述历史上大白菜和姜种植范围的扩大》，《农业考古》1984年第1期。

8. 李璠：《中国栽培植物发展史》，科学出版社1984年版。

9. 徐光启：《农政全书》（上册·卷之三十·树艺），中华书局1954年版。

10. 范宏贵：《壮泰族群的亲缘关系》，载何成轩、李甦平主编《儒学与现代社会》，沈阳出版社 2001 年版。

11. 唐启宇：《中国作物栽培史稿》，农业出版社 1986 年版。

12. 赵尔巽等：《清史稿》（卷五二八·列传三百十五），中华书局 1977 年版。

13. 覃圣敏：《壮泰民族传统文化比较研究》（第二册），广西人民出版社 2003 年版。

14. 宋应星：《天工开物》（卷上），中国社会出版社 2004 年版。

15. 李治寰：《中国食糖史稿》，农业出版社 1990 年版。

16. 叶舟：《芋头小传》，《四川烹饪高等专科学校学报》（哲学社会科学版），2003 年第 3 期。

17. 向安强：《中国玉米的早期栽培与引种》，《自然科学史研究》1995 年第 3 期。

18. 李璠：《中国栽培植物发展史》，科学出版社 1984 年版。

19. 朱霞、李晓岑：《玉米是中国本土栽培植物吗?》，载云南社会科学院历史研究所编《中国西南文化研究》，云南民族出版社 1996 年版。

20. 罗香林：《玉署黍传入中国》，《历史研究》1956 年第 3 期。

21. 万国鼎：《五谷史话》，中华书局 1961 年版。

22. 何炳棣：《美洲作物的引进、传播及其对中国粮食生产的影响》，载王仲荦主编《历史论丛》（第五辑），齐鲁书社 1985 年版。

23. 曹树基：《玉米、番薯传入中国路线新探》，《中国社会经济史研究》1988 年第 4 期。

24. 蒙元耀：《壮傣侗语言底层之比较》，《广西民族研究》1992 年第 2 期。

25. 梁庭望：《壮族文化概论》，广西教育出版社 2000 年版。

26. 中国农业科学院烟草研究所：《中国烟草栽培学》，上海科学技术出版社 2005 年版。

27. 张介宾：《景岳全书》（下册），上海科学技术出版社 1959 年版。

28. 范宏贵：《中越关系史中的一页——越南三种作物向中国传播记》，载范宏贵《华南与东南亚相关民族》，民族出版社 2004 年版。

29. 吴晗：《谈烟草》，《中国烟草科学》1979 年第 1 期。

30. 魏贵华、李飞：《中国与东南亚傣——泰语民族传统医药"雅"

的社会文化分析》，载张开宁、邓启耀主编《多学科视野中的健康科学》，中国社会科学出版社 2000 年版。

31. 袁庭栋：《中国吸烟史》，山东画报出版社 2007 年版。

32. 中央民族学院少数民族语言研究所第五研究室编：《壮侗语族语言词汇集》，中央民族学院出版社 1985 年版。

33. 江苏人民出版社：《大众农业词典》，江苏人民出版社 1962 年版。

34. 陈世元：《金薯传习录》，参见《金薯传习录·种薯谱合刊》，农业出版社 1982 年版。

35. 杨宝霖：《我国引进番薯的最早之人和引种番薯的最早之地》，《农业考古》1982 年第 2 期。

36. 汪森：《粤西丛载》，康熙年版，广西民族大学图书馆馆藏。

37. 黄泌、曹驯撰：《临桂县志》，光绪年版，广西民族大学图书馆馆藏。

38. 张光直：《中国沿海地区的农业起源》，《农业考古》1984 年第 2 期。

本文原载于《东南亚纵横》2010 年第 12 期

第三篇　文化篇

壮泰传统文化基本特征的比较

——壮泰传统文化比较研究之二

覃圣敏*

【摘　要】本文从民族文化的发生、存在和传承的形态来概括中国壮族和泰国泰族传统文化的基本特征并进行重点比较。笔者认为，壮泰民族传统文化的发生形式应属原发型，其突出的代表是稻作文化和壮泰民族语言，这是由壮泰民族的悠久历史及其文化的独特性决定的，也是壮泰民族传统文化最大的共同点，与壮族不同的是因迁徙的关系，泰族文化带有移植的性质。在存在形式方面，壮泰传统文化均属于兼容型，但兼容文化的历史背景及对象则不相同，对壮族来说，主要是受汉文化影响的结果，而泰族则主要是受印度文化影响的结果。在传承形式方面，壮泰传统文化应属连贯—重组型，这是由构成壮泰民族文化的四个层面十二个文化丛结所表现出来的连贯性、重组性和创造性来决定的。但在具体的传承渠道方面，壮泰又有较大差别，壮族主要通过社会教育，而泰族主要通过学校教育；壮族地区的学校教育与本民族的传统文化相脱节，而泰族地区正好相反。

【关键词】壮族；泰族；传统文化；基本特征；比较研究

每个民族的传统文化都是一个庞杂的体系，因此，如何概括一个民族的传统文化最基本的特征，历来都是一个难题。就拿壮族和泰族的传统文化来说，在纵的方面（亦即在历时的维度上），源远流长；在横的方面（亦即在共时的维度上），丰富多彩，其基本特征确实很难用简单的几句话来概括。但是，任何民族的文化都有其发生、存在和传承的形式，所

---

* 作者简介：覃圣敏，生前系广西民族研究所副所长、研究员。

以，本节试从这三个方面来概括出壮泰传统文化的不同特征。

一、壮族传统文化的发生形式

发生形式也就是事物的起源和发生的各种类型。从这个角度看，世界各民族的传统文化大致可分为原发型、激发型和移植型三大类。这三大类之间的区别，在于它们所赖以发生的根基不同以及它们生成的结果的差异。

原发型文化是指一个民族群体在其原来已有的基础之上自然而然地发展起来的文化。例如中国汉族的传统文化即属于这种类型。尽管这类文化在其形成过程中并不是孤立的，或多或少都吸收了本民族集团以外的其他民族集团的文化，但从根本上来说，外族文化的因素不足以改变本民族原有的主体文化的性质。

激发型文化是指一个民族群体在接受了其他民族的文化之后，使本民族原有的传统文化受到激发，从而发展成为性质有异于原有文化的新文化，例如日本大和民族的传统文化即属于这种类型。显然，这类文化是一个民族对外族文化加以改造、吸收的结果。这种结果既不同于原来的外族文化，也不同于本民族原有的文化，并且构成了本民族文化向前发展的新的根基。

移植型文化是指外来民族带来了外民族的文化并居于主导地位，从而改造了当地土著民族的文化，例如美国民族的传统文化即属于这种类型。显然，这种类型的文化即使吸收了当地土著的文化或该土著周邻民族的若干文化，但其性质和总体明显不同于当地土著或其周邻民族的原有文化，这是由其主导地位所决定的。

根据以上所述，仔细加以分析比照的结果，壮族的传统文化应属于原发型文化。尽管壮族传统文化在其形成和发展的过程中受到汉文化的强烈影响，带有一些激发型文化的特征，但其原有文化的根基及其主体并没有从性质上改变。而泰族的传统文化严格来说应该是移植型的，但也带有明显的激发型文化特征；其所移植的文化的主体内容与壮族的原发型传统文化相似，而其激发型文化的特征则是受到印度文化强烈影响的结果。之所以如此，是与上篇（刊于《广西民族研究》1998 年第 3 期，下同）谈到的壮泰民族"同源异流"的历史发展紧密相连的。原发型的民族文化，必然有着悠久的历史和独特的性质。而最能反映壮泰传统文化的悠久历史和独特性质的，是稻作文化和壮泰民族语言。

稻作文化是由壮泰民族的共同祖先发明创造的。从上篇的介绍和分析看来，壮泰民族的起源可以追溯到长江以南的古人类。在旧石器时代100多万年的漫长岁月中，壮泰民族的远祖们都过着渔猎、采集的经济生活。只是到了几千年前的新石器时代，壮泰民族的先祖——越人才发明了水稻种植。这是越人及其先祖采集生活经验的长期积累以及对气候炎热、雨水充足、植被丰富、土壤肥沃等南方自然环境的适应和利用的结果。尽管后来有许多不同于百越集团的民族都种植水稻，但水稻种植的"发明权"无疑应属于古代越人，因为考古发现表明，在人类历史上最早向世人"申报"水稻种植的正是古代越人。

自发明水稻种植以后，古代越人就找到了支撑其经济生活和社会生活的强有力的支柱。稻作农业首先是一种物质文化，它本身包含有逐步完善的一整套包括耕作、种植、收藏、加工的生产技术。但它又不仅仅是物质文化，还不断地向外衍射，在其他文化层面上形成了相应的文化，例如，人们的肠胃每天都需要稻米食物充填，而大量的稻米要靠种植水稻来提供；而种植水稻需要水田，水田又是搬不走的，因而需要定居耕作；而在多雨潮湿的南方定居，居址就不可能像干燥的北方那样采取地穴、半地穴形式，因而越人就在"巢居"的基础上，发明了使居住面高出地平面的"干栏式"建筑；由于水稻的种植、收割等生产难以由单人操作，要依靠小群体的力量，因而就形成了以家庭、家族为中心的群体观念；由于种植水稻需要及时而充足的雨水，还要防止水灾、旱灾、风灾和病虫害，而这一切又是超出人力所能之外的，因而就形成了祭祀山神、田神、土地神、稻神、雷神和求雨祈丰收等一系列的原始宗教仪式。这样，稻作文化就从物质文化延及制度文化、精神文化，全部涵盖了文化的三个层面。所以，由稻作农业引发的一整套稻作文化，是很独特的。由于原始的稻作文化从原始状态到定型都是由壮泰民族的共同祖先发明创造的，直到现在，壮族和泰族的稻作文化中仍保留着基本相似的面貌。所以，稻作文化就成了壮泰民族传统文化中最大的共同点。

壮泰民族的语言乃至侗台语族的各种语言，也是原发型文化中历史悠久而独特的文化。它不仅与印欧语不同，也与汉语、印尼语不同，是自成系统的。在上篇已经说到，侗台语虽然与印尼语同源，但已经发生类型转换的变化，因而二者是"同源异构"的关系；侗台语虽然与汉语不同源，但在长期的接触过程中，受到汉语的强烈影响而转型与汉语一致，因而二者是"异源同构"的关系。尽管壮泰语与汉语的基本词汇都是以单音词为主，由声母、韵母和声调组成，声调具有分辨意义的作用，但是，二者在语音、基本词汇和语法方面的差别仍然比较明显，所以，直至今日，运用壮语和汉语仍无法直接进行交谈。

在语音方面，壮语和泰语共有的声母为〔p、ph、b、m、f、v、t、th、d、n、s、l、k、kh、ŋ、h、ʔ〕等17个，共有的元音有〔a、i、u、e、o、ə、ɯ〕7个；韵母中有以〔-i、-u、-ɯ、-m、-n、-ŋ、-p、-t、-k〕收尾的音节；元音带有韵尾时，分为长音和短音的现象比较普遍，而以单元音为韵母时则都是长音。在壮语北部方言中，没有送气塞音声母，而在泰国南部的董里、博他仑府的泰语中也是如此。这些都是壮语和泰语的共同点，与汉语相比，壮泰语中的〔b、d、θ、ɬ、ɳ〕等声母和〔ə、ɯ、ɛ〕等声母是汉语中没有的。另外，壮泰语中韵母系统的布局通常是对称的，例如有ei就有ou，如果ei变为i，则ou也相应变为u；高元音和韵尾之间往往带有过渡音，带过渡音的高元音和腭化、唇化音与汉语的介音不同。在声调方面，侗台语在从无到有的发展过程中由于受到汉语的影响，或者说二者在发展的道路上殊途同归，因而二者的声调非常相似，都是四个基本调类，又因声母的清音和浊音各分为阴、阳，故而形成壮学研究八类。侗台语的四个基本声调，称为A、B、C、D调，相当于古代汉语的平、上、去、入四声。尽管壮语和泰语的声调和调值不完全相同，却有整齐的对应关系，如表1所示。

表1　　　　　　　　　　壮泰语声调和调值对应

调号	调值			词例
	北壮	南壮	泰语	
1	24	33	24	na¹，（厚）
2	31	21	33	na²（田）
3	55	24	41	na³（脸）
4	42	32	453	na⁴（姨妈）
5	35	55	22	taŋ⁵（凳）
6	33	11	41	me⁶（母）

调号	调值			词例
	北壮	南壮	泰语	
7	55	55	22	pat^7（扫）
8	33	11	55	sak^8（洗）
9	35		22	jak^9（饥饿）
10	42	32	41	lak^9（拉）

注：① 表中北壮以武鸣为代表，南壮以龙州为代表。

②据梁敏、张均如《侗台语族概论》第 64 页及《民族研究》1981 年第 6 期罗美珍文。

在语法方面，侗台语和汉语一样，词序和虚词都是表达语法意义的重要手段，语序均为主语—谓语—宾语，即 sv 或 svo；但是，壮泰语的词序与汉语往往大相径庭，壮泰语语句中的修饰或限制成分一般位于被修饰的中心词之后，指示代词更在整个修饰词组的后面；而汉语的修饰成分则在中心词组之前。例如，汉语中的"牛肉""猪肉""大哥""二哥"，壮泰语的词序为"肉牛""肉猪""哥大""哥二"；汉语中"我的书""我的衣服"，壮泰语的词序为"书我""衣服我"；汉语中"这个果子""那三个人"，壮泰语的词序为"果子这""三个人那"，等等。壮泰语与汉语这种词序结构的不同，如果从汉语的角度来看，往往会把壮泰语的词序视为"倒装"。其实，从思维的顺序来说，壮泰语属于顺行结构类型，而汉语则属于逆行结构类型，正如梁敏、张均如二位教授所说："人们在观察各种事物和现象时，总是先看到事物的本身，然后才看到附着于该事物的各种属性。……汉语名词性修饰词组属于把修饰成分一律放在中心成分前面的逆行结构类型，这种结构就像植物的有限花序一样，先从花序的顶部开始，依次向基部绽开。

它与人们感知和思维的顺序并不同步，只有经过充分的加工才能系统地表达一个比较完整的、复杂的概念；而侗台语诸语言属于把修饰成分一律放在中心成分后面的顺行结构类型，这种结构正像植物的无限花序一样，从花序的基部开始，逐渐向顶部绽开。这种结构类型与人们感知、思维的顺序同步，它可以利用人类的瞬间记忆进行充分的加工，无限地扩展。①

① 梁敏、张均如：《侗台语族概论》，中国社会科学出版社 1996 年版，第 842—843 页。

在基本词汇方面，壮语和泰语有许多是相同或相近的。我们曾列举了2000 多个基本词汇进行比较，相同或相近的约占 75%。为了避免选词时的主现倾向，梁敏、张均如教授在《侗台语族概论》一书中，以斯瓦迪士（M·Swadesh）选定的 200 多个词汇为基础，剔除一些在侗台语词中没有或用词组表示的词项，最后选定 200 个词项作为壮语和泰语对比的基教。他们对比的结果，壮泰语的同源词占 64.74%。如果将壮泰语同汉语相比较，在日常生活中经常使用的基本词汇中，壮泰语有许多词汇比汉语丰富。例如"虱子"，汉语虽然可以分为"头虱""衣虱"，但已是组合词而不是单音词；而壮泰语中则分为 γau^6（壮）、hau^1（泰）和 nau^2（壮）、len^2（泰）二种，都是单音词。又如"蛙"，汉语中有"青蛙""牛蛙""山蛙""树蛙"等，也都是组合词，而在壮语中虽然也有组合词，但却分为 kop^7 和 kje^3 两类，各类的组合词是不同的。又如"蜂"，汉语中有"蜜蜂""黄蜂""马蜂"，都是组合词，而壮泰语中相应为 $ph\mu\eta^{63}$（泰），jui^1（壮），$t\epsilon:n^2$（泰），tin^2（壮），to^3（壮），都是单音词。又如汉语中只有一个"咬"字，而壮泰语中则有 hap^8（$khop^7$）、kat^7 两个。又如"洗"，汉语组合为洗脸、洗衣、洗澡等词，而壮语相应为 $\theta\mu ai^5$、θak^8、$a:p^7$，泰语相应为 $su\partial i^5$、sak^8、$a:p^9$，都是单音词。又如"砍"，汉语只此一词，而壮泰语中则有 fak^8、ram^3 或 ham^3；"扔"，汉语也只此一词，而壮泰语中则有 $v\mu\mu^8$、$f\epsilon t^7$、vit^7、liu^6、$kvie\eta^6$ 等；汉语中的"打"，壮泰语中有 mop^8、map^2、$bo\eta^6$ 等，此外还有 $thup^8$、tup^8，相当于汉语的"砸"；$to:k^9$、$to:k^9$ 相当于汉语组合词"打椿"，$fa:t^8$ 相当汉语的"抽打"，ro^5 相当于汉语的"敲打"等。另外，叠声形容词在壮泰语和汉语中都有，但汉语远不如壮泰语丰富。壮语中的叠声形容词，有些可以找到约略相对应的汉语译词，但有许多则难以找到相应的汉语译词，例如：

壮语（上林）	汉语
$di\eta^{35} ja:n^{11} ja:n^{24}$	红通通、红彤彤
$ho\eta^{24} f\mu\mu^{11} k^{11} f\mu\mu k^{11}$	（一片红的意思，汉语无对应译词）
$ha:o^{35} sa:k^{33} sa:k^{33}$	白灿灿
$dam^{35} dat^{33} dat^{33}$	黑麻麻
$dam^{35} det^{33} det^{33}$	（也形容很黑，汉语无对应译词）
$\Omega u^{33} sao^{11} sao^{11}$	绿油油
$he:^{33} jain^{11} ja:n^{24}$	黄澄澄

lap^{55}ʔŋao^{33}ʔŋao^{55}　　　　　（天气）黑沉沉

ɤoŋ^{55} a:ŋ^{11} a:ŋ^{11}　　　　　亮堂堂

lak^{11}ti:n^{11}ti:n^{24}　　　　　（形容很深，汉语无对应译词）

lak^{11} e:ŋ^{11} e:ŋ^{11}　　　　　（也形容很深，但深的程度不如前者）

fieu^{35}dieŋ^{11}dieŋ^{55}　　　　　（形容很浅，汉语无对应译词）

bak^{55}bieŋ^{11}bieŋ^{55}　　　　　（形容很轻，汉语无对应译词）

nak^{55}kjok^{11}kjok^{11}　　　　　（形容很沉很重，汉语无对应译词）

nak^{55}nueŋ^{11}nueŋ^{55}　　　　　（形容很重，汉语无对应译词）

baŋ^{35}bieŋ^{11}bieŋ^{55}　　　　　（形容很薄，汉语无对应译语）

na^{35} nən^{11}nən^{55}　　　　　（形容很厚，汉语无对应译词）

na^{35}nok^{11}nok^{55}　　　　　（也形容很厚，汉语无对应译词）

saŋ^{35} eŋ^{11} eŋ^{11}　　　　　（形容很高，汉语无对应译词）

saŋ^{35}ʔŋao^{11}ʔŋao^{35}　　　　　（也形容很高，汉语无对应译词）

tam^{55}tieŋ^{11}tieŋ^{35}　　　　　（形容很矮，汉语无对应译词）

　　一般来说，壮泰语源于古代越语，那么古越语的起源又如何呢？还应该追溯到更早的时候。语言是人类的伴生物，它的产生也许不是与人类的诞生同时，但也不会像伦敦大学的灵长类学家罗宾·邓巴（Robim Dunbar）所说的那样，"随着智人的出现而出现"；更不会像纽约大学的考古学家德尔·怀特（Ran-dall White）所说的直到35000年前人类才掌握了语言和文化。在我们看来，较大的可能是在人类出现后不久，因狩猎和采集等经济生活的需要而产生了语言，以后随着社会的发展而不断地丰富。所以，壮泰民族的远祖的原始语言应远在稻作文化形成之前即已形成，应与长江以南的古人类系统相联系。可以想象，在延续至今的壮语和泰语中，反映人类原始生活的最基本的一些词汇必定起源很早，例如天、山、河、水、风、云、树、果、火、动、物、血、肉、皮、骨、去、来、要、吃等词汇，所反映的物象和行为都是人类在早期生活中就经常遇到的，故而应是很早就形成的词汇；到稻作文化形成后，在壮泰民族先民的语言中，又增加了丰富的与稻作文化有关的词汇。尽管这些最基本的核心词汇在漫长的历史中必然会发生变化，但它们一旦形成之后，相对于非核心词汇来说，又具有较大的稳定性，所以语言学家们经过仔细的研究，仍能找出它们发展变化的蛛丝马迹。

　　以上所述的稻作文化和民族语言，是原发型的壮族传统文化或移植前的泰族传统文化中最显著的特征。此外，壮泰民族传统文化在其发展过程中，都因受到外族文化的影响和激发而产生了新的文化基因，例如文字。壮泰民族原来都没有自己的文字，都是后来才产生的。壮族由于长期受到汉字的熏陶影响，也仿照汉字的形、音、义结构，在唐朝时（公元 7 世纪、8 世纪）就创造出土俗壮字。这种土俗壮字有的是直接借用汉字，有的则是壮族人自己创造的。

直接借用的汉字，又分为两种情况。一种是形、音、义全借，如"灯"〔taŋ〕、"心"〔sim^{24}或θim^{24}〕、"金"〔kim^{24}〕等。另一种是借形借音不借义，也就是借用汉字中读音与壮语相近的字来表示壮义，该字的形体与汉字完全相同，读音也与汉语相近，但字义则与汉义迥异。例如："眉"〔mi^{31}〕、"斗"〔tau^{55}〕、"关"〔kua꞉n^{24}〕，字形与汉字一样，读音也与汉语相近，但其字义分别为"有""来""丈夫"，与汉义迥异。

壮族人自己创造的壮字，虽然形体与汉字相似，而且都有表意的特点，却是壮族人根据自己的需要，运用汉字的造字方法和造字原理创造出来的，因而为汉字中所无。汉字的造字方法，综观前人的总结，大致可归纳为象形、指事、会意、形声四类；而壮字的造字方法，也不外乎这四种。例如：

指事壮字：这类壮字是在象形的基础上指出其特别的部位以表示该字的意义；如 3〔dɯɯn^{24}〕（站）、3〔naŋ^{33}〕（坐）、3〔ʔam^{13}〕（背）、3〔um^{55}〕（抱）等，其中的"3"，是人体侧影的象形，而"·""一"则是指事的，在头上是指人体站立，其义为"站"字；在脚下是指人体蹲坐下来了，其义为"坐"字；在人体的背后，是指人体背着东西，其义为"背"字；在人体的怀中，是指人抱着东西，其义为"抱"字。这就把人体的站、坐、背、抱的不同形态特征指示出来了。

会意壮字：这类字是将两个或两个以上表意的汉字结合起来以表示字义。例如："杏"〔bo^{24}〕，是将"水口"两个汉字合起来表示"泉"的意思，"圶"〔kɯn^{24}〕，是用"天上"两个汉字合起来表示"上面"的意思；"呑"〔la^{55}〕，是用"天下"两个汉字合起来表示"下面"的意思。

形声壮字：在汉字中，形声字最多，其结构由义符（又称形旁）和声符两部分构成，但二者的位置不定，有左形右声、右形左声、上形下声、下形上声、外形内声等五种。形声壮字也是如此，直接采用汉字的形符，但将声符中的汉音改为壮音（用与壮音相近的汉字表示）。例如：

"鲃"〔pja²⁴〕，其字义为"鱼"，读音为"巴"；"鸠"〔ɣok³³〕，字义为"鸟"，读音为"六"（粤语）；"趽"〔tin²⁴〕，字义为"足"，读音为"丁"；"撻"〔fuɯŋ³¹〕，字义为"手"，读音为"逢"；"财"〔θa:i²⁴〕，字义为"男"，读音为"才"；"岜"〔Pja²⁴〕，字义为"山"，读音为"巴"；"畓"〔na³¹〕，字义为"田"，读音为"那"；"毙"〔ta:l¹²⁴〕，字义为"死"，读音为"台"；"闯"〔tau²⁴〕，字义为"门"，读音为"斗"，如此等等。这种改动，有的显得比原来的形声汉字更科学，更符合形声原理。例如汉字"甜""苦"，都是靠舌头才能品出来的两种不同的味道，所以都应该从舌，而"苦"字却从艹，结构与字义不顺；而"甜"字虽从舌，但读音却不念"甘"而念"田"，又与形声字的原则相违。形声壮字把"甜""苦"，分别改为"舓"〔va:n²⁴〕、"舙"〔ha:m³¹〕，都从舌，万声含声，比原来的汉字更符合形声的原理。

综观各种土俗壮字，是以汉字为基础创造的，因此，学习壮字需要同时具备两个条件：既要懂得汉字，又要懂得壮音，缺一则很难学；而且，有的壮字形体结构比汉字还复杂，有的笔画比汉字还多，也不便于学。所以，土俗壮字仅仅在壮族民间的一小部分人中流行，一般民众并不认识。而且，各地的壮语方言差别很大，因而各地流行的土俗壮字也不统一。

泰族与壮族不同，由于受到巴利文和梵文的影响，在素可泰王朝（13世纪）由兰摩甘亨以巴利文为媒介，以梵文为模式创造了既不同于巴利文，也不同于梵文的泰文字母，并且凭借着国家政权的强力推行全国，最终成了流行全泰国的统一文字，其书写方法一直流传至今，使文字充分发挥了文化聚合的作用。尽管古壮字和泰文的形体和性质截然不同，但它们借以产生的机制则是相同的。

二、壮泰传统文化的存在形式

存在形式就是各民族传统文化赖以生存的方式。这种存在不是静止的，而是发展变化着的。由于世界上同时生存许多不同的民族群体，相邻的各民族群体之间必然或多或少地进行交往，因而完全与世隔绝的孤立的民族文化几乎是没有的。所以，一个民族的传统文化通常都是与其他民族的传统文化相比较而存在。从这个角度来看，尽管世界上各民族的传统文化多样，但可以归纳为独立型、兼容型、转换型和同化型四种类型。这四种不同类型的文化，是由本体文化和外来文化在各民族文化中所处的地位的不同决定的。独立型文化也受外来文化的影响，但其本体文化却始终处于主导地位，例如中国的汉文化；兼容型文化则不同，其本体文化和外来文化势均力敌，互相消长；转移型文化又不同，其本体文化已丧失主导地位，从属于外来文化，但这种外来文化经过了当地民族的改造，已不同于原来的外来文化，更不同于原来的本体文化，其性质更接近于外来文化，例如日本大和民族的文化；同化型文化又不同，从当地民族来说，其本体文化基本上甚至完全同化于外来文化，但这种同化不完全等同于消失，例如美国印第安人的文化。

按照这种划分，我们认为壮泰民族分离之前共同的传统文化的生存形式应属于兼容型。至于泰族迁到泰国后的传统文化，应该说属于独立型，因为泰族是用自身的传统文化同化了当地土著民族的文化。

文化的发展受着自然环境和社会环境的影响，而且随着社会的发展，社会环境对文化的影响越来越大。从社会大环境来看，在中国大陆和印度支那半岛上，远古时代又同时并存并相互制约的三个主要的民族集团：华夏民族集团、百越民族集团和古代孟—高棉民族集团。百越民族集团原来生活于长江流域、珠江流域乃至红河流域的广袤地域之中。这一区域的气候温热，雨水丰沛，土地肥沃，植被繁茂等自然环境孕育了以稻作农业为根基的百越文化。自然条件的优越，给越人的生活带来了方便，却使越人社会的发展进程变得缓慢。而且，由于百越分布地广阔，支系繁多；同时由于其北邻黄河流域和南邻湄公河中下游流域，还分别生活着华夏民族集团和古代孟—高棉民族集团，所以，在百越不同支系之间、百越民族集团和相邻其他民族集团之间，不断地发生着文化上的接触、碰撞和融合的现象。

原来生活在黄河流域的华夏民族集团，是由蓝田猿人、北京猿人—金牛山人—山顶洞人这一系统发展而来。他们虽然也是农业民族，却不是稻作民族而是麦粟民族，由于北方的自然条件不如南方优越，致使华夏民族的社会发展的进程比百越民族集团快得多，所以无论在经济上还是政治、军事、文化上的总体实力都比百越民族集团强盛。在历史上，百越和华夏两大民族集团曾经反复进行过较量，百越集团虽然也曾跨过长江以北问鼎中原，但最终结果却是节节败退，从长江流域退到了五岭以南。五岭以北的越人，逐步融合于华夏汉族，只剩下五岭以南的西瓯、骆越，发展成为今日的壮侗语诸民族。壮侗语民族虽然避免了同化于汉族的厄运，但也深受华夏汉文化的影响。

远古时代生活在湄公河流域的民族群体，古代没有统一而公认的称谓，故这里暂称之为"古代孟—高棉民族集团"。从古人类学、种族学、考古学和语言学等方面的一些材料看来，这个民族集团的起源也比较早，文化也相当发达，也应追溯到元谋猿人、爪哇猿人—马坝人—柳江人这一发展系统，但在其发展过程中，由于受到尼格罗种族的影响更多些，因而发展成为南亚人种中的另外一个类型，其后裔与百越民族集团不同，应为今柬埔寨的孟—高棉族，可能还包括今日越南的主体民族京族。过去，许多学者都将越南京族归属于百越民族集团，现在看来不大适当，属于古代孟—高棉民族集团的可能性较大。越南学术界在语言分类中，即把越南语归属于南亚语系，这不是没有道理的。华夏、百越、古代孟—高棉三大民族集团都在发展和扩大自己的势力，但是，由于受到地理条件的限制，居于黄河流域的华夏民族向东、向西、向北的发展都有一定局限，唯有向南发展的潜力最大；而居于湄公河中下游流域的古代孟—高棉民族集团，向东，向西，向南的发展更受海洋的限制，唯有向北发展。从这个格局来看，居于长江流域、珠江流域乃至红河流域的百越民族集团被夹在两大民族集团之间，最为被动。他们往东受阻于大海，往北不敌于华夏民族集团，往南也受到古代孟—高棉民族集团的顽强抵抗，只有向西的崎岖小天地可容迁徙。从三大民族集团的综合实力来看，华夏集团最强大，因而汉文化的影响力也最大，不仅及于百越集团，甚至及于古代孟—高棉集团。相比之下，古代孟—高棉民族集团的影响力较小，所以下面着重分析百越文化和华夏文化的交往。

华夏民族集团和百越民族集团的分布区，原来是两个相对独立的文化封闭圈。之所以说"相对"，是因为这种封闭不可能是"老死不相往来"的绝对封闭。事实上，远在公元前8—前3世纪的春秋战国时期，华夏和百越两大民族集团就已经进行文化交流。两种文化形态之间的交往，总是从个体开始，在个体中进行；而且，最先进入交流领域的总是代表该时代最先进技术的生产工具和生活用具，广西地区发现的春秋战国时期的中原青铜器就是明证。华夏、百越民族集团之间进行的这种文化交流，原先主动权都掌握在各自手中，各自决定交流什么，不交流什么。但是，当秦始皇的军队统治了岭南，越人的文化封闭圈就被打破了，岭南越人失去了原来的主动地位而陷入被动局面，面临着"文化选择"。因为岭南越人的文化封闭圈被打破之后，外来的华夏汉文化必然与原生的越文化发生"杂交"的现象。"杂交"的结果，就会产生出既不同于原生的汉文化，也不同于原生的越文化的"变异体"。由于汉文化是处于主导地位而越文化处于被动地位，所以汉人力图使"杂交"产生的"变异体"更加接近汉文化的内核；而岭南越人的文化选择，必然以对原生文化的认同为原则，所以也力图使"杂交"产生的"变异体"不能距离自己原生文化的内核太远。从理论上说，这两种文化必然会产生剧烈的碰撞。但在实际上，这种碰撞的力度并不大，因为汉文化的内核是麦粟文化，而越文化的内核是稻作文化，二者虽有差别，却同属于农业文化，两个内核原本相距并不太远，所以，汉、越文化"杂交"所产生的变异体也就不会距离各自的内核太远。综观壮泰民族发展的历史，其传统文化并没有被汉文化所取代，而是长盛不衰，并不断绽开出绚丽的花朵。究其原因，是百越及其后裔壮泰民族的传统文化有一种自我保护和自我更新的机能，因而能维持一种相对稳定的状态。也就是说，壮泰民族在外来文化强烈影响的氛围中，既能维持和充实自己原有传统文化的根基；同时又能吸收外来的汉文化的因素，不断地吸收外来文化的因素，从而使本体文化不断完善、更新、重组乃至再生。所以，壮泰民族传统文化的生存形式属于兼容型。

总的来看，壮泰民族对外来文化的兼容、吸收，经历了一个漫长的过程。这个过程，全方位地涉及组成整体文化的三个层面：物质文化、制度文化和精神文化。

在物质文化方面，突出的表现是稻作农业。稻作农业本是壮泰民族的先民古代越人创造发明的，有其独特的优越性。从壮泰民族及其先民的分布区域的自然环境来说，稻作农业确实优越于麦粟农业，所以一直传承至今。但在稻作农业的发展过程中，壮泰民族的先民不断吸收汉文化的先进技术，从而使稻作技术不断更新，使稻作农业日臻完善。例如，在农具方面，壮泰先民原来只是使用石器，甚至磨制出精美的石铲，但后来随着金属工具及其铸造技术的传入，壮泰民族就逐渐使用功率效用更高的青铜农具、铁制农具，以取代原来的石器，并以牛耕技术改变了原来以人力进行"火耕水耨"的落后面貌。在农田方面，壮泰先民原来只是因地制宜，就其地势条件而栽种，所以有的水田连成一片，田块很大，不便耕作和管理，后来，吸收了中原汉族的"井田"形制，采用筑田埂的方法将大片农田分割成许多小田块，这样，就使耕作和管理比原来方便多了。这些特点，是壮泰民族分开之前就形成的，因而是共同的，而当壮泰民族分开之后，在农业技术上就显出一些小的差别，例如在提水灌溉方面，壮族引进了北方汉族的"龙骨车"；在种植品种方面，不断从他地引进新的品种，如此等等。这些先进技术后来也传到泰国，但在时间上则比壮族地区晚了许多。另外，还有一些先进技术和优良品种，是泰族从非汉族地区引进的，因而为壮族地区所无。

在制度文化方面，主要表现在宗族群体性上。所谓群体性，是指以某种群体为本位的文化特征，这是与西方文化以个人为本位的文化特征相对而言的。本来，人类诞生后的狩猎和渔猎经济生活就是群体性的。进入稻作农业社会后，由于稻作过程的许多环节单靠个人力量也难以操作，因而仍需要群体的力量，所以壮泰先民就将原来狩猎、渔猎社会形成的群体性继承下来了，只是群体的单位有所变化，由原来的氏族群体发展为以家庭、家族或村落为单位。这种家庭、宗族观念有时又被放大为民族群体甚至国家总体观念，但主要的或经常性的则是以家庭、宗族为本位的小群体观念。

宗族的观念，通常是从母系社会转为父系社会后才确立的。中原华夏民族在夏商时期（前12世纪以前）即已完成向父系社会转变，其时壮泰先民仍停留在母系社会。所以，当汉文化传入岭南后，越人的社会中曾经是母系父系兼容并存了一段相当长的时间，最后才是父系占据了主导地位。但直到现在，壮族社会中仍然有一些母系社会的残迹。尽管如此，但仍应该说，汉文化的父系观念的注入，加速了壮族社会发展的进程。相比之下，泰族先民迁离广西以后，不再继续受到汉文化的熏陶，所以至今泰族社会中的母系残迹就比壮族社会浓厚得多。

既然壮泰社会以家庭、家族群体为本位，就需要处理好其内部关系和外部关系，而家庭、家族内部的关系，主要是个人与个人之间的关系以及个人与家庭、家族群体的关系，特别是个人与家族群体之间的关系。

对于个人与家族群体的关系，意大利的古代诗人但丁（Dante Alighieri，1265—1321）有一句名言："并非家族使个人高贵，而是个人使家族高贵。"这句话在一定程度上概括了西方文化中以个人为本位的特征。在这种文化氛围中，个人的利益、荣辱自然高于群体的利益和荣辱。而东方文化则与此相反，在人们的眼中，个人只是群体的成员之一而已，任何个人的利益都应服从群体的利益，因而当个人利益与群体利益发生矛盾的时候，应该无条件地牺牲个人利益。壮族和泰族作为东方的古老民族之一，其传统文化中强调的也是这样的原则。如果一个人做错了事，最使他感到难堪的不是他个人或使他人蒙受了什么损失，而是感到"对不起祖宗""给祖宗丢了脸"；而如果他取得某项成功，最根本的原因也不被认为是他个人努力的结果，而是祖宗神灵护佑的缘故，所以他首先要感谢的不是直接帮助于他的人，而是祖宗神灵，因而要虔诚、隆重地给祖宗神灵供祭。为什么会这样？就因为祖宗神灵是宗族群体的代表。在群体观念的支配下，同一群体中的每个成员都有互相帮助的义务，一旦某人遇到什么困难，例如修建房屋、耕田收割、遭受灾祸、操办丧事等，家族群体中的其他人都会自动尽力给予帮助，往往不计报酬。至于家庭、家族内部个人之间的正常关系，通常是依辈分排定，幼辈尊敬长辈，长辈爱护幼辈，家长在家中有绝对权威，族长则在家族中有绝对权威。这种"尊老爱幼"和"相互帮助"的伦理道德，在群体观念的支配下，往往延伸到家族以外，形成一种浓厚的乡土情谊。例如，壮族人或泰族人在异土他乡听到有人说家乡方言的话，或者听到家乡人常唱的山歌或戏曲，其心理很快就会产生一种"家乡人"的认同感；不管他是否认识那个人，都会有一种"他乡遇故人"的亲切感；如果需要，双方往往都会慷慨相助。在精神文化方面主要体现在伦理道德和宗教信仰上，具体表现为"泛道德性"和"宗教世俗性"两个特点。

所谓"泛道德性"，是指伦理道德对社会的影响力及指导意义远远超出了它本身含义的范围，广及于社会各个领域各个阶层，它对人的约束力甚至超出了政治和法律。这是中国汉文化的基本特征之一。

壮族传统文化在其发展过程中由于长期受到汉文化的影响，也不可避免地烙上了这种特征。本来，伦理道德是处理人与人之间以及个人与社会之间的关系的行为规范；政治是处理一个社会中各阶级、阶层内部的利益关系和各阶级、阶层之间的利益关系以及民族之间、国家之间关系的准则；法律则是维护和巩固社会中各种集团的利益平衡和维护社会安定而制定的由强制力保证执行的各种具体规则，它们两者之间虽然在思想基础上有密切关系，却是相对独立的上层建筑，有着本质的不同。而在中国连续二千多年的封建专制主义统治下，道德、政治、法律虽然在名目上有区别，但实际上却犹如搅成一锅的馄饨，伦理道德被注入政治、法律等领域，并处于主导的地位。

将伦理道德注入政治领域，就使政治丧失其独立性而成为道德的附庸。有人将这种情况称为"以德治代替政治"，其突出表现之一，是将家庭的伦理道德关系无限放大，并投射到国家政治体系之中，这样，国家成了放大的家庭，国王就成了放大的家长。在家庭中是家长说了算，因而国家就是国王说了算；家长的地位通常是"长子继承制"，所以国王的地位也由长子继承。其突出表现之二，是将道德理想与家长、国王等同起来。儒家认为，社会的清浊和政治的好坏取决于国君之德，所以国君应是道德上的"圣人"，才有资格就位。这就是所谓的"内圣外王"。但是，"内圣外王"只是一种理想，因为国君的地位可以通过先天血缘得到自然承接，而道德则是后天性的，不可能通过血缘关系而遗传，只能靠自己的修养。虽然儒家也强调国君"务在修己"，但实际上并没有一种机制能鉴别国君的"修己"达到何种程度，到底是"有德"还是"无德"。对国君的品德，臣民是无权亡加评论的，否则就是"犯上"，要杀头的，所以臣民对国君只能是无条件地服从；即使国君"无德"甚至品德极坏，臣民也只能逆来顺受。最后到实在无法忍受时，就会爆发农民起义或军阀混战来推翻旧王朝，建立新王朝。这样，君、民中就出现两种不同的倾向：

一种是独夫民贼千方百计地抢夺王位，一旦夺得王位成为君主，他就俨然成了道德优良的"圣人""天子"；他所任用的人，也是完全根据个人的好恶来选择那些投其所好、善于钻营的人。这就导致人们常说的"人治代替法治"。上层统治者可以通过群党的相互吹捧，借道德之名以招摇撞骗、欺世盗名，或者以德行掩盖其实际能力，人为地制造个人迷信和偶像崇拜。这种弊端，三国时的曹操就已看透，因而曾在《求贤令》中感叹地说："夫有行之士，未必能进取；进取之士，未必能有行。"另一种倾向是，广大民众把希望寄托在"明君""贤相"和"清官"的身上，因为他们从根本上被排除在政治之外，只能从道德的角度去观察。他们无法代表自己，只好希望"清官"来代表和主宰他们，并赐给他们雨水和阳光。在中国历史上，确实有一些道德完美无缺、能力非凡的君王或人臣，但他们毕竟只是极少数。由于没有制度作根本保证，所以民众的"清官"期望往往落空或破灭，即使改朝换代，专制主义的政治体制却依然如故。

　　这种以"德治代替政治"的情况，使壮族也深受影响。中国历代王朝对少数民族地区执行的大体是"以夷制夷"的政策，在壮族地区任命一些在当地有影响的人物为土官，而且其官位可以世袭；在这些地方"以其故俗治"，就是按照各地原来的风俗习惯来治理，而不强求实施中央王朝统一制定的法律。这样，受命于中央王朝的壮族土官，实际上就是称霸一方的"土皇帝"，一切都是由他说了算，底层的壮族民众就更加不知政治为何物了。将伦理道德注入法律领域，是企图以道德的力量来协调社会的矛盾关系，以致法律也成了道德的打手或附庸。这种情况可以称为"以礼治代替刑治"。如果说，"以德治代替政治"是将道德规范要求于统治者的话，那么，"以礼治代替刑治"则是将道德规范要求于平民。礼，一般是指礼仪节度，但在中国往往兼指道德规范和行为规范，也就是以相应的礼制来区别各人之间的尊卑、贵贱、亲疏的等级关系，以达到父义、母慈、兄友、弟恭、子孝等"五常之教"。刑，即法律上的刑罚，是政治的最后保证。对于"礼"和"刑"的关系，在中国历史上，先秦法家曾极力主张以刑罚为治，其影响及于后世，因而出现许多酷吏严刑；儒家则认为，刑罚的力量是有限的，道德的力量才是无限的，因而企图把刑罚的强制力量化为道德理性的自觉，其结果是道德被立为行为的准则，形成一种强制性的道德体制，违反道德就成为刑罚的对象。所谓"出礼则入刑"，意思就是跨出礼制的门槛，就迈入刑罚的门槛，简言之，违反礼制就要受到刑罚，所以，"礼"为劝善，"刑"为惩恶，二者互为表里。但在儒家看来，不是"礼""刑"并重，而是"礼"重于"刑"，先"礼"而后"刑"，特别是当"礼"和"刑"发生矛盾时，要以"礼"为根据而不以"刑"为根据。例如，某人犯了法，但合乎"礼"，所以他（她）不但不会受到刑罚，甚至还会受到表彰。相反，违犯了"礼"，即使不犯刑法也会受到处罚。所以，刑法所科罚的对象，除一般刑事犯罪以外，任何道德过错均构成犯罪。

　　壮族地区深受这种思想的影响，不少壮族乡村为了维持当地的治安，往往根据当地的风土民情制订了许多乡规民约。这类习惯法规，也以道德规范为准则，处罚的方法五花八门。例如，某人因为替父兄报仇而杀了仇人，按刑律应当偿命，但因其动机、行动合乎礼制中的孝道，因而不受追究。相反，如有人同其父兄吵架，即使他有理也要受到处罚，因为他违背了孝道。又如，对不道德的婚前越轨行为，有的地方除规定该男女必需成婚以外，还规定该男女在婚日迎娶时要在手颈处套上一圈红线作为标志，以向路人招示其丑行。这种处罚从表面上看似乎很轻，但在男女双方的心灵上则是极为沉重的精神惩罚。

在泰国，泰族和壮族有所不同，在上层建筑的领域中受到汉文化的影响较小，但由于统一信奉小乘佛教，泰族从上层到下层也极为重视个人的道德修养。因为小乘佛教主张的正是通过道德的修养以达到自我解脱的境地，因而道德意识也深入社会的各个层面。而且在历史上，泰国也曾经历过君主专制制度，因而也像其他东方国家一样，存在泛道德主义，家庭的伦理道德也被放大投射到国家的政治体制之中。但由于泰族建立了自己的国家，泰族是国家的主体民族，因而制定有一套比较完整的国家法律，这与壮族民间的习惯法相比，存在质的不同。泰国的君主专制一直延续到公元 1932 年，才改为君主立宪制，是年签署的宪法规定，最高权力属于国家；国王作为国家元首，行使立法权；部长会议行使行政权；法院行使司法权。尽管如此，依靠道德的力量仍然是泰王室赢得人心的重要法宝之一。而且，在泰族乡村中也有许多成文或不成文的借助于道德力量施行的民间习惯法。

所谓"宗教世俗化"，是指将宗教信仰与本地本民族的风俗习惯结合起来，使宗教信仰顺应风俗习惯的现象。这也是壮泰传统文化的一个共同点。但是，壮族是将原始宗教世俗化，而泰族则是将佛教世俗化。二者又有差异。本来，世界上任何民族的早期文化都是以宗教信仰为开端的，因为早期人类对自然界和人本身缺乏认识，往往都把人的生死和各种自然灾祸的降临等看作由人类以外的神秘力量所操纵的结果，因而产生了各种原始的自然崇拜。但是，随着社会的发展，各地的原始宗教逐渐发展成不同的宗教文化。壮族和泰族的先民从原初的原始宗教观念出发，也走上了不同的文化途径：壮族文化走上了人文主义（humanitas）的道路，亦即世俗化了，因而显示出准宗教性的特征；而泰族则由于接受了小乘佛教，走上了"神文主义"（与人文主义相对而言）的道路，使其文化显示出宗教性的特征，但又呈现"佛教世俗化"的倾向。

壮族传统文化的非宗教性特征，是长期受到汉文化影响的结果。中国的汉文化，为较早挣脱神鬼主宰的早熟文化。大约还在公元前 12—前 11 世纪的商末周初，中国的人文主义精神即开始形成，对神提出了怀疑。据《左传》记载，虢国的史嚚说："吾闻之，国将兴，听于民；将亡，听于神。"在他看来，国家兴亡取决于民而不取决于神。西周时的内史叔兴也说："吉凶由人"，否定了由神主宰吉凶的观念。到春秋时的孔子，更明确地说："未能事人，焉能事鬼？"在他看来，人比鬼重要多了，服侍人还忙不过来呢，哪能去侍奉鬼！东汉时佛教传入中国，引发了儒佛之争；到南北朝时，儒佛之争白热化，范缜（450—510年？）专门写了一篇《神灭论》，从理论上批评佛教。唐朝的大文学家韩愈也写了一篇《论佛骨表》，强调佛教与中国文化在民族和伦理观念上的差异，极力主张排斥佛教。唐朝以后（10世纪以后），佛教在中国就逐渐式微了。

佛教是中国历史上第一次大规模传入的外来文化，曾经兴盛一时。它的式微，归根结底是因为它与中国文化的人文精神格格不入的缘故，这与在中国本土发展起来的道教形成了鲜明的对比。佛教是以神为本位的，主张在人类的社会现实之外存在一个超越现实的神的极乐世界，而人世社会则是"一切皆苦""一切皆空"，只有进入"神"的世界，人类才能最后跳出"苦海"，得到"解脱"。而中国土产的道教则是一种以人为本的宗教，教徒的最高目标并非祈求死后回到神的身边，而是追求活着时就要自己成"仙"，功利目的很明确。这种功利目的，表明道教是植根于人文主义的土壤之中。就是佛教，也只有在经过中国文化人文主义的洗礼和嫁接之后，才得以在中国真正扎下根来。

壮族没有统一的宗教，在民间是巫教、道教、佛教三者兼容并行，而且人们入教或举行宗教仪式，其功利目的无非是祈求能在人世间消灾祛难、多子多福、健康长寿、五谷丰登、六畜兴旺、万事如意等，这就完全世俗化了。

泰族的宗教观念，在接受佛教以前主要也是原始宗教的自然崇拜和鬼神崇拜等，只是到素可泰王朝时，才全面接受小乘佛教。为什么接受小乘佛教而不接受其他宗教（如婆罗门教、大乘佛教等）？其中也许有着复杂的原因，但从思想基础来说，似乎是小乘佛教的主张与泰族的原始宗教有所接近的缘故。例如小乘佛教的教义中，颇讲现实世界之"苦"，强调自己的内心修行，致力于修习禅定，以祈自我解脱等，这些与原始宗教的功利目的就比较容易贯通。自泰族接受佛教以后，特别是将小乘佛教定为国教之后，泰族的宗教观念就与壮族分道扬镳了。佛教是世界三大宗教之一，它历史悠久，教义精致完善，含义丰富，其中的灵魂不灭、三世轮回、因果报应等神学理论首尾相贯，无论在精神信仰上还是在理论思辨上，均比中国土生土长的道教胜出一筹，就更不用说壮族原始的巫教了。所以，它现在已不仅广及泰人的日常生活，而且深深扎根于泰人的思想意识之中，成了他们的精神支柱。但是，由于泰族仍是稻作民族，深受土地崇拜等原始宗教观念的影响，因而泰国的佛教往往与原始宗教相兼容，例如，人们为祈求丰收而举行开犁仪式或求雨仪式时，寺院的和尚往往参与其中，甚至由和尚来主持仪式，这就在一定程度上表现出功利主义的世俗化倾向。

三、壮泰传统文化的传承形式

传承是世界各民族的传统文化得以延续的方式。有人将各民族的传统文化的传承形式概括为承接型、转用型、重建型和断裂型四种，并将壮族传统文化的传承归于断裂型。这是在一部分学者中颇为流行的一种看法。中央民族大学的壮族学者梁庭望教授曾经列举了壮族文化的五种断裂现象：（1）古与今断裂，即传统文化与现代文化之间发生断裂；（2）文与言断裂，即文字与语言之间发生断裂；（3）高与低断裂，即高层文化与低层文化之间发生断裂；（4）内与外断裂，即本民族文化与汉族及其他民族文化之间发生断裂；（5）传与承断裂，即学校教育与传统文化之间发生断裂。[①] 这些断裂现象在壮族文化中确实存在，而且梁教授所列举的一些典型事例也很深刻，颇有启迪性。但是，严格分析起来，这些断裂现象在许多民族中甚至在汉族中也存在，所以，这些现象并不足以说明壮族传统文化的传承属于断裂型。要研究一个民族的传统文化的传承，我们觉得应该从整体上进行全面的分析，比较笨拙却比较可靠的方法应该是从其文化的构成来考察其传承结果，然后从其结果来分析其传承的方式，最后才能概括出其传承形式。

一般来说，任何一种文化的形态构成都包含有物质构成、组织构成、思维构成和情绪构成四个层面。物质构成是第一层面，包含生存生境和经济生活两个文化丛结；组织构成是第二层面，包含社会组织、语言、习俗三个文化丛结；思维构成是第三层面，包含知识、技能、社会传统教育三

---

① 梁庭望：《论壮族文化的断裂现象》，《广西民族研究》1988 年第 4 期。

个文化丛结；情绪构成是第四层面，包含宗教信仰、伦理道德、民族意识、文化艺术四个文化丛结。这四个层面中，"第一层面是该民族成员赖以生存的基础，又是该民族文化构建的物质基础及文化自身的底层部分，对整个文化起奠基功能，故称基础层面。第二层面的功能是直接组织该民族成员的生存运作，实现对物质产品的加工、利用、改造、分享等方面的协调，以及人与人之间的沟通和协作，同时规约着该民族成员的世代繁衍，确保该民族的长期延续。按其与社会物质的关系，称为组织层面。第三层面的功能是对该文化及文化载体—民族成员以及组织层面各文化丛结的活动，提供理性的指导。从功能而言应称为思维指导层面。又由于该层面的文化现象不如上述两个层面外露，而且并非该民族所有成员都必须人人完全了解，而仅需要该民族部分成员去分别把握，以引导整个文化的运作。从功能发挥的方式看，是拥有潜在活力的层面，故又称为潜能层面。第四个层面是第三个层面的辅助，其功能在于把第三层面形成的效能及指导意识扩展到全民族中（当然这是在特定的需要时刻才发挥出来，不像第一、二层面那样一刻也不停地连续运作），在必要时造成全民的一致性行为，达到集中调整总体文化的目的。从功能上看，它具有辅助作用；从作用方式看，在于造成全民族情绪的共鸣，以达到深化第三层面效能及引导该效能物化的目的。故应称为潜能辅助层面，或者称为共鸣平衡层面。①

下面，我们就来分析壮族传统文化四个构成层面各个文化丛结的传承结果。

在第一层面中，壮族及其先民的生态生境（包括自然环境和经人力改造的次生环境）总的来说变化并不很大。以壮族及其先民长期生活的五岭以南的自然环境而言，自然变迁极其缓慢；人们开垦农田、水利、交通等造成的次生环境从古至今虽然有较大变化，但并不足以影响自然环境。在五岭以南这一地域中，壮族及其先民虽然有一部分陆续迁出，还有其他民族不断迁入，但是，壮族及其先民的主体从古至今一直生活在这一一区域之中（在本区域内的迁徙这里略而不计）。这是生态生境这一文化丛结的总体情况。在经济生活这一文化丛结方面，壮族及其先民最根本的

---

① 杨庭硕：《相际经营原理》，贵州民族出版社 1995 年版，第 107—108 页。

经济基础和经济生活是稻作农业，这是从古一直沿袭至今的。尽管稻作的工具、技术乃至种植品种、加工方式都发生了不少变化，但稻作农业的本质可以说毫无变化。所以，壮族传统文化的第一层面可以说是完整地继承和传承下来了。

在第二层面中，壮族及其先民的社会组织正如梁庭望教授指出的有浓厚地方和民族特色的"军事组织结合团、酋长遗风寨老制、氏族社会遗迹议众及议团、生产组织滚泄制"等，特别是古代的"溪""峒""都老"等氏族、宗族或村落组织，甚至连同与之相适应的整套典章制度，一直保留到20世纪50年代初。此后虽然经过改革而不复存在，但其遗留的影响仍然及于今日。壮族的语言文化在几千年的发展中，尽管受到汉文化的强烈影响而发生过语言转型的变化，并吸收了大量的汉语词汇，但基本的语音和词汇特别是语法，却从古至今一直保留着本民族语言的独特性。在生产、生活的风俗习惯方面，虽然也深受汉文化的影响，但壮族及其先民在服饰、饮食、住居、娱乐、卫生、岁时节日、人生礼仪等方面许多不同于其他民族的习俗仍传留至今，例如通过对唱山歌自由恋爱、夫从妻居、死后进行"二次葬"、喜居"干栏"等，在今日的许多壮族农村还相当盛行。因此，这一层面的三个文化丛结基本上也传承至今。

在第三层面中，壮族传统的知识和技能，例如一整套最基本的稻作农业的耕作种植、稻作谷物的收藏及加工方法，观测天气和动植物等自然科学方面的知识，都通过生产、生活的具体实践和传统社会教育传承至今。壮族传统而独特的社会教育方式，例如，"歌圩"至今仍兴盛未艾。至于有些知识特别是自然科学方面的一些知识失传以及学校教育的问题，且待下面再论。总而言之，这一层面的三个文化丛结的面貌也基本上传承至今。

在第四层面中，壮族的宗教信仰自古以来是多神崇拜，什么山神、水神、土地神、田神、稻神、风神、雨神、树神、祖先神……都敬奉祭拜。后来虽然佛教、道教传进了壮族地区，但这并未改变壮族多神崇拜的性质，相反，无论是道教还是佛教，反而被注入了壮族多神崇拜的原始宗教色彩。所以，直至今日，壮族地区的原始宗教信仰远未绝迹。据近年的调查材料，壮族民间现在还崇奉的鬼神，仅靖西县就多达75种。在伦理道德方面，由于壮族社会的特殊发展，因而形成了自己的一套伦理道德，例如自古形成的"与而不求其报""耻于经商""婚姻自由""男女平等"

"集体主义"等观念。这些伦理道德观念，有的明显不同于汉族（例如婚姻自由、男女平等），有的从表面上看与汉族相似，但实际上并不相同（例如壮族的"与而不求其报"与汉族的"重义轻利"），壮族的观念原来只是朴素原始的意识观念，在汉文化的强烈影响下才逐步升华为理念观念。总而观之，无论是原始朴素观念还是理念，在壮族中迄今仍然在起作用。

在民族意识方面，由于壮族及其先民的分布地广阔，在历史上又没有统一的政权；加上土司制度的分割，各地的壮族分为许多"族群"，各有不同的名称，因此，壮族的民族意识分别显现在不同的"族群"之中，如"他是布傩""我是布农"之类，而没有形成统一的民族意识。只是到20世纪50年代，各地各"族群"的壮族统一为"壮族"以后，统一的民族意识才逐渐形成。所以，现在的壮族民族意识，并不是硬性拼凑而成的，而是在原来分散和各"族群"意识和基础上升华而成的，古与今之间有着继承的关系。在文化艺术方面，壮族鲜明而独特的表现形式和审美观念也是古今连贯的，主要反映在民间文学、舞蹈、音乐和绘画上。壮族的神话传说极其丰富多彩，它们虽然产生于人类社会混沌未开的特殊阶段，到今天早已失去其存在的社会根据，但神话传说中壮族先民勇于探索真理、敢于与各种邪恶作斗争的英勇精神以及英雄们表现出来的聪明智慧，直到今日仍然有着巨大的艺术感染力。例如《特康射太阳》《布伯斗雷神》《妈勒访天边》《岑逊治水》《田螺姑娘》《羽毛衣》等神话传说，就一直传承到今日。壮族的民歌更是独特，其形式的多样、内容的丰富、曲调的优美，都深受壮族群众的喜爱，在文学艺术上也别具一格，所以至今久盛不衰。歌与舞是紧密相连的，壮族不仅以歌著称于世，舞蹈也颇有特色，例如古代的蚂蚜舞、铜鼓舞、师公舞、春堂舞、抛绣球舞、采茶舞等，不仅是整段完整的舞蹈传承至今，而且基本的步法和基本的手姿脚势变化，还被反复运用于新创作的舞蹈之中。图案、绘画又是另一类审美对象，壮族先民在古代创作的图案纹样，例如见于印纹陶上的几何图案、花山崖壁画的人物造型等，后来就成为壮族刺绣的传统图案，并沿袭至今。如此看来，这一层面的四个文化丛结的精髓也传承到了今日。

由上所述，构成壮族传统文化的四个层面十二个文化丛结中，都没有出现断裂。所以，总的看来，壮族传统文化并不是断裂型文化。但是，从传承到今天的结果来看，不少的古代壮族文化并没有传承到今天，特别是一些很有科学价值的技术，例如壮族先民铸造铜鼓的方法，铜鼓鼓面上的太阳凸纹及割圆术，崖壁画上久不褪色的颜料配制方法等，到今天都已经失传，这难道不算是文化的断裂吗？这当然可以算是一种文化的断裂，但这只能算是一种"小文化"或者叫文化的局部断裂，因为这些科学技术只是组成壮族传统文化总体无数个文化因子中的一个，而不是文化总体本身。而"断裂型文化"所指的，应是一个民族的文化总体，所以，不能以局部代表全体，不能将这些文化因子的失传视为文化总体的"断裂"。另外，还应该考虑到，世界各民族的文化在其发展的历史长河中，都有一种"新陈代谢""吐故纳新"的现象，正是这种正常的新陈代谢，才使各民族的传统文化不断地向前发展，否则，所有民族、社会、人类都不可能发展，就会与单纯依靠遗传基因来传承的动物没有什么区别了。但是，还应该认识到，什么是"陈"、什么是"故"和什么是"新"，各时代都有各时代的标准，我们不能抛开历史条件以现代的标准来要求先民，所以，有许多现在看来是科学的东西，却没有被先民们认识到其科学性和先进性，反而把它们当作陈旧落后的东西丢掉了；而一些现在看来是落后的东西，在历史当时却可能是流行的时尚，所以就传承下来了。正如梁庭望教授指出的，壮族传统文化中"科学的东西中断了，那些落后的东西，比如巫教之类却流传下来，继续毒害一些人的灵魂"①。但是，这并不能责怪于先民们，因为他们不可能不受着当时历史条件的制约。而且，有些现在看来很可贵的科学技术，也许在先民们看来更加宝贵，所以不愿广泛传播，只传播给某些特定的人，直到今天，仍然还有"技术保密"的情况。古代的"保密"制度当然不可能像今天这样完善，所以"保密"的结果就使得许多有科学价值的东西失传了。这是在许多民族的历史上都发生过的事情，也是很难免的社会现象，其中有着各种复杂的原因，虽然令人深感惋惜，却也无可奈何！

任何文化的传承，都离不开教育。教育即使不是文化传承的唯一渠道，也是最主要的渠道。教育，从古至今大致可分为两大类：一类是社会教育（包括家庭教育），另一类是学校教育（包括书院、私塾和庙学）。前者是长辈、平辈对自己的子弟在本民族社会中获得生存能力的教育，后

---

① 梁庭望：《论壮族文化的断裂现象》，《广西民族研究》1988 年第 4 期。

者是在前者的基础上特化出来的更高层次的教育。二者在组织形式、教学内容和教育对象上有很大差别。学校教育无论是官立还是私立，都必须有固定的馆舍和固定的教师；学校的设立、教师的配备、教学的内容和教育的对象都要经过政府部门的审核或认可；教育的对象要经过选择（经济选择和智力选择），有较严格的组织约束。而社会教育的形式、内容、教师和对象，除了一些行业教育和专门教育外，都是不固定的，一般不需要经过政府部门审批，教育对象也不经过什么选择，只要你愿意，就可以去接受教育；教育活动也没有严格的组织约束。这两类教育本来应该是相辅相成的，但在壮族地区却是相互脱节的，也就是说，学校教育是与壮族的传统文化相背离的。因为学校里教的学的都是汉文、汉语，内容基本上是汉族的历史和传统文化；而壮族的语言、历史和传统文化，在学校教育的教学内容中是没有的。课本中的一些自然科学知识，虽然不能说是汉族的，却是经过汉文化消化过的知识，并不能直接与壮族传统文化接轨。梁庭望教授说得完全对："在漫长的封建社会里，壮族地区的官方教育传播的是汉族封建文化，讲钦定的正统伦常，使用的是汉文。壮族文化不仅不能登大雅之堂，还要受到贬低和丑化，久而久之，壮族的文人学子几乎都不懂得本民族的历史文化。在封建重压下，形成了虚无主义的畸形思想和变态心理，反而看不起本民族文化。解放以后，学校教材从内容到思想性都起了根本的变化，但壮族地区的学校教育也仍然与民族文化几乎无关，缺乏乡土教材。"① 所以，从本质上说，壮族地区的学校是汉文化的学校，这种学校培养出来的壮族学生，其实是汉文化的知识分子，而不是壮文化的知识分子。这可能就是一些人将壮族传统文化的传承视为断裂型文化的根本原因。

其实，学校教育对于在历史上没有本民族文字流通的民族来说，并不是传承其传统文化的主要渠道。因为学校教育必须依靠文字，如果没有已在历史上流通的本民族文字而用其他民族的文字来教学，那么，这样的学校教育所传承的就不可能是本民族传统文化。在壮族历史上，虽然有人创造过土俗壮字，但没有形成统一流通的民族文字。这些土俗壮字，也得不到中央王朝封建统治者的承认。因此，壮族的传统文化不可能通过学校教

---

① 梁庭望：《论壮族文化的断裂现象》，《广西民族研究》1988 年第 4 期。

育这一重要渠道来传承。20 世纪 50 年代，在中国共产党的领导和帮助下，创造了以拉丁字母为基础的新壮文，并创建了许多壮文学校，以推广、普及新壮文。这本来是一项很好的措施，但是，从几十年来实施的情况来看，效果难如人意。深究其原因，有三个方面未接轨：第一方面，壮文并没有真正与壮族的传统文化相接轨，而是变成了学习汉语文的"拐棍"，即学习汉语文的辅助工具，所以，壮族历史上形成的学校教育与壮族传统文化相脱节的实质仍未从根本上得到改变。第二方面，壮语文的教育也未与学术界的学术用语以及现代科学知识相接轨，相应的壮文读物太少，甚至没有。这样，就使学了壮语文的人陷入无用武之地的境况。第三方面，壮语文教育也未与我国的教育体制、科研体制相接轨。小学学了壮文，中学、大学却无法用，无法依靠壮文升学；各条战线上的科学研究也没有用壮文写成的科研成果，即使写了也得不到承认，评职称根本用不上。这方面的问题，归根结底还是壮文的社会地位尚未得到真正确认的问题。由于这三个方面的不接轨，就难怪壮文的推广和普及陷入困境了。

　　总之，从古至今壮族一直不能通过学校教育来传承本民族的传统文化。但是，这并不等于壮族传统文化就断绝了。因为除了学校教育之外，传统文化还可以通过包括家庭教育在内的社会教育得到传承。壮族地区的社会教育的形式和内容丰富多彩，除了由家长、长辈给子弟们言传身教，以传授在壮族社会上生存的最基本的生产、生活技能之外，通过婚丧庆典等活动中巫师们喃唱的经文和平时人们讲述的民间故事、对唱的山歌等，都是壮族进行社会教育的重要形式，其中的山歌和师公唱本是最重要的教材。壮族自古爱唱山歌，而山歌、师公唱本的内容几乎无所不包，涉及天文地理、历史传统、生产技艺、生活习俗、处世交往、恋爱婚姻、伦理道德等等。有些山歌是随口而唱，不定型；但有不少是经过屡世口传，又用不规范的土俗壮字记录成"歌本"辗转相传，成为基本定型的鸿篇长歌。据广西少数民族古籍整理办公室收集、整理、出版的《壮族民歌古籍集成》，已出版的有《布洛陀经诗》《嘹歌》《欢㟖》《传扬歌》等，其中的《嘹歌》，就长达 4012 首，共 16048 行，连续唱时需要几天几夜，因此，人们往往因时因地选用其中有关的章、节、段落。对唱山歌的场地，或在山坡水旁，或在平民家中，或在固定圩场；对唱山歌的时间，或在赶好归来之时，或在节庆欢聚、婚姻庆典之际，非常机动灵活。因此，这类活动深受壮族民众欢迎。他们参加一次这类活动，就会受到一次传统文化的教育；参加的次数多了，传统文化也就在人们的心中生根了。正如一些研究者所指出的，"壮族人民认为唱《嘹歌》，能使人增长知识，歌才横溢，唱《嘹歌》，能使人学会处世谋生；唱《嘹歌》，能使人追求美满婚姻；唱《嘹歌》，能使人振奋精神，身心愉悦"[①]。《嘹歌》如此，其他的《布洛陀经诗》《传扬歌》等又何尝不是如此！在歌颂壮族歌仙的电影《刘三姐》中，"禁歌"的反面人物莫怀仁曾说，"这些山歌，就是他们（指壮族平民）的'四书五经'。"如果撇开莫怀仁的反动本质不谈，他的这番话对壮族传统文化的传承来说，倒是一语中的。当然，尽管壮族的社会教育包括了德育、智育、体育、美育、劳动教育、心理教育等方面的基础素质教育，但却缺乏低、中、高的系统层次，所以，很难培养出高、精、尖的高层次人才。这是社会教育的局限性所导致的必然结果。

以上我们全面分析了壮族传统文化传承的结果和传承的方式，那么，壮族传统文化的传承属于哪种类型呢？我们认为应该属于连贯—重组型。这是由壮族传统文化的传承结果所表现出来的连贯性、重组性和创造性来决定的。其中的连贯性，亦即从古至今的连贯，这点从上述文化构成的4个层面12个文化丛来看已经比较明显，不必赘言；而重组性和创造性则需稍加说明。

由于壮族文化在其发展中受到汉文化的强烈影响，而汉文化在性质上与壮文化不同，因此，壮族必须对原有的传统文化进行重组。在文化构成的基础层面上，虽然壮族和汉族都是农业民族，但其中却存在同类型中的样式差异。准确地说，壮族是稻类水作民族，而汉族则是麦粟类旱作民族。汉族迁入壮族地区后，也带来了麦粟旱作文化。在汉文化的影响下，壮族先民在原有的稻作文化基础上进行了局部调整，在局部地区或稻作收成之后，也种植麦粟等作物。在协调层面上，例如语言，原始的侗台语可能有如印尼语的无声调、多音节，但在汉语的强烈影响下，变成了有声调、单音节，其间经过了"类型转换"的发展变化。这个"类型转换"过程就是重组的过程。在情绪层面上，例如伦理道德，汉文化是"重男轻女"，而壮文化则是尊重妇女。重组的结果，壮族社会就变成了父系母系并行，表现在婚姻上，就是既有妻从夫居，又有夫从妻居。在重组的过

---

① 张声震主编：《壮族民歌古籍集成·嘹歌》，"前言"，广西民族出版社1993年版，第11页。

程中，壮族往往又表现出自己的创造性。最突出的创造就是根据汉字的结构创造出土俗壮字。这一创造，是由学习并掌握了汉字结构且熟悉壮族语言的"双料"知识分子做出的。尽管这些土俗壮字存在这样那样的问题，例如有些土俗壮字的结构比汉字还复杂，笔画比汉字更多，不利于识字和掌握运用；而且各地的土俗壮字也不统一，等等。但是，这些问题并不能掩盖住这一创造发明的光辉；而且，那是由于缺乏政权力量的支持所致，已经超出了创造发明者的能力范围之外。如果有政权力量的支持，这些土俗壮字本来是可以逐步简化、规范而统一流通的，可惜这样的历史机遇已经错过了。

泰族传统文化的传承，也与壮族相似，都应属于连贯—重组型，但其中也有许多不同。由于泰族不是泰国的土著民族，而是从广西迁去的；泰国的自然生态环境和文化背景不同于广西，所以，泰族先民要适应新的自然和人文环境，就需要在许多方面对原来的传统文化进行重组。这也是泰族发展成为不同于壮族的民族的根本原因。泰族传统文化的重组，也和壮族一样，并不彻底改换原来传统文化的面貌，都是在原来基本相同的传统文化的基础上协调不同民族文化之间的关系。而且，经过几百年的发展，泰族建立了国家政权，这就使泰族传统文化的保持与传承有了可靠的政治保证。所以，总的看来，泰族保持连贯性的传统文化与壮族相似，而重组的文化则与壮族不同。例如，在文化形态的基础层面上，其经济生活的根基——稻作农业并没有改变；在协调层面上，泰族社会中父系结构和母系结构并存，甚至保留更加浓厚的母系结构色彩，泰族的语言文化丛结不仅保持自己的本来面貌，而且从素可泰王朝以来一直成为国家语言。所有这些，都是保持了连贯性而与壮族相似的传统文化。而与壮族不同的重组的文化，例如思维指导层面上的宗教信仰，泰族崇奉佛教，尽管这种佛教也掺杂了些许原始宗教的因素或色彩，但这些因素的原始宗教性质已经改变；而壮族则仍然奉行原始宗教的多神崇拜，尽管其中也披上道教或佛教的外衣，但其原始宗教的性质并未改变。

虽然壮族和泰族的传统文化在传承上都属于连贯—重组型，但在传承的具体方式上两个民族却截然不同：泰族主要依靠学校教育（包括寺院教育），而壮族则主要依靠社会教育。这种差别的造成有着深刻的历史原因。从壮族来说，由于在历史上没有建立过自己的政权，也得不到中央政权强有力的支持，因而不可能形成统一流通的民族文字。而泰族则不同，从素可泰王朝建立以来，兰甘亨大帝创造了以巴利文、梵文字母为基础的泰文，并依靠政权的强大力量在全国统一推行和普及，在全国建立了众多的学校。泰族的学校教育以泰语文为主，与泰族的传统文化密切结合，因而学校教育成了传承泰族传统文化的主要渠道。这一点，又与壮族和泰族在国家民族中所处的地位不同有关。泰族是泰国的主体民族，泰族传统文化是主体文化，是使泰国其他民族文化涵化的目标，因而处于主动地位；而壮族只是中华民族的一个组成部分，是受汉文化涵化的对象之一，因而处于被动的地位。

参考文献

1. 梁敏、张均如：《侗台语族概论》，中国社会科学出版社 1996 年版。

2. 梁庭望：《论壮族文化的断裂现象》，《广西民族研究》1988 年第 4 期。

3. 杨庭硕：《相际经营原理》，贵州民族出版社 1995 年版。

4. 张声震主编：《壮族民歌古籍集成·嘹歌》，广西民族出版社 1993 年版。

本文原载于《广西民族研究》2000 年第 1 期

壮族文化及其对东南亚文化的影响

黄凤祥　　徐杰舜[*]

【摘　要】壮族是中国最多的少数民族。壮族文化丰富多彩，壮族先民以自己的聪明才智创造并享有的稻作文化、铜鼓文化、织锦文化、山歌文化、圩市文化等为中华民族文化宝库增添了光彩，对东南亚文化也产生了深远的影响。之所以能有如此深远影响，其原因就在于壮族和东南亚兄弟民族皆同源于百越，壮族作为百越族群发展的主枝，承袭了百越文化的诸多特征，并善于兼收整合并蓄多种异质文化的结果。

【关键词】壮族；稻作文化；圩市文化；铜鼓文化；织锦文化；东南亚；影响

一、壮族是中国人口最多的少数民族

壮族是中国人口最多的少数民族，据 1990 年的人口普查统计有 15555820 人，目前世界上 1000 万—5000 万人口的民族有 51 个，壮族是其中之一。其分布的特点是：分布面广，基本连成一片，城镇和农村，平原和山区，河谷和山谷都有分布。具体来说，即以珠江水系上游的右江、左江、红水河，柳江为中心面向四周辐射。广西的南宁、百色、柳州、河池四地区和云南文山壮族苗族自治州境内聚居着 1363 万多人，占壮族总人口的 87%，广西其他地区的钦州、防城港、玉林、桂林、梧州、北海等城市 145 万多人，广东西北部的连山壮族瑶族自治县等地 14 万多人，云南文山州以外 14 万多人，贵州东南部的从江县等地 3 万多人，湖南南

---

* 作者介绍：黄凤祥（1941—　），壮族，广西平果人，国家民委政法司副司长；徐杰舜（1943—　），浙江余姚人，广西民族学院学报编辑部主任、教授。

部的江华瑶族自治县等地 2 万多人，此外，由于人口流动，还有 10 万多壮族人散居在全国各个省市。

壮族聚居的地区位于北回归线南北两侧，地处中亚热带和南亚热带，史籍上被称为险恶的瘴疠之乡，生活在这样的地理环境，壮族及其先民为了生存与发展，他们必须向大自然和毒蛇猛兽进行坚韧英勇的斗争，他们胼手胼足地开发了榛莽丛生的山野，成为良田旱地，从而培养出他们勇敢、勤劳、坚毅的性格及善良的心灵。

二、壮族文化及其对东南亚文化的影响

壮族及其先民，是自古在岭南地区生息繁衍的土著民族。早在商周时代，壮族先民就与中原民族有了经济、政治和文化的交往。自秦汉开始，中国中央王朝在岭南实行郡县制，中原民族不断南迁，先进的文化和生产技术逐步在壮族地区传播。随着生产的发展，壮族地区的商品交换也逐渐发达起来，宋代在邕州辖区内的钦州、永平寨、横山寨三大博易场，成为连接我国大西南和对东南亚、爪哇、苏门答腊、印度、阿拉伯各国进行贸易的商埠。具有开放性民族品格的壮族人民，不仅与国内外周边各兄弟民族长期杂居、和睦相处，而且对各种外来文化兼收整合并蓄，正是各种异质文化相互影响、相互撞击推动着壮族文化向前发展。

壮族在漫长的历史长河中，与其他民族一样，维护民族大团结，保卫祖国边疆完整，建有不可磨灭的功勋，而以自己的聪明才智创造并享有的灿烂文化如稻作文化、圩市文化、铜鼓文化、织锦文化、干栏文化、山歌文化等，为中华文化宝库增添了许多光彩，同时对国内外周边民族如国内的汉、布依、侗、水、毛南、瑶、苗、回、彝、京族和国外的泰国的泰族、越南的岱、侬、泰、布依、热依族，老挝的老龙族、缅甸的掸族、印度的阿萨姆人等甚或东南亚其他民族都产生了深远的影响。

（一）稻作文化的影响

壮族地处亚热带、准热带，气候炎热湿润，境内江河沟渠纵横，适宜农作物特别是水稻种植。数千年来，壮族及其先民以种植水稻著称于世，被誉为"水稻民族"。

从考古和文件资料来判断，壮族的先民——百越人是栽培水稻最早的育化栽培者之一。其主要根据是，在广东、广西、海南和云南西双版纳一带是野生稻的原产地，在世界上早已发现的野生稻种中占有重要地位，这就为栽培稻提供了种源。考古发现，在百越人居住过的我国东南部和南部发现有十多处史前稻谷遗物。其中浙江余姚县的河姆渡遗址，发现距今约有七千年的栽培稻谷、稻壳和稻草堆积层。由此可以认定，壮族有栽培水稻的悠久历史。据历史文献记载，秦汉时期，骆越、俚、乌浒等都普遍种植水稻。值得一提的是，壮族语言中，"糇"既指稻，又指饭。吃饭称"斤糇"，种稻称"南糇"。古汉语中有"糇粮"一词，当是从百越借用而来。壮族的粮食生产以种稻谷为主，丘陵山区则种玉米、豆类、薯类等杂粮。每逢收获季节，平坝田间，稻浪翻滚，香飘十里。稻谷品种分黏稻（梗稻）和糯稻两大类共数十个品种。日本学者将云南和广西的一部分，老挝、泰国北部和东北部、缅甸的掸邦、印度尼西亚的阿萨姆邦的东部等地区划为"糯稻栽培圈"。而这个栽培稻起源地，也就是壮族和东南亚泰老掸族系的民族家园。

　　传统的稻作生产以牛耕和犁耕为最大特色。不过，在历史上壮族还有其他的耕作方式。春秋、秦汉间，百越地区存在"火耕水耨"，即将田中的杂草焚烧，然后播种田中，待禾苗长到一定高度时，再灌水并将水里的新长出的杂草压入泥中，以利禾苗生长。石山地区的壮族使用人工"踏犁"而不用牛犁。由于平垌壮族善于水田种植，山区的苗族、瑶族和侗族等善于山地种植。壮族向瑶、苗、侗人等学习玉米、旱谷、瓜豆、树木、采集的种植技术和经验。瑶族苗族等向壮族学习水稻的选种、耕种、施肥、管理的经验以及手工工匠技术。根据在越南北部、泰国北部等出土的文物考古资料和有关史籍记载，秦汉时期，当越南东南亚国家尚"不知牛耕"，烧草种田，"狩猎为业"……处于原始社会状态时，从中国的壮族中迁徙出去的人们已带去了牛耕田器铸作及穿渠灌溉技术，唐宋至元明清时期，留居印支半岛和南洋的壮族先民与当地居民共同开发了大量农田等，壮族地区的农作物种子和培植技术也随着这些人的迁徙而传播其所到之处。

　　壮族是一个古老的稻作民族，壮族先民和东南亚国家的泰、老、掸、岱依族系的民族共同创造了亚洲稻作文化，历来又沿袭以稻作为本，以稻米为主食，有共同的生产方式和生活方式，以至他们的文化形态亦保持着共同的特征，即表现为一种稻作文明类型。稻作文化是壮族及泰老掸岱依族系民族最主要的文化特征，他们的许多文化现象，都可以从稻作文化中找到它的根源。例如壮族居住地区遍布了"那"（田）这一古老而特有的地名就是与稻作农业有密切的关系，我们称之为"那文化"，即稻文化，所以其文化也是紧紧围绕着稻作萌生和发育的，从语言方面来说，壮语与泰语的词汇在农业如田、水、稻、刀、犁、耙、黄牛、水牛、轭、种子和饮食如碗、筷、米、饭、菜、盐、酒、肉等方面完全相同。从原始信仰方面来说，壮族和东南亚的泰、老、掸、岱、侬族系民族都奉祀谷魂、田魂和牛魂，并随着当地的生产节奏，各自又有相应的节日和祭仪。另外，反映在壮族民间舞蹈上，也带有鲜明的稻作文化的特征，如"扁担舞""春堂舞""春牛舞""牛头舞""铜鼓舞""蚂蜗舞""打砻舞""褥秧舞""蚂蜗与稻仙"等。可以说稻作文化是壮族和东南亚国家的泰、老、掸、岱侬各族相互联系的一条纽带。

这说明壮族及其先民在稻作的创始和推进上做出了卓越的贡献。

壮族地区的稻作管理，经历过由不施肥到施肥的发展过程。历史上曾有"不粪亩"即不施肥的记载。后来施用的肥料主要有畜禽粪便、草木灰、石灰、树叶绿肥等。壮族中，鲜少以人粪为肥。新中国成立以来，化肥的使用日益普遍，在平坝主要产粮区，化肥大有全部取代农家肥之势。

20 世纪 80 年代以来，壮族地区的经济生活已发生急速的变化，新的产业结构、经营方式正在形成。昔日的"种田为口粮，杀猪为过年，卖鸡为油盐"的自给自足的自然经济正在逐步为商品经济所代替。在平坝区，许多传统的著名产粮区正在实施"吨粮田"高产区，为社会提供更多的商品粮。开发性高效农业已经取得成果。如以南宁等地区为主要产地的广西蔗糖生产，1995—1996 年榨季产糖已达 230 万吨，居全国产糖量第一位。种蔗已成为当地农民重要的收入来源。以右江河谷为中心的芒果基地，已成数十万亩规模。由于这里的土质，气候适宜芒果生长，故芒果品质上乘，在市场上极富竞争力。每逢芒果收获季节，车辆往来，商家云集。芒果种植成为当地壮族农民致富的产业。此外，红水河流域石山地区的板栗、左江流域的龙眼、桂滇交界各县的烤烟，邕宁、武鸣等县的香蕉都已经或正在形成成片生产和开发，正是受益于稻作文化，在现当代，壮族的经济文化在迅速发展，投资环境日益完善，吸引了众多的东南亚客商。如1993 年 10 月，泰国两仪集团来中国的壮族地区投资糖业和广西扶绥县共同组建了"广西扶南东亚糖业有限公司"，由于经营得法，获利甚丰。

（二）圩市文化的影响

壮族在历史上曾存在极不发达的市场经济，如，南朝宋沈杯远之《南越志》云"越之市名为墟"，"墟"即为集市。市有市期，唐宋时期的文献就已有记载，梁载言《十道志》载，容州夷（治今广西北流县）"五日一集"，又清张心泰《粤游小志》载，"西省灵川，三日一墟"。三日或五日为一墟。历史上，壮族聚居的广西地区，不仅有北部湾海上的便利通道，还有连接华南与东南亚的大陆桥。历史上，中国与东南亚各国通过壮族地区建立起的交往不绝如缕。传统的边境贸易交往在唐宋时期就十分活跃，如唐宋时期的邕州（今南宁市）"僚市"和钦州、永宁寨（今宁明县境）横山寨（今田东县）博易场，成为联结我国大西南和对东南亚、爪哇、苏门答腊，印度、阿拉伯各国进行贸易的重要商埠，宋代的周去非在《岭外代答》中就辟有专章论述了古代壮族与东南亚各国的贸易往来通道。从中可以看出，壮族地区对外的博易场及其通道历史悠久，而且，有趣的是反映在文化上壮族与东南亚的泰老、掸、岱、侬族与民族在经济领域中的基本词汇，如买、卖、铜钱、钞票、杆、万、借债、对债、逃债和数词等基本一致，说明了他们之间的亲密关系。另外，在中国境内的桂西和云南文山地区，瑶、苗人尚未在本民族聚居之地普遍建立贸易圩市，因此，商品交换在壮族人聚居区或壮汉杂居的圩市进行。也有少数壮族人商贩深入瑶、苗山寨，向瑶、苗村民出售各种小型生产工具和日用生活品，同时收购杉木、桂皮、香菇、木耳、香草、笋干、中草药等林副产品。凡入山商贩能诚实、公道经商，尊重瑶、苗人民的风俗习惯，就会受到十分热情的接待。

（三）铜鼓文化的影响

铜鼓，是古代岭南和西南地区一种极其重要的历史文化遗物，其中壮族及其先民聚居的广西出土的铜鼓最多，位居全国之首，今全区各级文物部门收藏的铜鼓多达600余面，而民间收藏者尚不知其数，壮族地区出土的古代铜鼓，类型齐全，体形硕大，两千余年前铸造的北流铜鼓，面径达1.65米，重300多公斤，其形体之大、纹饰之繁缛，铸造工艺之精，令中外学者叹为观止。它代表了当时精湛的铸铜技术，充分反映了壮族古代铸造手工业的发达及其丰厚的文化积淀。

关于壮族地区历代发现铜鼓的情况即习俗，史书多有记载。其铜鼓，是以铜、锡、铅等合金铸成，而壮族地区历来多产铜、锡、铅等，"就地掘而得之"。炼铜、锡、铅等金属需要很高的冶炼技术，而铸出体形硕大、纹饰精美繁缛的各种图案，更需要有高超的工艺铸造技术。所以，研究铜鼓的蒋廷瑜专家说：铜鼓"是一种综合艺术品，它集冶炼铸造、绘画、雕塑、音乐、舞蹈于一身，以它庞大的躯体，粗犷的声音，丰富多彩的装饰花纹，从不同侧面反映了铸造铜鼓的民族当时的经济状况、文化面貌和心理素质，是一部不成文的民族历史的百科全书"。壮族及其先民文化之灿烂可见一斑。壮族的崇拜铜鼓习俗，也影响到了周边的民族。如都安等地的布努瑶、南丹的白裤瑶、田林县的木柄瑶也和壮族一样视铜鼓为珍宝，在重大的节庆，丧葬之中有敲鼓的习俗。宋代以前，极少有瑶人敲击铜鼓的记载，故瑶人击铜鼓的习俗当在明、清以后受壮族的影响而形成的。

迄今在泰国北部、越南北部和老挝等地，也都出土了古代铜鼓，如在泰国发现的铜鼓，据不完全统计，已发现有 26 面，这些铜鼓相当于中国的石寨山型西盟型和万家坝型，大都是从中国传出去的。越南是东南亚发现铜鼓最多的国家，到 60 年代初，越南已发现黑格尔第一类铜鼓 70 多面。在老挝也发现有铜鼓 3 面，据考证，老挝鼓来自中国南方，老挝鼓、腰、胸部的图案和中国西林鼓及贵县鼓上的图案也有许多共同之处。此外，缅甸、柬埔寨、马来西亚、印度尼西亚等国家也都发现了铜鼓。据专家研究确认，铜鼓起源于中国南方，并广泛分布于中国南方各地，同时如上所述也流传于东南亚各国，从分布地所发掘而得之铜鼓进行分析研究可以看出他们之间密切的历史文化关系。

（四）织锦文化的影响

"壮锦"是壮族创造的又一优秀历史文化。一千多年前，左右江壮族先民织的"白绫"，也就是现称的"壮锦"白质方纹，广幅大缕，佳丽厚重，"诚南方之上服"，被誉为中国四大名锦之一，宋朝宫廷办的"蜀锦院"，还学习壮族织锦技术，仿制壮锦作为新产品贡朝廷派用。明清时期，随着壮族社会经济和文化的进步，壮锦工艺大放光彩，锦面上以各种颜色的绒线织出连云纹、雷纹、水波纹、同心圆纹、回字纹、方格纹，各种花、草、虫、鱼、鸟、兽等图案，构思巧妙，层次分明，彩色斑斓，象征壮族人民善美的心灵和对幸福生活的追求，也是壮族人民聪明才智的体现。正因为壮锦的高超艺术和美好心灵的象征，因而明王朝将之列为贡品，上贡给朝廷。清代，《广西通志》对壮锦颇为称赞，"壮族人爱彩，凡衣裙巾被之属，莫不取五色绒杂以织布，为花鸟状，远观颇工巧、炫丽。"清代著名学者沈日霖云：壮族妇女"手艺颇工，染丝织锦，五彩烂然，与缂丝无异，可为裾褥，凡贵官富商，莫不争购之"。壮锦通过朝贡、贵官携带和商旅贩运，行销于全国。壮锦作为壮族的优秀文化，今已受到国家的重视，扶植生产；联合国组织专家进行考察，投资扶植，向各国介绍，加入国际文化交流的行列，并远销美国、法国、日本和非洲、东南亚各国，为壮族人民赢得了声誉。

（五）干栏文化的影响

壮族历史上以干栏式楼房为居所，《魏书·僚传》卷一〇一载："依树积木以居其上，名曰干栏。干栏大小随其家口之数。"清代，特别是近代以来部分地区改住平房。干栏式楼居源远流长，早在大约六千年前的新石器时代，壮族的先民便有干栏式建筑。数千年来，古老的干栏式楼居之所以能延续下来，其中最主要的原因是适应南方的特定环境。南方多雨，湿气瘴气浓厚，住干栏式楼房可避湿热之苦；南方草木茂盛，毒虫滋生，猛兽出没，住干栏可防虫兽之害。此外，干栏楼房多以木竹为架，茅草为盖，此种材料极易筹措。近代以来，一部分地区特别是平峒和城镇附近，瘴气已无，毒虫消减，加上木料筹措不易，因而改住平房。壮族的干栏式楼房，其特点是楼上住人，楼下圈禽畜和放置杂物，但具体建筑形式也有差别。和布依、侗、水、仫佬、毛南和国外的泰族掸族都一样，壮族的传统干栏有"全楼式"和"半楼式"（又称吊脚楼）两种。全楼式的房基平整，半楼式房基选在坡地上，分前后两级，前级地势低，立长柱，后级地势高，立短柱，铺楼板时，使前后两半部的楼板重合在一个水平面上，形式前半部是两层楼，后半部是平房的结构。不管是全楼式或半楼式，楼上设堂屋、卧室、厨房、仓库，楼下搁家具、柴草或圈养禽畜。

干栏式建筑形式，乃是壮族先民因地制宜的一种发明创造，对周边民族影响甚深。如在河池、百色两地和南宁地区北部的部分布努瑶和当地壮族人、土人一样，居住两层至三层干栏式房子。云南文山地区各县及广西那坡、隆林等县都有彝人大小不等的小聚居地，与壮族人形成相错杂居的局面，彝人大多住在山区和半山区，部分人受当地壮族人影响居住干栏式房屋。

（六）山歌文化的影响

壮族是个能歌善舞的民族，有出口成歌，以歌代言的天才，这是古今人们所公认的历史事实。"歌仙"刘三姐，唐、宋以来就在壮族聚居的地区广为传颂。至于历史上是否真有刘三姐其人，那倒是次要的，但她唱歌的天才形象却是壮族无疑。以现代来说，壮族中数不胜数的"歌王""歌师""歌手"，出口成歌，不都是"歌仙"刘三姐的身影吗？"歌仙"刘三姐唯在广西壮族地区流传，这与壮族善于唱歌在历史上和地域上是完全吻合的。壮族人唱歌，各地的形式和曲调不同，计不下百余种，内容更是丰富多彩，有天文地理，有生产知识和经验，有揭露统治阶级的丑恶残暴，有神话与历史故事，有爱情生活，有风物人情等，既是传授科学知识、生产技术、传统思想的方式，又是同统治阶级进行斗争的武器，它以多种形式和生动的语言来表达人们的喜怒哀乐情感。

自宋代以来，歌圩在壮族地区逐渐发展起来，多在春秋两季举行，分日歌圩和夜歌圩两种。日歌圩多在野外举行，以倚歌择配为主要内容；夜歌圩则在村子里举行，主要唱生产歌、季节歌、历史歌和盘歌。部分瑶族、汉族、毛南族侗族还能编唱壮歌，不少歌师歌手能在歌圩上与壮族歌手对歌决高大。歌圩主要在三月三，近年广西壮族自治区人民政府把这天定为壮族的节日，在节日期间，以歌会友，文化搭桥、经济唱戏，东南亚各国商贸纷至沓来，十分热闹，古代的传统文化在现代化进程中也发挥了其应有的贡献。

（七）文身和凿齿的影响

历史上，壮族及其先民曾存在过身躯局部损毁性装饰——文身和凿齿。

所谓文身，即用植物刺、骨针、铁针在人身上刺动物、植物、几何文字等图案，涂以蓝靛、锅灰，使之浸透入刺眼之中，显示出花纹图样，永不褪色。文身的部位有文面、文胸、文背、文臂、文腿等多种。文身的缘由有多种说法，或出于图腾崇拜和自然崇拜，或出于成年标志，或出于美的装饰。唐宋时期，今广西地区称为"文身地"，而云南南部，竟以"绣脚""绣面"等作为傣族先民的族称。东南亚国家的泰老掸、岱侬等民族历史上也有此相类的习俗，如《华阳国志·南中志》载，哀牢"种人皆刻画其身，象龙文"，《皇清职贡图》卷一云："南掌人，体皆刺花"，《滇系》卷十亦说：老挝人"身及肩皆黥绣花"。今海南地区也被称为"雕题"，可见文身之盛。清代、民国间，黎族、傣族仍保留文身之俗，广西南部的壮族也有文身的遗风。

　　凿齿，也称打牙、折齿、缺齿、去齿。即人为拔去一二颗门牙或大牙的习俗。汉至唐宋时期，俚人、僚人有凿齿之俗。其意义有多种：俚人妇女凡出嫁者即拔去一门牙，作为出嫁的标志，僚人凡成年即拔去一上齿，"以为身饰"。

（八）信仰文化的影响

　　壮族在漫长的上古社会，曾经普遍信仰土生土长的原始宗教，进入阶级社会后，原始宗教的某些形态仍然留存下来。在历史上的不同时期，道教、佛教等相继传入壮族地区，并逐渐成为壮族宗教信仰的一部分。

　　壮族原始宗教的崇拜偶像繁杂多样，有的具体明了，有的缥缈抽象。统而观之，崇拜的偶像有自然崇拜、鬼魂崇拜、祖先崇拜三大类。尤其对于祖先神灵，崇拜至诚。崇拜对象一般有始祖神、氏族部落神和家祖神。

　　壮族以姆六甲、布洛陀、布伯、莫一大王等为始祖神。姆六甲是女祖。她创造蓝天白云，又是生殖大神。站在山顶吸收风的精气，便从腋下生出孩子。因而她是宇宙和人类之母。布洛陀是男始祖，壮语"布"意为人，"洛"意为知晓，"陀"意为一切，即"通晓一切的人"。他聪慧过人无所不能。田地、稻粮、房屋、渔网、火、牛、猪、鸡、鸭等都是他创造出来的。布伯，传说是布洛陀的儿子，是一位与自然搏斗的英雄。他上青天、入巨流擒获雷王并砍断其一条腿，解救人间旱涝之苦。莫一大王是桂西北南丹、河池一带壮族的始祖部落神，因为这一带是莫氏的发源地。民间立有莫一大王，过莫一大王节，在家中神龛上亦设莫一大王神位。此外，岑王、黄九公、侬智高等也是部分壮族崇拜的姓氏英雄神。

　　巫术是原始宗教的技艺部分，由巫师或个人、集体采取某种方法和手段，相信能影响人类本身和自然界万物，以便达到自己的意愿欲望，壮族的巫术形式多样，内容庞杂，主要有占卜、问鬼、诅咒、神判、练关、辟邪、解煞、驱鬼、招魂、求雨、巫蛊、禁忌等。其中鸡卜（含鸡蛋卜、鸡骨卜、鸡头卜）在壮族最为普遍。二千多年前的汉代，有壮族先民鸡卜的记载："越人俗信鬼，而其祠皆见鬼。……乃令越巫立祝祠。……而以鸡卜"。唐代，"邕州（今南宁）之南，有善行术者，取鸡卵墨画祝而煮之，剖为二片，以验其黄，然后决嫌疑，定祸福"。民国年间，马关县"依人，以鸡膀骨为卦，能卜吉婚，查鬼祟，笃信为深。"……道教是壮族重要的宗教信仰之一。壮族道教是壮族固有的巫教和汉族道教相结合的产物。壮族的巫教很早以前已盛行于民间，晋代，汉族道教逐渐传入壮族地区，至唐、宋间，壮族的巫教和汉族的道教已经混合成为具有南方特色的地方道教。壮族地区的道分为武道和文道两种。武道即梅山道，壮族人称之为"师"。从道之人称为师公。师公举行法事称"古师"（意为做师）。文道即茅山道，壮族人称之为"道"。从道之人称为道公。道公举行法事称"古道"（意为做道）。据壮族师公说，壮族地区先有师，后才有道。师公主武，道公主文。他们是藤上的两只瓜，是兄弟关系。师，其底层为壮族的原始巫教。壮族的巫教以好疑重鬼为主要内容。汉族的道教传入壮区后，壮族的巫教吸收了道教的部分内容，混杂融合形成师。师又可称为大巫或武教，意在表明师与壮族原始巫教（小巫）和正统的汉族道教既有联系又有区别。

壮族的宗教信仰对周边的少数民族有较大的影响，如莫一大王，毛南族、侗族、仫佬族都奉为神明，在重大节日对之祭祀，而壮族土俗神冯三界，陈宏谋等，毛南族更是奉为大神，崇拜至诚。在桂西一些瑶人中实行二次葬，此俗亦与壮族人、土家族人相同。壮族人神话《布洛陀》和布努瑶神话《密洛陀》，前者是壮族人崇信歌颂的智慧始祖公，后者是瑶人崇信歌颂的祖母。说的是布洛陀和密洛陀造人、造地、造万物的故事。两个神话传说各具其民族特色，但两者在内容及说唱形式上亦有不少相同点。

三、原因分析：本是百越同根生

壮族是一个开放的民族，壮族文化具有多元性。在壮族文化的整个历史发展过程中，既有早期"百越"群体的文化积淀，又受到后来的汉族及其他少数民族的深刻影响，同时，又与东南亚各民族有着不绝如缕的联系，这种多层次、多结构的壮族传统文化之所以能对周边少数民族和东南亚各民族产生深远影响，是有其原因的。

（一）同源于百越

壮族和壮侗语族的布依、傣、侗、仫佬、毛南、水、黎 7 个民族，共 2300 多万人，与越南的岱、侬、泰、卢、布依、热依等族，老挝的老龙族，泰国的泰族，缅甸的掸族，印度的阿萨姆邦阿洪人，共约 9000 万人有亲缘关系。在古代，他们同一起源，皆源于古代的百越人，皆为百越后裔。经过漫长的历史发展、分化、演变、形成好几个民族，犹如一株树，同是一个根，经过若干年的成长，生长出一些枝干，有粗有细，有长有短。壮族先民在秦代以前称为骆以及瓯骆、骆越，汉代以后为俚、乌浒等称呼所取代。隋唐两代出现了"僚"这一称呼。除傣族外的壮侗语族其他 7 个民族都是从俚、僚中分化演变而形成的。唐代，黎人之称在海南出现并沿用至今。"俚"和"黎"同音，黎是最早从俚、僚中分化出来的族称。广西的俚僚，宋代分化出僮和茆滩两个族称，明、清分化出姆佬。新中国成立后分别以壮、毛南、仫佬为族称。贵州僚人，元代分化出仲家族称，仲家人自称布依，解放后以布依为族名。明代，贵州僚人又分化出水家族称并沿用至今。贵州、湖南广西交界处的僚人，明代分化出峒（或洞）人族称，新中国成立后以侗为族称。汉代时的滇越，唐宋时称黑齿、金齿、雕题、茫蛮，元、明、清、民国称为白衣、百夷、焚夷、摆夷。新中国成立后以其自称傣为族名。泰国的泰族，大约在秦汉以前，即前 2 世纪以前，还是与壮族生活在一起的一个人们共同体。汉代以后，即 2 世纪以后，开始分化为不同的民族，到了唐代已最终完成这一演化过程。越南与我国壮族地区相毗邻，在历史上关系密切，越南的岱、侬、布衣、热依等民族与壮族同源于百越，而中国、越南学者也都认为，百越族中的骆越是中国壮族越南京族的先民。

据考察，现今居于越南的岱、侬族，相当一部分则是清代民国前从中国广西迁入的，最早为七八代，二百多年，最晚为三四代，一百多年。老挝的老龙族、泰族，缅绉的掸族等，有部分是从中国壮族迁入，有部分是从越南岱侬族、泰族和泰国的泰族迁入，他们与中国的壮族可以用语言毫无阻隔地直接进行交谈。

正由于壮族和壮侗语其他各族同源于百越，故壮族和壮侗语各族文化的底层根基是百越文化。其主要特征有：善种植水稻；制造和使用铜鼓；住干栏式楼房；善歌唱；语言与古百越语一脉相承；文身染齿；崇信巫鬼、尚鸡卜等。直至当代，上述不少特征仍为壮族和壮侗语各族所承袭。

壮语和东南亚兄弟民族的语言皆源于古百越语，古百越语的全貌已经不可得知，但从汉文史籍记下的某些片断，我们仍可以窥见他们和古越语一脉相承的端倪。汉代刘向，《说苑》一书中，用汉字记录了2500年前的一首《越人歌》。壮族学者韦庆稳等人研究破译，得出了越人歌与壮侗语相同或相近的结论。其中如"滥"（黑夜、晚上）、"缦（村）、"焉"（见）、怛（小孩）、昌（念"江"，中间，里面）等语音相同。此外，各种古籍及汉代地名中也保留了一些古越语，如"匹"（鸭子）、"鉴"（古汉语念"敢"，山洞）、"仆"（后多作"布"，人或人的量词、人名前置词）、"力"（念勒，孩子）、"临"（或写作"林""南"，林）"潭"（水塘）、"津"（糯米）等。

壮语属汉藏语系壮傣语支。国内壮傣语支包括壮语、布依语、傣语和海南的临高语。国外泰国的泰语、老挝的老语、缅甸的掸语、越南的侬语、岱语、泰语等同中国的壮傣语支最为相近。

如现代泰语中许多基本词汇与壮语南部方言一致。操壮语南部方言的壮族到泰国与泰人交谈，一句话拆开来说，许多单词都听得懂，互相之间有亲切感。

广西民族学院的范宏贵教授曾以894个基本词（现代政治术语均借自汉语，不包括在内）对壮语和傣语作了比较（有对应规律可循的词包括在相同的词中，声母和韵母中有一个相同的，称为部分相同）将其列表如下：

表1　　　　　　　　　壮语和傣语比较

对比语种	相同数	百分比	部分相同数	百分比	合计	百分比
壮语南部方言龙州话 傣语西双版纳方言	311	34.8%	155	17.3%	466	52.1%
壮语南部方言龙州话 傣语德宏方言	245	28.4%	189	21.1%	443	49.6%
壮语北部方言武鸣话 傣语西双版纳方言	215	24%	170	19%	385	43.1%
壮语北部方言武鸣话 傣语德宏方言	176	16.7%	156	17.4%	332	47.1%

　　壮语和老挝语也基本相通，广西民族学院外语系老挝语副教授陶红（壮族）对老挝语与壮语的比较研究更为深入细致。他用其家乡壮语的南部方言天等县土语的1000个固有词与老挝老龙族语作了比较，辅音、元音、尾辅音完全相同的有670个词，占67％。辅音不同，元音和尾辅音相同但元音略有不同，铺音和尾辅音相同的有320个词，占22％。辅音和元音、尾辅音都不相同的有110个词，占11％。

　　在国内，壮族人与瑶、苗的关系甚为密切。清代、民国间，桂西和云南文山地区，瑶、苗一般都能兼操当地的壮话、土话、侬话、板（村）话等方言。清嘉庆间，白山土司地（今马山县）瑶人"亦能作土语"。民国间，今都安、巴马、大化、马山、上林、平果、凌云、东兰、凤山、河池、南丹、田林、隆林等地的瑶族兼通壮语者更为众多。彝族仡佬族一般与壮族杂居，一般也都会讲壮语。

　　壮族在历史上也创造了自己的文字。至7世纪的唐代，壮族人民运用汉字有关形、音、义的规律，模仿汉字六书的造字法，创制了一种与壮语语言相一致的方块壮字，通称土俗字，方块壮字的出现，是壮族固有特征的标志，它对壮族经济的发展和文化的传播，保存民族文化遗产等方面，无不起到了重要的作用。土俗字始见于唐代，宋代广泛使用。宋人范成大《桂海虞衡志》一书称"边远俗陋，牒祈券约专用土俗书，桂林诸邑皆然"。书中记录了一些土俗字。明、清、民国间，用土俗字写了大量的神话、故事、传说、歌谣、剧本、药方、地名、宗教（巫教和道教）经书等，并流传下来，成为壮族的文化宝库。至今，土俗字仍在乡村中使用。而周边的民族如越南的喃字，毛南、仫佬和汉族平话人等也都受壮族方块字的影响，创制了本民族的土俗字。

　　正由于壮族和壮侗语其他各族同源于百越，故壮族和壮侗语各族文化的底层根基是百越文化。其主要特征有：善种植水稻；制造和使用铜鼓；在干栏式楼房；善歌唱；语言与古百越语一脉相承；文身染齿；崇信巫鬼、尚鸡卜等。直至当代，上述不少特征仍为壮族和壮侗语各族所承袭。了解了这些，就可以理解壮族文化何以对东南亚文化产生如此深远的影响。

（二）壮族是百越族群发展的主枝

　　学术界经过考古研究及资料钩沉，一致的说法认为壮族和壮侗语族其他各族如布依、毛南、仫佬、侗、傣族、水、黎族等同源于古代的百越族，皆为百越后裔。越南的侬族岱族、老挝的佬族、泰国的泰族、缅甸的掸族的族源应与百越族有关。

　　百越之名，最早出现于战国时期。百越包括许多支系因而号称百越。百越的分布，"自交趾至会稽七八千里，百越杂处，各有种姓"。交趾郡在今越南北部，会稽郡在今江苏南部和浙江西部、北部。由此可以断定，从江苏南部沿着东南沿海的浙江、福建、广东、海南、广西、越南北部这一长达七八千里的半月形圈内，是百越民族最集中的分布区。而与上述地区相近邻的安徽、江西、贵州、湖南、云南等地也有百越分布。由于百越各个支系所处的地理位置不同，社会经济文化的发展不一，与中原的关系程度也不一样。因此，自秦汉以后，百越民族中，有的支系融合或同化于汉族之中，成为汉族重要的来源之一。而百越中靠近西部和西南部的几个支系，由于地理、历史、政治、经济、文化等方面差别的原因，他们没有与华夏融合和同化，而是按照其自身的发展分化，形成了后来的壮侗语各族；其中西瓯和骆越两支分布在岭南西部和云贵高原东部边沿的广大范围内。今广西和海南两省区全部，贵州、广西、湖南三省区毗邻结合部，越南北部都是西瓯和骆越的分布范围。壮、布依、侗、黎、水、仫佬、毛南等多个民族和越南的侬、岱、高栏等民族都渊源于西瓯或骆越。泰国的泰族、老挝的老龙族、缅甸的掸族等都是后来陆续从中国的壮族迁入的。从西瓯、骆越到壮族的整个民族过程中，无论是西瓯还是骆越，无论是乌浒蛮还是俚僚，无论是西原蛮还是僮，虽然其中百越族群中的各个支系不断分化出枝杈形成各个小民族，壮民族始终作为百越族群发展的主枝。发展到当代，壮侗语族各民族共同有 8000 多万人，其中壮族 1550 万人，就占了其中的 19 %，是人口占第一位的民族。人口数量的优势，相对于周边民族稍微占一点优势的地理环境，便于与外界的接触交往，成就了壮族的开放性品格，因此，壮族作为百越族群的发展的主枝，所保存的百越文化特征最为完整。而且在历史上，由于壮族地区的圩市较为多些，只要有稍微大一点的平垌，交通比较便利的平垌，必有圩市。圩市的繁荣，可以起到一种横向联系作用，辐射周边少数民族的经济文化，对他们起到影响作用。

　　正是由于壮族是百越族群发展的主枝，有极深的文化积淀，又善于学习吸收先进民族的文化，所以其文化才具有多元性、包容性，才对周边少数民族产生如此深远的影响。

参考文献

1. 范宏贵、顾有识等:《壮族历史文化》,广西民族出版社 1997年版。

2. 范宏贵、顾有识等:《壮族论稿》,广西人民出版社 1989 年版。

3. 覃乃昌、潘其旭等编:《壮学论集》,广西民族出版社 1995 年版。

4. 覃乃昌编:《壮侗语民族论集》,广西民族出版社 1996 年版。

5. 韦文宣:《壮族》,《中华民族》,华夏出版社 1991 年版。

6. 司徒尚纪:《岭南海洋国土》,广东人民出版社 1996 年版。

7. 彭适凡编:《百越民族研究》,江西教育出版社 1990 年版。

8. 汪宁生:《铜鼓与南方民族》,吉林教育出版社 1989 年版。

9. 苏建灵:《明清时期壮族历史研究》,广西民族出版社 1993 年版。

10. 黄世杰:《壮族天文历法》,《广西民族学院学报》1997 年第2 期。

11.《壮泰语诸民族历史与文化资料译丛》,《广西民族研究》1992年增刊。

12. 黄世杰:《桂西壮族鬼的观念浅析》,《广西大学学报》1992 年第4 期。

本文原载于《右江民族师专学报》1998 年第 1 期

从农业谚语看壮泰民族的传统农耕文化*

周艳鲜**

【摘　要】谚语是人类珍贵的口头传统文化遗产。农业谚语是人类农业智慧的具体表现，壮、泰语农业谚语反映了壮泰民族传统农耕社会的农业生活、农业结构、农耕技术和农耕习俗，折射了两个民族农耕文化的相似性与差异性。利用谚语解读壮泰民族的农耕文明特征及其内涵，是探究壮泰民族传统文化的渊源关系的新视角、新思路。

【关键词】农业谚语；壮泰民族；农耕文化；农业生活；农业结构；农耕技术；农耕习俗

一、前言

谚语是口头传统的一种主要类型，是人类珍贵的文化遗产。关于谚语的定义，被广泛引用的是来自美国著名谚学家 Wolfgang Mieder："Proverbs are short, generally known sentences of folk that contains wisdom, truths, morals, and traditional views in a metaphorical, fixed, and memorable form and that are handed down from generation to generation."① 根据《中国谚语集成》的解释，"谚语是民间集体创作、广为口传、言简意赅并较为定型的艺术语句，是民众丰富智慧和普遍经验的规律性总结。"② 泰国学界对

＊ 本文是2013年国家社科基金西部项目"壮语与泰语谚语比较研究"（13XYY021）阶段性成果。

＊＊ 作者简介：周艳鲜（1972—　），壮族，广西田阳人，百色学院外国语学院教授，英语语言文学硕士点导师，主要研究兴趣为翻译、口头传统、民俗文化。

① L. Mieder, Wolfgang. 2004. *Proverbs: A Handbook.* Connecticut: Greemwood Press, p. 4.

② 中国民族文学集成编辑委员会、中国民族文学集成广西卷编辑委员会：《中国谚语集成（广西卷）》，中国 ISBN 中心出版 2008 年版，第 8 页。

谚语的定义与划分标准分歧较大，《泰泰字典》（1999）提出，谚语是"很久以前人们所说的流传至今的话语或者表述，有教导意义"①，而《现代汉泰词典》（1976）将谚语解释为"固定的短语或者句子，为群众所广为流传，用简单易懂的话来反映深刻的理由"②。本文中，我们主要采用前面两种谚语的释义，但在泰语语料选用时，也采纳了一些非句子的固定短语，这符合泰国学者的研究惯例，也考虑了泰国读者的接受问题。

在浩如烟海的谚语宝库中，农业谚语是最为丰富的。《庄户杂字》阐述了一个深刻的人生哲理："人生天地，庄农最为先"，认为"庄农"是整个社会的基础，是人类生存的基础。我国农业历史悠久，古代农书中记载有大量的农业谚语，北魏的《齐民要术》中有"耕而不劳，不如作暴"，汉代的《田家五行》有"六月不热，五谷不结"，明末的《沈氏农书》有"秧好半年稻"，《天工开物》有"寸麦不怕尺水，尺麦但怕寸水"等等。人类的先民在长年累月的农业生产中不断交流、传授生产劳作心得，经过反复实践验证，获取了大量的宝贵经验与知识，摸索出了农业生产的种种规律，然后把这些都浓缩到形象、生动、简短的语句中，由此创造了丰富的农业谚语。

壮泰民族是古老的农业民族，在漫长的生产实践中也产生了大量的农业谚语，有的农谚流传年代久远，不仅记录了丰富的农业知识和劳动经验，也凝练了两个民族的农业智慧。那么，农业谚语是否能够反映两个民族传统农耕文化的基本特征、折射壮泰民族的传统农耕文明？本研究通过解读壮语与泰语农业谚语，对比分析壮泰民族传统农耕文明的总体特征及其异同，进一步探究两个民族传统文化的渊源关系。

二、壮泰民族农耕文化和农业谚语研究现状

由于历史原因，壮泰民族传统文化有着千丝万缕的联系。20 世纪末以来，"壮泰民族同源"的课题受到越来越多学者的关注和深入研究，国内外学者不断寻找证据来说明壮泰族群的渊源关系和壮泰民族传统文化的

---

① 《泰泰字典》，皇家学会出版社 1999 年版，第 18 页。

② 杨汉川：《现代汉泰词典》，Ruamsarn 出版社 1977 年版，第 702 页。

共同特征（范宏贵，1993①；纳鲁密·索素，2001②；覃圣敏，2005③）。《壮泰民族传统文化比较研究》被称为"壮泰民族传统文化研究的划时代巨著"，它用丰富的资料反映壮泰民族"同源异流"的关系，说明了壮族与泰族既有亲缘性、同源性，也有本质上的差异性。④ 范宏贵提出，"我国壮族、泰国的泰族都是同根生的民族，犹如一株大树，经过若干年的生长后，生出很多枝干。枝干虽然不同，但内在是有联系的。"⑤ 他认为，"壮泰族群经过长期的迁徙、分化后，各自生活在不同的国度已很久远，本民族内部的发展不同，地理环境不同，受周边国家和民族的影响不同，于是在语言、文化上有很多差异，但他们毕竟是同一个根生长出来的民族，还有一些底层文化现在还相同或相近，而相同或相近的底层文化被掩盖住，一般人不易察觉。"⑥

在壮泰民族这些相同或者相近的底层文化中，农耕文化引起了学者的关注。学者们大致认同，壮泰民族在漫长的农耕历史中，形成了以稻作文化为主体的传统农耕文明，这是两个民族传统文化的共同特征（梁庭望，1996⑦；覃乃昌，1999⑧；覃圣敏，2000⑨）。但是，以农业谚语为语料分析两个民族传统农耕文化的专题研究仅有少数，例如，韦达将农业谚语称为"壮族农业发展的教科书"⑩；蒙元耀认为壮族熟语"取材于壮乡的生活实际，反映壮家人的生活本色"⑪；泰国学者 อดมพร อมรธรรม 主编的

①　范宏贵：《壮侗语诸民族与东南亚相关民族的渊源与迁徙》，《广西民族研究》1993 年第 3 期。

②　纳鲁密·索素、素拉蓬纳塔平图：《泰族壮族传统文化的关系》，《广西民族研究》2001 年第 2 期。

③　覃圣敏：《壮泰族群的渊源》，《广西民族学院学报》（哲学社会科学版）2005 年第 2 期。

④　钱宗范：《壮泰民族传统文化研究的划时代巨著》，《广西民族研究》2004 年第 3 期。

⑤　范宏贵：《同根生的民族——壮泰各族渊源与文化》，民族出版社 2007 年版，第 14 页。

⑥　范宏贵：《同根异枝的壮泰族群》，广西民族出版社 2013 年版，第 3 页。

⑦　梁庭望：《中国壮侗语诸族与泰国泰族文化共性初探》，《中央民族大学学报》1996 年第 4 期。

⑧　覃乃昌：《"那"文化圈论》，《广西民族研究》1999 年第 4 期。

⑨　覃圣敏：《壮泰文化基本特征的比较》，《广西民族研究》2000 年第 1 期。

⑩　韦达：《壮泰谚语与人生经验》，《广西社会科学》2003 年第 9 期。

⑪　蒙元耀：《壮语熟语》，民族研究出版社 2004 年版。

สำนวนไทยฉบับจัดหมวดหมู่ (2013) 阐述了农业谚语的来源及文化背景①；
จำเนียร ทรง ฤกษ์编著的คำภาษิต คำพังเพย สารคติพจน์ บทคำกลอน (2011)②
和ศิวพ ไพลิน编著สุภาษิต -คำพังเพยเล่ม (2008)③ 收录了很多农业谚语，主
要对其进行归类解释。

　　文献阅览表明，针对壮、泰语农业谚语及其文化含义的专题研究不
多，关于两者的比较研究几乎没有，作为壮泰民族传统农耕文明研究的重
要语料，壮、泰语农业谚语并未得到足够重视和深入研究。

三、农业谚语中的壮泰民族传统农耕文化

　　壮、泰语农业谚语反映了两个民族传统农业社会的方方面面，不少谚
语的意思非常相似，例如，壮语谚语 Daemz hawq ndwi bya，naz hawq ndwi
haeux（塘干无鱼，田干无粮）和泰语谚语ข้าว ฟ้พง นา ปลา ฟ้พง น้ำ（稻靠
田，鱼靠水）反映了稻谷与水田的依存关系，壮语谚语 Doemz miz bya，
naz miz haeux（塘里有鱼，田里有米）和泰语谚语ในน้ำมึงปลาในนามีข้าว
（田里有米，水里有鱼）描写了"鱼米之乡"农业丰收的景象，等等。为
了比较全面地反映谚语中壮泰民族传统农耕文化的面貌，从农业生活、农
业结构、农耕技术和农耕习俗四个方面进行论述。

（一）农业生活

1. 壮族的农业生活

　　［1］Bak saeh hong guh bonj，maenz aeu gwn guh mbwn. 百业农为主，
民以食为天。

　　［2］Fouz hong mbouj onj，fouz haeux mbouj an，fouz buenq mbouj fouq.
无农不稳，无粮不安，无商不富。

　　［3］Guhhong mbouj liz gyaeuj naz，canghbuenq mbouj liz hangzdaeuz.
农夫不离田头，商人不离行头。

---

①　อุดพร อมรธรรม.สำนวนไทย กรุงเทพฯ: แสงดาว,บจก.สนพ , 2013.

②　จำเนียร ทรงฤกษ์. คำภาษิต คำพังเพย สารคติพจน์ บทคำกลอน[M].กรุงเทพฯ พ่อนวล แม่พ้ง ทรงฤกษ์ .

③　Daemz miz bya，naz miz haeux. 塘里有鱼，田里有米。

〔4〕 Mbouj ndaem naz, mbouj ndaem reih, youq lawz miz haeux hau gwn. 不种田, 不种地, 哪有米饭吃。

〔5〕 Hong naz beij mingh raez. 农活比命长。

〔6〕 Gaj mou hwnj hangz, ndaem naz nab liengz. 杀猪上行, 种田纳粮。

壮族是一个传统的农业民族。自古以来, 壮族"据'那'(田)而作, 随'那'(田)而居, 依'那'(田)而食", 他们日出而作、日暮而息, 世世代代过着自耕自食、自给自足、勤劳节俭的农耕生活。壮语谚语 Laeng mbanj miz dah, naj ranz miz naz (村后有河, 屋前有田) 是壮族农家人居环境的生动写照。〔1〕、〔2〕、〔3〕和〔4〕反映了壮族以农为主、以农田为生的传统农业社会形态, 〔5〕将农活比作生命, 这是壮族传统农业生活形态的生动写照, 〔6〕"种官田""纳官粮"反映了历史上封建中央王朝在壮族地区推行"土司制度"的赋税政策。

2. 泰族的农业生活

〔7〕 กระดูกสันหลังของชาติ 国家的脊梁

〔8〕 หลังสู่ฟ้า หน้าสู่ดิน 面朝黄土, 背朝天

〔9〕 หลัง ตาก แดด 背晒太阳

〔10〕 นอนกับดิน กินกับหญ้า 和土睡, 和草吃

〔11〕 ทำ นา บน หลัง คน (在) 人背上做田

〔12〕 เอาหูไปนา เอาตาไปไร่ 耳朵去水田, 眼睛去旱地

农业自古以来就是泰族的传统产业。〔7〕将农业比作国家的脊梁, 说明其在国家经济中举足轻重的地位, 〔8〕、〔9〕描写农民在田地里辛勤劳作场景, 〔10〕描写了泰人以土地为生的农业生活。〔11〕揭露了泰国封建王朝统治下剥削、压制贫穷劳动者的社会共性, 而〔12〕源自一个泰语古代故事, 一个勤劳的老农民为了在短时间内把所有的土地都种上庄稼, 想出了这个分派耳朵和眼睛的"分身术", 这两句谚语都反映了泰人以农田耕作为主的传统农业形态。

以上两组谚语记录、描写了壮泰民族的农业生活, 反映了两个民族生产习俗共同的重要特征。

(二) 农业结构

壮泰民族先民是古老的稻作民族, 长期以来主要依靠水稻种植为生,

由此也衍生了鱼类养殖、家畜养殖等农业生产活动，形成了以水稻为主，以旱地作物为辅的种植业，以鱼类为主的水产养殖和以耕牛为主的家畜养殖业的传统农业结构。

1. 水稻种植与鱼类养殖

［13］Caet cib ngeih hangz, ndaem naz guh vuengz. 七十二行，种田为王。

［14］Bauh faex muengh faex ngaeuz, ndaem haeux muengh haeux henj. 刨木望刨光，种田盼谷黄。

［15］Langh bya ndaw naz mbouj sin hoj, haeuxgok dem sou it cingz haj. 稻田养鱼不辛苦，稻谷增收一成五。

［16］Aeugwn haeux couh ndaem gyaj, aeu siengj gwn bya couh vat daemz. 要想吃米就插秧，要想吃鱼就挖塘。

［17］Ciengx bya it moux daemz, miz bya youh miz haeux. 养鱼一亩塘，有鱼又有粮。

［18］Daemz miz bya, naz miz haeux. 塘里有鱼，田里有米。

［19］หว่านพืชจักเอาผล撒谷子望收成。

［20］ทำนาออมกล้า ทำปลาออมเกลือ种田节省秧苗，做干鱼节省盐。

［21］ข้าวใหม่ปลามัน米新鱼肥。

［22］ในน้ำมีปลาในนามีข้าว田里有米，水里有鱼。

根据《新华字典》的释义，"田"是种植农作物的土地，"种田"，广义上泛指"耕种田地"，"利用田地进行农作物的种植"，指以务农为生，［13］说明壮族祖祖辈辈以农田生产为主的农业结构。［14］和［19］分别表达了壮、泰族人播种之后期盼丰收的愿望，［15］、［16］和［17］分别介绍壮族水稻种植和鱼类养殖两种生产方式，［20］介绍泰族种田插秧和制作干鱼两种生产活动，［18］和［21］、［22］分别描写壮泰民族"鱼米之乡"的丰收时节。

据《淮南子·原道训》记载，南方越人曾"陆事寡而水事众"，他们发明了水田和水塘养鱼，这种生产方式在古越人后人（壮族）生活的地区沿用至今，壮语谚语 Miz naz fouz daemz, miz lwg fouz nangz（有田无塘，有子无娘）反映了"水田"和"鱼塘"的依存关系。泰人也有水田、水塘养鱼之俗。稻田养鱼是古老农业民族的农业文化遗产，壮泰民族先民早就认识"稻鱼共生"的好处。以上谚语主要介绍"种田"和"养鱼"两种生产活动，反映了壮泰民族在生产结构的共同之处。在壮语（南部）和泰语中，"田"发音为 na^{21} 和 na^{33}，"水"发音为 nam^{32} 和 nam^{55}，"米（谷）"发音为 $khau^{24}$ 和 $khaw^{41}$，"鱼"发音为 pja^{33} 和 pla^{33}，非常相似。这些证据进一步说明了壮泰民族传统农耕文化的相似性。

　　2. 旱地作物种植

　　除了水稻，壮泰民族也栽培旱地作物，但由于两地气候不同，播种品种与季节有所不同。对大多农作物的称谓，壮、泰语大多相同。[①] 黄兴球通过植物命名研究提出，蕹菜、芥菜、芋头、稻、甘蔗等植物的同名佐证了壮泰民族是"同根生的民族"。[②] 在壮泰谚语中共同出现的旱地作物有：（1）薯芋类。Biek doxlawh guh faen, maenz doxlawh guh ceh（芋的种子是芋，薯的种子是薯）和 เผือกตามพันธุ์ มันตามเถา（芋按照种类，薯按照族系）；（2）豆类。Cingmingz gyaj, goekhawx duh（清明秧，谷雨豆）和 ค้วถั่วเอากิ่งถั่วมาเป็นฟืนเป็นไฟ（煮豆燃豆萁）；（3）瓜类。Goekhawx ndaem gva, muengzcungq ndaem lwgraz（谷雨种瓜，芒种芝麻）和 ให้เย็นอย่างฟัก ให้หนักอย่างหิน（使凉像冬瓜，使重像石头）；（4）甘蔗。Oij ndwed cib, van daengz byai（十月蔗，甜到尾）和 อ้อย เข้า ปาก ช้าง（甘蔗进了大象嘴）。在粮食作物方面，除了水稻，壮泰民族也种植玉米、小麦等，相关谚语有：Loeg nyied haeuxyangz henj daengz ganj（六月玉米黄到苑）、Gomeg mbouj gvaq laebcou（荞麦不过立秋）和 ซังกะตาย（去掉玉米粒心剩下壳）等。在蔬菜方面，壮泰民族都重视蔬菜种植。壮族谚语有：Guenj ndei aen suen byaek, mbouj you ngaenz gyu lauz（管好一园菜，不愁油盐钱），而泰族先民很早以前就开始种植蔬菜、水果与其他作物，在素可泰时期（佛历 1800—1892 年，公元 1257—1349 年）甚至有"种山种园"之说，《拉鲁巴纪事》也说阿瑜陀耶时代（佛历 1893—2310 年，公元 1350—1767 年）种植了多种蔬菜、水果与花卉。[③] 空心菜是壮泰民族种植的主要蔬菜之一，有谚语 Ceh byaekmbungj seng byaekmbungj, cungj cijboiq seng

---

①　覃圣敏：《壮泰民族传统文化研究》，广西民族出版社 2003 年版，第 1369 页。

②　黄兴球：《植物栽培：壮泰族群同源与分化的佐证》，《东南亚纵横》2010 年第 12 期。

③　覃圣敏：《壮泰民族传统文化研究》，广西民族出版社 2003 年版，第 1369 页。

cijboiq（空心菜籽生空心菜，紫背种生紫背菜）、น้ำผักบุ้งไป น้ำสายบัวมา（空心菜汤去，莲茎汤来）等。在水果方面，泰语谚语中出现较多的是香蕉，例如，โค่นกล้วยอย่าไว้หน่อ（砍香蕉不要留嫩芽）和ดิ้นเป็นกล้วยน้ำว้า（到处是香蕉粉蕉），说明泰国具有香蕉种植的漫长历史。

壮语谚语中出现最多的作物是薯芋类。研究表明，从新石器时晚期开始，壮族先民一直来栽培薯芋类作物，因此薯芋类作物可能是壮族先民最早驯化栽培的作物。[①] 中国太平洋沿岸地区考古发现表明，该地区最早先民种植水稻，可能也种植芋头、薯蓣等根块作物[②]。芋头在壮语（南部）发音为phurk[55]，泰语发音为phiak[55]，薯在壮语（南部）发音为man[21]，泰语称为man[22]。壮泰族群对芋头称呼一样，对薯类作物也有相同的总称"man"，说明壮泰族群对于芋头与薯类的认知是一致的，这是他们的文化共性的具体表现之一。[③]

3. *动物养殖*

［23］Cib max doengz ruq, mbouj lau rum geq. 十马共槽，不怕草老。

［24］Ciengx yiengz roengz lwg lai, song bi rim gwnz bya. 养羊繁殖多，两年满山坡。

［25］Ciengx ma vih goeng, ciengx gaeq vih sei. 养狗为公，养鸡为私。

［26］Ndaw naz langh bit, non gip ndonqndiq. 稻田放鸭，害虫全光。

［27］ม้าดีดกะโหลก – มีกิริยากระโดกกระเดกลุกลนหรือไม่เรียบร้อย 马踢椰壳

［28］บแพะชนแกะ – ทำอย่างขอไปที ไม่ได้อย่างนี้ก็เอาอย่างนั้นเข้าแทน เพื่อให้ลุล่วงไป 捉绵羊斗山羊

［29］เป็ดขันประชันไก่ 鸭鸣竞鸡

［30］หมาหยอกไก่ 狗耍鸡

动物养殖是壮泰民族重要的农业生产，以上谚语反映了壮泰民族养殖动物的种类、技术或经验，说明壮泰民族在养殖业的相似之处。《管子·牧民》曰："藏于不竭之府，养桑麻，育六畜也"，意指社会繁荣。六畜，

---

① 黄兴球、范宏贵：《老挝佬族与中国壮族文化比较研究》，民族出版社 2010 年版，第 1161 页。

② 同上书，第 52 页。

③ 张光直：《中国沿海地区的农业起源》，《农业考古》1984 年第 2 期。

指的是牛、马、羊、猪、鸡、狗。在《三字经·训诂》中，对"此六畜，人所饲"做了精辟的评述，"牛能耕田，马能负重致远，羊能供备祭器"，"鸡能司晨报晓，犬能守夜防患，猪能宴飨速宾"。壮语谚语 Loegcuk hwngvuengh，daengx ranz gwn rang（六畜兴旺，全家吃香）、Loegcuk vuengh，fouz cainanh（六畜旺，无灾殃）反映了动物养殖对农业民族的重要意义。壮族远祖的家禽饲养起源于新石器时代早期，猪、牛、羊、马是壮族畜牧业的主体，鸡、鸭是壮族养殖的主要家禽，而泰国养殖的牲畜主要有水牛、黄牛、猪和鸡鸭。[①]

在壮族养殖的动物中，猪有其特殊的意义。Ndaw ranz loeg seng mou guh daeuz（家庭六畜猪为首）说明猪在壮家动物养殖中的地位。壮族先民养猪历史悠久，考古发现，猪是我国迄今发现的年代较为久远的一种家禽。根据桂林甑皮岩人遗址考古发现，距今 7500—9000 年的甑皮岩人已经开始人工饲养猪，开创了瓯越故地家畜饲养业的先河[②]。Caet cib ngeih hangz，mbouj beij ciengx mou cuengqlangh（七十二行，不如养猪放养），Ciengx mou baengh raemz，ndaem naz baengh gyaj（养猪靠糠，种田靠秧）等介绍壮族养猪的生产经验。养猪是壮族地区普遍的生产活动，Ndaw riengh mbouj miz mou，ndaw caengx mbouj miz haeux（栏里若没有猪，囤里就没有谷），Cab liengz baenz cang，mou biz rim ranz（杂粮成仓，肥猪满栏）是壮家丰收年景的写照，"宰年猪过大年"是壮族重要的春节习俗之一。猪也是泰族养殖的主要家畜之一，泰语中有不少谚语以猪为隐喻意象，不仅生动形象地反映了猪的本性，而且赋予其丰富的隐喻含义，例如，**ต้อนหมูเข้าเล้า**（赶猪进圈）比喻为了利益而摆布柔弱的人，**ดิน พอก หาง หมู**（泥土裹住猪尾巴）比喻懒惰之人，等等。

（三）农耕技术

壮族先民真正进入犁耕农业阶段大概是从汉代开始的。在岭南地区出土的陶车、陶牛和陶俑等考古材料，是壮族先民牛耕劳作的生动反映。广西出土的陶制耙田模型表明，南朝时壮族先民已经掌握了筑埂保水、漏斗

---

① 张光直：《中国沿海地区的农业起源》，《农业考古》1984 年第 2 期。
② 范宏贵、顾有识：《壮族历史与文化》，广西人民出版社 1997 年版，第 69 页。

排水、犁后加耙、平田播种、碎土深耕等一整套耕作技术。①

1. 耕牛

耕牛是耕种的主要工具。壮语谚语 Baengh fwngz gwn ngaiz，baengh vaiz cae reih（靠手吃饭，靠牛耕田）、Laj riengh miz vaizcae，gwnngaiz mbouj yungh you（栏下有耕牛，吃饭不用愁）等反映了耕牛对稻作民族的重要意义。我国牛耕技术始于春秋战国时期，是人类社会进入一定文明时代的一个标志，它标志着当时生产力的进步，说明农耕社会达到了新的高度。壮泰民族以水稻为生，用牛拉犁耕作有着较为久远的历史。"牛"是壮、泰语谚语中出现最频繁的一种动物，充分说明了耕牛在农业生产中不可或缺的地位。壮族地区一般使用水牛耕作，以下谚语介绍壮族饲养牛的经验和以绳驯牛的耕作技术。

［31］Cawj byaek mbouj noix lauz mou，ndaem naz mbouj noix vaiz hung. 煮菜不少猪油，种田不缺水牛。

［32］Cawx vaiz gaej genj daez fag geuz. 买牛莫选剪刀蹄。

［33］Duzvaiz raeuj youh imq，cae cib bi mbouj laux. 耕牛温又饱，耕十年不老。

［34］Riengh dwg ranz duzvaiz，doeng raeuj hah aeu liengz. 栏是牛的房，冬暖夏要凉。

［35］Gaeb duznou baengh meuz，son vaiz baengh cag ceux. 捉老鼠靠猫，驯牛靠牛绳。

［36］Max mbouj miz loengz mbouj ndaej gwih，vaiz mbouj con ndaeng nanz rag cae. 马无缰绳不能骑，牛不穿鼻难拖犁。

泰语谚语 พ่อตาเลี้ยงควาย แม่ยายเลี้ยงลูก（岳父养牛，岳母养女）说明泰族饲养牛的普遍性，泰人耕田使用黄牛与水牛，谚语 หัวหายตะพายขาด（丢了牛头断了牛鼻绳）介绍泰族牛鼻拴绳的方法，说明壮、泰族有相同的驯牛习惯。泰国高棉人普遍使用牛为蓄力，以下谚语来自与牛相关的历史典故，记录了泰国高棉人与牛为伴，共同生活、共同劳动的经验与情感体验。

［37］จูง วัว ตัว เมีย ไป สบาย วัว ตัว ผู้ 牵母牛去找公牛

---

① 覃圣敏：《壮泰民族传统文化研究》，广西民族出版社 2003 年版，第 1141—1143 页。

——高棉人把母牛牵去找公牛配种，意思是媒人的义务是为新郎新娘牵线。

［38］วัวเขาไม่อวดอวดแต่วัวตัวเอง牛角不夸耀，只夸耀牛自己

——高棉人的生活与牛息息相关，他们在闲聊时常常会夸赞自己的牛，引申义为人们总是认为自己的东西比别人好。

［39］คอกเดียวกันทะเลาะกันเอง住在一个牛棚的牛吵架

——高棉人一般建棚养牛，牛群住在一起经常会互相打架，引申义为人们一起合作共事时会发生争吵，不团结友爱。

［40］โกรธวัวไปตีเกวียน生牛的气而打牛车

——高棉人因牛而生气时常常拍打比较靠近自己的牛车以警示牛，引申义为生某事物的气却迁怒于其他事物。

总之，牛是壮泰民族驯养的主要动物，是农耕社会缺一不可的耕作工具。壮语（南部）和泰语中，“牛”的发音极为相近，“水牛”发音为va:i^{21}和khwaj^{33}，“黄牛”发音为mo^{21}和kho^{33}；ko^{33}，这是壮泰民族传统农耕文化相似性的一个重要证据。

2. 传统农具

壮泰民族使用的农耕劳动工具多种多样。壮族地区常见的传统农具主要有耕地工具——轭、犁、耙、牛绳，灌溉工具和设施——筒车、戽斗与水沟、水渠、水坝等设施，田间管理工具——耘具、秧耙、耙锄、刀等，收割与运输工具——镰刀、打谷桶、箩筐等，加工工具——风车、礁、石磨、臼、簸箕等，储藏工具——高脚囤、谷仓等。泰族传统的工具主要分为收割和耕作工具（牛轭、犁、耙、锄、铲、镰刀等）、灌溉工具（篷、戽斗、水车等）、民间脱粒工具（木臼、木柞、石磨或磨臼）、储藏工具（米桶等）。以下谚语反映了壮泰民族农耕工具的相似性。

［41］Diuz soh guh gaenz、saenj goz guh ek. 直木做锄把，弯木做牛轭。

［42］Raeq naz miz fagcae，doegsaw miz ci bit. 耕田一把犁，读书一支笔。

［43］Gvaq giuz gaej lumz dwngx，gvaq dwngj gaej lumz so. 过桥别忘拐，过田别忘锹。

［44］Fungbeiz ci haeuxgok，dwg fag dwg beb gag faenmingz. 风车吹稻谷，是胀是瘪自分明。

　　[45] Doiq ndi naeng daem ok haeux, ma ndi raeuq rox haeb vunz. 碓不响舂出米，狗不叫但咬人。

　　[46] Miz haeux gyawz lau fouz rum daem. 有米哪怕没臼捣。

　　[47] Aenq haeux haeuj cang, aenq ndang caiz buh. 计谷进仓，量体裁衣。

　　[48] เข้าป่าอย่าลืมพร้า ไปนาอย่าลืมไถ 进林不忘记刀，去田不忘记犁

　　[49] ตีวัวกระทบคราด 打黄牛怨恨耙

　　[50] กวากแอกเข้าไถ 牛脱离了轭又进去耕地

　　[51] เคียวอยู่ในท้อง 镰刀在肚子里面

　　[52] เข็นครกขึ้นภูเขา 推石臼上山

　　[53] มือถือสากปากถือศีล 手拿舂杵，嘴拿品德

　　[54] ปูนอย่าให้ขาดเต้า ข้าวอย่าให้ขาดโอ่ง 石灰不能缺水罐，米不能缺米缸

　　3. 耕作过程

　　壮泰民族的耕作过程从犁田、耙田、灌溉、撒种、育秧、拔秧、插秧、耘田、割稻、打谷、晒谷，直到收藏、加工等程序基本相同，生产工具也基本相同，但是种植的季节和田间管理有所不同。[①] 壮、泰语中，关于稻作过程的基本词汇大多相同，反映了壮泰民族在水稻栽培过程一些环节的相似性，但记录水稻耕作过程的泰语谚语比较少见。

　　（1）施肥。土地的质量影响稻谷的生长与收成，Cien rap bwnh roengz reih, fanh gaen haeux haeuj cang（千担肥下地，万斤粮入仓），Byaek noix gyu fouz feih, reih noix bwnh fouz haeux（菜缺盐没味，地缺肥没米），所有的农民都知道肥料的价值，所有的农作物都喜欢肥料，虽然不同的农作物对于肥料的需求并非一样。Bwnh vaiz rum hoengzva, nungzgya song aen bauj（牛粪红花草，农家两个宝）视农家粪为宝，Dangguen baengh inq, guh hong baengh bwnh（当官靠印，做农靠粪）将农粪比作"官印"，Daeuhbeiz coq naz, haeux genq baenz gijmaz（地皮灰放田，稻谷胀又坚）介绍壮族先民越人采用的"火耕水耨"的施肥方式。

　　（2）犁耙。壮语谚语 Naed haeux gok geij baez cae（一粒谷子几道犁）

说明农田犁耕的必要性。耕地是一门技术，Rauq naz yawj gyaeuj vaiz，cae reih yawj bak cae（耙田看牛头，耕地看犁头），而 Genj gwiz yawj cae naz，genj yah yawj daemjrok（择婿看犁田，择妻看纺纱）将犁田的本领当作壮家择婿的条件。Cae naz gvaq doeng，non noix namh mboeng（犁田过冬，虫少土松）、Cien gvak baenz ngaenz，fanh gvak baenz gim（千锄生银，万锄生金）、Cae ndaej laeg，rauq ndaej nuenz，it vanj namh boengz it vanj haeux（耕得深，耙得烂，一碗泥巴一碗饭）介绍了犁耙的时间、次数与深度。总之，犁田耙地需要深入、细致，不可匆匆忙忙、漫不经心。

（3）灌溉。水是生命之源。为了满足农作物对水分的要求，提高产量，必须人为地进行灌溉，以补天然降雨之不足。壮语谚语 Luegbya miz suijgu，naz lae haeux henj gim（坡岭有水库，梯田出金谷）、Miengraemx langh mbouj coih，naz ndei hix vut ndwi（水利若不修，良田也得丢）等说明蓄水对农业生产的重要意义。我国是世界上兴修水利最早的国家，早在5000 年前大禹时代就有"尽力乎沟洫""陂障九泽、丰殖九薮"等关于农田水利的内容，《诗经》中记载有"泥池北流，浸彼稻田"，意思是引渭河支流泥水灌溉稻田，Miengraemx coih ndei，souhaeuj miz baengh（水利修好，收成有保）说明壮族先民早就认识到兴修水利的作用。到了明代，广西灵渠经过多次维修、疏浚，使两岸的万顷田地得到了灌溉，这是壮族先民大量兴修与利用水利的证据。Lauxyieng gaenx fouzbeij，hai mieng hai rij ciengx reihnaz（老乡总不闲，开渠引水灌良田）、Henz naz hai diuz mieng raemx lae，reih rengx hix miz bet cingz sou（田边开条流水沟，旱地也有八成收）、Coih hamq vat daemz ciengx ndei naz，mbouj aeu rengx daeuj gouz mehmbwn（修坝挖塘养好田，不要旱来求老天）等谚语介绍壮族地区挖塘筑坝蓄水、开沟挖渠漫灌的灌溉方式。

（4）种植。水稻栽培的主要环节是选种、播种、育秧与插秧。壮族视谷种如生命，他们 Hoh miuz lumj hoh mingh，louz ceh lumj louz gim（保苗如保命，留种如留金）、Lwg ndei baengh nangz ndei，ceh ndei ok haeux ndei（好崽靠好娘，好种出好粮）、นาดีถามหาข้าวปลูก ลูกดีถามหาพ่อแม่（田好问稻种，子好问爹娘）、หว่านพืชดีรับผลดี หว่านพืชชั่วรับผลชั่ว（播良种得好果，播恶种得坏果）反映了壮泰民族"善恶因果"观念。Bibi genj ceh，bibi fungsou（年年选种，岁岁丰收）、Haeuxceh naednaed fag，gomiuz gogo cangq（种子粒粒圆，禾苗根根壮）、Cin daeuj mbouj doek faen，hah daengz yienghyiengh hoengq（春来不落种，夏收样样空）、Ndaem naz ndaem ndaej cingq，dangq ei ndingq caengz bwnh（插秧插得正，等于下层粪）等谚语总结了水稻选种、播种、插秧等生产经验。

（5）田间管理。壮语谚语 Cib faen soucingz caet faen guenj（十分收成七分管）说明田间管理对于稻谷丰收至关重要。Cou gvak it go nya，cin noix cib ngoenz nyaengq（秋锄一棵草，春少十日忙）、Dawz baez namh cae laeg，ak gvaq sam faen fwn（深翻一遍土，胜过三分雨）、Gyaj ndai sam baez haeux rimcang，duh gvak sam baez naednaed fag（禾耘三次谷满仓，豆锄三次粒粒黄）等谚语总结了壮族在除草、翻田、耘田等田间管理方面的经验。

（6）收割、晒谷与加工。Caet nyied haeux henj youq ndaw naz，gyagya hohhoh sou ma dak（七月田里一片黄，家家户户收割忙），七月份是稻谷成熟季节，要及时收割，因为 Bet cingz cug，cib cingz sou，cib cingz cug，laeuq song cingz（八成熟，十成收；十成熟，二成丢），而 Ban haet mok baenz benq，mbwn rengx ndei dak haeux（早上一片雾，晴天好晒谷）总结了晒谷的天气特点。壮泰民族稻谷脱粒加工方法相同，主要用磨臼（石磨、泥磨）去掉谷皮或用木杵舂捣。"舂堂舞"便是来自于舂米的灵感，"晨暮时候，妇女们将晒干的稻禾放在长形的大木槽中，用木杵舂去谷壳，称为舂堂。木杵舂击木槽发出有节拍的声响，宛如动听的曲子，被发掘成为了现今的舂堂舞"[①]。"舂堂"壮语称为"打砻"，打砻舞是壮族古老的民间舞蹈艺术，"打砻"原来是一种打斋祈福活动，现在成了壮族喜闻乐见的节庆习俗舞蹈，广为流传于广西平果县、天等县、马山县等地。

（四）农耕习俗

壮泰民族有丰富多彩的传统节日，这些节日承载着两个民族的道德观念、宗教信仰和风俗习惯，蕴含着深刻的文化内涵，经过上千上百年的承袭，深深烙上了民族的印记，形成了独具特色的节日习俗。农耕习俗是传统农耕社会最具民族性的文化现象，通过谚语可以了解壮、泰民族传统节

---

① 范宏贵、顾有识：《壮族历史与文化》，广西人民出版社 1997 年版，第 112 页。

日中的农事习俗。

1. 春耕习俗

［55］Dojdeih lingz mbouj lingz, bibi cungj aeu gingq. 土地灵不灵，年年都得敬。

［56］Gwn le laeuj cinsix, cae rauq mbouj liz fwngz. 吃了春社酒，犁耙不离手。

［57］ข้าว คอย ฝน 禾苗等雨　稻等雨。

［58］กระดี่ ได้ น้ำ丝足鱼得水。

壮族于每年农历二月初二"春社节"举行土地神祭祀仪式，目的是让土地神保佑全村老少、保佑六畜兴旺、保佑农业丰收。仪式在土地庙举行，由主持人念诵歌谣，人们摆上供品，按顺序烧香、祭拜土地神像。"春社节"也叫"开耕节"，为了庆祝开耕顺利，人们饮酒作乐，举行隆重的庆典活动，之后便开始了繁忙的春耕季节。泰族于每年佛历六月举行"春耕节"，这是泰国宫廷大典之一，由国王亲自主持，祭祀天神，保佑风调雨顺、五谷丰登，谚语 หว่านพืชหวังผล（种瓜得瓜，种豆得豆）体现了农民对丰收的渴望。这时候正是泰国干旱季节，禾苗生长需要足够的水分，特别是雨水的浇灌，要举行求雨仪式，当大雨来临，人们欢呼雀跃，就像丝足鱼获得了久逢的甘露。

2. "尝新"习俗

壮族农历六月初六举行"尝新节"。六月稻谷成熟，人们在开镰收割之际品尝新谷，行香祭天，以庆祝五谷丰收。在举行秋粮入仓仪式时非常讲究话语的忌讳，以免遭到神灵惩罚致使入仓的粮食受损。泰国佛历3月举行"尝新节"，这时候稻谷开始成熟，新打的稻米新鲜而味道香甜，人们用来制作成竹筒饭，在礼佛日拿去斋僧，这个节日因而得名"竹筒饭功德"。

［59］Loeg nyied loeg, gwn haeux moq. 六月六，吃新谷。

［60］Haeux duh ndaej daengz cang, vahlangx gaej luenh gangj. 五谷得入仓，闲话莫乱讲。

［61］ข้าว ผอก กระบอก น้ำ竹筒饭功德

3. 祭牛习俗

［62］Seiq nyied raen vaiz baenz duzciengh, caet nyied raen maez baenz yahvuengz. 四月见牯牛如大象，七月看老婆如皇后。

［63］Seiq nyied co bet dienheiq rongh，duzcwz duzvaiz ceiq cingsaenz.
四月初八天气晴，水牛黄牛最精神。

［64］ฆ่าควายเสียดายเกลือ杀牛可惜盐

［65］ฆ่า ความ อย่า เสีย ดาย พริก杀牛不要可惜辣椒

壮族非常敬仰"牛神"，每年农历四月初八举行"牛魂节"（脱轭节、敬牛节），要给牛招魂、脱轭，有些地区将这天当作牛王的生日，以美食供奉牛神。[62]、[63] 描述了"牛魂节"的情景。泰族每年佛历一月"庆丰节"也举行为牛求魂的仪式，但是祭祀活动并不像壮族那样隆重，因为泰人认为牛只是有功德的动物，他们对牛的辛苦耕作仅是怀有愧疚心理。一些壮族地区禁食牛肉，但在泰语谚语中有食用牛肉的记录，[64]记载了古时候泰人杀牛后将吃剩的肉制作干肉，却因节省盐巴而使牛肉腐坏的典故，而 [65] 劝诫人们吃牛肉时不要节省辣椒，不要因小利益而让大利益受损。

综上所述，壮泰民族传统节日蕴含着丰富的农事习俗，其中，很多农事习俗的性质、内容和形式有一定的相似性。

四、结论

壮泰民族在长年累月的农业生产实践中创造了丰富的农业谚语，不仅记录了丰富的农业生产知识和劳动经验，也凝练了两个民族劳动人民的农业智慧，是壮泰民族传统农耕文明研究的重要资料。本研究利用大量的农业谚语来解读壮泰民族传统农耕社会的农业生活、农业结构、农耕技术和农耕习俗，深入分析了四个方面的相似性与差异性。研究结果表明，农业谚语折射了壮泰两个古老农业民族的农耕文明，反映了壮泰民族传统农耕文化的基本面貌，说明壮泰民族传统农耕文化有很多共性，其中最为显著的就是共同的稻作文化特征。

参考文献

1. Mieder，Wolfgang. 2004. *Proverbs：A Handbook* Connecticut：Greemwood Press.

2. 中国民族文学集成编辑委员会、中国民族文学集成广西卷编辑委员会：《中国谚语集成（广西卷）》，中国 ISBN 中心出版 2008 年版。

3. 《泰泰字典》，皇家学会出版社 1999 年版。

4. 杨汉川：《现代汉泰词典》，Ruamsarn 出版社 1977 年版。

5. 范宏贵：《壮侗语诸民族与东南亚相关民族的渊源与迁徙》，《广西民族研究》1993 年第 3 期。

6. 纳鲁密·索素、素拉蓬纳塔平图：《泰族壮族传统文化的关系》，《广西民族研究》2001 年第 2 期。

7. 覃圣敏：《壮泰族群的渊源》，《广西民族学院学报》（哲学社会科学版）2005 年第 2 期。

8. 钱宗范：《壮泰民族传统文化研究的划时代巨著》，《广西民族研究》2004 年第 3 期。

9. 范宏贵：《同根生的民族——壮泰各族渊源与文化》，民族出版社 2007 年版。

10. 范宏贵：《同根异枝的壮泰族群》，广西民族出版社 2013 年版。

11. 梁庭望：《中国壮侗语诸族与泰国泰族文化共性初探》，《中央民族大学学报》1996 年第 4 期。

12. 覃乃昌：《"那"文化圈论》，《广西民族研究》1999 年第 4 期。

13. 覃圣敏：《壮泰文化基本特征的比较》，《广西民族研究》2000 年第 1 期。

14. 韦达：《壮族谚语与人生经验》，《广西社会科学》2003 年第 9 期。

15. 蒙元耀：《壮语熟语》，民族研究出版社 2004 年版。

16. อุดพร อมรธรรม.สำนวนไทย กรุงเทพฯ: แสงดาว,บจก.สนพ , 2013.

17. จำเนียร ทรงฤกษ์. คำภาษิต คำพังเพย สารคดีพจน์ บทคำกลอน[M].กรุงเทพฯ พอนวล แม่พ้ง ทรงฤกษ์ .

18. ศวพร ไพลิน.สุภาษิต คำพังเพย[M].กรุงเทพฯ: ภูมิปัญญา,สนพ , 2008.

19. 覃圣敏：《壮泰民族传统文化研究》，广西民族出版社 2003 年版。

20. 张光直：《中国沿海地区的农业起源》，《农业考古》1984 年第 2 期。

21. 黄兴球：《植物栽培：壮泰族群同源与分化的佐证》，《东南亚纵横》2010 年第 12 期。

22. 黄兴球、范宏贵:《老挝佬族与中国壮族文化比较研究》,民族出版社 2010 年版。

23. 范宏贵、顾有识:《壮族历史与文化》,广西人民出版社 1997年版。

中国壮族与越南岱族、侬族清明节文化习俗探析*

李彩云**

【摘　要】中国壮族与越南岱族、侬族是"同根生"的民族，他们的清明节习俗有着极其相似的文化特色。本论文主要从节日时间、节日活动、祭祀过程等来分析这三个民族的清明节节日习俗，并从尽守"孝道"、道德教化、祈福禳灾、家族团聚等几方面探讨了这三个民族赋予清明节的节日功能，概括了这三个民族的清明节习俗。

【关键词】中国壮族；越南岱族、侬族；清明节；节日习俗；节日功能

一、前言

中国的壮族与越南的岱族、侬族有着深厚的渊源关系，根据范宏贵等学者的研究，这些民族都是起源于古代的百越人，属于"同根生的民族"。而越南的岱族、侬族都是从中国迁移过去，"17世纪以前从中国移居越南的称为岱，17世纪以后移入越南的称为侬"。① 岱族、侬族作为越南的两个民族，有各自的传统文化特色，但是这两个民族相互杂居在一起，在语言、文化、传统习俗方面极其相似，因此"现今岱、侬族的关

＊　本文为2014年国家社科基金西部项目"中国与越南跨境民族节日习俗研究"（14XMZ109）阶段性成果。

＊＊　作者简介：李彩云，（1982—　），女，广西田东人，百色学院外国语学院越南语教师，讲师，硕士，主要研究方向为越南语言文化，中越跨境民族文化研究。

①　范宏贵：《同根生的民族——壮泰各族渊源与文化》，民族出版社2007年版，第141—142页。

系仍很密切，以致岱、侬连用，结合介绍"①。

由于中国壮族与越南岱族、侬族的历史渊源关系，这三个民族绝大多数都聚居在中越边境，尤其是在中国广西与越南谅山、高平等边境省，在文化方面有着很相似的特征。清明节作为这三个民族缅怀祖先的重要节日，在节日文化习俗方面存在很多的相似性，同时也有一些细微的差异性。

二、中国壮族与越南岱族、侬族清明节的节日习俗

深受儒家思想影响的中越两国人民，对祖先怀着崇高的缅怀之情，他们除了在家中设神台供奉祖先外，每年还有专门的日子——清明节上山给祖先扫墓。中国壮族与越南岱族、侬族的清明节文化习俗方面存在极大的相似性。

（一）节日时间

按照中国二十四节气的算法，清明节是第五个节气，时间大致始于每年的 4 月 5 日前后，持续 15 天左右，是中国人民及汉文化圈范围内的人民扫墓祭祖、缅怀先祖的重要节日。然而，壮族人民扫墓祭祖的日子不是按照二十四节气中的清明节来安排，而是把时间定格在每年农历三月初三。在壮族地区相传"三月三"是龙母节，即纪念龙母的节日。后来因受到汉族的影响，壮族人民便把这一天视为清明节，用各种形式来纪念已故的亲人。与壮族的"同根生"兄弟——岱族、侬族从中国迁移到越南后，虽然在文化生活方面受到了京族的很大影响，但仍保留了把"三月三"视为清明节的习俗，这一天也是岱族、侬族家庭团聚、上山扫墓祭祖的重要日子。

（二）节日活动

1. 扫墓祭祖

中国壮族与越南岱族、侬族在"三月三"清明节的一个最重要活动是上山扫墓祭祖。人们感念祖先生前的艰辛，对祭祀活动非常重视。节日

---

① 梁庭望：《中国壮族》，宁夏人民出版社 2012 年版，第 178—179 页。

来临之际，妇女们就开始筹齐各种材料（枫叶、红蓝草、黄姜等），准备做彩色糯米饭。壮族人民一般做五色糯米饭（红、黄、紫、黑、白），而岱族、侬族不一定是五种颜色，但一般也会有红色、黄色、紫色、绿色或蓝色等颜色，他们称为彩色糯米饭或什锦糯米饭。同时还要采购各种扫墓所用的"白色消费品"（类似纸钱、香火等各种烧给祖先的物品）。"三月三"当天，家族成员们集聚一堂，带着各种祭品上山扫墓。

2. 歌圩

除了扫墓祭祖，"三月三"还有另外一项重要活动——歌圩。靖西、龙州等边境县的壮族人民举办大型歌圩活动，热情的壮族人民在歌圩上唱山歌，他们以歌叙情，以歌交友，纪念壮族的歌仙——刘三姐，青年男女还通过对歌向倾慕者传达爱慕之情。近年来，随着中越两国民间交流的不断深入，靖西、龙州等边境县"三月三"举办的歌圩活动吸引了越南众多的岱族、侬族民众前来参与。

（三）祭祀过程

1. 除草、培土

中国壮族与越南岱族、侬族人民在山上扫墓时，都是先给祖先的坟墓除草、培土。后辈们怀着对祖先的崇敬之情，帮祖先把"房子"周围、"房顶"的杂草铲除干净，再往坟墓上培些新土，让坟墓更加美观些。

2. 摆设供品

后辈们把坟墓周边清扫干净后就在墓前设个祭台并摆上各种祭品。在祭祀供品方面，作为稻作民族，稻米是壮族、岱族、侬族的主食，副食中的肉食主要是猪、鸡等家禽，因此三个民族祭祀的供品基本上都是用跟自己日常生活息息相关的物品，但是中国壮族与越南岱族、侬族有些略微的区别。壮族人的供品一般有：整只白斩鸡、整只煎鱼、一块条形猪肉（这三项壮族人民称为"三牲"）、五色糯米饭、豆腐、米酒等，而岱族、侬族则主要是烤猪肉（有钱的人家备一整头烤猪）、整只鸡、彩色糯米饭、艾粑、米酒等。其他民族随着社会的发展而简化扫墓程序，尤其是简化祭祀供品，有些民族仅是在墓前摆上一束鲜花，而壮族、岱族、侬族人民的祭祀供品不会简化反而是日益丰富，但上述基本的供品仍保持不变。

3. 祭祀

摆完供品后，家族成员点上香、蜡烛，在墓前祭台插上香和蜡烛，有些地方还在坟墓四周插满了香，燃放鞭炮招呼祖先来"用餐"，不论是中国壮族还是越南岱族、侬族，人们在山上给自家祖先扫墓上香时，也会给周围认识的坟墓插上一束香，邀请他们过来跟自家的祖先一起"用餐"。上香之后，后辈们行礼祭拜先人，斟酒洒在墓前，夹一些供品撒在坟墓上，并给祖先烧纸钱及各种纸制的物品。随着人民生活水平的提高，人们给祖先烧的各种物品也日益丰富，从以前单纯烧纸钱、纸衣服等简单的纸制品发展到当今烧各种纸制的家用电器、交通工具、通信设备等先进的现代化生活必需品，以供祖先在阴间"使用"。之后壮族人民在墓顶插上一串藩纸，有些地方还在墓前的石碑上贴上三张红纸。而岱族、侬族人民则是在墓顶上挂一串白纸剪成的纸钱，寓意着给过世的亲人送钱让他们在阴间有钱花，并以此说明这个坟墓是有主人的，它并没有被遗弃。

4. 处理供品

不论是中国壮族还是越南岱族、侬族，有些地方的人们在扫墓结束后，就聚拢在祖先墓地旁边把带来的供品一起享用，家族中的成员共同分享祖先赐予的恩泽，更是实现了同祖先更近距离的沟通，让家族后辈有机会与祖先共同进餐，同祖先进行更亲密的沟通。而有些地方的壮族人民因为迷信，认为供奉过祖先的供品不能带回家，认为把供奉过的供品带回家会招鬼进门因而把供品扔在野外或全部撒在祖先坟墓上，分给各位祖先享用。

5. 聚餐晚宴

结束了在墓地的祭扫活动后，家族成员们通常是聚集在家族老大或负责人（有些地方是家族中的几兄弟轮流负责）家里，准备一场家族聚餐晚宴，同时还邀请一些亲戚朋友来吃饭，以此缅怀先人，顺便讨论一些家族大事。在晚宴开始之前，人们还要在家里的神台前摆上各种供品，插上香和蜡烛，祭祀祖先。祭祀完毕后，晚宴正式开始。

三、中国壮族与越南岱族、侬族清明节的节日功能

1. 尽守"孝道"

中越两国人民深受儒家思想的影响，在日常生活中，壮族、岱族、侬族的大部分族人都遵守孝道，以各种实际行动来诠释"孝"的始终如一。父母还健在时，他们赡养老人，父母过世后，他们在家里设神台，逢年过

节都会摆供品祭祀，家中有大事发生也会上香跟祖先汇报。儒家的"慎终追远"精神融入了他们清明节的祭祀活动中，他们强调"祖德""宗功"，利用清明节扫墓向祖先尽孝，汇报一年来家里的大小事情。对于中国壮族与越南岱族、侬族人民来说，即使平时生活再艰苦，工作再繁忙，"三月三"人们都尽可能放下手中的工作，尽其所能地采购各种供品上山扫墓，向祖先"尽孝"。越南侬族人民没有给已过世的父母过忌日的习俗，因此"三月三"清明节是他们尽子女义务的好时机，那些远离家乡的后辈们总会记得"三月三"回家扫墓。

2. 道德教化

"三月三"是家族集体扫墓祭祖的日子，对中国壮族与越南岱族、侬族人民来说也是道德教化的重要日子。这一天在墓地扫墓祭祖时，家族里年长的人们会全身心地祷告和虔诚地祭拜，给后辈们讲述所祭扫的祖先生前的事迹，让后辈们记住祖先创业的艰辛及对家族贡献的功绩，教育孩子们祭祀先祖，要懂得饮水思源，懂得报恩；教育年轻人要懂得尊老、敬老，学习先人的艰苦奋斗；教育孩子们加深理解家族兄弟姐妹之间血脉相连的亲情关系，懂得为家族做贡献；更重要的是，提醒后辈们记住各位祖先坟墓的确切位置，要熟悉缅怀先人的仪式。

3. 祈福禳灾

在各种重要节日中，中国壮族与越南岱族、侬族人民都会祭祖，人们在祭祖时一方面向祖先汇报家中的情况，另一方面向祖先祈福禳灾，祈求祖先保佑来年风调雨顺、庄稼丰收，祈祷家庭成员幸福、平安，大家都抱着美好的祝愿，祈求能够改善终日在田间辛勤劳作的贫困生活。而"三月三"作为这三个民族最重要的扫墓祭祖的日子，人们认为在墓地祭祀离祖先很近，更容易跟祖先沟通，更容易表达和寄托自己的思念之情及祈求的心愿。在墓地人们表达了对祖先的缅怀之情，向祖先汇报完情况后更便于向祖先"传递心声"，祈求祖先保佑家族成员生活幸福、平安，保佑子孙们事业顺利、学业有成，祈求祖先保佑六畜兴旺，五谷丰登。总之，人们希望祖先能够保佑自己在来年一切顺利，远离各种灾难。

4. 家族团聚

中国壮族人对"三月三"这个祭祖节日尤其重视，壮族人民一般都是按照家族大小几户家庭，甚至是十几户家庭一起组织上山扫墓。广西壮族自治区政府自 2014 年起规定每年"三月三"放假两天，让在城市中工作的壮族同胞返回家乡扫墓祭祖。有了假期，在外工作的子孙们能够返乡，很多壮族家庭扫墓的队伍更加庞大。在越南，虽然政府没有规定假日，但是岱族、侬族人民也会安排好工作，尽可能返乡祭祖。很多时候，其他节日有些人因为工作原因不能回家过节，而"三月三"大家都会争取回家"尽孝"，兄弟姐妹们在扫墓之余能够深入了解各自一年来的工作、生活情况，互吐衷肠，可以说"三月三"清明节是一个家族成员团聚一堂、联络感情的好时机。

四、结语

每年农历"三月三"是中国壮族与越南岱族、侬族的清明节，人们从各地回故乡扫墓已成为一种习俗。由于中国壮族与越南岱族、侬族"同根生"的渊源关系，这三个民族的清明节祭扫习俗不论是节日时间、节日活动及祭祀过程等文化习俗极其相似，人们还赋予了"三月三"尽守"孝道"、道德教化、祈福禳灾、家族团聚等几个节日功能，让清明节的意义从单一的扫墓祭祖变得更加丰富多彩。

当今社会因信息技术的普及，年轻人接受了很多的外来文化，对一些传统文化不太重视。我们希望青年朋友，尤其是中国壮族与越南岱族、侬族的青年朋友能够继承"三月三"扫墓祭祖的好传统，时刻不忘祖先的功绩，感念家族对自己的养育之恩，传承这些美好传统，继续发扬各自民族的特色文化。

参考文献

1. 范宏贵：《同根生的民族——壮泰各族渊源与文化》，民族出版社2007年版。

2. 梁庭望：《中国壮族》，宁夏人民出版社2012年版。

3. Vuong Toan. Mot hien tuong xuyen van hoa：Thanh Minh o Trung Quoc va bien the cua no o Viet Nam ［J］. Nghien cuu Trung Quoc, 2012（4）：70 – 75.

4. La Van Lo, Ha Van Thu. Van hoa Tay Nung ［M］. Ha Noi：Nha xuat ban Van hoa, 1984：39 – 40.

第四篇　语言篇

侗台语言的系属和有关民族的源流

梁　敏*　张均如

【摘　要】侗台语族包括壮泰、侗水、黎和仡央四个语支，共约二三十种语言。它们分布在东起中国广东、广西、海南等省（区），西至印度阿萨姆邦，北到四川的金沙江，南抵泰国南部的一大片互相毗连的地区。总人口约有五六千万之多。这些语言的语音结构相似，语法体系大致相同，同源词较多。无疑，它们有着亲密的同源关系。语言、人文、历史等事实证明侗台民族的先民过去曾在广西和云南东南部、贵州南部、广东西部一带长期居住，滋生繁息，后来因为战乱和寻找到更适合居住的区域而迁徙到海南岛、越南北部、泰国、老挝和印度阿萨姆邦等地。

【关键词】侗台语；起源；系属

一、前言

在亚洲东南部和中南半岛（也称印支半岛）一带，具体地说，就是东起我国广东省的西南部和海南岛，西达缅甸的掸邦和印度的阿萨姆邦，北至四川省和云南省边境的金沙江，南抵泰国南部、马来半岛中部，广袤数千公里的地区中，分布着30多种彼此差别不大的语言。

首先注意到这些语言互相接近和有关民族的亲缘关系的是欧美的一些学者和传教士。例如19世纪英国人柯奎翁从我国的广东省出发直到缅甸德曼德勒进行考察，并将沿途的见闻写成《在掸族中》一书，说他所经过的地方都居住着泰族。美国的威克·杜德牧师在1823年的著作《泰

---

* 作者简介：梁敏、张均如，中国社会科学院民族学与人类学研究所，研究员。

族》（TheTaiRace）中拿广西邕宁县一个村庄的壮语跟标准泰语作比较，在250个词中，有196个词是相同的，达78.4%，而把不同的54个词跟云南省文山一带的壮语比较，又有三分之二是相同的。这比我们用壮语北部方言武鸣话跟标准泰语比较的结果——同源词占64.74%还要高出不少，因为邕宁和文山等地的壮话均属壮语南部方言，与泰语相同的词汇更多一些。

我国语言学家李方桂先生在20世纪三四十年代广泛地调查了壮、傣、侗、水及国外的泰语和白泰、黑泰等语言之后，正式给这些语言命名为"侗台语族"。当时，他没有把黎语归入"侗台语族"。1954年，罗常培、傅懋勣先生这个语族下面又分为壮傣、侗水和黎三个语支。[①]

二、侗台语言的分类和有关民族的分布、自称及其人口

全国少数民族语言工作者经过近50年的调查、研究之后，已经基本摸清国内、外侗台语言的情况，对它们的分类也日趋完善，现将分类情况列于后：

台语支：包括国内的壮语、布依语、傣语、临高语和国外的泰语、老挝语、掸语、石家语、土语、侬语、岱语、黑泰语、白泰语、坎梯语和已趋于消亡的阿含语等。

侗水语支：包括侗语、松佬语、水语、毛南语、莫语、佯僙语、拉珈语、标语等。

黎语支：包括黎语、村语。

仡央语支：包括仡佬语、拉基语、普标语、布央语和越南北部的拉哈语等。

人们对这四个语支和各语言认识的深度并不一致。学者们首先注意和研究最深的是台语支，其次是侗水语支和黎语支。仡央语支是20世纪90年代才识别、建立起来的。这几个语支间的关系也不一样。台语支和侗水语支之间的关系最密切，它们的同源词比较多，同源词之间声母、韵母、声调的对应关系相当有规律，可以构拟出它们的共同原始母语的声、韵、

---

① 罗常培、傅懋勣：《国内少数民族语言文学的概况》，《中国语文》1954年第3期。

调系统来。而黎语支和仡央语支之间以及他们与侗台语言之间同源词较少，语音对应规律不太明显。

各族自称、分布及其人口（以 1982 年我国人口普查结果为依据，没有民族成分的根据当地政府或本民族人士提供的情况推算）：

壮族在各地有许多不同的自称，广西北部地区的壮族人多自称 Pou^4 ɕueŋ^6（或 Pou^{4}tsu：ŋ^6）"布壮"，西北部自称 pu^{4}jai^3（或 pu^{4}ʔjui^4、pu^{4}ʔi^4）"布依"、pu^{4}ma：n^2"布蛮"、pu^{4}rau^2"布饶"（"自己人"之意）、中部和南部自称 pau^{4}to^3（或 pou^{4}tho、kən^{2}tho^3）"土人"、广西西部和云南东部自称 phu^{3}noŋ^2"布侬"（德靖土语、砚广土语）、phu^{3}dai^2"土佬"（文马土语）等（壮族的自称多达二三十种，具体名称及分布情况详见梁敏《论西瓯、骆越的地理位置及壮族的形成》一文）。pu^4、pou^4、phu^3 是指人量词"个"，引申为"族、人"。新中国成立后，经协商统称"壮族"。壮族总人口为 1337 万人，在广西聚居的达 1232 万人，在云南省文山壮族苗族自治州的约有 77 万人。

布依族自称 pu^{4}jai^3（或 pu^{4}ʔjui^4、pu^{4}ʔi^4）"布依"、pu^{4}rau^2"布饶"、pu^{4}ma：n^2"布蛮"等（与广西西北部的壮族自称相同），过去史志上多称"仲家"，新中国成立后改称"布依"。总人口为 212 万人，其中聚居在黔西南布依族自治州的约有 72 万人，在黔南布依族苗族自治州的约有 91 万人。

傣族自称 phu^{3}tai^2，各支系还有 tai^{2}nə^2（或 tai^{2}na^1、tai^{2}lə^1）"傣那"、tai^{2}taɯ^3"傣德"、tai^{2}lɯ^4"傣泐"、tai^{2}la^2"傣拉"、tai^{2}tsuŋ^6"傣仲"、tai^{2}jun^2"傣爱"等自称。傣族总人口为 83 万人，其中聚居在西双版纳傣族自治州的约有 22 万人，在德宏傣族景颇族自治州的有 23 万人，其余散居在云南省的 40 多个县内。

临高人没有自称，各地多按居住区域称为"临高人""琼山人""澄迈人"。在琼山县秀英乡、长流乡一带也有自称为 ʔaŋ^{3}be^3"村人"的（ʔaŋ^{3}或读 ʔoŋ^{3}是表示"人"的词头，be^{3}是"村子"的意思，与临高话的 vɔ^{3}是同一个词），这就是萨维那所用 Ong—Be"翁贝"一词的由来。临高人估计有 60 多万人，主要居住在海南岛北部的临高县、琼山县、澄迈县和儋县，其中在临高县的就有 30 多万人。

侗族自称 kam^1（或 kjam^1、təm^1），各地基本一致。侗族总人口为 140 多万人，主要聚居在贵州、湖南和广西三省（区）交界的十多个县内，其中，贵州约有 85 万人，湖南约有 32 万人，广西约有 23 万人。

仫佬族自称 mu^6lam^1，mu^6 是仫佬语"人"的量词。在罗城下里一带也有自称 $kjam^1$ 的，和侗族的自称相同。Lam^1 和 $kjam^1$ 可能同源。仫佬族总人口为 9 万多人，主要聚居在广西罗城仫佬族自治县，但日常仍使用仫佬语的只有四万人左右。

水族自称 $ʔai^3sui^3$，各地一致，$ʔai^3$ 是"人"的量词。水族总人口约 28 万人，其中聚居在贵州省三都水族自治县的有 14 万多人，在荔波县、都匀县和榕江县各有 2 万多人，在广西也有数千人。

毛南族自称 $ʔai^3na{:}n^6$ 或 $ma{:}u^4na{:}n^6$，$ʔai^1$ 是"人"的量词，$ma{:}u^4na{:}n^6$ 过去也又叫毛难，是从"茆滩"或"茅滩"的地名转变而来的。毛南族总人口约 38000 人，主要聚居在广西环江毛南族自治县的上南、中南和下南乡一带。

佯黄人自称 $ʔai^1ra{:}u^2$，意为"咱们的人"或 $ʔai^1thən^2$"六铜人"。$ʔai^1$ 是"人"的量词，$thən^2$ 是地名，即"六嗣"。佯黄的人口估计约有 2 万人。主要分布在贵州平塘县和惠水县。

莫人多姓莫，故自称 $ʔai^3ma{:}k^8$，汉称"莫家"。李方桂先生曾经写过一本《莫话记略》加以介绍（当时李先生没有提到锦话）。目前人口估计为 16000 多人，分布在贵州省荔波县的阳凤、甲良、播尧等乡、镇。锦人自称 $ʔai^1tam^6$，其人多姓吴，也称"吴家"。人口约 3000 人，集中居住在贵州省荔波县播尧乡的太阳、者村、豆村等十几个村庄。过去有人认为莫话和锦话是相近的两个语言。后经我们研究所的杨通银同志调查、研究，认为莫人和锦人的生活习惯完全相同，莫话和锦话的差异并不大，它们应该是同一种语言的两个方言。本文据此给予更正，统称莫语，人口共计 2 万人左右。

拉珈人 自称 lak^8ca^3 意为"住在山上的人"，民族成分是瑶族的一支，约有一万多人，主要聚居在广西金秀瑶族自治县县城和六段、长峒等地。拉珈人与其他瑶族同胞的生活习惯不同，他们多住在山冲、田坝周围，以种植水稻为生。他们的历史传说与盘瑶也不相同，他们没有过山榜、盘王碟和盘瓠的故事。其语言应该是侗台语族侗水语支的一个独立语言。

标人称自己讲的话为"标话"（$ka{:}ŋ^1peu^5$ 或 $ka{:}ŋ^1pa{:}u^5$"讲标话"），因以为名。估计约有六七万人，主要聚居在广东省怀集县的诗洞、桥头、大岗、闸岗、梁村和封开县的金装、七星等地。

黎族自称 lai¹（各地有 tlai¹、tɕai¹、dai¹、thai⁴等不同读音），不同支系的人还有 ha³ "俘"、gei⁴ "杞"、moi¹ fau¹ "美孚"、hj ɯːn¹ "本地"等自称。黎族总人口约 81 万人，主要聚居在海南省中、南部五指山区的几个县内。

仡佬族因方言不同而有不同的自称，如 klau⁵⁵、qau⁵⁵、ʔa⁵⁵ ɣɣʊ⁵⁵、ha⁵⁵kei⁴²、to ³¹ʔlo³³等，这些自称可能有同源关系。据 1978 年的人口统计，仡佬族约 26000 人，1982 年统计约有 50000 人，在 1990 年的统计中，人口猛增至 432997 人，原因是原来报作汉族的仡佬人，纷纷要求恢复民族成分的结果。据史志记载，仡佬族曾经是一个分布范围相当广阔、人口兴旺的一个古民族。后因被汉族同化，人口锐减，现在民族意识增强而要求恢复民族成分的做法是可以理解的，但目前能说仡佬语的，不超过 1 万人。在贵州省麻江、凯里、黄平、福泉、都匀等县（市）自称 qa²⁴o⁵³ "嘎窝"或 a³³yo ³³"阿窝"的"木佬人"（据 90 年代的统计，约有 30000人）和在四川省南部古蔺县和贵州毕节县一带山中自称 gau¹³的"羿人"约有 3000 人，它们的自称和语言跟仡佬族基本相同，可能是仡佬的支系。但他们的语言已濒临消亡，现在连个发音人也不易找到（见薄文泽的《木老语研究》）。

拉基人分布在我国云南省马关县南劳乡、仁和乡、夹寒菁乡、小坝子乡和金厂镇的部分村庄以及与之毗邻的越南北部的曼蓬、曼邦、曼优和曼美等边境地区。总人口为 9000 人左右，其中居住在越南境内的 7000 多人大都使用拉基语，而在国内的 1500 多人中，只有金厂镇的花拉基（约有 250 人）仍部分地使用拉基语，其他支系的人均已改用汉语。拉基人是周围汉、壮等民族对他们的称呼，"拉基"一词可能来自拉基语 la³³ ki²⁴ "我"的读音。实际上他们的自称是 li¹³ pu³³ lio³³，下面还分七个不同的支系，即 li³³ pu³³ tiõ³³ "黑拉基"、li¹³ pu³³ põ⁵⁵ "白拉基" li¹³ pu³³ ke⁵⁵ "红拉基"、li¹³ pu³³ ŋ³³tɕo⁵⁵花拉基、li¹³ pu³³te³⁵ "口袋拉基"（其人外出时，常带着一个口袋）、li¹³ pu³³ pi⁵⁵ "长毛拉基"（留长头发）、li¹³ pu³³ tɕio³³ "汉拉基"（可能因为他们汉化的程度较深）。

普标人自称 qa⁰biau³³。周围的汉、壮等人民则称之为"普标人"，（phu³，"普"是傣语和当地壮语的人称代词"个"）。普标人分布在我国云南省麻栗坡县铁厂镇的一些村庄和越南北部边界的钝士、普高、普腊、普棒、马弄等村庄中，共 457 人。其中在国内的 307 人，70% 以上都不会说本民族语言了，在越南的约 150 人，大部分仍说普标语。

布央人分布云南省广南县底圩、八宝及富宁县谷拉乡俄村一带以及广西壮族自治区那坡县龙合乡和坡荷乡的部分村庄，总人口约 3000 多人。广南底墟一带的布央人自称 pa^{33}ha^{33} "巴哈"，但用汉语则说是 "布央"，他们居住的村子也叫 "央连"。富宁俄村一带的布央人自称、他称都叫 "布央"。广西壮族自治区那坡县的布央人自称 jɛ^{35}joŋ^{12} "耶容"，因为他们头帕的图案与瑶人相似，50 年代在确定民族成分时，被误会而定为 "土瑶"[1]，李锦芳则称之为 ia^{33}lɔŋ^{53} "亚郎"[2][3]。

拉哈人分布在越南民主共和国北部的老街省和山萝省，在老街省的自称 la^{31}ha^{33}ʔoŋ^{31}，即 "水哈拉"，在山萝省的自称 laha phlao，即 "汉拉哈"，共 1394 人（1991 年的统计）。

台语支国外部分的人口没有确切的统计数字，据澳大利亚出版的《世界语言分布地图集》中《东南亚大陆（南部）》一书的作者布莱德雷（Braidey）的说明估计，说台语西南支的总人口为 5187 万多人，其中说泰语的为 1900 万人，说老挝语的为 2050 万人，说掸语的为 225 万人，说黑泰、白泰等语言的共约 125 万人。

三、侗台语言的系属和有关民族的源流

侗台语族各语支、语言分布的地域往往相距上千公里或数百公里之遥，但为什么这些语言的音韵系统和语法、词汇却那么相近和相似呢？使用这些语言的民族、人群的文化和风俗习惯又是那么接近呢？例如我们用曼谷泰语与武鸣壮语相比，在 200 个基本词汇中，相同的占 64.74%。如果拿泰语跟龙州壮语相比，同源的就会超过 70% 以上。他们之间有没有诞生和繁衍的比较集中的共同地域？后来又如何迁徙，逐渐形成目前这种分布格局的呢？近一两个世纪以来，中外学者进行过不少研究和探索，但结论并不一致。对这些民族的起源、迁徙、分布等问题有南来说、北来说和本地土著等几种看法。

---

[1] 毛宗武：《广西那坡容屯土瑶语及其系属》，《广西民族研究》1990 年第 3 期。

[2] 李锦芳：《布央语研究》，中央民族大学出版社 1996 年版。

[3] 李锦芳、周国炎：《仡央语探索》，中央民族大学出版社 1999 年版。

持北来说的如拉古伯里、戴维斯、吴迪和杜德等人的"阿尔泰—川陕—云南—中南半岛"的说法。我国学者吕思勉在他的《中国民族·粤族》中也说："此族之始似居中央亚细亚高原，后乃南下，散居于亚洲沿海之地。"法人鄂卢梭在《安南民族志起源》一文中说："公元前33年，楚国灭了越国，越国诸部从此离散，各自东西，其中有沿海南迁至广西及东京平原一带者。"徐松石先生的《粤江流域人民史》和《泰族壮族粤族考》也说壮族人、泰人均源于古苍梧族，后来才逐渐南迁到广西、泰国等地。持南来说的如〔泰〕萨颂·素旺那颂汶，他在20世纪60年代暹罗协会上提出了这一看法。他根据泰人和印尼人的血型极其相像而断定泰族起源于印尼各岛和马来西亚，以后逐渐迁入昭披耶河流域，有的又北上、到中国云南省①。持土著说的如英国人柯奎翁，他在从我国广东省到缅甸曼德勒考察之后所写的《在掸族中》一书，认为泰族起源于中国南部广东、广西、云南等省及东南亚北部和印度的阿萨姆邦这一大片地区②。泰国西里叻医学院解剖系医生、考古学家素·仙威迁通过对在北碧府大小桂河两岸挖出的37具新石器时代的人类遗骸和现代泰人遗骸的研究对比，认为两者"完全是一致的"，因而认为"现在泰国的土地也就是史前泰人祖先生息的地方"，〔泰〕素察·蒲媚波里伩《探索泰族的历史》、〔泰〕素集·翁帖《泰人不是从哪里来的》等文章也都持现代的泰人就是当地原生土著的主张③。

我们俩从20世纪50年代参加壮侗诸语言的调查、研究时起，就很关心这个问题，并积极收集有关语言、历史、人文等资料，进行对比研究，略有心得，先后写了一些文章。如《侗泰诸族的源流》《临高人—百粤子孙的一支》《从饮食文化看壮侗诸族的亲缘关系》《黄道婆究竟向谁学艺?》《仡央语群的系属问题》《侗台语族概沦》《论西瓯、骆越的地理位置及壮族的形成》《原始侗台语构拟中的一些基本观点》《从汉台语言的数词是否同源说起》等来探讨这些问题。我们主张侗泰诸族的绝大部分都源于西瓯、骆越，并曾比较集中地、长期地在广西和云南东部、广东西部、贵州南部等地居住，繁息子孙。直到几千年以前才逐渐分离，分散到

---

① 简佑嘉：《关于泰人起源的几种观点》，《东南亚》1984年第4期。

② A. R. Colquhoun, Amoungst the Shans, London, 1885. 其观点见本文"前言"。

③ 简佑嘉：《关于泰人起源的几种观点》，《东南亚》1984年第4期。

各族目前居住地点的。因有关的论述很多，也太分散。所以本文把它们归纳起来加以阐述，以便读者阅读参考。

　　前面所列本语族各语支、语言的分类表是比较概括的，对这些语支、语言分离的层次没有清晰地表现出来。语言学界在论及某些有发生学关系的语言时，通常用语言谱系树来表示这些语言间关系的亲疏及其分化的层次。现结合前人和我们自己研究的成果，依据各语言关系的亲疏，把侗台语族各语支、语言用谱系树的方法图示如下（图1）：

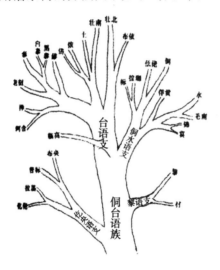

图1　侗台语族谱系树

　　语言谱系树分类法具有直观、形象的优点，使人一眼就可以看清楚某些语言间的亲疏及其发展的情况。它的主要缺点是把语言的发生、进化、发展的途径过分简单化，使人们觉得所有有亲属关系的语言都是从一个统一的母语逐渐分化出来的，甚至会简单到认为这些语言都是从一种基本相同的部落语言或者是从一对夫妇那里分化下来的，正如一棵大树是从一粒种子的胚芽长出来的一样，这棵树上每个枝条的叶子、花蕾都具有相同的遗传基因，变异是很有限的。与之相适应的人类发生学是把所有人种都说成是一百几十万年前非洲某地一个女人所生的后代。我们认为人类本身和人类的文明都是多源的。就拿中国人的人种、文化来说也是多源的。从考古学的成果来看，黄河流域固然是中国文明的发祥地，但除黄河流域以外，长江流域、东南沿海、西南地区和北方地区也有许多新石器时代的文化遗址。这些地方出土的文化与黄河流域的中原文化虽有一定的联系和共同特性，但更多的是他们自身的特点，正如我国著名的考古学家苏秉琦先生说的那样："中国文明的起源，不似一支蜡而像满天星斗，虽然各地、各民族跨入文明门槛的步伐有先有后、同步或不同步，但都以自己特有的文明组成，丰富了中华文明，都是中华文明的缔造者。"[1] 河姆渡文化、良渚文化、马家滨文化等都发现于百越民族分布的地区，这些文化有联系，也有区别，可见它们反映的是不同人群的文化。百越的语言，甚至同是源出西瓯、骆越的壮侗诸族的语言原先就不是完全一致的，相同的部分是主要的，但也有不同的部分。在历史发展的长河中，它们互相影响，部分地同化、融合，但仍各自保留着一些原先就不相同的成分，甚至有些原来彼此相同的成分，由于受到其他语言（具体地说如汉语）影响的程度不同或由于自身发展规律的某些差异而产生了分歧，形成了或亲或疏的不同关系，亲者就成为一种语言或一种语言内的不同方言，较疏的就成为同一语支的不同语言，再疏一些又成为同一语族内的不同语支。我们认为，百越文化从一产生就是多源的，语言的产生也应该是多源的，所以语言谱系树的发展观点不符合侗台诸语言的实际情况。我们认为"多源的、平缓散漫河流式的发展模式"也许更符合我国南方尤其是侗泰诸民族语言的实际情况。具体说就是这些语言具有很多源头，但这些源头都发源于一片毗连的区域，相同的人种、相似的气候和自然环境使它们具有不少共同的特点，但也有某些各自的特点，在发展过程中彼此不断地交叉、接触，程度不同地、部分地汇合，有些交融的程度深一些，有些相对地保留自己的特点多一些。然后又分成许多支派（语支、语言）继续往前流淌，在前进的过程中还可能跟其他地方流来的河渠（其他语系、语族的语言）交叉、汇合。总之，在语言发展的历史长河中，同语族诸语言的发展变化是复杂的。有些变化会留下某些痕迹，细心考察是能够辨认的，有些却很难确认，我们进行比较研究，要探索、构拟某个历史阶段的母语，大概也只能解决大量语词中原先相同的一部分语词的问题，对原先并不相同的语词和其他语言特点，是无能为力的。

---

[1] 苏秉琦：《中国文明起源新探》，三联书店 1999 年版。

四、侗泰诸族的摇篮

前面说过中外学者对侗泰诸族的来源有几种截然相反的看法，有北来说、南来说和土著说。我们是主张土著说的，但我们和美国学者柯奎翁及泰国学者素·仙威迁、素察·蒲媚波里仂、素集·翁帖等人的意见并不一样，我们认为侗泰诸族主要是源于西瓯、骆越这两支文化和语言互相接近、在地域分布上稍有不同但又往往交错、重叠的种族集团。西瓯在广西中部、北部和贵州南部一带，骆越在广东西部、广西南部、云南东部和越南北部的一些地区。这片互相毗连的地区位于云贵高原东南方，南面滨海，西北高而东南低，属丘陵地带。河谷纵横，气候温湿多雨、夏季炎热、冬无严寒，宜于稻作，并有鱼盐之利，从远古时候就有人类在这里生息活动。

《侗台语族语言分布示意图》描绘的是侗泰诸族目前分布的状况，他们分布在东起我国海南岛，西达缅甸的掸邦和印度的阿萨姆邦，北至四川省和云南省边境的金沙江畔，南抵马来半岛的中部，广袤数千公里。这种分布格局是历来如此的吗？如果是的话，这些民族之间为什么会有许多共同的文化和生活习惯，如水稻种植、住干栏房、文身等。他们语言中的音韵结构、基本词汇和主要的语法现象又为何会那么相同、相似呢？我们认为侗泰诸族的先民原先都发源于广东西部、广西、贵州南部和云南东部这一片互相毗连的地区，并长期在那里滋生繁息，只是在几千年前，他们中的一部分人才逐渐迁徙，分散到海南岛、中南半岛（即印支半岛）、我国云南和缅甸掸邦、印度的阿萨姆邦等地。正因为他们彼此分离的时间有早有晚，所以他们语言中所出现的相同的语词和特点大都是他们分离前就已经产生和存在的成分。下面分别介绍有关民族在不同时期分布、迁徙的情况和当时社会、语言发展的特点。

（一）有关考古方面的证据

1. 1958 年在广东曲江县马坝乡狮子山发现旧石器时代中期的人类化石，属早期智人。同年在广西柳江县通天岩发现旧石器时代晚期的人类化石，属晚期智人。[①]

---

① 见《中国大百科全书》（考古卷）。

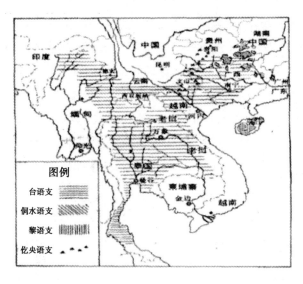

图2 侗台语族语言分布示意

2. 在广西各地发现的中晚期石器时代遗址颇多，如来宾的龙洞岩、麒麟山盖头岩、柳州多思岩、柳江陈家岩、崇左绿青山矮洞等洞穴遗址，在其中来宾的盖头岩还发现了"麒麟山人"的头骨化石。在东兴、南宁、桂林三个地区新石器时代遗址的遗存很丰富。其中，在南宁地区的邕宁、横县等地发现大量新石器时代的贝丘遗址。出土的除螺蚌、贝壳和大量兽骨、鱼骨外，还有罐、钵、釜等灰褐色、红褐色的夹砂粗陶和石斧、石锛、矛、杵、石砧、网坠等石器或骨器。在一些遗址中还发现了以屈肢蹲葬为特点的葬制。1965年在桂林市郊发现60余处洞穴遗址。1973年对独山甑皮岩进行试挖，除罐、釜、钵、瓮和三足器等陶器及斧、锛、杵、砧等石器和骨器外，同样也发现许多屈肢葬和二次葬的遗骸。经碳14测定甑皮岩遗存的年代约为前9360±180年至前4000±90年（前者的检测物是贝壳，后者的检测物是木炭，结果不太一致）①。约五万年前的贝丘遗址和约一万年前桂林甑皮岩发现的屈肢蹲葬和二次葬的葬制与广西目前仍然盛行的捡骨葬的葬制很相似，它们之间有着明显的传承关系。② 在广东南海县西樵山广泛发现典型的双肩石斧、椭圆形和梯形石斧、扁平石锛、双肩长石锛、有段石锛、铲、长身矛、三角形镞、刮削器、敲砸器、穿孔

---

① 中国社会科学院考古研究所：《新中国的考古发现和研究》，文物出版社1984年版。

② 梁敏：《捡骨葬——壮族的主要葬制》，《民族研究》1982年第6期。

石饰及陶器等，经碳 14 测定年代为公元前 4170 ± 140 年至公元前 3710 ±
125 年，曲江县石峡文化遗址除发现丰富的石器、陶器外，还发现了栽培
稻的实物，年代为公元前 3000—前 2000 年，在肇庆附近发现的新石器时
代遗址除大量石器、陶器外，还发现了干栏房的木桩遗迹。广泛存在的丰
富的石器时代文化遗存充分证明这一地区早就有人类存在了，而且从人种
的相似和葬制、干栏住房的传承关系来看，侗泰诸族的先民和新旧石器时
代在这一带生息活动的人们是一脉相承的。所以说侗泰诸族的先民是广东
西部、广西、贵州南部和云南东部这片地区的原生土著。当然，这并不排
除他们中也有一些外来的成分。

（二）黎族先民的迁徙

在新石器时代晚期，大概距今五千年的时候，侗泰诸族的先民已经初
步形成壮泰、侗水和黎三个不同的民族集团。壮泰诸族的先民聚居于这片
地区的西部、北部和中部，侗水诸族的先民聚居于这片地区的东南部，而
黎族的先民聚居于雷州半岛一带，正好处在壮泰和侗水两个民族集团之间
偏南的滨海地区。在距今四五千年前的时候，黎族的先民才越过琼州海峡
迁徙到海南岛的北部地区。（《黎族先民迁徙路线图》见图 3）

有关考古、文化和语言方面的证据：

1. 在海南岛发现的石器、陶器与广东大陆，特别是广东南部湛江地
区发现的很相似，有肩、有段式的石器和夹砂粗陶比较普遍。[①]

2. 从地名用字上考察，侾黎支喜欢用抱某、报某、保某、宝某、打
某等地名，杞黎支多用番某、什某等地名。其中"抱、报、保、宝"都
是侾黎语"村子"（bou^3）的对译，如抱由村、抱显村、宝芳村等；"番"
也是杞黎话"村子（fa:n^1）的对译，如番茅、番道等，"打"和"什"
都是"田"（ta^2）的对译（海南汉话"什"念 ta），如打空、什运等。在
海峡北面这类地名目前仍保留不少，史志上记载得就更多。例如，广东南
部徐闻县的抱金营、保绿村，海康县的保六仔、包金，湛江的抱睦、抱
寮，高州的保黎，电白的保田，信宜的保城，化州的包山等。以蕃、番命
名的，如湛江的蕃昌，电白的番交麻，化州的番昌，信宜的番稿坑、番房

---

① 广东博物馆：《广东海南岛原始文化遗址》，《考古学报》1960 年第 2 期。

洞，博白的番壁，廉江的番水车，徐闻的番拔园，灵山的番木麓村等。黎族从雷州半岛等地迁往海南岛后可能在岛北的文昌、琼山、临高等地居住过一段较长的时间，所以这些地方还保留了许多黎族地名①。在临高人和汉人迁来之后，黎族才逐步进入并定居于五指山地区。

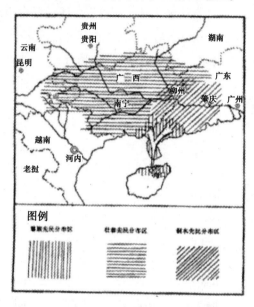

图3　黎族先民迁徙路线

3. 黎族的先民在 4000 多年前还处在原始社会的时候就从大陆迁往海南岛，由于社会形态和生产还处在比较落后的阶段，因此在语言中，除日、月、水、人、猪、狗、鸡、鸭、蚊子等最古老的语词与同语族诸语言相同较多外，亲属称谓和农业、手工业等有关的语词还没有产生或者还没有大量产生，所以黎语这些语词大都与本语族其他语言不同，彼此的同源词只有百分之二三十。当时侗台语族的母语还没有声调，量词也还没有产生，声调和量词是在黎族迁离大陆之后，黎语和壮、侗诸语言分别发展起来的。所以目前黎语的声调跟壮、侗诸语言只有 A 调类相对应的较多（A调相当于汉语的平声，本语族诸语言 A 调类的字都是最多的），其他各调就没有明显的对应关系。黎语的量词跟本语族其他语言相同的也很少，只

---

①　宋长栋：《海南岛地名与民族迁移关涉考》，《贵州民族研究》1985 年第 1 期。

有"天（日）""捧""圈"等兼类量同相同①。语言发展的情况与社会发展的情况及考古学方面的发现是大致相符合的。

4. 在黎族迁往海南岛的时候，侗泰先民的语言并不是浑然一体、毫无差别的，各语支之间已存在一些分歧，黎族先民正好处在壮泰和侗水先民之间。和壮泰先民、侗水先民都有接触来往，所以有些语词跟台语支相同而跟侗水语支不同，也有一些刚好相反，与侗水语相同而与台语支不同。例如：

	壮语	傣语	黎语	侗语	水语
舌头	lin^4	lin^4	li:n^3	ma^2	ma^2
星星	da:u^1	da:u^1	ra:u^1	çət^7	zət^7
草木灰	tau^6	tau^6	tsɯ^2 tau^3	phuk^9	vuk^7
糠	ɣam^2	ham^2	gom^4	pa^6	fa^6
多	la:i^1	la:i^1	la:i^1	kuŋ^2	kuŋ^2
抬	ɣa:m^1	ha:m^1	tsha:m^1	ȶuŋ^1	tjuŋ^1
跨	ha:m^3	xa:m^3	hja:m^2	ja:p^9	ta:p^8
红	diŋ^1	dɛŋ^1	de:ŋ^3	ga:n^3	la:n^3（仫佬）ha:n^3
尾巴	ɣiəŋ^1	ha:ŋ^1	tshuȶ^7	sət^7	hət^8
满	ɣim^1	tim^1	thi:k^7	tik^9	tik^7
下（山）	ɣoŋ^2	luŋ^2	lu:i^1	lui^6	lui^5
舂（米）	tam^1	tam^1	tshe:k^7	sa:k^9	ha:k^7

（三）临高人先民的迁徙

临高人的先民大概在我国春秋、战国之际（约前500年）从广西东南部和雷州半岛一带迁往海南岛北部、黎族先民则逐渐从海南岛北部进入五指山地区，壮、泰、侗、谁诸族的先民仍分别聚居在广东西部、广西、贵州南部和云南东部的不同地区。当时壮、泰诸族内部已发生分化，操壮语北部方言的壮族先民和布依族先民居住在广西中部、北部和贵州省的南部及云南省东部偏北地区；操壮语南部方言的壮族先民和傣、泰、老挝、掸的先民居住在广西南部和云南东部偏南的地区；侗、水诸族内部也已分化，侗、仫佬的先民居住在广东西部和广西东部西江、浔江流域地区，而水、毛南、莫、锦等的先民居住在广东西部偏南的滨海地区；临高的先民

---

① 梁敏：《壮侗语族量词的产生和发展》，《民族语文》1983年第3期。

在迁往海南岛之前正好住在壮、傣先民和侗、水先民的中间，与壮、布依、傣、泰的先民，以及侗、水先民都有较密切的关系。

有关历史、文化和语言方面的证据：

1. 汉武帝元封元年（前110年）攻占海南岛，设立儋耳、珠崖郡的时候，临高人早就定居在海南岛北部一带，而且农业、手工业的生产已具相当水平了。故《汉书》卷二十八下记载：当地"民皆服布，穿中央为贯头，男子耕农，种稻禾苎麻，女子桑蚕织绩，无虎与马，民有五畜，山多塵麖，兵则盾刀弓弩竹矢，或骨为镞"。这段话所描述的就是临高人当时的生活状况。因为"桑蚕织绩"是临高人先民的传统副业①，而黎族人民直到20世纪50年代还没有人从事种桑养蚕的。临高人的先民从大陆迁来时就带来了壮侗诸族较为先进的织染技术，琼山话的织布机叫 $dək^8$，卷纱筒叫 lut^7，线叫 $mɔi^1$，蓝靛草叫 $tsam^2$ 跟壮语都是同源词。当时，临高人先民的织造技术已相当高明，织出的广幅布很受汉王朝的赏识。②

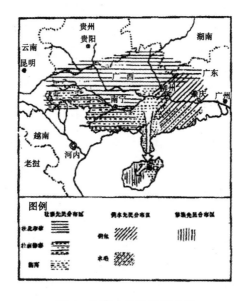

图 4　临高人先民迁徙路线

2. 据史书记载，海南岛从来没有老虎，而澄迈、琼山的"临高话"

---

① 梁敏：《黄道婆究竟向谁学艺》，《民族研究》1990年第3期。

② 《后汉书·南蛮西南夷传》："武帝末、珠崖太守会稽孙幸调广幅布献之、蛮不堪役，遂攻郡杀幸。"按珠崖郡治在今琼山县遵潭乡东潭村，当地及周围向为"临高人"住地。

中不但有"老虎"$zuua^1$一词，而且语音跟壮语南部方言的luu^1和傣语$sə^1$、泰语$suuə^1$有着明显的对应关系，肯定是同源词（壮语北部方言将老虎叫kuk^7）。又如临高人的地名冠首字除跟壮泰诸族相同的那（nia^2"水田"）、博（pak^7"口"）、兰（lan^2"房屋、姓氏"）外，还喜欢叫武（$vɔ^3$或$bɔ^3$"村子"，与壮泰的$ba:n^3$对应，韵尾失落，同属第3调）、迈、美（mai^4"母"）等，这种地名在海峡北面保存下来的也不少，如徐闻县的迈埚、迈谷，海康县的迈哉、万泥等，这都证明临高人的先民是从大陆迁往的。

3. 在临高人的先民迁离大陆之前，原始侗台语已经产生声调，当时临高先民的语言已有A、BC、D三个调类（临高话的BC调至今也没有分开）。壮侗其他语言的B、C两个调类是临高人迁离以后才分开的，所以目前临高语与其他语言的声调对应是：

临 A1　　　　　～ 侗、台 A1　　　　　临 A2　　　　～ 侗、台 A2

临 BC1　　　　～ 侗、台 B1 和 C1　　　临 BC2　　　～ 侗、台 B2 和 C2

临 D1　　　　　～ 侗、台 D1　　　　　临 D2　　　　～ 侗、台 D2

4. 临高人的先民离开大陆时，原始侗台语的量词已处于萌芽状态。临高语表示动物和人的量词hu^2"个"与侗台诸语言的tu^2、to^1同源，动量词foi^2"（一）次"和壮泰诸语言的pai同源。兼类量词同源的更多一些，如hap^7"担"、kup^7"捧"、hui^4"碗"、$hoŋ^3$"桶"、vai^2"年"、ven^2"天"等。

5. 临高人的先民属壮泰种族集团的一部分。所以临高语中与台语支相同的语词比它与侗水语支相同的多一些，但由于他们在大陆聚居时，与侗水诸族毗邻而居，接触较多，所以临高语也有一些语词只跟侗水语支相同而跟台语支不同。例如：

	壮语	傣语	临高语	侗语	水语	黎语（保定）
肉	no^6	$nə^4$	nan^4	$na:n^4$	$na:n^4$	gom^4
脊背	$laŋ^1$	$laŋ^1$	$lɔi^2$	$la:i^2$	$la:i^1$	$tsuu2tshuŋ^3$
问	$ça:m^1$	$tha:m^1$	$tɔi^3$	$ca:i^3$	$sa:i^3$	$ga:m^1$
重	nak^7	nak^7	$xɔn^1$	$than^1$	zan^1	$khuun^1$
轻	bau^1	bau^1	$xɔ^3$	tha^3	za^3	$khauu^3$
满	$ɣim^1$	tim^1	dik^7	tik^9	tik^7	$thi:k^7$
冬瓜	fak^8	pak^8	kup^7	$ʈup^9$	zup^7	$hwuu:p^7$
苎麻	$da:i^3$	$pa:n^5$	kan^1	$a:n^1$	$ßa:n^1$	$kha:n^1$

6. 在临高语只跟台语支相同的语词中，也有一些词是只跟壮语南部方言和傣语、泰语相同，而跟壮语北部方言和布依语不同；另一些词却相反，只跟壮语北部方言和布依语相同而跟壮语南部方言和傣语、泰语不同（临高语没有送气塞音声母，这一特点也跟壮语北部方言及布依语相同）；另外，还有一些语词临高语只跟水语相同而跟侗语不同。这些例子说明在距今大概 2500 多年，临高人迁往海南岛之前，壮语北部方言跟南部方言及傣、泰等语言之间和侗语、仫佬语跟水、毛南等语言之间都存在相当差异。

临高语与壮、布依及与壮南（侬、土）、傣、泰异同不一的词：

汉语	壮语 （龙州）	傣语 （版纳）	泰语	临高语	壮语 （武鸣）	布依语
天	fa^4	fa^4	fa^4	fa^3	$bɯn^1$	$bɯn^1$
昨（天）	$-va^2$	$-va^2$	$-wa{:}n^2$	$-va$	$-lɯən^2$	$-lɯ{:}n^2$
衣服	$lɯ^3$	$sə^3$	$sɯə^3$	zua^1（琼山）	pu^6	pu^6
老虎	$lɯ^1$	$sə^3$	$sɯə^1$	zua^1（琼山）	kuk^7	$kuʔ^7$
放置	$peŋ^6$	$va{:}ŋ^6$	$va{:}ŋ^2$	$biaŋ^3$	$ɕueŋ^5$	tso^5
（猪牛）圈	$ku{:}k^8$	xok^8	$kho{:}k^{10}$	luk^3	$ɣieŋ^6$	$zɯ{:}ŋ^6$
白	$kjuk^8$	xok^8	$khrok^8$	hok^8	$ɣum^1$	zum^1
相互	to^2	kan^1	kan^2	kon^2	to^4	tun^4
搓（绳）	$phan^3$	fan^3	fan^3	bon^3	$sa{:}t^7$	$sa{:}t^7$；lan^2
翅膀	pik^7	pik^9	pik^9	bik^7	$fɯeʈ^8$	$vɯ{:}t^8$
稀泥	$mo{:}n^6lai^2$	lum^5	$din^2khlo{:}n^2$	$boŋ^3$	$poŋ^2$	$na{:}m^6tuŋ^5$
竹笋	$nɔ^5$	$nɔ^5$	$nɔ^5$	$naŋ^1$	$ɣa{:}ŋ^1$	$za{:}ŋ^1$
砍	$ba{:}k^7$	fan^2	fan^2	dam^4	$ɣa{:}m^3$	$za{:}m^3$
（刀）快	kum^2		$khom^2$		lou^4	yau^3

也有一些词，临高语与水语相同，而与侗语不同，可见在临高人迁往海南岛之前，侗语与水语已有相当差别。临高人与水族的先民都住在沿海地区，关系更密切一些。例如：

汉语	侗语	临高语	水语
大虾	$ȵo2$，$ʈoŋ^6$	$tsiam^2$	$ʈa{:}m^4$
螃蟹	$ʈəi^6$	xum^2	$ka{:}m^6$
脖子	$ȵən^2$	ko^2	qo^2
嘴	$ʔəp^7$	bak^7	$pa{:}k^7$

（四）侗水诸族先民的迁徙

隋唐时，侗族和松佬族的先民就从广东西部和广西东部一带经过梧州沿桂江和浔江、柳江向西北迁徙，经广西罗城等地到达贵州榕江一带，然后逐渐分散到湘、黔、桂三省（区）边区各县，逐渐发展成今天的侗族。其中，有一部分人在广西宜山、罗城一带留下来，在那里定居。后来就发展成今天的仫佬族。仫佬语跟侗语是比较接近的。罗城下里一带的仫佬族自称 $kjam^1$，与侗族的自称 kam^1 或 $təm^1$ 基本相同，就是一个证明。

水族的先民后来也从海滨一带沿着柳江、龙江向西北迁徙，一部分人在广西环江县名叫茅蘺的地方停留下来，逐渐发展成今天的毛南（毛难）族。其余的人继续北上，到达贵州的荔波县和三都县，在荔波的发展成今天的莫家和锦人，在三都县发展成今天的水族。另外，还有一小支往西到达平塘县和惠水县的一些地方，逐渐发展成今天的佯黄人。水、毛南等先民的迁徙大约持续到宋代才完成。广西金秀瑶族自治县的拉珈人大概是六七百年前才从广东西部怀集、封开一带经梧州、藤县、蒙江到达平南一带，后来才进入金秀瑶族自治县，发展成今天的拉珈人（自称 $lak^8 ca^3$，意为"住在山里的人"，民族成分是瑶族，又称茶山瑶）。

有关历史、文化和语言方面的证据：

1. 隋唐文献中多称湘、黔、桂边境羁縻州所属地区为峒或溪洞，直到现在侗族地区不少村寨仍保留"峒"或"洞"的名称。侗族就是由"峒人"和"洞人"等称谓演变而来的。

2. 侗族地区流传下来的长歌《祖公上河》记载："我们祖先住的地方，气候暖和，地势平坦，后来人口繁衍了，田地不够种。公公去寻吃，婆婆去找穿，从梧州那里迁到潭溪、九保地方……（潭溪、九保，元、明两代属外古州，在今榕江、黎平一带）。"另外，《祖源》歌中记载："我们的祖先不是住在别的地方，正是在那梧州的沙洲旁，人口逐渐发展，村庄住满了，粮食不够吃，大家才离了家乡，造只船儿撑上河来，来到办逛（地名）石姓住罗（地名）杨姓住我（地名——今贵州榕江车江一带，属内古州）。"

3. 水族鬼师祭"谷神"的咒语中提到祖公随河上来时，从海边带来了谷种。按水族习俗，在老人死后未葬之前，丧家及亲属忌荤吃素，但鱼虾不忌，并以鱼为必需祭品，宴客时鱼也是不可少的，这可能是他们在海滨地带生活的遗俗。

4. 水语虾、蟹的名称与临高语同源，而与本语族其他语言不同，可见他们曾生活在同一滨海地区，有过相当密切的接触来往。另外，侗、水语言都有一些词跟临高语、黎语同源而与壮、泰语言不同源（见上节），足证他们过去接触往来较多。

5. 多数拉珈人都说祖先原住广东猪儿巷，后被汉人驱赶，先到广西梧州，再迁到藤县蒙江流域居住，后来又被官兵追赶而迁到平南县琉璃、利两等地，最后才进入金秀县的（另外也有人说是从湖南迁来的，但都带上一个小地名"猪儿巷"）。据《明史》和《粤西丛载》等汉文史籍记载，从明太祖洪武八年（1375 年）起，尤其是从明英宗正统二年（1437 年）到明世宗嘉靖十八年（1539 年）这一百年间，明朝统治者就先后派遣韩雍、王守仁、蔡经和翁万达等人对藤县、平南等县对壮、瑶人民进行多次征剿，这跟拉珈和其他瑶族的传说可以互相印证。[①] 加上他们从广东西部迁到藤县一带的时间，也就是六七百年左右。

6. 拉珈人（即茶山瑶）跟盘瑶和坳瑶（均属勉瑶系统）不同，他们没有作为瑶族主要特征的盘瓠传说，也没有过山榜、盘王牒。他们原属稻作民族，尽管被迫迁入金秀县山区，但他们都占住山冲谷地，仍然开垦水田，以种植水稻为主。

7. 拉珈人的先民大概原住广东西部怀集、封开一带，与现在仍然滞留在怀集县诗洞、永固、大岗、梁村等乡，及封开县金装、长安七星等乡讲"标语"的人毗邻而居，交往的时间更长一些。所以拉珈语与标语有一批语词如 liek[8] "房屋"、puk[7] "脚"、tsi[1] "我" 等几十个词彼此同源而与壮、侗等语言不同源[②]。

8. 侗水诸族先民北迁始于隋唐（600—800 年），水、毛南等西迁约于宋朝（1000—1100 年）才完成。拉珈先民西迁可能更晚些，约在元明之际（1300—1400 年）。但这并不是说侗水语支的语言与壮泰语支的语言是在那时才分开的。事实上，当侗水诸族先民仍在广东西南部居住时，甚至在石器时代晚期（距今四五千年），黎族先民越海南迁，和临高先民南迁（趾今约 2500 年）时，侗水语支和壮泰语支就已分离，有相当差别了

---

① 张均如：《标语与壮侗语族语言的比较》，《民族语文》1989 年第 6 期。

② 同上。

（见本章第二、三节词汇的差异）。

（五）傣、泰、老挝、掸、阿含诸族先民的迁徙

傣、泰、老挝、掸、阿含诸族先民是在多次移民的浪潮中，经过越南北部、老挝北部和云南边境地区往西迁徙的，他们首先到达泰国北部和缅甸掸邦一带，在那里定居繁衍。后来有一部分人逐渐向北沿着澜沧江和怒江（萨尔温江）进入我国云南省南部的西双版纳地区和西南部的德宏地区，并逐步往内地扩散，逐渐发展成我国的傣族；一部分人向西北方向迁徙到达印度的阿萨姆部发展成阿含人；一部分人向西北方向迁徙到达印度的阿萨姆发展成阿含人、坎梯人；另一部分向南经湄公河和湄南河逐渐进入泰国中部、南部和马来半岛北部地区，发展成泰国的主体民族；原来住在越南北部和老挝北部的一些泰、老先民也逐渐南下进入老挝南部和泰国东北部地区，后来就发展成今天的老挝族，逐渐形成这些民族目前分布的格局。

有关历史、文化和语言方面的证据：

1. 秦并六国、一统中原后，派军 50 万征越，可是在西瓯君译吁宋被杀之后，越人并没有屈服，"皆入丛薄中，莫肯为秦掳，相置桀骏以为将，而夜攻秦人，大破之，杀尉屠睢，伏尸流血数十万"①。

秦兵素以残暴称著，长平一役，秦将白起就坑杀了赵国的降卒 40 万，那么在消灭瓯骆的有生力量之后，岂能善罢甘休，不大肆屠杀掳掠？这场战争和后来的镇压必然引起瓯、骆地区的大骚乱，导致人民大量外迁。

我国史书对掸国最早的记载是《后汉书·和帝本纪》："永元九年（97 年）春正月，永昌徼外蛮夷及掸国重译奉贡。"《安帝本纪》载："永宁元年（120 年）十二月，永昌徼外掸国遣使贡献。"《舜帝本记》载："永建六年（131 年）……十二月，日南徼外叶调国、掸国遣使贡献。"当时距秦始皇平南越已 300 多年。掸、泰先民迁到泰、缅边境，在永昌徼外建立起掸国是有可能的。

2. 唐肃宗至德初年（756 年）西原州黄峒（今广西左江一带）壮族先民因不堪唐王朝的剥削压迫，在首领黄乾曜号召下，联合了陆州、武

---

① 《淮南子·人间训》。

阳、朱兰、黄橙等一百余峒人民二十余万人起义反抗，历时四年之久①。唐代宗大历十二年（777 年）西原州人民又在潘长安领导下起来反抗唐王朝的统治，占地"南距雕题交趾，西控昆明夜郎，北自泊黔巫衡湘"，号称"安阳王"。② 稍后，在唐德宗贞元十年（794 年）西原州黄峒人民又在首领黄少卿领导下进行规模更大的起义，曾占领广西南部和广东西南部一十八州。③ 西原州壮族先民这三次大规模的起义持续了百年之久。唐王朝把西原州人民起义镇压下去之后，采取"讨平峒穴，驱杀黄氏种党"的高压政策，而当时南诏正与唐室修好，在唐朝和南诏的双方压逼下，越南中部地区又是安南人的强大国家。南迁是不行的，黄峒党众唯一的通逃处只有越南西北部、老挝北部和暹罗北部一带地区（当时越南西北部地区并不是安南人的势力范围，直到近代法国人侵略支那半岛后，安南人首先臣服于法国，法人为了扩大自己的势力，才强迫老挝把越南西北一带地区割让给安南）。这是泰、老挝先民第二次大规模的外迁。

　　3. 宋朝皇佑三年（1051）侬智高以广源州（今广西大新县及越南北部一带）为根据地起兵反宋，后来宋朝派大将狄青率大军南下征剿。皇佑五年正月上元节宋将偷袭昆仑关，大破侬军，侬智高率众败走大理，被大理主思廉所杀，函首送至京师。侬智高余党既不为大理所容，只好向西南逃往老、泰边境一带。这是泰、老先民第三次大规模的外迁。另外，历代由于部族之间的纷争或寻找更富庶、适宜居住的环境而零散地外迁的人也不在少数。例如分布在越南北部宣光、安沛、太原、河北、富寿、永福等省的高栏族就是明末从广东高州、雷州、钦州等地迁去的④。越南境内自称布依、布侬、布岱等的族群也多是二三百年来迁去的⑤。

　　4. 据我国史籍记载、唐宋以前傣族的先民如掸、金齿等先民主要是分布在永昌（今云南保山）和日南徼外，包括今德宏傣族景颇族自治州部分地区和缅甸木邦、孟密、蛮莫和老挝、越南北部等地，而不是在云南

---

　　① 《新唐书》卷 222 下《西原蛮传》。

　　② 《泐史》记载："叭真生四子长子匋怦伶，食采于兰那；次子匋俟怦，食采于猛交；三子匋伊钪泠，食采于猛老；四子匋，后继父为景陇金殿国佛主。"

　　③ 韩云卿：《唐大历平蛮颂碑》（谢启昆《粤西金石略》卷二）。

　　④ 莫俊卿：《越南的高栏族》。

　　⑤ 黄氏珠、阮灵：《越南对属于不同形成方式的地方集团进行民族识别的一些情况》，《民族译丛》1983 年第 6 期。

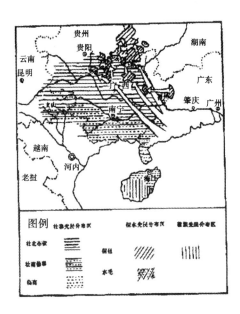

图 5 侗水诸族先民迁徙路线

内地。6 世纪后，金齿各部有了较大的发展，7 世纪时在瑞丽一带建立了"勐卯国"。① 以后通过战争不断向东、向北发展，占据了其他民族的住地。见于史籍的如《元史》第 61 卷《地理志》云：开南州（今景东）"昔朴、和泥二蛮所居也……至蒙氏兴，立银生府，后为金齿、白蛮所陷，移府治于威楚，开南遂为生蛮所据"。又云："威远州（今景谷）昔朴、和泥二蛮所居……其后金齿、白蛮酋阿只步等夺其地。"包见捷《缅略》（见《滇系·典故》第 5 卷）："（洪武）二十一年正月，思论发复叛，并吞孟定（今耿马县孟定坝）孟良、孟养、噶里（今缅甸北部孟拱附近），潜通东川、芒部、广西等府，出他郎甸之摩沙勒（今新平莫沙坝），沐英遣都督宁正击破之。"《英宗实录》第 43 卷："正统三年六月己未）云南总兵官黔国公沐晟等奏，麓川（今瑞丽勐卯）宣慰使思任发累侵南甸（今梁河）、干崖（今盈江）、腾冲、潞江、金齿（金齿原指德宏一带的少数民族，后兼作地名）等处，上勅臣等相机抚捕。"

麓川思氏数代领主向云南内地扩展的战争，有些虽被历代王朝"击

---

① 方国瑜：《元代云南行省傣族史料编年》，第 23 页。另一说"勐卯国"建立于 10 世纪末。

破"，但他们所到之处都留下不少军民。所以这些地方的傣族多传说他们的祖先是从麓川（或勐卯）一带迁来的。

滇南的情况也一样，当傣族首领叭真入主勐泐建立景陇金殿国时（傣历 502 年，即 1180 年），兰那（泰北景迈）、猛交（即越南北部，旧称交趾）、猛老［老挝］等地都在景陇国的版图之内。[①] 可见滇南一带傣族原来的根据地主要是在云南境外的缅、泰、老、越毗连的地区。后来才通过战争等手段向北扩展的。例如，勐海县曼真、曼拉闷、曼费、曼赛等寨的傣族群众都说勐海原来是爱尼族的地方，他们的祖先是通过战争和计谋夺取这些地方建立起版纳勐海的。[②]

西双版纳一带的克木人和布朗人中都流传他们族人过去被傣族上司征服和部分族人被驱赶到老挝等地的故事[③]。

孟连、景谷、耿马和金平等地的傣族人民也都传说他们的祖先是从中越、中老边境一带迁来的。此外，还有一些傣族人是被其他民族徙置或因逃避兵燹而迁到内地的。[④]

5. 从语音结构和词汇异同的比例来看，傣、泰、老、掸内部是相当一致的，所以李方桂先生把它们都归在台语西南支里面，其实这几种语言和壮语南部方言龙州、德保、靖西、文山、广南等地的壮话（李先生称为台语中支，自称 tho^3 和 non^2 的语言）也比较接近，甚至比壮语南部方言和北部方言（自称 $tsu\!:\!\eta^6$、ηjai^4、$ma\!:\!n^2$ 等）的关系还要接近一些。壮语南部方言和傣、泰、老、掸诸语言都有送气音声母，而壮语北部方言和布依语都没有送气音声母，也是一个例证。

此外，还有一批语词，傣、泰、老、掸诸语言跟壮语南部方言相同而跟壮语北部方言和布依语不同，例如：

	布依	武鸣	龙州	泰语	傣语
天	bun^1	$b\mu n^1$	fa^4	fa^4	fa^4
上面	$k\mu m^2$	$k\mu m^2$	$n\mu^1$	$n\mu \vartheta^1$	$n\vartheta^1$

---

① 《泐史》记载："叭真生四子长子匋怦伶，食采于兰那；次子匋俟怦，食采于猛交；三子匋伊钪冷，食采于猛老；四子匋，后继父为景陇金殿国佛主。"

② 《西双版纳勐海经济情况调查资料汇编》（下），第 38 页。

③ 刘稚：《克木人源流考》，《东南亚》1984 年第 3 期。

④ 《傣族简史简志合编》（初稿），第 4、5 页。

下面	la³	la³	tauɯ³	tai³	tai³
衣服	pu⁶	pu⁶	fɯ³	sɯə³	sə³
老虎	ku⁵	kuk⁷	fɯ¹	sɯə¹	sə¹
鹿	ma⁴lɔ²	ma⁴lok⁸	kwa:ŋ¹	kwa:ŋ²	kwa:ŋ
枕头	sɯ:i²	θɯəi²	mo:n¹	mɔ:n¹	mon¹
头	tɕau³	γau³	hu¹	huə¹	ho¹
穿（衣）	tɛn³	tan³	nuŋ⁶	nuŋ⁶	nuŋ⁶
他	te¹	te¹	min²	man²	man²
麻	da:i⁴	da:i³	pa:n⁵	pa:n⁵	pa:n⁵
竹笋	za:ŋ	ɤa:ŋ	no⁵	nɔ⁵	nɔ⁵
昨天①	nvaŋ²li:n²	noŋ¹lɯən²	van²va²	mɯə³wa:n²	van²va²
埋	mɔ³	mok⁷	phaŋ¹	faŋ¹	faŋ¹
黄牛	cie²	çɯ²	mo²	wuə²	ho²
一	deu¹	deu¹	ne:ŋ⁶	nɯŋ⁵	nɯŋ⁶
种（树）	dam¹	dam¹	plo:k⁹（邕宁）	plu:k⁹	puk⁹
黄色	jen³	he:n³	lə:ŋ¹	lɯəŋ¹	ləŋ¹

6. 在傣、泰、老、掸诸族先民西迁时，畜牧业、农业、手工业生产和社会都已相当发达，所以这些语言和壮语有关的同源词比较多。例如（按泰语词拼写，有个别是白泰语的词）：

（1）有关农作物和种植业的同源词：

稻米 kha:u³　种子 fan¹　　秧苗 kla³　稻草 fa:ŋ³　稻穗 ruən²　谷壳 klɛ:p⁹　小米 fa:ŋ³
薯类 man³　芋头 phɯək⁹　蔬菜 phak⁷　黄瓜 te:ŋ　芥菜 ka:t⁹　豆荚 fak⁷　甘蔗 ʔɔi³
棉花 fa:i³　兰靛 khra:m²　园子 suən¹　芭蕉 kluəi³　田垌 thuŋ³　畲地 rai³　种植 phu:k⁹
犁 thai¹　耙 phə¹　　浸泡 ma⁵　沟渠 mɯəŋ¹　插秧 dam²　生长 ma³　田 na²

（2）有关渔猎和养殖业方面的同源词：

打猎 phjau¹　弓弩 na³　船 rɯə²　鱼 pla²　龟 tau⁵　　　　鱼网 he¹　鱼篓 khɔŋ³
木筏 phe²　螃蟹 pu²　蛙 kop⁷　蚌 hɔ:i¹　麂（小兽）hen¹　猿 kha:ŋ³　鸭 pet⁷
虾 ku:ŋ³　猴子 liŋ²　熊 mi¹　鹅 han⁵　水獭 na:k¹⁰　　箭猪 men³
蛇 ŋu²　猪 mu¹　鸟 nok⁸　豺狼 nai²　鸡 kai¹　　　　　水牛 khwa:i²

（3）有关手工业、器物、建筑方面的同源词：

---

① “昨天”泰语一般说 mɯə³wa:n²ni⁴ 或 mɯə³wa:n²，mɯə³是表示时间的词头，wa²昨天，变成 wa:n²是受后面 ni⁴逆同化的缘故。

织布机 hu:k^9　卷纱筒 lɔ:t^9　织（布）tam^5　线 mai^1　缝 jep^8　搓绳子 fan^3　绳子 tshɯək^{10}

带子 sa:i^1　针 khem^1　铸造 lɔ^5　劈 pha^5　刀子 mi:t^{10}　砧板 khiəŋ^1　鞘傲 fak^7

臼 khrok^8　锋利 khom^2　门 tu^2　斧子 khwa:n^1　柱子 sau^1　舂米、杵 sa:k^9　竹蔑 tɔ:k^9

房屋 rɯən^2　渡口 tha^3　梯子 dai^2　簸箕 doŋ^3　路 hon^1　筛子 krɯŋ^1　编织 sa:n^1

（4）有关亲属等称谓的同源词：

祖父 pu^5　祖母 ja^3　外祖父 ta^2　外祖母 ja:i^2　父亲 pho^6　母亲 mɛ^3　孩子 lu:k^{10}

小孩 dek^7　姑娘 sa:u^1　小伙子 ba:u^5　兄、姐 phi^3　弟、妹 mɔ:ŋ^4　侄、孙 la:n^1　女婿 kha:i^1

伯父、大舅父 luŋ^2　伯母、大舅母 pa^3　儿媳 phai^4　曾孙 len^1　主人 tsau^3　奴隶 kha^3

（5）有关贸易方面的同源词：

卖 kha:i^1　买 tshɯ^4　贵 phe:ŋ^2　便宜 thu:k^9　称 tshaŋ^3　债 ni^3

　　从广西人民出版社新近出版的《壮泰民族传统文化比较研究》卷2前面所附的彩色图片来看，壮、泰族人民的干栏房和生产、生活用具、文化、娱乐等方面相同之处很多，也可以作为佐证。

（六）壮、布依先民的分布和迁徙

　　前面说过壮、布依都是广东西部、广西、贵州南部和云南东部这片地区的土著民族。但也有一个内部支系的分布和迁徙的问题需要交代一下。

　　壮族的自称不下一二十种之多，其中有自称为 pou^{4}tsu:ŋ^6 或 pou^{4}ɕueŋ^{6}的约占三分之一强，主要分布在红水河流域和柳江一带；自称 pu^{4}ʔjai^4、pu^{4}ʔjui^4、pu^{4}ʔi^{4}的也占三分之一，主要分布在广西西北部和云南省的富宁、广南和丘北等县；自称 pou^{4}ma:n^2 和 pou^{4}rau^2 的人数不甚多，主要分布在广西北部；自称 pav^{4}tho^3（"土"汉借词，与"客"对称）的分布在武鸣、平果一带；以上均属北部方言。自称 pou^{4}tho^3 或 phu^{3}tho^3（"土"在南部方言念送气声母）的分布在广西邕宁、扶绥以西，直到龙州、宁明、凭祥一带；自称 phu^{3}noŋ^{2}的分布在广西德保、靖西及云南广南、砚山、马关、麻栗坡一带，tho^3、noŋ^{2}合起来也占三分之一左右；自称 dai^{2}的只有几万人，分布在云南省文山州的文山、马关一带。此外，还有叫 pu^{4}ba:n^3、pou4 ja:ŋ^1、pu^{4}leŋ^1、thu^{3}thai^{2}等的。新中国成立后，实行民族区域自治时，经过协商统一称为壮族。但各种不同的自称依然存在，这些自称大致能反映各地语言的一些差异，例如自称 noŋ^2、tho^3、dai^2、 thai^{2}的都属南部方言；自你 tsu:ŋ^6、jai^4、ma:n^2、to^{3}等的都属北部方言。在越南北部自称布侬、布土、布岱和高栏的语言跟壮语南部方言基本相同，自称布侬的跟壮语北部方言和布依语基本相同。

云南省文山州一带，过去人口比较稀少，当地自称 pu^{4}jai^4、pu^{4}ʔi^{4}的壮族（过去称为沙人）很多都是从广西西北部或贵州西部迁去的，不少人的家谱仍有记载，他们的语言跟广西壮语和贵州布依语很接近。自称 phu^{3}noŋ^{2}的壮族（过去自称侬人）大都是宋朝时随侬智高逃到那里而在当地定居的，也有些人是后来才搬去的。所以新中国成立后填报民族成分时，不少人还填作隆安族、万承族、侬英族等，他们都是从广西隆安、万承（今大新县）一带搬去的。而文山州自称 dai^{2}的可能是当地的土著，宋元时称之为"土獠"时至今日，周围的汉族、壮族、傣族等还称之为"土佬"，他们的自称 dai^{2}和傣族的自称 tai^{2}读音很接近，但却彼此都认为是不同的民族。其实他们的先民跟傣、秦诸族都来自同一民族集团。傣、泰迁离之前，他们都住在广西西部和云南东部一带，具有共同的民族自称 dai^2，在迁到泰、老、掸毗连的地区时，彼此的语言、风俗习惯还是比较一致的。后来他们的单纯古浊音声母 b、d、g 向着不同的方向分化，泰语、老挝语等变成送气的清塞音 ph-、th-、kh-（即现在泰文、老挝文低音组的塞音声母），而傣语却变成不送气的清塞音声母 p-、t-、k-，仍然滞留在文山、马关等地的"土佬语"却保留了浊塞音声母 b、d、g 等，所以他们的民族自称分别变成 thai^2"泰"、tai^2"傣"和 dai^2"土佬"。自称 dai^{2}的现在归入壮族，语言属壮语南部方言，自成一个土语，称文马土语。

在四川金沙江流域的一些地方、湖南省西部和贵州省东部等地的壮族、布依族也都是从广西、贵州等地迁去的。徐松石《泰族、壮族、粤族考》第 79 页《僚、壮族人的倒移》列举了"李寿纵僚于蜀""广西泗城山僚黄豹、黄豸等割据贵州程番府地，而侵入西北邻省"和"唐末五代时楚王马殷由广西掳掠许多壮族人、分置湘省和黔省的东部"等事例就足以证明。

布依族主要分布在贵州省境内，他们自称为 pu^{4}jai^4（ʔjui^4、ʔi^4、dzai^4），也有自称 pu^{4}ma:n^{2}和 pu^{4}zau^{2}的，跟广西西部和北部壮族人的自称相同，都来自同一民族集团，只是由于行政区域划分不同等原因而分别叫作布依族和壮族。在广西凡自称 pu^{4}ʔjai^4（ʔjui^4、ʔi^4、dzai^4）、pu^{4}ma:n^2、 pu⁴zau²的都属壮语的北部方言。

图6　傣、泰、老挝、掸、阿含诸族先民迁徙路线

（七）仡央诸族先民的迁徙

有关仡央诸族早期的史料比较缺乏，他们的语言跟壮侗诸语言的关系也疏远一些，所以过去有些学者把这些语言定为系属未定的语言，对他们的族源和原始居地还要作更深入的研究才能确定。目前只能根据一些零散的历史记载和民间传说提供一些线索供大家参考。

经调查研究后，我们认为仡佬、拉基、普标、布央等语言的音韵结构和语法特点比较一致，跟台语支、侗水语支和黎语支的语言也基本相同，只是安顺仡佬语和隆林县磨基仡佬语有较多的复辅音声母；但仡佬语和拉基语的韵母系统简化较多，塞音韵尾已经消失；磨基仡佬语、拉基语和普标语带前附加音节的词比较多；仡佬语、拉基语、布央语的否定副词都放在谓词及其宾语后面，甚至放在句子的末尾；这些语言和黎语一样，都有一套彼此大致相同而与其他侗台语言不同的数词；这些语言都有声调，但它们的声调之间没有明显的对应关系，迄今仍无法排出统一的调类次序，与侗、台两语支声调的对应就更乱了，可见这些语言的声调是彼此分离后才各自产生、发展的；这些语言内部和在它们与其他侗台语言之间都有相当数量的同源词，主、谓、宾的语序和以名词为核心的修饰词组的词序也都相同，所以仡央语支应该归属侗台语族。仡央语支之所以与其他侗台语言较疏远可能是由于它们来源于西瓯、骆越以外的百越诸族。"百越"本身原来就是一个比较松散的民族集团，他们内部既有一些共同的特征，包括居住区域、共同的生活习惯、风俗、语言等，所以都被称之为"越"或"粤"，但他们内部也有相当差异，各有种姓，故以"百"别之。其中的西瓯、骆越各方面的关系更密切一些，因此，由西瓯、骆越派生、繁衍而来的侗台诸族，如壮、布依、傣、老挝、临高、侗、水、毛南、仡佬、拉珈、莫、锦、佯黄、标等，其语言的一致性就比较高，他们同源词的声母、韵母有较明显的对应关系，调类也基本一致。而仡佬、拉基、普标、布央等来源于古百越民族的其他支系，故他们与侗台诸族的关系就比较疏远。其中的仡佬，历代学者多说是源于古代的僚人，例如明嘉靖《贵州图经》说："仡佬，古称僚"。田汝诚《边行纪闻》也说："仡佬，一曰僚。"近人芮逸夫也说仡佬来源于僚。拉基人和羿人大概也同出一源，故其语言比较接近。仡佬人、拉基人分布于贵州省中部、西部和云南东部，广西隆林的仡佬人都说他们的祖先是从贵州迁来的，故《广西通志》卷二七九云："仡佬来自黔中。"故仡佬语和拉基语中与侗、水、临高、黎等语言中的同源词，尤其是基本词汇中的同源词不可能是借词而只能是"百越"语言中保存下来的共同成分。普标、布央跟仡佬、拉基等语言之间也有相当差别，这可能是由于他们分别来自"百越"的不同支系的缘故。拉基人传说，他们的祖先分两批从北边先后向中越边境一带迁徙，彼此相约先行的人在经过的路上把一些树木砍倒留作标志，让后来的人跟踪前往，以免迷路。先行那些人在路上看见许多芭蕉林，由于他们先前没有见过芭蕉树，他们只知道芭蕉树容易砍伐而不知道芭蕉树生长快的特点。虽然他们在经过的路上砍倒了许多芭蕉树，但他们过去之后，芭蕉树又从残茎的中心长出新芽，不过十天半月又长得跟原来一样高了，而且长得郁郁葱葱，被砍下的茎叶全部干枯收缩了，被风一吹，踪影全无。后来的人找不到标志，无法跟先行的人汇合，只好留下在当地定居。所以拉基人的祖先大部分都进入了越南，只有后面那批人在马关一带定居。从这个传说和拉基语跟仡佬语比较接近的情况来看，他们的先民可能是长江以南百越民族集团中的一支，后来诸越离散，他们的先民逐渐向西南迁徙，经贵州进入云南，拉基人的大部分还进入越南北部地区。普标人传说他们的祖先是从广南府普梅大洞迁去的，老人过世后，道士在出殡时念的"开路经"都历数他们祖辈的原住地和后来迁徙时经过或逗留过的村庄名称，这些地名大都在富宁和麻栗坡之间。他们的先人跟布央的先民可能有过比较密切的接触，因为在普标语和布央语中存在少量它们内部相同而与其他语言不同的语词，它们的语音结构也比较接近。布央人则传说他们的祖先来自广东、广西。目前在贵州西部和广西的一些地方仍保留不少与"央""布央"有关的地名，在当地志书中记载的就更多了。例如贵州《兴义府志》卷九记载古代氏寨的地名有：央旺、央卧、央祥、央福、央岔、央胆、者央；册亨一带有：者央、央乐、央梅、上下央兵寨、央左、央猴、央盎、央弄寨；广西《西隆州志》记载的有央牙寨、央白寨、央弄寨、央索寨、央防寨、央达寨、央腊寨等。后来由于种种原因，当地的布央人都陆续迁离，目前这些地方的居民都是布依族或壮族。现在贵州兴仁、兴义等不少地方的布依族传说当地的水田都是古代布央人开垦的，所以每年六月初六他们都要杀鸡备酒去祭"布央田"，以示不忘布央人开垦田地的辛劳，并祈求丰收。又如广西那坡县的壮族大都自称布央，但他们说的却是壮话。可是该县龙合乡仁合村荣电和坡荷乡永安村果直屯共 300 多人 的"土瑶"（或称"大班瑶"）说的却不是瑶语而是与富宁布央语族相近的语言。这种现象是不是由于当地大部分的布央人已经"壮化"，而部分没有"壮化"的布央人却因为他们的语言与壮语不同而被误认是瑶族的缘故？另外，广西南宁市西郊坛洛、富庶一带的部分壮族也因为他们所说的壮话口音与附近壮话不同而被称为 $ka:\eta^3\text{?}ja:\eta^1$，"讲央话"，当地人也被附近的壮族称为"布央"。联系到布央语中有一些语词与周围的壮语不同，而跟与之没有什么接触来往的侗语、水语、广东怀集县的标语相同，例如："房屋"壮语和布依语叫 $\gamma a:n^2$ 或 $ja:n^2$，而布央语叫 $luok^{55}$，与广西金秀瑶族自治县的拉珈语 $liek^{10}$ 和广东怀集县的标语 $loek^{10}$ 同源；"给"壮语、布依语叫 hau^3，而布央语叫 nak^{55}，与毛南语的 $na:k^7$ 同源；"舌头"壮语和布依语叫 lin^4，而布央语叫 $\text{?}e^{43}me^{44}$、普标语叫 mie^{33}，从侗语、仫佬、水、毛南等语言的 ma^2 同源的情况来看，布央人（可能还有普标人）的先民是不是源于闽越或南越，首先迁到广东西部和广西东部一带，与当时仍未北迁的侗、水诸族的先民有过较密切的接触来往，后来才逐渐向西北迁移，在邕宁坛洛一带稍作居留，然后沿右江到达广西西部和贵州西南部，最后才到达云南省广南、富宁和广西那坡、靖西等地区的呢？不然，广西南宁市西郊（坛洛、富庶等地原属邕宁县，现在的居民都是壮族）、隆林、那坡和贵州兴义、兴仁、册亨一带怎么会留下数量众多与"布央"有关的地名、民族称谓和传说呢？

五、侗台语族与汉藏语系的关系

在国外，最早把台语、汉语和藏缅语言合在一起构成汉藏语系（或称印支语系）的是马伯乐、吴德克和谢飞等人。在我国，李方桂、罗常培、傅懋勣等人也把侗台语族、苗瑶语族、藏缅语族和汉语合并为汉藏语系，他们都把单音节词根和声调系统等特点作为这几个语族的共同特征。例如李方桂先生说："这个语族（指侗台语族）与汉语关系密切，也具有与汉语'平''上''去''入'相似的四个调类。这四个调类又根据声母原来是浊音或清音而各分为两个声调"。罗常培和傅懋勣先生在谈到汉藏语系的时候，归纳了以下几个共同的特征：有声调；大部分的词以单音节的词根为基础；附加成分的作用是有限的；有类别词；词序很重要，词的次序比较固定。[1]

在国外研究台语的语学者中，葛代和伯尼很早就对汉、台语言的亲属关系表示过怀疑，但真正否定汉语和台语之间存在亲属关系的却是美国语言学家本尼迪克特，他早期也持汉藏语系是由包括藏缅语及卡伦语的西支和包括汉语和台语的东支构成的观点。后来他注意到并研究了卡岱语群（指我国的黎语、仡佬语、布央语、普标语、拉基语等语言）和台语以及印度尼西亚语基本词汇的同源关系之后，于1944年发表了题为《台语、卡岱语和印度尼西亚语－东南亚一个新的联盟》。他认为"汉语和台语之间词汇的相似范围是有限的，这种相似不能支持通常认为这两种语言有发生学上的亲属关系的看法"。"汉语和台语都有声调，并且基本上是单音节语言，但是根据这一点，它们也可以和西非或墨西哥类似的语言归为一类。"后来，他又发表了一系列文章来阐发自己的观点，并于1975年将主要的文章汇集成《澳泰—语言和文化》一书（美国哈佛大学出版社出

---

[1]　罗常培、傅懋勣：《国内少数民族语言文学的概况》，《中国语文》1954年第3期。

版)。本氏的"汉语和台语无发生学关系论"在国外受到语言学界的普遍重视，和之者甚众。1976 年李方桂先生发表了《汉语—台语》（Sino-Tai）一文，用 128 个常见字显示出汉语和泰语之间音韵上的对应关系，非正式地对本尼迪克特的理论进行反驳。80 年代以后，国内语言学界也陆续有类似的文章发表，如严学宭先生的《谈汉藏语系同源词和借词》，邢公畹先生的《汉语遇、蟹、止、效、流五摄的一些字在侗台语里的对应》《汉语和侗台语里的 – m、– p 交替现象》《论汉语、台语"关系字"的研究》《台语 – am、– ap 韵里的汉语"关系字"研究》《汉语和侗泰语里 – m、– ŋ 交替现象》，张元生的《壮汉关系浅谈》，王伟的《壮汉关系词初探》，曹广衢的《壮侗语中和汉语有关的词的初步分析》，董为光的《汉语和侗台语语源联系举例》，曾晓渝的《汉语水语关系词研究》，黄勇的《汉语侗语关系词研究》等文章也肯定了侗台语言和汉语的亲缘关系。

　　另外，也有少数人的文章部分地或基本同意本氏的观点，但又有所修改补充。例如罗美珍的《试论台语的系属问题》认为台语的根是马来语，梢是汉藏语；倪大白的《中国的壮侗语与南岛语》基本上同意本氏的意见，但他又说："他的理论的缺陷在于忽视了汉语对这些语言的强大影响和汉、台语言间存在的千丝万缕的联系。因此，对壮侗诸语言来说，目前比较科学的提法可以称为 Malaiyo-Sino 语（马来—支那语），Malaiyo 指语系（Family），而 sino 指的是体系（system）"。

　　1990 年法国学者 L. 沙加尔在第 23 届国际汉藏语言学会上提出《汉语南岛语同源论》（Chinese and Austronesian are genetically Related）一文之后，更确切地说是在邢公畹先生在《民族语文》上连续发表对 L. 沙加尔上述文章的三篇述评补正，即《关于汉语南岛语的发生学问题》（1990 年第 3 期）、《汉语南岛语声母的对应》（1990 年第 4 期）、《汉语南岛语声母及韵母辅音的对应》（1990 年第 5 期），表示他同意沙加尔的观点之后，就像在中国语言学界，尤其是在侗台语言研究的池塘中投下了一块石头，激起一层层涟漪。有些人在犹疑、观望，也有些人表示同意，并正在收集资料，进行研究，试图建立一个包括汉、藏缅、苗瑶、侗台、南亚和南岛诸语言的超语系。但兹事体大，牵涉的范围太广、南亚和南岛诸语言的资料缺乏，真正表态的人还不多。

　　国内有关少数民族语言介绍的文章、著作，包括我们自己的文章、著作中，经常出现"××语是汉藏语系××语族××语支的一个语言"的话。这种结论不一定是作者自己比较、研究得出来的，而是从祖师爷那里囫来的，当时在国内能看到和掌握的南亚、南岛语言的资料不多，研究也不够全面深入，只好人云亦云。现在重新检查过去的一些理论和观点，提出我们的新见解以就正于同行学者。

我们从越南语、徕语等原属南亚语系的语言和回辉语等原属南岛语系的语言发展情况来看，类型学的特征是比较容易改变的。原来没有声调的语言可以产生声调；原来是以多音节或双音节词为主的语言可以变成以单音节词为主的语言；黏着型的语言可以变成分析型的语言；语序和词序也是可以改变的：古汉语和现代汉语的词序和语序就有不少区别。所以光按类型学特征来区分语言的系属是不妥的，应该按发生学的原则来划分语言的系属，对一些没有形态变化的语言来说，研究和确定它们的基本词汇是否同源就成为重要的关键。侗台诸语言的语音结构跟中古汉语比较接近，相互接触和词汇借贷的年代也很早。要在众多的汉语同义词、近义词中寻找语音面貌与侗台语言相同或相近的词并不难，难的是如何判断这些音义相同或相近的词究竟是同源词还是借词。在侗台语言和藏缅语言的比较中，也会遇到同样的难题。在这些语言中，语音面貌与词义相同或相近的词可能是它们互相借用的，也可能它们都是从汉语吸收的，或者就像本尼迪克特所说的那样，有些词还可能是汉语或藏缅语言向古侗台语借用的。有些人把侗台语言与汉语词汇之间一些"形似"和有对应规律的词当作是"同源词"，而不考虑这些词是不是最核心的基本词汇，它们之间有没有共同产生和发展的时间和空间？其实，侗台语言中绝大部分汉语老借词与它所借自的汉语广西平话方言之间接触的时间很长，关系最密切，一般都形成了比较规范的语音对应规律，没有对应规律反倒是奇怪的。

一般来说，不同的民族、人群使用音义相同的一个语词，可能有三种情况：一是彼此同源；二是偶合；三是借贷。同源的大都是有亲缘关系的兄弟语言，包括同一语系、语族、语支的亲属语言，如壮侗语族中的壮语、布依语、傣语、泰语、老挝语、阿洪语、临高语、侗语、仫佬语、水语、和黎语、村话、仡佬、普标等。他们的关系密切，有很多同源词。这些同源词是怎样产生的呢？原来他们的祖先千万年来都共同生息在广西及其周边的地区，由于他们有相同的族裔、共同的自然环境和物产以及共同的生活方式、习惯等原因，他们经常用相同或相近的语音来表达同一事物或概念，于是他们就有了音义相同或相近的词汇。这就是这些族群之间的同源词。同源词除了音义相同或相近之外，还必须有共同的来源。也就是说，使用这些语词的人们一般都来自相同的或关系很密切的族群，而且同源词的产生大都是在人们（人群）进化的初期，他们对宇宙万物刚有初步的认识，并试图用语言给这些事物命名，或对其形状、性质和活动进行描写、叙述时，一个新词才会产生，经过交流，彼此认同，不断改进，使之完善，并逐渐形成、巩固下来的。当然，也有一些词是后来由于某些新事物、新概念的产生而陆续增加的。

我们俩在《民族语文》2004 年第 2 期上发表了一篇题为《从汉台语言的数词是否同源说起》的文章，首次正式阐述我们认为汉台语言没有同源关系的主张。文章的结尾说："汉族和侗台诸族是不同的民族。前者的发祥地是黄河流域，而百越诸族则长期生息、繁衍于长江以南和两广一带。我们从历史的记载或考古成就上都找不到一个汉、台长期共处、共同发展的地理中心来。据考证浙江河姆渡和不久前才出土的杭州跨湖桥遗址都是古越人生息过的地方。河姆渡出上的有造船工地的遗址和干栏房（桩上房屋）的桩穴，还有稻谷的遗存等物，经过同位素碳 14 测定，约有七千年的历史，跨河桥出土的有比较完整的独木舟及其他器物，年代比前者还久远，大约有八千多年的历史。从当时已有稻作及造船、建筑干栏房等工艺来看，越人离开蒙昧时期已经很远，语言的发展已经到了相当高的程度，才能组织人们进行造船和建筑等活动。那时候，汉人活动的中心还远在黄河流域，没有到达长江。而我们现在用来做汉台语言比较的语料一般都是壮、傣、侗、水等语言的语词，侗台诸族与汉人的接触更晚一些。在春秋以前，这两个族群之间并没有一个长期共处、共同发展的时期和地理中心，所以它们之间不可能有同源词。"

在人类认识自然环境最基本、最常用的词汇如天、地、日、月、星、山、石、田、土、雷、电、水、火、虫、鱼、鸟、兽、草、木、人、男人、女人、老人、小孩、眼睛、鼻子、嘴巴、手、脚等词中，汉语和侗台语言没有一个是相同的。及至战国时期，楚威王掠取越国浙江以西土地……江浙一带的百越诸族受楚文化的影响很深（楚王虽然说过："我蛮夷也，不与中国同"的话，但实际上楚人还是华夏文化杰出的传承者，屈原所作的《离骚》《九歌》《天问》《九章》《远游》等堪称中华文化的瑰宝），以至江、浙、闽、赣一带的百越语言后来都被汉语同化了，现在，吴语、越语，甚至连古文献中遗存的越语词也很少。而当时在广西一带的西瓯、骆越却未受影响。汉族军民进入广西虽然始于秦、汉，但侗台诸族与汉族来往比较密切，大量吸收汉语借词是在唐、宋两代，古平话形成之后的事。但这时候侗台语言从汉语里吸收的都是借词，而不可能是"同源词"。

对于侗台语族应该归入哪一个语系的问题，我们主张根据发生学的原则来决定。汉台语言之间既然没有同源词，侗台语言就没有归并汉藏语系的理由和根据。我们认为本尼迪克特提出侗台语言与南岛语言同源的例词也不很多。同时认为南岛语以多音词为主，在对比中只要有一个音节与侗台语言相近就算同源；前一音节有一个音素跟后面音节的任何一个音素拼起来（缩略）跟侗台语言相似的也算同源词，本氏的例证任意性太大，未敢贸然全信。由于我们过去与外国语言学界的交流不多，信息不灵，对南亚、南岛语言资料及其历史知道得太少，研究得不够，所以我们在《侗台语言概论》一书的导言中说："本书所介绍、研究的主要是本语族内部的一般情况，要构拟的仅仅是侗语支和台语支的原始共同语，至于在本语族形成之前，它们跟那些语言的关系更为密切，也就是说侗台语族应该归入哪一个语系的问题，我们不打算在本书里解决，待日后收集更多材料，做更深入的研究之后，再另文探讨。"在目前这篇文章中，我们还是未能兑现这个诺言。我们民族研究所最近虽然收集到不少南岛语言的词汇资料，可供同志们进行研究了。但有关这些民族来源和活动的资料仍然很缺乏，要掌握、消化这些资料也得花相当长的时日。我们已年近八十，垂垂老矣！何时或能否完成这个任务，也成问题了。我们除了以"俟之异日"自慰外，还衷心地希望同行诸君，尤其是年轻学者加入这个研究、探索的行列中，共同解决这个悬而未决的问题。长江后浪推前浪，这也应该是科研和真理探索的普遍规律吧！

【附记】本文所用国际音标都是国内学者常用的符号，大体一致。这里只作简要说明：音标右上角的小号数字是声调符号，只用一个数字标记的都是侗台语言统一的，相互对应的调类、但同调类字，各地读音的高低并不一定相同；黎语虽然也用一个数字标记声调，但它的声调系统与侗台两个语支并不相同；而用两个或三个数字标记的都是仡央语支的语言，因为它们内部和它们与侗台语言之间的声调的对应关系不明显，还排不出统一的调类来，只好依据五度标调法标记各音节的实际调值。侗台语族诸语言没有元音起头的音节，实际上，以元音起头的音节前面都有一个声母。

参考文献

1. 罗常培、傅懋勣：《国内少数民族语言文学的概况》，《中国语文》1954 年第 3 期。

2. 毛宗武：《广西那坡容屯土瑶语及其系属》，《广西民族研究》1990 年第 3 期。

3. 李锦芳：《布央语研究》，中央民族大学，1996 年。

4. 李锦芳、周国炎：《仡央语探索》，中央民族大学出版社 1999 年版。

5. 简佑嘉：《关于泰人起源的几种观点》，《东南亚》1984 年第 4 期。

6. 苏秉琦：《中国文明起源新探》，生活·读书·新知三联书店 1999 年版。

7. 中国社会科学院考古研究所：《新中国的考古发现和研究》，文物出版社 1984 年版。

8. 梁敏：《捡骨葬—壮族的主要葬制》，《民族研究》1982 年第 6 期。

9. 广东博物馆：《广东海南岛原始文化遗址》，《考古学报》1960 年第 2 期。

10. 宋长栋：《海南岛地名与民族迁移关涉考》，《贵州民族研究》1985 年第 1 期。

11. 梁敏：《壮侗语族量词的产生和发展》，《民族语文》1983 年第 3 期。

12. 梁敏：《黄道婆究竟向谁学艺》，《民族研究》1990 年第 3 期。

13. 张均如：《标语与壮侗语族语言的比较》，《民族语文》1989 年第 6 期。

14. 黄氏珠、阮灵：《越南对属于不同形成方式的地方集团进行民族识别的一些情况》，《民族译丛》1983 年第 6 期。

15. 宋蜀华：《唐宋时期傣族史上的若干地名研究》，《民族研究》1981 年第 1 期。

16. 刘稚：《克木人源流考》，《东南亚》1984 年第 3 期。

本文原载于《语言研究》2006 年第 4 期

壮泰语词义比较研究

蒙元耀[*]

【摘　要】词汇研究是语言研究的重要领域。用比较的方法来研究词义是一种可靠且富有成效的路径。一般的比较结果显示，壮语北部方言与布依语接近，而南部方言则与傣语、泰语等接近。核心词汇的一致性越大，说明用来比较的语言之间的关系就越密切。核心词汇的词义有整齐的对应，则两种语言在许多领域会呈现出明显的文化共性。语言发展的进程不一样，其语音面貌和词义也许会有所改变。假如在比较研究之际有意识地用历史眼光来进行观察，会发现其中蕴含着许多有价值的语音对应规律。

【关键词】壮语；泰语；词义；比较研究

一、引言

词汇研究是语言研究的重要领域。要描写任何一门语言，都少不了要研究它的词汇。词汇研究内容非常丰富，可以研究词汇系统的构成，也可以研究词汇的来源，还可以研究词汇内部的结构。一般而言，词义研究是这个领域最主要的工作内容。在现代语言研究之中，词义研究是语义学、词汇学、词典编纂学等学科最为关注。

各种语言的研究深度不一样，有些研究得非常精细，有些则显得相对粗糙简略。这与文献资料、研究队伍、工作目的等因素密切相关。资料丰富的语言常常研究得比较深入，研究队伍强大的语言往往也成果比较丰厚，研究工作目的明确的语言因得到重视故而也比较容易产生良好的

* 作者简介：蒙元耀（1955—　　），壮族，广西马山人，广西民族大学文学院教授，博士生导师。

效果。

因词义研究涉及面广，几乎是包罗万象，故研究手段与策略也相对丰富。常规的研究都少不了采取比较研究方法。用比较的方法来研究词义是一种可靠而且富有成效的路径。尤其是历史比较方法，很能解决一些语言研究上的困惑。壮语词汇研究就常把汉语或壮侗诸语拿来作比较的参照对象。因泰语、老挝语、缅甸的掸语、越南的侬岱语和中国的壮语、布依语、傣语有很多共性，语言学家常把这些语言放到一块来探讨。[1]

壮语分南北两大方言。一般的比较结果都能显示，壮语的北部方言与布依语更接近，而南部方言则与傣语、泰语、老挝语、掸语等接近。因地缘优势，笔者在教学活动中常常接触泰、老、缅、越等国的留学生，也遇到壮族南北各地不同方言的学生，自然也有周边湖南、贵州、云南来广西求学的学生。兴趣所在，免不了在课余找这些同学来做一些调查。从中发现不少可以探究的话题。

二、核心词汇的比较

传统的亲属语言研究肯定要进行核心词汇比较研究。因为核心词汇的一致性越大，说明用来比较的语言之间的关系就越密切。核心词汇所表达的概念常常是那些与人们世世代代日常生活非常密切的事物或现象。比如：

天（$?bwn^1$；fa^4/fa^4）、地（$ti:k^8/din^1$）、太阳（$tan^1 non^2$；$ta^1 wan^2/ta^2 wan^1$）、月亮（$ron^6 ?dw:n^1/dw:n^1$）、山（$pja^1/kha:u^5$）、水（ram^4/nam^4）、星（$?da:u^1 ?dei^5/da:u^1$）、云（$fw^3/me:k^3$）、风（rum^2/lom^1）、雨（fwn^1/fon^5）……

人（$wun^2/khon^1$）、牛（$wa:i^2/khuai^1$）、马（ma^4/ma^4）、羊（$ju:n^2$；$?be^3/k\varepsilon^2$）、狗（ma^1/ma^5）、猪（mou^1/mu^5）、鸡（kai^5/kaj^2）、鸭（pit^7/pet^7）……

头（$kjau^3$；$hu^1/hu:a^5$）、手（fwn^2/mw^1）、脚（$tin^1/tha:u^4$）、眼（ta^1/ta^1）、鼻（$?dan^1/ca^1 mu:k^2$）、口（$pa:k^7/pa:k^2$）、舌（lin^4/lin^4）、

---

①　梁敏、张均如：《壮侗语族概论》，中国社会科学出版社1996年版。

肝（tap⁷∕ tap²）、肺（pwt⁷∕ pɔːt⁹）、肠（θai³∕saj³）……

父（po⁶∕ phɔ³）、母（me⁶∕ mɛː³）、子（lwk⁸∕ luːk²）、女（lwk⁸θaːu¹∕ luːk²saːu⁵）、兄姐（pei⁴∕ phi³）、弟妹（nuːŋ⁴∕ nɔːŋ⁴）……

粮（hau⁴；khau³∕ khaːu³）、菜（pjak⁷∕phak⁷）、鱼（pja¹∕ pla¹）、肉（no⁶∕nwːa⁴）、蛋（kjai⁵∕ khaj²）、豆（tu⁶∕ thua²）、芋（pwːk⁷∕phwak²）、薯（man²∕ man¹）……

一（ʔdeu¹；nwŋ⁶∕ nwŋ²）、二（θoːŋ¹∕ sɔːŋ⁵）、三（θaːm¹∕ saːm¹）、四（θei⁵∕ si²）、五（ha³∕ ha³）、六（rok⁷∕ hok²）、七（çat⁷∕ cet²）、八（peːt⁸∕ bɛːt²）、九（kou³∕ kaːu³）、十（çip⁸∕ sip²）……

大（huŋ¹∕ jai²）、小（ʔi⁵∕ lek⁴）、多（laːi¹∕ maːk³）、少（noi⁴∕ nɔːi¹）、长（rai²∕ jaːu¹）、短（tin³∕ san³）、黑（ʔdam¹∕ dam¹）、白（hau¹∕ khaːu⁵）……①

上述 60 个词中，亲属称谓、动物名称、食品、数词这几个领域对应最整齐。其他领域也大部分对应。只有地（tiːk⁸∕ din¹）、山（pja¹∕ khaːu⁵）、脚（tin¹∕ thaːu⁴）、云（fw³∕ meːk³）、大（huŋ¹∕ jai²）、小（ʔi⁵∕ lek⁴）、多（laːi¹∕ maːk³）、长（rai²∕ jaːu¹）、鼻（ʔdaŋ¹∕ caˈmuːk²）等几个似乎没有相互的对应关系。然细细分析，"小"在马山壮语里也有 lek⁸ 的说法。这是用于"细小"或"细长"的形容词。如 reu⁴ lek⁸，小树枝；çaːk⁸lek⁸，细绳；θa¹ lek⁸，细沙。"长"在马山也有 jaːŋ⁵ 的说法。-u 尾与 -ŋ 尾属阴阳对转的对应。另外，壮语把鼻涕叫作 muːk⁸，马山壮语也把鼻子说成是 çoːŋ⁶muːk⁸。çoːŋ⁶ 是"洞"，鼻子就是鼻涕之洞。而且，在泰国北部的泰语，鼻子也有 daŋ¹ 的说法。② 如此，则真正无关联的只有六个词，仅占十分之一。假如开列一个壮泰常用 2000 个词来对比，看看两者之间的异同情况，那将会是一个很有价值的研究课题。

核心词汇有很强的构词能力，在语言中的使用频率很高，具有很大的

① 泰国玛希隆大学语言文化研究所与中国中央民族大学侗台语研究所：《壮侗语族语言词汇集》，泰国玛希隆大学，1996 年版（括号内为壮语和泰语的音标。斜线号前为壮语，后为泰语。本文的泰语和其他壮侗语族语言的说法皆引自此书。壮语马山方言为笔者的母语）。

② 泰国玛希隆大学语言文化研究所与中国中央民族大学侗台语研究所：《壮侗语族语言词汇集》，泰国玛希隆大学，1996 年版，第 266 页（括号内为壮语和泰语的音标。斜线号前为壮语，后为泰语。本文的泰语和其他壮侗语族语言的说法皆引自此书。壮语马山方言为笔者的母语）。

稳固性。由于经常使用，它们往往是一词多义。比如壮语的 ʔbwn¹，就有天、天幕、天空、天堂、天庭、天神、天气等多种意思。若深入挖掘这些词目的内在意思，就会发现壮、泰语中同一个词的义项会有很多共同点，也可能存在不少相异之处。透过这种细致探究，我们能看到壮泰两种语言之间共有的文化特质。

比如 pei⁴ 是平辈中大于自己的哥哥、姐姐，nuːŋ⁴ 则对应是弟弟妹妹。这两个词不分性别。若须区分，则需要加上其他能区分性别的词。如哥哥是 tak⁸pei⁴ 或 pei⁴ʔbaːu⁵，tak⁸ 是男或雄性，ʔbaːu⁵ 是小伙子、英俊。如果是姐夫，则叫 pei⁴kwːi²。kwːi² 是婿。姐姐是 ta⁶pei⁴ 或 pei⁴θaːu¹。ta⁶ 是女性，姑娘。θaːu¹ 也是姑娘，作形容词时是美丽、漂亮。嫂子叫 pei⁴naːŋ²，naːŋ² 即嫂。弟弟是 tak⁸nuːŋ⁴ 或 nuːŋ⁴ʔbaːu⁵。妹妹是 ta⁶nuːŋ⁴ 或 nuːŋ⁴θaːu¹。妹夫就叫作 nuːŋ⁴kwːi²。弟媳叫 nuːŋ⁴paw⁴，paw⁴ 即媳妇。

相比而言，汉语的兄（哥）、姐、弟、妹不仅长幼分明，而且男女有别。壮泰语的 pei⁴、pi⁴ 或 nuːŋ⁴、nɔːŋ⁴ 就只管长幼，不论性别。英语的 brother（兄弟）、sister（姐妹）就不分长幼，只管性别。这是历史文化背景差异而形成的家庭亲属称谓内涵的不同。壮泰语有共同的历史渊源，是 pi⁴nɔːŋ⁴，所以亲属称谓有很整齐的对应词义。推而广之，两者的核心词汇词义也有整齐的对应，两种语言在许多领域呈现出明显的文化共性。

三、一般词汇的比较

前边讨论的核心词汇有如此整齐的对应性，一般词汇也有类似的共性就不奇怪了。比如松树。标准壮文是 ko¹çoŋ²，方言词下列有 ko¹ke¹。ko¹ 是棵，çoŋ² 和 ke¹ 是松树的专名。çoŋ² 当是汉语"松"的借词。在马山壮语里，松树就叫 ko¹ke¹ 或 fai⁴ke¹。在靖西壮语里，松树也叫 mai⁴ke¹，fai⁴ 或 mai⁴ 是树，也可以指木材。而 mai⁴ke¹ 在泰语里也指松树。可见这个 ke¹ 才是松树的固有专名。

再如，苋菜是中国南方很常见的一种蔬菜，有全株青绿的，也有叶背和茎秆紫红色的，花序穗状，种子细小黑亮，通常在春季栽培，45—50天即可上市。壮语称此物为 pjak⁷rom¹，有 pjak⁷rom¹heu¹ 青苋菜，pjak⁷rom¹hoŋ² 红苋菜，pjak⁷rom¹wa¹ 花斑苋菜等品种。野生苋则叫 pjak⁷rom¹raːi⁵，刺苋叫 pjak⁷rom¹ʔon¹。泰语也将这种蔬菜叫作 phak²rom¹。

在广西扶绥、崇左、龙州、宁明、大新、靖西、那坡一带，有一种野生水果叫 $ma:k^7fei^2$，植物学家根据壮语的说法译其名为火果，拉丁学名 *Baccaurea ramiflora* Lour.。火果是乔木植物，高 4—10 米，阴生植物，喜湿润的环境，生长在山谷、小溪的杂木林中。每年 3—4 月开花，6—7 月有果。果串垂挂在老干上，长 20—30 厘米，果卵形或近球形，长 2—2.5 厘米，直径 1.5—2 厘米。成熟时黄红色，多汁水，味道酸甜。这一水果在云南、泰国均有出产，而且已经人工栽培。泰语傣语的名称均与壮语的 $ma:k^7fei^2$ 相同或接近。壮语的 $ma:k^7$ 是果，fei^2 是火。据植物学家介绍，说其果串成熟时远望似火色而得名。然据大新县的朋友解释，其果核内仁有治疗火伤烫伤的药用功能，果因此得名。

然不管其名因何而得，但在壮、傣、泰三种语言里说法一致，含义相同，说明三个民族早在分化之前就已熟知这一水果了。$ma:k^7$ 是水果，当是古老的词汇。人类在丛林里采集野果充饥时就应当有这一概念了。fei^2 是火，人类会使用火的历史也是很悠久的。

跟水果相关，有一个词也很值得探讨。

在马山壮语里，水果发红将要成熟就叫 $rw:n^5$。如：$lwk^8\ man^3\ \eta a:m^5\ rw:n^5\ \theta ou^1\ \varsigma ou^6\ tau^3\ \textipa{P}bat^7$！（李果刚一发红你们就来摘）！这个词也可以用在人喝酒了脸发红发热。如：$kwn^1\ ti^5\ lau^3\ le^6\ te^1\ na^3\ \varsigma ou^6\ rw:n^5$（喝一些酒了他的脸就发红）。人喝酒脸发红跟水果将要成熟而发红有形象上的近似，故两者有类比性。

$rw:n^5$ 在《壮汉词汇》中不见收录，故可以肯定这是一个不太常用的词。我在上课的时候提到泰老两国边境的石家语（θeak）有 –l 韵尾与壮语部分 –n 韵尾的字对应时，曾举了这个词读作 $rw:l^5$ 为例子。没有想到一位泰国留学生说，他的家乡泰语就有这个词。只是泰语没有 –l 韵尾，他的读音反而跟壮语接近。

此外，他还告诉我，泰语的"瞟；斜瞄"叫 $le:\eta^5$。用眼角的余光扫瞄。如姑娘走过来，斜着眼瞄人家一眼，就叫 $le:\eta^5\ \theta a:u^1$。$le:\eta^5$ 是瞟、瞄；$\theta a:u^1$ 是姑娘。壮泰的说法一致。泰语的"同意"有 $\textschwa^2$ 的说法。马山壮语也有如此之说。如：$pou^4\ ke^5\ \textipa{P}bou^5\ \textipa{P}\textschwa^2\ kou^1\ \textipa{P}bou^5\ kam^3\ ku^6$（老人不同意我不敢做）。

细细查找，这类不太常用的词目，肯定还有许多。如"盆子、瓦盆"，壮语常用的有 pun^2 或 $pa:t^7$ 两种说法。德宏傣语有 $\textipa{P}a:\eta^5$ 的说法。泰

语北部方言有 ?æ:ŋ⁶之说。似乎壮泰语之间没有什么关联。然而，宜州的壮语有 ?e:ŋ⁵，马山壮语也有 ?a:ŋ¹的说法，虽然声调不完全对应，但它们的语音面貌委实是很接近，而且词义是对应的。

再如竹篾编的菜篮，武鸣壮语是 kjoi¹，布依语也叫 tɕoi¹。德宏和版纳傣语都叫 sa⁴，泰语叫 sa³或 ka²sa³。然在马山壮语里，kjoi¹是竹篓，常指用在背后驮运东西的背篓。而菜篮子在马山却叫 θw⁴。马山与武鸣是紧挨着的邻近县份。但马山壮语的"菜篮"却与傣语、泰语接近。可见篮子叫 θw⁴、sa⁴或 sa³是很古老的。

壮、泰语的分布面宽，特别是壮语，方言分歧大，任选一个点来做比较往往会被许多不同形式的词所遮蔽。假如材料提供者的知识有局限，提供的材料就不容易构成完整对应。其实把眼光放宽，在大范围里找对应的词来作比较，就会发现，其实壮泰语之间的共性是很大的。

比如"树皮"，武鸣壮语的说法是 naŋ¹fai⁴。布依语的说法与此相同。临高语的说法是 naŋ¹dun³。版纳傣语是 nǎŋ¹mǎi⁴，德宏傣语是 pɔk⁷mai⁴。中部泰语是 plwak²ma:j⁴，北部泰语有 ka:p⁷maj³、piək⁷maj³两种说法。

fai⁴、mǎi⁴、mai⁴、ma:j⁴、maj³是树，这个词在几个民族语言里对应很整齐，应是一个古老的语支同源词。naŋ¹是皮。树皮、果皮、兽皮乃至人的皮肤都可以用。版纳傣语的 nǎŋ¹无疑是同一个词的元音变化形式。

泰语是 plwak²和 piək²也是一个对应的词。虽然它跟壮、布依、临高或版纳傣的 naŋ¹或 nǎŋ¹不对应，但壮语之中同样有相关的词与它对应。马山壮语就有 pja:k⁷表示皮、荚、壳。如：pja:k⁷jat⁸黄麻皮，pja:k⁷?da:i³苎麻皮，pja:k⁷tu⁶豆荚，pja:k⁷kjai⁵蛋壳。黄麻苎麻的外皮层富含纤维，是重要的纺织原料。这个词在武鸣读如复辅音 pla:k⁷。它应当能跟泰语构成对应，只是词义稍微发生偏移。

北部泰语的 ka:p⁷表示树皮，壮语也有互相对应的词。壮语称竹籀为 kja:p⁷kja¹，笋壳是 kja:p⁷ra:ŋ²。前者是已经干黄且将要脱落或已脱落的籀片，后者是紧裹在竹笋上的青壳。在马山壮语里，kja:p⁷还可以用来指比较厚的树皮。如 ram³fai⁴kai⁵po:k⁷kja:p⁷，砍树别剥树皮。把树皮剥掉，木材就容易干裂。木匠一般都把砍下的树留待完全自然干燥后才剥除树皮。作为外壳，kja:p⁷自然也能用在螺类的甲壳上。如 kja:p⁷θai¹螺壳，kja:p⁷pa:ŋ⁶蚌壳。可见这个词跟汉语的"甲"也可以比较。

细心观察，壮泰语之间会有很多诸如此类比较隐蔽的词尚未得到分析比较和描写。

四、历史层次的比较

　　核心词汇多是一些古老的词目。各语言发展进程不一样，演变至今，其语音面貌和词义也许会有所改变。假如我们在比较研究之际有意识地用历史眼光来进行观察，也许会发现其中蕴含着许多有价值的对应规律。

　　壮泰人民都属农耕为主业的民族。农业生产发端早，对农作物的认识与命名也表现出这种特点来。比如粟是古代一种重要的粮食作物，学名 *Setaria italica*，英语叫 foxtail millet。壮语称这一作物为 hau⁴fiːŋ³ 或 hau⁴fwːŋ³。北部泰语有 faːŋ⁴、fiəŋ⁴ 两个说法。中部泰语说法是 faːŋ¹。粟的营养价值高，有黏和不黏两种，口感很好。因这一作物耐旱，对土壤要求不高，农民喜欢在旱地里栽种。

　　另有一种类似的作物叫穄子，俗称鸭脚粟，也有说是龙爪稷，学名 *Eleusine coracana*，英语叫 regimillet，壮语称此作物为 hau⁴waŋ¹。穄子的口感不如粟，没有黏性。通常只是用来做粥。这是一种耐旱作物，人们常在缺水的小地块上栽种，以备饥荒时能有收成应急。

　　hau⁴waŋ¹ 一词在壮侗语族里有普遍对应。武鸣壮叫 hau⁴vaŋ¹，布依语是 hau⁴hɔŋ¹，临高语是 vɔŋ³，版纳傣叫 văŋ¹，德宏傣是 vaŋ¹，侗语仫佬语是 khwaŋ¹，水语和毛南语是 faŋ¹。从语音上看，这是一个对应很整齐的词。连声调都对应得很整齐。稍微不同的是临高语，读作第三调，但也还是单数调。从声母来看，其历史层次似乎可以如此排列：

khw > h > f > v（w）

　　由于粟与穄子的外形很接近，常常有人分辨不清而误以为它们同为一物。其实在壮语里它们是不同的两种作物。hau⁴waŋ¹ 米质不黏，且煮粥时米粒上常开裂有一条缝，所以它又叫作 hau⁴ʔa⁵。ʔa⁵ 即裂，开裂。俗话说，pou⁴kwːŋ⁶ kwn¹ hau⁴fwːŋ³，pou⁴pa⁴ kwn¹ hau⁴ʔa⁵，聪明人吃粟，愚蠢人吃穄，就是笑话分不清粟和穄的人。kwːŋ⁶ 是聪明能干，pa⁴ 是愚蠢笨拙。

　　同以 waŋ¹ 为名的还有稻田里的稗草 ko¹waŋ¹。稗草的学名是 *Echinochloa crusgalli*，英语叫 barnyard grass。因其籽实与穄子形似而得名。穄子的籽实虽然口感不如粟，但它毕竟是粮食，壮语把它归入粮食类而以 hau⁴

来命名。而稗草的植株叫 ko^1wan^1，其籽实叫 ce^6wan^1，这是杂草，其籽实是不用来做食品的。不谙农活或不熟悉植物特性的人，常常会把这三者混淆。从事语言研究的人若不细查，也可能被误导而张冠李戴，被同名异物或同物异名的现象所迷惑。

清儒研究汉语古音时曾提出古无轻唇音之说①。意思是一些读 f、w 声母的汉字在古代应读作 p（b）或 m 声母。邢公畹先生认为这条规律也适用于壮侗诸语。②

从"稻草"一词，我们可以看到这条规律的表现。壮语有关稻草有两个词。一个是 $na:n^3$，另一个是 $fw:n^2$。$na:n^3$ 是稻草芯，多指糯稻禾把脱粒后所余下的稻茎秆，即长稻穗的那一部分芯茎。而 $fw:n^2$ 多指带叶子的稻草全株。

单单观察壮语和泰语，并不能看出多大的差异来。因为泰语也叫稻草为 $fa:n^1$ 或 $fian^4$，这两个读音跟壮语的 $fw:n^2$ 相去不远。武鸣壮语一些地方就有 $fian^2$ 的读音。然把这个词放到整个语族中去观察，我们就会发现其读音的历史层次各有不同。

布依语的读音是 $fw:n^2$，临高语是 mun^2，德宏傣 fan^2，版纳傣 $fʁn^2$，侗语 $pa:n^1$，仫佬语 $ma:n^1$，水语 $wa:n^1$，毛南语 $fa:n^1$。按 p > m > m > f > w 排序，侗语读法当是最古的层次，接着是仫佬语，其后是临高语，在临高语之后是壮、布依、傣、泰诸语，都读 f 声母，变化最快的是水语，读作 w 声母。w 当是出现 f 之后才产生的变化。

笔者曾经提出，汉语和壮语之间有 k–、kh– 与 r– 的对应关系。③汉语的"荄"，即植物的根，壮语是 $ra:k^8$；汉语的"枯"，壮语是 ro^1；"洪"，壮语是 $ro:n^2$；"茎"，壮语是 $re:n^2$（或 $θ:n^2$）；"溪"，壮语是 ri^3；"窟"，即窝或洞穴，壮语是 $ro:n^2$。"劲"，即力气，壮语是 $re:n^2$。中部泰语的"力气"有 $khæn^5$、$ræn^1$ 两种说法，北部泰语则说 $hæ:n^4$。布依语的说法是 zen^2，德宏和版纳的傣语均说 hen^2。

泰语 $khæn^5$ 的说法显示了这条规律的可靠性。特别值得注意的是

① 李葆嘉：《清代古声纽学》，上海世纪出版股份有限公司、上海古籍出版社 2012 年版，第 17 页。

② 邢公畹：《汉台语比较手册》，商务印书馆 1999 年版，第 51 页。

③ 蒙元耀：《壮汉语同源词研究》，民族出版社 2010 年版，第 12 页。

"劲"在泰语读 kh-声母，这种特征显示，壮泰诸语的说法不像是从汉语里搬借"劲"的古音，因为"劲"在古汉语里不读送气声母。这种对应关系显示了壮泰诸语跟华夏在远古就有了某种渊源很深的联系。

从历史音变的角度看，壮侗诸语的语音发展进程是各不相同的。有些音这个语言变化得快，有些则变化慢。这可能跟各自的语言发展路径不相同有关，当然也可能跟所处的周边环境有关，或许也跟所接触的其他语言有关系。

五、结语

前边的讨论充分显示，壮泰语之间越是传统的领域其词汇的一致性就越大。特别是跟生活关系密切的领域，两个民族的词汇显示出很强的文化共性来。有些词汇的语音面貌是一致的或者是很接近的。它们的音义关系一目了然。有一些则比较隐蔽，需要用一定的功夫去挖掘才能看出它们之间存在的相互关联。这种挖掘和比较研究是一种很有趣的工作。若能深入钻研下去，相信可以理出许多互有联系的词目来，能把壮泰语乃至整个语支或整个语族的语言面貌厘清。总之，这是一个很值得关注的领域。

参考文献

1. 梁敏、张均如：《壮侗语族概论》，中国社会科学出版社 1996年版。

2. 泰国玛希隆大学语言文化研究所与中国中央民族大学侗台语研究所：《壮侗语族语言词汇集》，泰国玛希隆大学，1996 年版（括号内为壮语和泰语的音标。斜线号前为壮语，后为泰语。本文的泰语和其他壮侗语族语言的说法皆引自此书。壮语马山方言为笔者的母语）。

3. 李葆嘉：《清代古声纽学》，上海世纪出版股份有限公司、上海古籍出版社 2012 年版。

4. 邢公畹：《汉台语比较手册》，商务印书馆 1999 年版。

5. 蒙元耀：《壮汉语同源词研究》，民族出版社 2010 年版。

本文原载于《广西民族大学学报》2015 年第 3 期

从词汇比较看壮傣民族分化前的
共同稻作文化形态

李锦芳* 赵美芳

【摘 要】台语支民族有共同的历史来源，是中国、东南亚有影响的一个族群，但是由于缺少文献记载，其早期历史非常不明晰，语言比较分析成了重构这个族群早期历史的重要方法。壮族、傣族是台语支族群两个重要的民族，通过词汇比较发现，壮、傣民族分化前就创造了发达的稻作文明，在稻田和水利建设技术、水稻育秧栽培技术、稻米加工利用技术以及由此衍生发展的畜牧、建筑村落以及节庆信仰等领域已与现代传统农村相差无几，可以说壮、傣民族分化前已经具有比较发达的以稻作文化为特征的农业社会文明。比较分析壮、傣民族早期共同稻作文化形态对进一步认识台语支诸民族历史文化源流关系有重要意义。

【关键词】壮族；傣族；语言比较；稻作文化；古代文明

侗台语族诸民族是古百越的重要遗裔，分台、侗水、黎、仡央4个支系，包括壮、布依、岱侬、傣、泰、老挝、掸等的台语支民族是其中分布最广、人口最多的支系，约有9000多万人，是中国、东南亚乃至世界上有影响的一个族群。但是由于缺少文献记载，她也是世界上一个少见的分布地域宽广、人口众多，却又早期历史十分不明晰的族群，最早的傣、泰文献也只有数百年历史。"我们的语言就是我们的历史"（德国语言学家、童话作家格林语），语言比较分析成了重构这个族群早期历史的重要

---

* 作者简介：李锦芳（1963— ），壮族，广西田林人，中央民族大学二级教授，博士生导师，国务院政府特殊津贴专家。赵美芳（1984— ），阿昌族，云南腾冲人，中央民族大学硕士研究生。

手段。

台语支民族较早掌握了水稻栽培技术，得以强健身体、繁衍人口，也因此而外迁、扩展居住范围，乃至建邦立国。有西方学者指出台语支民族因喜食大米而热血好斗，有扩张性格，从华南一带不断往西扩张。我们认为这句话只说对了一半，喜食大米不错，但并不会因此而令人好斗，台语支民族扩展居住地域是因为水稻种植能提供较多的优质粮食（大宗粮食中稻米蛋白质含量高，营养结构最优），人口得以繁衍，从而外出寻求新的稻田，而且这种外迁多半是以稻农自发的、缓慢的迁徙为主，其历史甚至延续到民国时期，1999 年我们在云南红河州屏边苗族自治县调查时发现有部分壮族自称系民国时期由广西迁来的。由华南两广地区至印度阿萨姆邦，东西向绵延数千里，台语支民族现今的分布格局基本上就是由于稻农 1000 多年间不断外迁寻求新稻田而形成的。最新，也就是最靠西的迁移地阿萨姆地区的台语民族（从今德宏一带的古勐卯国西移）就形容他们居住的新家园为"百万金色稻田之地"，可惜他们在相当于明朝时期建立起的邦国后来被英殖民者占据，之后又拱手交给印度。

台语支民族的文明史根系于稻作文化，稻作文化系其文明的核心。按语言划分，台语支民族可分为北支（北部壮语、布依语地区）、中支（南部壮语、越南北部岱依语地区）和西南支（傣、泰、老、掸等）三个支系，通过比较壮语（代表北支和中支）、傣语（代表西南支）稻作文化词汇，可以看到这两个民族分化前以稻作文化为代表的基本文化形态，这同时也是这个台语支民族早期文化形态的一个缩影。

国内外诸多学者从考古发现、史料记载、语言和史诗等角度来研究得出这样的结论：壮族和傣族的先民——古越人是中国最早将野生稻驯化为栽培稻的民族。1995 年"在壮族强大的苍梧部落故地湘东南道县紧靠广西边境的寿雁镇玉蟾宫，发掘出了四粒炭化稻壳，兼具了野生稻和人工稻混合特征，说明为驯化不久的栽培稻，初步测定为 12000 年。后来经国家文物局再次测定为 18000 年到 22000 年"①。这是迄今发现的年代最早的栽培稻。道县不仅在古代越人活动的区域内，更是古代壮族祖先中强大的部落苍梧部的领域。1922 年，黄惠焜先生指出："亚洲栽培稻起源从中国

---

① 梁庭望：《壮族的稻作文化和社会发展探索》，载李锦芳主编《壮语言文学探索——纪念壮语言文学学科重要开创者张元生教授》，中央民族大学出版社 2009 年版，第 304—305 页。

浙江、福建、江西、台湾、广东、广西、云南到中南半岛越南北部、缅甸北部（主要是掸邦）、老挝北部、印度阿萨姆邦这一广阔的弧形地带。"①这一"弧形地带"是古代百越人的活动地区，今天壮族和傣族人民居住生活的地域——广西、云南正好处于这个弧形地带的中心区。"栽培稻的起源地应该就是壮侗语族原始居民的家园"②，"壮傣语诸民族是最早驯化野生稻为栽培稻的民族"③。梁庭望教授指出壮族先民是我国乃至世界上最早发明水稻人工种植的民族④。李锦芳用语言学的方法，采用了丰富的台语支和仡央语支材料，结合白保罗的澳泰语假说，证明了"东亚地区只有侗台、南岛、朝鲜语的水稻词能构拟出原始形式"，并推测出"侗台—南岛语'稻'形式最古老，这一系的先民可能是中国最早的植稻者"。时间在 7000 年以前。⑤ 可见，壮傣先民具有悠久的稻作文化历史。

　　本文主要以我们调查记录的稻作文化词汇为依据，比较分析壮语四个方言点（广西田林定安和东兰代表北部方言、大新下雷和云南广南代表南部方言）和傣语（水傣代表西双版纳方言、花腰傣代表红金方言、腾冲代表德宏方言）三个方言点相关词项的同源关系和差异（另有其他方言点参照，包括大新雷平壮语、云南马关黑傣语等），来重构壮族和傣族早期共同稻作文化形态及后来各自的发展情况。我们参考李方桂先生的理论来构拟原始台语形式⑥，以说明壮傣语各词项的演变情况（一些古今、现代语言方言之间差异不大的词则不一定给出原始形式）。通过词汇比较，我们发现壮、傣民族分化前就创造了发达的稻作文明，在稻田和水利建设技术、水稻育秧栽培技术、稻米加工利用技术以及由此衍生发展的畜牧、建筑村落以及节庆信仰等领域已与现代传统农村相差无几，可以说壮、傣民族分化前已经具有比较发达的以稻作文化为特征的农业社会文明。比较分析壮、傣民族早期共同稻作文化形态对进一步认识台语支诸民

----

① 黄惠焜：《从越人到泰人》，云南民族出版社 1997 年版，第 19—21 页。

② 游汝杰：《从语言地理学和历史语言学试论亚洲栽培稻的起源和传布》，《中央民族学院学报》1980 年第 3 期。

③ 高立士：《西双版纳傣族传统灌溉与环保研究》，云南民族出版社 1999 年版，第 56 页。

④ 梁庭望：《栽培稻起源研究新证》，《广西民族研究》1998 年第 3 期。

⑤ 李锦芳：《中国稻作起源问题的语言学新证》，《民族语文》1999 年第 3 期。

⑥ Li Fang Kuei, 1977. A Handbook of Comparative Tai, Oceanic Lingguistics Special Publication No. 15. Honululu；University Press of Hawaii.

族早期历史及其文化源流关系具有重要意义。

一、稻田和水利建设

台语支民族号称"水的民族"，其原因正是他们以水稻栽培为主要经济来源，离不开水。壮族、傣族先民在野外采集野生稻谷的过程中，逐渐掌握了稻谷的生长规律，把野生稻谷培育为栽培稻，筑田种植，从望天等待到凿渠引水调节灌溉，逐步学会稻田建设管理。壮语、傣语关于稻田、水利方面的共同词如[①]：

	田	田畴/田坝	田坎	田口	水渠	水槽	水坝
定安壮	na^{35}	$toŋ^{55}$	（han^{35}）	$toŋ^{22}$	$pjuuŋ^{33}$	lin^{35}	$waai^{24}$
东兰壮	na^{213}	—	（han^{22}）	—	$moŋ^{42}$	—	$waai^{42}$
下雷壮	na^{31}	$tuŋ^{33}$	te^{21}	$taŋʔ^{31}$宁明	$miŋ^{53}$	—	$phaai^{53}$
广南壮	na^{33}	$toŋ^{31}$	te^{33}	$taaŋ^{42}$	$məŋ^{13}$	lin^{33}	$phaai^{24}$
水傣	na^{31}	$tuuŋ^{33}$	te^{31}	$taaŋ^{11}$	$məəŋ^{55}$	$ʔdin^{31}$	$faai^{55}$
花腰傣	na^{55}	$taŋ^{33}$	te^{51}	$taŋ^{51}$	—	lin^{55}	$faai^{33}$
腾冲傣	na^{42}	$toŋ^{33}$	te^{42}	—	$huaŋ^{33}$	$linA^2$	$faai^{11}$
原始台语	*na	*doŋ	*de	*daŋ	*hm-	*lin	*vai

从以上共同词看，壮傣先民已有能力开垦较大片的稻田，称为 toŋ 等，而且为便于分块管理，以坎儿分割之，称为 te 等，定安、东兰壮语已被汉借词 han "坎"（韵尾 - m 转为 - n 较特别）替换。壮、傣、泰、老等都以 laai 为田的面积的计算单位，小于汉语的"亩"，可见很早的时候就通过统一计量单位来管理稻田分配、生产。有趣的是，从广东到东南亚，遍布"那（纳、糯）某"地名，这正是台语"田"的音译，古今台语支民族活动的地区都有此类地名，他们广开稻田并赋予各种各样的名称，但均以"那"统称之。而较多的"洞某"或"某洞"地名并不一定

---

① 本文资料来源：广西田林定安壮语、大新雷平壮语、云南广南侬支系壮语、水傣、马关黑傣、花腰傣来自 2000—2002 年中央民族大学、美国北伊利诺大学和得州大学台语民族稻作文化研究课题组调研成果（李锦芳主记），广南侬支系壮语又经由母语人侬常生（中央民族大学在读硕士研究生）核对补充。腾冲傣语由赵美芳（母语人，中央民族大学在读研究生）提供，东兰壮语由韦远益（母语人，中央民族大学在读硕士研究生）提供。西双版纳傣语引自喻翠容、罗美珍编著《傣仂汉词典》，民族出版社 2004 年版。

是指山洞、地洞，而常常是台语"田垌"tɔŋ 的译音（早期读音为浊声母 d－，汉语文献常见以浊声母定母字洞、峒、垌等对译）。

水稻种植的基本条件是水源的保证，水的来源有两方面：一是雨水，二是引用河湖池塘之水。光靠雨水显然不能保证正常灌溉，壮傣先民已经发明了较完备的引水灌溉稻田技术，一方面是以竹槽、木槽引用较少量的水来灌溉较小面积的稻田，另一方面动用大量人力物力筑坝凿渠引大量的水源来灌溉大面积的稻田。田块之间修出入水口以更好地利用水资源。水利系统的开发管理利用实际是社会、人力资源的开发管理和利用，有助于一个社会的成熟发展，台语支民族的社会发展非常得益于稻田的灌溉系统建设。"水渠"原始台语声母为清鼻音＊hm－，腾冲傣演变为 h－；"水槽"水傣的声母 ʔd－与其他的 l－对应；"水坝"各点声母均来自原始台语＊v－。这些词项壮语傣语同源。

二、水稻栽培技术手段

壮族、傣族居住的环境气候适宜，雨水丰沛，土壤肥沃，非常适宜稻谷的生长，每年可以种双季，甚至三季，词汇中有早稻、中稻、晚稻之分，有的方言区的称谓也大致相同或相近，比如早稻：广南壮 khou³³ tsou³¹，水傣族 hau³³na³³tsau³³；晚稻：广南壮大 khou³³la³³，黑傣族 khau³¹ la³¹，腾冲傣族 hau³¹la³¹。说明分化前的壮傣先民至少是学会了栽培双季稻的。

壮语和傣语对"稻子"相关词的称为是一致的，有的只是语序上稍有差别，如：

	稻种	稻草	稻秧	稻粒	稻谷	谷穗
定安壮	hau²²hɔu²⁴	fωωŋ³⁵	tɕa³³	nat³³	hau²²kok³¹	lωωŋ⁴²hau²²
东兰壮	hau²²hon⁴²	fωŋ²⁴	tɕa⁴⁵	nat³³	hau²²kak³³	jωŋ⁴²hau²²
下雷壮	khau³⁵fan³¹	faaŋ²¹	kja³⁵	mat²¹	khau³⁵kɔk³³	lωŋ²¹khau³⁵
广南壮	khau²²fan³³	faŋ³³	tsa²²	met⁵⁵	khau²²kak²¹	luŋ²²khau²²
水傣	fan³³khau³¹黑傣	fəŋ³¹	ka³³	met³³	hau¹¹bək¹³	hoŋ³¹hau¹³
花腰傣	khəu¹¹fan⁵⁵	faŋ⁵⁵	ka¹¹	—	—	hoŋ³³khau³¹黑傣
腾冲傣	fan⁴²hau⁴²	fəŋ⁴⁴	ka³¹	met³³	hau³¹pɛk³³	—
原始台语	＊hv－	＊v－	＊kla	＊mlet－	＊kl－	＊hr－

秭草均为 waaŋ 或 vaŋ 之类。糠，壮、傣多为 ham、xam、lam 或者 ɬam 等形式，是同源词。壮傣都有粗糠和细糠之分，但说法差别很大，可能是分化后各自区分利用粗糠、细糠。下雷壮和西傣"粗糠"均为 kɛɛp，但都来自"谷壳"一词。通过这些同源词能看出，稻作生产在慢慢发展成型，已经从野生稻过渡到栽培稻，为了提高产量壮傣先民们知道择良种来播种，学会育秧栽培，能辨别稻秧和没有用的秭草。稻子脱粒后，把谷粒去壳，产生米糠，说明这已经不是一个简单原始的手工剥壳过程，有专门去壳工具，生产力达到一定的水平。

壮傣和傣族田间劳作的耕作方式、过程相似，相关词汇部分相同或相近，反映壮傣先民经过了长期的实践活动、经验积累，早期水稻种植已经比较复杂精细。例如：

烧田：定安壮 çut^{24} na^{35}，广南壮 tçit^{55} na^{33}，水傣 tçi^{55} na^{31}；泡田：定安壮 çe^{55} na^{35}，东兰壮 çe^{31} na^{31}，下雷壮 çe^{33} na^{31}，广南壮 tçe^{11} na^{33}，水傣 tçe^{33} na^{31}，黑傣 tçe^{31} na^{33}，腾冲傣 tçe^{33} na^{42}；晒田：定安壮 taak^{31} na^{35}，腾冲傣 taak^{33} na^{42}；铲（田埂）：雷平壮 tshɔ^{24}，广南壮 tshɔ^{22}，腾冲傣 tça^{31}；选种：雷平壮 lɯɯk^{33} fan^{31}，下雷壮 lik^{33} fan^{21}，广南壮 lɯk^{31} fan^{33}，水傣 lək^{33} fan^{33}，黑傣 lək^{11} fan^{33}，花腰傣 lɯ^{11} fan^{55}；浸泡（种子）：东兰壮 çe^{31}，雷平壮 çe^{33}，广南壮 tçi^{31}，水傣 tçee^{33}，黑傣 tçe^{31}，花腰傣 tçɛ^{11}，腾冲傣 tçe^{33}；发芽：定安壮 ok^{31} ŋaat^{55}，雷平壮 ɔɔk^{33} ŋa^{31}，水傣 ɔk^{33} hak^{33}，黑傣 ɔk^{11} nɔk^{33}，腾冲傣 ʔok^{33} ŋɔk^{33}；薅田：定安壮 ʔdaai^{24} na^{35}，广南壮 ʔdaai^{24} na^{33}，水傣 wai^{35} na^{31}，黑傣 ʔbaai^{33} na^{33}（原始台语＊ʔblai）。

为培育水稻，获取更高产量而发展出来的更精细一些的稻作生产环节则是两个民族分化后出现的，相应的词语不相同。例如：

剪秧根：定安壮 tat^{24} laak^{55} tça^{33}，广南壮 tet^{55} lak^{31} tsa^{22}，水傣 djak^{33} haak^{33} haau^{35}，花腰傣 kak^{33} kak^{11} tçam^{55}，腾冲傣 tçim^{33} jak^{33} kaak^{33}；插秧：定安壮 ʔdam^{24} na^{35}，东兰壮 ʔdam^{42} tça^{45}，广南壮 ʔdam^{24} na^{33}，水傣 ʔbuk^{33} na^{31}，西傣 puuk^{35} na^{51}；肥料：东兰壮 pun^{31}，下雷壮 fei^{31} liau^{35}，广南壮 phun^{13}，水傣 hi^{11} fən^{13}，黑傣 fən^{11}，花腰傣 fun^{35}，西傣 fuun^{35}，腾冲傣 fəi^{31} liau^{11}；打谷：东兰壮 faat^{22} hau^{22}，下雷壮 faat^{33} khau^{35}，广南壮 fet^{55} khau^{22}，水傣 po^{33} hau^{13}，黑傣 po^{35} khau^{31}，花腰傣 pok^{31} khəu^{11}，腾冲傣 phiu^{31} hau^{31}。

早期较粗放时抛秧种植，并不插秧，现在又回归抛秧办法，"插秧"

一词明显壮、傣语说法不同，可能二者分化后才采用插栽办法。"肥料"均为汉借词，借自汉语"粪、肥料"，显然较晚才由汉族地区传入施肥育稻办法。"打谷"说法不同，显示了壮、傣地区不同的脱谷粒手段，壮族地区采用效率较高的将稻把摔打到谷桶集收的方式，而傣族仍多使用传统的平铺棍击法。

犁田、耙田是两项重要的水稻耕作基本程序，壮傣关于"犁"的说法很一致，而关于"耙"的说法很有意思，定安、武鸣代表的北部壮语自称一派，龙州等南部壮语则与傣语相同。说明台语民族各支很早就共同掌握犁田技术，而南北壮语区各自产生耙田技术，后来傣族先民迁出桂南一带时带走这项技术并一直沿用。

犁：定安壮 çwai²⁴，东兰壮 çai²⁴，广南壮 thai²⁴，水傣 thai³³，黑傣 thɯ³³，花腰傣 thəi³⁵，腾冲傣 thaai²⁴，西傣 thai⁵⁵；

耙：定安壮 lwaau³¹，武鸣壮 raau³⁵，龙州壮 phɯ³³，靖西壮 phi⁵³，广南壮 phəu¹³（手扶）、ʔban¹³（人站上），黑傣 phə³⁵thjak³³，水傣 phek³⁵。

壮族和傣族在田间劳作和稻谷加工工具及渔具基本相同，都有背篓、篮子、扁担、桶、簸箕、镰刀、禾剪、刀、斧子、打谷桶、锄头、鱼篓（背的）、鱼篓（套鱼的）等。其中有的说法相同，说明双方分化前已经使用。说法不同的系分离后各自产生或借鉴汉族地区。说法相同的如：背篓：定安壮 çaŋ²²，雷平壮 ɬɔŋ²⁴，腾冲傣 juan³³，西傣 sɔɔŋ⁵¹⁻；篮子：定安壮 ɬuu³⁵（笼子）、çoŋ³³（鸡笼），水傣 hɔn¹³，黑傣 sɔŋ³³，腾冲傣 suaŋ⁴²；扁担：东兰壮 haan²⁴³，下雷壮 kaan²¹，广南壮 ‐ kaan³³，水傣 ‐ kaan³¹，黑傣 kaan³³，花腰傣 ‐ kan³⁵，腾冲傣 kaan³³；簸箕：东兰壮 jaŋ⁴²，雷平壮 nɔŋ²⁴，下雷壮 ʔduŋ³⁵，广南壮 ʔdɔŋ²²，水傣 luŋ¹³，花腰傣 luŋ³⁵，腾冲傣 luŋ³¹；砍刀：定安壮 ça²²，下雷壮 pja³⁵，水傣 faa³¹，腾冲傣 pha⁴²，西傣 pha¹¹；尖刀：定安壮、东兰壮 mit³³，广南壮 mit³¹，黑傣 mit⁵⁵；斧子：定安壮 vaan²⁴，东兰壮 vaan⁴²，广南壮 khan¹³，水傣 ‐ kaan³³，黑傣 xaan³⁵，腾冲傣 ‐ khan¹³（原始台语 * xwan）。

说法不同的如：鱼篓（套鱼的）：定安壮 ɬai³⁵，东兰壮 tçaai²⁴³，广南壮 tçhe²⁴，水傣 muŋ¹¹ sum³⁵，黑傣 sei⁵⁵ pa³³（可能借自马关壮语），花腰傣 çin³⁵ çon¹¹ pa³³；鱼篓（背的）：定安壮 lwəŋ²⁴，雷平壮 hwɔŋ³⁵，下雷壮 khiŋ⁵³，水傣 moŋ¹¹ pa³³，黑傣 moŋ³⁵ pa³³，花腰傣 muŋ³⁵ pa³³，腾冲傣 moŋ³³ tau¹¹，西傣 mooŋ⁵⁵；镰刀：东兰壮 liim²⁴³，雷平壮 liim²¹，广南壮 xin³¹，水

傣 xeu^{31}，黑傣 xiu^{33}，花腰傣 hiu^{51}，腾冲傣 khiu^{33}；（东兰、雷平借自汉语"镰"）锄头：东兰壮 kuuk^{22}/kɯa^{31}，下雷壮 kuuk^{33}，广南壮 bai^{13}，水傣 xɔ^{35}，黑傣 ho^{35}，花腰傣 ho^{35}，腾冲傣 xo^{24}（东兰、下雷借自汉语"钁"）。

与稻作经济密切相关的一些小动物壮傣语同源，这也是从一个侧面揭示了双方早期共同的稻作文化生态：蟹：东兰壮 pau^{42}，雷平壮 pu^{55}，水傣 pu^{33}，黑傣 pu^{33}，腾冲傣 pu^{33}；螺：东兰壮 θai^{42}，雷平壮 hɔɔi^{35}，水傣 huai^{33}，黑傣 hɔi^{24}，腾冲傣 huai^{24}；蝌蚪：定安壮 – haak^{55}，水傣 – hok^{33}，花腰傣 – huk^{11}，西傣 – hɔɔk^{33}；蚂蚱：定安壮 tak^{24}，东兰壮 tak^{55}，水傣 thak^{33}，黑傣 tak^{11}，花腰傣 tak^{11}；水蚂蟥：东兰壮 piŋ^{42}，雷平壮 piŋ^{55}，水傣 – piin^{33}，黑傣 piŋ^{33}，腾冲傣 piin^{33}，西傣 piiŋ^{55}；旱蚂蟥；定安壮 tɯk^{24}（蚂蟥总称），东兰壮 tak^{55}，下雷壮 taak^{33}，水傣 tak^{13}，西傣 taak^{33}。

三、稻米加工利用技术

东汉许慎在《说文解字》中关于"耗"字的解释是："耗，稻属，从禾，毛声。伊尹曰：'饭之美者，玄山之禾，南海之耗'。呼道切。"许多学者认为"耗"是在远古时代对南方古越人对稻的称谓"hau"之类音译过来的汉字。伊尹是商朝的臣子，可见壮傣先民古越人的稻米美食历史悠久，早已名声远扬。现代壮傣语"稻"的读音仍然为 hau、xau、ɣau 这一类，粮食、稻谷、米、米饭等统称为 hau，并以此主食统称粮食，作为各类粮食的大类名。

壮族和傣族都以稻米作为主食，一日三餐不能无米饭，并且善于用稻米作为原料加工制作出一系列独具壮傣民族特色的副食品，如米酒、粑粑、粽子、米糕、米粉（圆的）、米粉（扁的）、锅巴、米面、爆米花等。这些美食通常是壮傣民族用来作为节庆、祭祀祖先、从事宗教活动和红白喜事等场合招待宾客的美味佳肴。稻米和由稻米加工制成的美食成为壮傣民族饮食文化的重要部分。壮语、傣语部分相同的米食的读音如下：

糍粑：东兰壮 çi^{243}，雷平壮 çi^{31}，下雷壮 çai^{21}，西傣 tsi^{35}；（借汉语"餈"）粽子：雷平壮 khau^{24}tom^{24}，水傣 xau^{11}tɔm^{31}，西傣 xau^{13}tuum^{13}；锅巴：定安壮 hau^{22}hem^{33}（煳饭），黑傣 khau^{31}khɛm^{31}，水傣 xau^{11}hem^{33}mɔɔ^{13}，腾冲傣 hau^{31}tçhɛm^{24}，花腰傣 khəu^{11}khəm^{11}；爆米花：雷平壮 khau^{24}pu^{55}phɛɛk^{55}，广南壮 khau^{22}thɔk^{21}，黑傣 khau^{31}pɔk^{33}，西傣 xau^{13}

tɔɔk³⁵（原始台语 * prek）。

壮、傣三餐均有专名，但由于历史演变已经互有交叉，一方的中饭可能是另一方的晚饭。

早饭：东兰壮 ŋaai²⁴³，雷平壮 çau²⁴，黑傣 tsau³³；

午饭：东兰壮 liiŋ²⁴³，雷平壮 ŋaai³¹，黑傣 ŋaai³³，西傣 ŋaai⁵¹；

晚饭：东兰壮 çau²⁴³，雷平壮 çau³¹，下雷壮 pjɛu³¹，广南壮 pau³³，黑傣 phau³³，水傣 liaŋ³¹，西傣 lɛɛŋ⁵¹。早期共同读音如 * prɛu。

壮傣民族米酒酿造历史悠久，在壮傣语各个方言里酒的称谓是一致的：定安壮 lau³³，东兰壮 lau⁴⁵，下雷壮 lau⁵⁵，水傣 lau¹¹，黑傣 lau³¹，花腰傣 lo¹¹，西傣 lau¹³，腾冲傣 lau³¹。关于壮傣先民酿制美酒，以酒待客的传统中外史料都有记载。《马可·波罗游记》载："他们的米酒用米酿制，掺进多种香料，是一种上等的酒品。"钱古训《百夷传》载："次进饭，次进酒馔；酒或以杯，或以筒……酒与食物必祭而后食……酒初行，一人大噪，众皆合之，如此者三，乃举乐。"① 这种饮酒娱乐方式今傣、壮民间仍可常见。可见壮傣民族的米酒不仅历史悠久，而且名声远扬海外。

壮傣有关稻米加工利用的工具和动作过程名称也有不少一致之处，反映了双方分化前的相似稻米加工利用技术：

臼：龙州壮 kjuk³²，广南壮 tsɔk⁵⁵，西傣 xox³³，德宏傣 xok⁵³；杵：武鸣 saak³⁵，广南壮 sak²¹，西傣 saak³⁵，德宏傣 saak¹¹；坛子：东兰壮 ʔoŋ³¹ ʔbon⁴⁵，腾冲傣 ʔoŋ¹¹/ʔɛŋ¹¹；（共同借自汉语"盎"）筷子：东兰壮 taɯ³¹，下雷壮 thou³³，广南壮 thu²¹，腾冲傣 thu²⁴，水傣 thu¹³，西傣 thu³⁵；（共同借自早期汉语"箸"）（饭）锅：定安壮 mo³³，下雷壮 mɔ²²，广南壮 mɔ²²，水傣 mo¹¹，黑傣 mo³¹，腾冲傣 mo¹¹；甑子：定安壮 lai²⁴，东兰壮 jai⁴²，广南壮 tshai²⁴，水傣 haai⁵⁵，黑傣 hai³⁵，腾冲傣 hai²⁴；（原始台语 * hlai）筛子；定安壮 laŋ²⁴，东兰壮 jaŋ⁴²，下雷壮 khjaŋ⁵³，广南壮 –xaan²¹/，黑傣 khan³⁵，腾冲傣 khəŋ²⁴ –，西傣 xωŋ⁵⁵；（原始台语 * klɛŋ）蒸（米饭）：东兰壮 naŋ⁴⁵，广南壮 naŋ²²，西傣 nωŋ¹³，腾冲傣 nωŋ³¹；春（米）：东兰壮 tam⁴²，下雷壮 tam⁵³，广南壮 tam¹³，黑傣 tam³³，花腰傣 tam⁵⁵，腾冲傣 tam³³，西傣 tam⁵⁵。

---

① 转引自梁敏、张均如《侗台语言的系属和有关民族的源流》，《语言研究》2006 年第 4 期。

以上壮傣语相关称谓较一致，说明分化前普遍使用甑子蒸食大米，另外食用食品时也不再用手抓，而是使用比较文明卫生的方法，用筷子夹食物（今老挝等一些台语支民族在食用糯米饭时仍以手取用）。

四、畜牧和经济作物栽培

掌握了较先进的稻作技术，再辅以更传统的野外植物采集和渔捞作业，壮傣民族分化前就得以利用较充足的饲料来饲养家畜，产生了以饲养水牛、黄牛和猪为主（后来又出现了马）的畜牧业，畜牧业的发展反过来又推进了壮傣民族生产力的提高和社会的发展。水牛用来耕田犁地，早先南方没有马，黄牛就可以用来驮东西，还可以食其肉，也可以犁耕旱地。家养的猪也算是水稻种植的转化物，稻谷去壳后产生的糠、碎米和煮饭时产生的米汤等都具有较高的营养价值，可以用来喂猪，另外，在田间劳作时也可以将一些有营养的杂草带回家喂猪。水牛、黄牛、猪在壮傣语里同源：

水牛：东兰壮 vai^{243}，下雷壮 $waai^{31}$，广南壮 wai^{33}，花腰傣 hai^{55}，腾冲傣 $khai^{42}/hai^{42}$，西傣 $xwaai^{51}$，水傣 $kaai^{33}$；（原始台语 $*\gamma wai$）黄牛：雷平壮 $mɔ^{21}$，下雷壮 $mɔ^{31}$，广南壮 mo^{33}，水傣 ho^{31}，腾冲傣 $ŋo^{42}$（源于原始台语 $*hmo$）猪：雷平壮 mu^{35}，下雷壮 mou^{53}，广南壮 mu^{35}，花腰傣 mu^{35}，腾冲傣 mu^{24}，水傣 mu^{11}，西傣 mu^{55}。

壮傣民族早就学会驯养水牛耕田，相关驯牛技术相同：

牛轭：定安壮 ek^{31}，下雷壮 $ɛɛk^{33}$，广南壮 ek^{21}，黑傣 iak^{11}，水傣 iek^{13}，花腰傣 jak^{33}；（不排除共同借自汉语"轭"）牛鼻环：定安壮 $nɐu^{35}$，下雷壮 $ɛɛk^{33}$，水傣 $liau^{33}$；驯（牛）：定安牛 $hɔk^{24}$，东兰壮 vak^{55}，腾冲傣 $fɯk^{33}$，水傣 $fɯk^{55}$；牛圈：定安壮 $çɔk^{24}$，水傣 $hɔk^{55}$，腾冲傣 $khok^{33}$。

经济作物的种类是稻植的重要补充，尤其是作为副食的薯芋蔬菜的种植历史悠久。壮语傣语的圆子及相关作物名称十分一致，壮傣民族美食"菌子"说法相同，说明很早就食用：

园子：东兰壮 $θɯn^{42}$，雷平壮 $ɬun^{35}$，广南壮 $sɔn^{24}$，水傣 sun^{33}，腾冲傣 sun^{24}，西傣 $soon^{55}$；薯：定安壮 man^{35}，雷平壮 man^{31}，广南壮 man^{33}，水傣 $maan^{31}$，腾冲傣 $maan^{42}$，花腰傣 man^{33}；芋：东兰壮 $pjɯɯk^{22}$，下雷壮 $phiik^{33}$，广南壮 $phik^{21}$，水傣 $phək^{13}$，腾冲傣 $phək^{23}$，西傣 $phəək^{35}$；茄子：东兰壮 $kɯ^{243}$，广南壮 $kɯ^{33}$，水傣 xa^{55}，腾冲傣 $khə^{24}$，花腰傣 khe^{55}；（可

能共同借自汉语"茄")苋菜：定安壮 pjek²⁴ lɔm²⁴，广南壮 pek⁵⁵ xam²⁴，黑傣 phak⁵⁵khau³¹ xam²⁴，水傣 fak⁵⁵ hɔɔŋ⁵⁵，腾冲傣 phak³³ laŋ³³；芝麻：东兰壮 lɯk³³la²⁴³，雷平壮 ŋai³¹，下雷壮 ŋa³¹，广南壮 laaŋ³¹ tsai²¹ ŋa³³，水傣 ŋa³¹lɔ³⁵，黑傣 ȵa⁵⁵，花腰傣 ȵa³³，腾冲傣 ŋa⁴²，西傣 ŋa⁵¹lɔ³⁵；菌子：雷平壮 wɛɛt³³，广南壮 xet⁵⁵，水傣 het³³，腾冲傣 het³³。

玉米、高粱、小米、小麦都是从其他民族地区引进的作物，壮族和傣族对它们的叫法都各不相同，说明这些作物进入壮傣地区时两个民族已经分离。玉米明末清初才传入壮傣地区。小麦、高粱是中国北方的作物，引进时间晚，小麦基本直接借用汉语读音。

五、建筑与村落

壮族和傣族自古繁衍于亚热带地区，潮湿闷热，很早就发明了应对气候的住宅——干栏（高脚屋），现代傣语关于"房子"一词均来自"干栏"：定安壮 laan³⁵，东兰壮 laan²⁴³，下雷壮 lun³¹，广南壮 lun³³，水傣 hən³¹，花腰傣 hɯn⁵⁵，西傣 - ləən⁵¹。来自古音 * kran。（上古汉语记作"干栏"）壮傣语关于一些房屋结构、建筑材料的名称如柱子、门、梁等也同源。

在壮语和傣语里村寨的说法是一致的，如东兰壮 ʔban⁴⁵，雷平壮 maan²⁴，下雷壮 ʔbaan³⁵，广南壮 ʔbaan²²，水傣 maan¹³，黑傣 nə³³ ʔbaan³¹，腾冲傣 man³¹，西傣 ʔbaan¹³。壮语和傣语里的城市（大地方）也是对应的，如定安壮 pωωŋ³⁵，东兰壮 pωŋ²⁴³，广南壮 məŋ³³，腾冲傣 mωŋ⁴²。这说明水稻的种植结束了壮傣先民们"刀耕火种"并在短时间内频繁迁徙的生活状况，需要他们在能够种植水稻的环境里安营扎寨，建立村社，社会经济的发展促使小的聚落慢慢扩大，发展成城市。于是我们可以推测出壮族和傣族可能是在大的聚落发展成城市以后才开始分化的。

壮族以稻作为主要经济形式，依稻田筑干栏而居①傣族亦如此，稻作

---

① 覃彩銮：《壮族干栏文化》，广西民族出版社 1998 年版，第 11 页；张公瑾主编：《语言与民族物质文化史》，民族出版社 2002 年版；倪大白：《侗台语概论》（修订版），民族出版社 2010 年版；梁庭望：《壮族文化概论》，广西教育出版社 2000 年版；梁敏、张均如：《侗台语族概论》，中国社会科学出版社 1996 年版；刀乘华、蔡荣男：《傣族文化史》，云南民族出版社 2005 年版；覃乃昌：《壮族稻作农业史》，广西民族出版社 1997 年版；游修龄：《中国稻作史》，中国农业出版社 1995 年版。

的发展使得壮傣民族不断筑造新的干栏，不断涌现新的村落，人口不断繁衍，社会不断进步，直至出现城市。从"稻田、干栏（房子）"到"村庄、城市"，这些词语的对应同源充分证明了这一点，并且说明双方未分化时即已经产生了较大的经济文化和政治中心聚落，即古代城市，傣族所属的西南台语支民族还不断在此基础上建立邦国，近几百年来出现了一些古代和现代国家。

六、节庆、信仰

壮族和傣族还有关于水稻的共同节目——新米节，也叫"尝新米"的说法很相近，如东兰壮 çim²⁴³ hau²² mo⁵⁵，下雷壮 kɯn⁵³ khau³⁵ mai³³，广南壮 tçin²⁴ khau²² maɯ²¹，水傣 luai¹¹ hau³³ mai⁵⁵，腾冲傣 kin³³ hau³¹ mau¹¹。说明水稻文化已经比较发达，上升到节日文化的层次。

壮族和傣族有不少近似的与水稻种植、滨水文化相关的习俗信仰，有的演变为固定的节庆或信仰仪式，如祭祀水神节、敬牛节、祭祀谷魂等。傣语、南部壮语"鬼神"均称 pi 或 phi，水神或龙称谓也相近：定安壮 ŋɯωk⁵⁵，水傣 nak³³，花腰傣 ȵək¹¹，腾冲傣 phi²⁴ ŋək³³，西傣 ŋək³³。

七、结语

傣族和其他西南台语支民族的文化形态尤其是语言与南部壮语方言、越南北部岱侬语构成的中部台语区最为接近，西南台语支民族应该是由今桂南、桂西南一带的中部台语区域分化出去的。关于分化的时间学界多有探究，一般认为在 2000 到年 1000 多年前分离。桂南一带多为喀斯特地形，土地有限，这一带的壮傣先民可能较早就西移，融合孟高棉等族系逐步形成今西南台语民族（泰、老等民族具部分孟高棉民族体质特征，文化、语言亦有明显孟高棉痕迹），虽然近代也有迁徙，但较集中的迁徙可能发生在 1000 多年前。因此，也就是说壮、傣民族先民在 1000 多年前共同生活在今华南尤其是桂南一带，本文通过语言比较所重构的主要是当年生活在这一带的壮傣先民的稻作文化形态。

"语言的词汇多多少少忠实地反映出它所服务的文化。"（美国语言学家、人类学家萨丕尔语）本文列出的稻作文化词汇正是壮、傣民族稻作历史的印记，证明壮族和傣族在分化前就已经形成了系统的稻作文化，分化后在不同居住地又各自发展丰富了稻作文化。水稻种植一直支撑并促进着壮族和傣族的社会经济、政治和文化的发展，数千年来在南方众多少数民族中壮族和傣族的经济发展水平较高，文化较发达。可以肯定地说正是由于稻作经济文化的支撑才使得壮、傣民族繁衍至今、经久繁荣，今后壮、傣民族稻作文化必将衍生新的内涵，继续滋润着这两个民族，与各兄弟民族共同发展进步。

参考文献

1. 梁庭望：《壮族的稻作文化和社会发展探索》，载李锦芳主编《壮语言文学探索——纪念壮语言文学学科重要开创者张元生教授》，中央民族大学出版社 2009 年版。

2. 黄惠焜：《从越人到泰人》，云南民族出版社 1997 年版。

3. 游汝杰：《从语言地理学和历史语言学试论亚洲栽培稻的起源和传布》，《中央民族学院学报》1980 年第 3 期。

4. 高立士：《西双版纳傣族传统灌溉与环保研究》，云南民族出版社 1999 年版。

5. 梁庭望：《栽培稻起源研究新证》，《广西民族研究》1998 年第 3 期。

6. 李锦芳：《中国稻作起源问题的语言学新证》，《民族语文》1999 年第 3 期。

本文原载于《百色学院学报》2011 年第 3 期

壮泰谚语修辞特点比较分析*

阳亚妮**

【摘　要】本文运用例证法，结合壮泰民族的语言、文化背景，比较分析壮泰谚语的修辞特点，为深入进行壮泰谚语其他方面的比较研究提供参考。

【关键词】壮泰谚语；修辞特点；比较分析

壮语谚语和泰语谚语分别是壮族和泰族两个民族人民智慧的结晶，是人们生产生活的总结，包含着丰富的哲理，是人们对客观世界的真实体验，有深刻的教育意义，通过口头相传的形式代代相传，专家学者和民间人士对壮泰谚语收集整理，为人类留下了宝贵的财富。谚语之所以能够为广大群众所接受并广泛流传，其中一个重要原因即通过各种各样的修辞手法将抽象化的体验和感受形象生动、幽默风趣、具体鲜明地表达出来，是民众喜闻乐见的。对壮泰谚语的修辞特点进行比较分析，可以探析两个民族语言表达方式的异同，为深入进行壮泰谚语语言层面和文化层面的比较研究提供参考。

一、反义对比

壮泰谚语中有不少谚语是反义对比的修辞形式，包括反义词的选用和两个分句意思相反，通过反义对比反映事物的对立、矛盾，目的在于突出

* 本文为2013年国家社科基金西部项目"壮语与泰语谚语比较研究"（13XYY021）的阶段性成果。

** 作者简介：阳亚妮（1986—　），女，广西桂林人，百色学院外国语学院泰语教师，讲师，硕士，主要研究方向为泰语教学研究、泰国语言文化研究。

真正想表达的含义。

壮语谚语如：

Miz cingz gwn raemx hix van, Fouz cingz gwn rwi hix yiem. （有情吃水也甜，无情吃蜜也嫌。）这句谚语分别使用"有情"和"无情"两个意义相反的词，而前后两个分句的意义也是对立相反的。

Boux gaenxhong gwnz vax swi oemq, Boux vunz gik dingjranz hwnj nya. （勤劳的人瓦板上冒烟，懒惰的人屋顶上长草。）这句谚语选用"勤劳"和"懒惰"两个意义相反的词，前后两个分句也表达对立的意义：壮族人民以耕作为生，勤于耕作的人有收成，每日烧柴做饭，屋瓦就可以冒烟；懒惰的人无收成，无米为炊，屋顶长草。意在教育人们勤为先。

Mizsim cax luq raemj faex geq, Fouzsim caxraeh nanz gvej rangz. （有心钝刀砍老树，无心利刀难割笋。）这句谚语用"有心"和"无心"引导两个意义相反的分句，意在表达做事只要有决心、恒心，无论条件如何，都可以做得成事。

泰语谚语如：

น้ำลึกหยั่งได้　น้ำใจหยั่งยาก （水深可以测量，人心难以测量。）这一句的前后两个分句含义相反，主要突出表达"人心难测"的观点。

น้ำนิ่ง ไหลลึก （水面静，水底动。）意思是表面看起来平静的事物，实际上在做很大动静。也指表面看起来很平静的人，内心有很多想法，深不可测。

二、重复

壮泰谚语不少采用了重复的手法，包括词的重复和两个分句意义的重复。词重复的作用主要是加强语气和含义，读起来朗朗上口；含义的重复主要是前呼后照，更加突出要表达的主旨。

壮语谚语如：

Bwn yiengz yienz saeq san baenz danj, Naedhaeux yienz iq gyonj baenz rap. （羊毛虽细织成毡，粒米虽小积成担。）这一句的两个分句分别选用"羊毛"和"粒米"这两种表示量和体积较小的物品，重复强调虽然"细""小"，但是只要积累，就可以"织成毡"和"积成丹"，重在强调突出"积少成多",教育人们学会节约、节俭。

Rom naed baenz loz, rom caek baenz dah. (积粒成箩,积滴成河。) 这一句谚语的两个分句使用重复的手法,"粒米"积多了会成"一箩","滴水"积多了会成"河流",也是为了向人们突出强调应有"积少成多"的意识。

泰语谚语如:

ฝนตกก็แช่ง ฝนแล้งก็ด่า (下雨也咒,干旱也骂。) 这句泰语谚语说的是无论下雨还是干旱,都要咒骂,前后两个分句有意思上的重复,用来说的是环境好坏或者别人如何做,都心怀不满,意思是无论如何都无法满足。

ทำนาอย่าเสียไร่ เลี้ยงไก่อย่าเสียรัง (种田不浪费地,养鸡不要让鸡窝残缺。) 泰国是个农业大国,农民辛勤劳作。种田的就不应该浪费土地,养鸡的就不要让鸡窝坏掉,前后两个分句意思重复,比喻不应浪费的就不要浪费,物尽其用,并因尽其能、尽其源。

รักวัวให้ผูก รักลูกให้ตี (爱牛就要绑,爱孩子就要打。) 这句泰语谚语,前后两个分句都说了"爱",爱牛则"绑",爱子则"打",意义重复,说的是对于心爱之人、之物应加强管理,侧重强调爱孩子要勤于教导。

三、比喻

壮泰谚语大多使用比喻的手法,即通过相似的事物打比方去描述另一事物或表述某一事理。

1. 明喻

壮泰谚语中有不少采用明喻手法的例子,他们都采用"如""像""相当于"等字眼(壮语词"beijlumj",泰语词"เหมือน""ราว""เท่า""อย่าง"等),将本体和喻体联结起来。

壮语谚语如:

Mbaetyungh beijlumj batrombauj, Luenh sai beijlumj raemx dongj sa. (节约好比聚宝盆,浪费犹如水推沙。) 用明喻的手法,形象描述节约和浪费的性状。意在告诫人们应节俭。

Gaej aeu miz seiz gwn lumj guk, Cajdaengz fouzseiz cup gyaeuj dawh. （切莫有时如虎咽，待到无时咬筷头。）用明喻的手法写出"有时""咽得像老虎"的铺张浪费，警示人们应"有时"思"无时"。

Saenzcingz lumj daz gawq, Miz bae cij miz daeuj. （人情像拉锯，有去才有来。）用"拉锯"比喻"人情"，意在说明人情有来有去。

泰语谚语如：

ง่ายเหมือนปลอกกล้วย（像剥香蕉一样容易。）用"剥香蕉"形容做某事非常简单、容易。

เห็นช้างเท่าหมู（看见大象相当于猪。）用误把"大象"当"猪"喻指头昏眼花，没有理智地去想事情。

พูดอย่างมะนาวไม่มีน้ำ（说话像没有水的柠檬。）用"无水的柠檬"喻指说话干巴巴，不吸引人。

2. 暗喻

暗喻有时候也叫隐喻，壮泰谚语中的暗喻，有时候本体和喻体同时出现，有时候只出现喻体，不出现本体。

壮语谚语如：

Deiz sang hoh lai, vunz geq caiz mbwk. （竹高节多，人老识博。）用"高竹""节多"喻指"人老""识博"。

Da vunz dwg caengh, gaen liengz faenmingz. （人眼是秤，斤两分明。）用"秤"喻指"人眼"，意在表达做了什么事人们心里有数，因此为人处世应正直、善良。

泰语谚语如：

เวลาเป็นเงินเป็นทอง（时间是金是银。）"金""银"是贵重的东西，用来比喻"时间"，强调时间的可贵。

ฝนตกขี้หมูไหล คนจัญไรมาพบกัน（下雨猪屎流，恶人来相伴。）猪吃饱了之后就会排泄，一堆猪粪在地上，下雨时猪粪流泥相伴。坏人碰到一起就会做坏事，不会做好事，就像猪粪浸流泥泞相伴。意思是物以类聚。

ฝนตกอย่าเชื่อดาว มีเมียสาวอย่าไว้ใจแม่ยาย（下雨别相信星星，有少妻别相信岳母。）勿深信他人的意思。天空满是星星，天空没有云，不像会下雨，但不久，天下雨也是有可能的；岳母有年轻的女儿，如果看见有更好的男子，把女儿嫁给别人也是有可能的。

3. 借喻

壮泰谚语中，有不少谚语，不出现本体，也不出现比喻词，直接用喻体代替本体，即使用借喻手法。

壮语谚语如：

Hanq mbwn mbin fanh leix, Roeglaej ndoj laj roq. （大鹏飞万里，麻雀躲屋檐。）这句谚语借用"大鹏"喻指志向高远之人，"麻雀"喻指志向低下之人，意思是志向远大的人前行万里，志向低下的人安于眼前。

Fwngz mbouj haeu sing meuz mbouj daeuj, Ndaeng mbouj haeu haex ma mbouj gaen. （手上无腥猫不叫，身上有屎狗跟踪。）这句谚语也可理解为"手上有腥猫叫，身上有屎狗跟"，"手上的腥"和"身上的屎"是"猫"和"狗"想要的，分别喻指利益或诱饵。

泰语谚语如：

เรือล่มในหนอง　ทองจะไปไหน （船沉在湖里，金子会去哪儿?）意思是金子装在船上，船陷在湖里，金子也在湖里，不会外流，即肥水不流外人田。用"沉没在湖里的金子"喻指利益混在一起，不可分开。

บัวไม่ให้ช้ำ น้ำไม่ให้ขุ่น （不让荷花有淤泥，不让水浑浊。）用"荷花"和"水"喻指利益的多方，而"淤泥"和"浑浊"表示利益受损，整个谚语的意思是考虑多方利益，不伤彼此。

เข้าเมืองตาหลิ่ว ต้องหลิ่วตาตาม （到了大家都斜眼的地方，就要跟着一起斜眼。）用"跟着斜眼"喻指入乡随俗。

四、拟人

壮泰谚语中，选用大量的动物、植物以及客观事物，冠以人的思想、感受、动作，形象、生动，易于理解。

壮语谚语如：

Vunz muengh gvaq ndei faex muengh cin, Bya gyaez dahhaij roeg gyaez raemx. （人望幸福树望春，鱼爱江水鸟爱林。）人盼望获得幸福，就正如树木盼望春天、鱼依水而活、鸟依林而居一样，都是大自然的规律，是很自然的事情。而"望""爱"这些都是人类的情感，因此这句谚语使用了拟人的手法来表现。

Duzyiuh mbouj lau rumz fwn, Vunz ak mbouj lau lae lwed. （山鹰不怕风雨，勇士何惧流血。）这一句谚语的两个分句用第一个分句的"山鹰"来比拟后一个分句的"勇士"，而"不怕"是人的心理，用山鹰不怕风雨来比拟勇士不怕流血。意指勇敢的人身强志坚。

Gaej hag mwnzdaeng cien aen da, Aeu hag ga lab diuz sim dog. （莫学灯笼千只眼，要学蜡烛一条心。）这句谚语给"灯笼"和"蜡烛"分别冠以"眼"和"心"，意指做人应真诚。

泰语谚语如：

กระต่ายตื่นตูม （兔子受惊。）这个谚语来自一则泰语小故事，说的是兔子在棕榈树下休息，棕榈掉下地，兔子以为是地震了，奔走相告，森林里的动物们也不问缘由跟着疯跑，最后却发现是虚惊一场。"受惊"是人类的感受，用在兔子身上，这句谚语用来喻指大惊小怪。

กำแพงมีหู ประตูมีตา （墙有耳，门有眼。）这句谚语用拟人的手法，意思是世界上没有不透风的墙，世间也就不存在什么秘密，只要做了、说了，就可能会被人知晓。用来教育人们为人行事应谨慎。

เวลาวารีไม่เคยรอใคร （时间不曾等过谁。）"时间"不可能"等"人，用了拟人的手法，意在教育人们应惜时。

五、夸张

壮泰谚语中，也有一些谚语，采用夸张的手法，夸大某些现象、经验、规律，主要目的是引起人们思考和重视，强烈地表达说话者的意图。

壮语谚语如：

Cenj laeuj yienz iq lumx dai vunz, Gadawh mbouj maengh moed raek hwet. （杯酒虽小淹死人，筷子不粗打断腰。）一杯酒淹死人和筷子打断腰都是夸张的说法，用以告诫人们不应该贪杯；一双筷子力量有限，但是一把筷子甚至更多筷子的力量不可低估，喻指团结的群体力量不可小觑。

Duzmoed gamz namh dui baenz bya. （蚂蚁叼泥堆成山。）蚂蚁这么小的生物，持续不断地衔泥可以堆成小山丘是夸张的说法。用以喻指人做事只要持之以恒、团结协作，则可为大事。

Duzmoed yien iq, ndaej buen bya hung. （蚂蚁虽小，能搬泰山。）这一句同样选用"蚂蚁"喻指弱小的个体，却可以"搬倒泰山"，用夸张的手法说明团结和坚持可做大事。

泰语谚语如：

ตกน้ำไม่ไหล ตกไฟไม่ไหม้（遇水不被淹，遇火不被烧。）不论什么人，遇大水不被淹，遇大火不被烧的情况基本上不存在，是夸张的手法，意思是好人不论遇到什么危险都会化险为夷。这句谚语就告诫人们应该弃恶为善。

ทำนาบนหลังคน（在别人背上种田。）在人的身上种田是不可能的，实际上表示剥削劳动人民。这句谚语也用来比喻用狠狠压榨别人的手段来为自己获取利益，透露出对压榨别人的人的讽刺和厌恶之感。

ปั้นน้ำเป็นตัว（捏水成形。）水无论如何都不可能被捏成形，这句话用夸张的手法，意指空穴来风，胡说八道。

สาวไส้ให้กากิน（扯肠子给乌鸦吃。）用把人的肠子扯出来给乌鸦吃是夸张的手法，指把丑事外扬。

综上所述，不少壮泰谚语使用了相同或相似的修辞手法，这是壮泰谚语得以广泛流传的原因之一，也是壮泰两个民族语言表达相似性的表现，说明两个民族具有相同或相似的思想认识。壮泰两个民族有着丰富的谚语，体现着人们生产生活、社会状况、宗教信仰等方面，壮泰谚语的比较研究尚存在巨大空间，对增加民族间的互相了解，探求两个民族之间的渊源关系有深刻意义。

参考文献

1. 广州外国语学院编：《泰汉字典》，商务印书馆 2001 年版。

2. 周艳鲜、覃丹：《中国壮族谚语》，世界图书出版公司 2015 年版。

3. นายประพัฒน์พงศ์ เสนาฤทธิ์.สำนวนไทย[M].กรุงเทพฯ: โรงพิมพ์คุรุสภาลาดพร้าว，2543.

4. ชิตติโยทัย.สุภาษิต-สำนวน-คำคม（ไทย-อังกฤษ）[M].โรงพิมพ์มหามกฏราชวิทยาลัย，2553.

第五篇　文学篇

佛教对傣泰民族民间故事的影响

刀承华[*]

【摘　要】由于佛教在傣泰民族社会长期盛行，对傣泰民族民间故事的人物、题材、思想等方面都产生了深远影响，傣泰民族民间故事因此获得新的活力；傣泰民族民间故事成为佛教传播的重要载体，佛教借助民间故事的生动形象和特殊的传承方式得到更加广泛的普及，充分体现了宗教和文学的互补作用。

【关键词】佛教；傣泰民族；民间故事；影响

佛教传入傣泰民族地区的时间是相当久远的。佛教传入傣泰民族地区以后，经过与本土文化的冲突、斗争、让步、包容，得到迅速传播，成为傣泰民族社会占据优势地位的宗教，对傣泰民族的社会、政治、文化等领域一直发生着不可低估的影响。佛教对傣泰民族民间文学中重要门类之一的民间故事的影响尤其突出。可以说，绝大部分的傣泰民族民间故事都受到了佛教的影响，呈现出或浓或淡的佛教色彩，展现在人们面前的是一种佛教氛围笼罩下的扑朔迷离的天地。与此同时，傣泰民族民间故事成了佛教传播的载体，佛教借助傣泰民族民间故事的生动艺术形象、特殊的传承方式得到更加有效和广泛的普及。佛教对傣泰民族民间故事的影响主要表现为以下几个方面。

一、佛教人物成为其中的主要角色

佛教对傣泰民族民间故事的影响首先表现为佛教人物进入民间故事领

＊　刀承华（1952— ），女（傣族），云南德宏人，云南民族大学民族文化学院教授。

域，成为其中的主要角色。成为主要角色的佛教人物主要是佛祖释迦牟尼。傣泰民族有相当一部分民间故事是以佛祖作为主要角色进行叙述的。这些故事围绕着佛祖的出生、所作所为、佛教活动展开故事情节，其宗旨在于凸显佛祖的神圣、高尚和超凡脱俗。如在德宏傣族地区流传的《五个金乌鸦蛋的故事》，在临沧傣族地区流传的《白鹤》，在泰国和缅甸傣族地区流传的《白乌鸦》等，就是以幻想的情节来解释佛祖的出生、来历的。故事以虚构、假想的情节来解释五位佛祖的出生和经历，使之具有神圣、离奇的色彩。很显然，这种设置的目的无疑是增强佛祖的神圣特质和神秘色彩，并通过这样一种方式表达对佛祖的崇敬之情。

除此之外，在傣泰民族中最为常见的关于佛祖的故事，要数佛祖释迦牟尼巡游世界布教的故事。这类故事常常带有明显的地域色彩，或者说明某一地名的来历，或者解释某一事物的缘由。如流传在德宏地区的《关于佛祖巡游世界布教的故事》，解释了德宏地区地名的来历："宛丁"（傣语），德宏州一市镇名称，其含义是"正午"，相传佛祖巡游各地布教来到此地刚好正午，从此以后人们便称这地方为"宛丁"（正午）；勐腊（傣语），属德宏州盈江县辖区，其含义是"迟的地方"，相传佛祖布教到达此地时间已经很迟，于是取名为"勐腊"（迟的地方）；勐唤（傣语），德宏州潞西县，相传佛祖布教到达此地正是鸡鸣时分，于是取名为"勐唤"（鸡叫的地方）；勐宛（傣语），德宏州陇川县，相传佛祖布教来到此地时太阳冉冉升起，灿烂辉煌，于是取名为"勐宛"（太阳之乡）。这类故事以佛祖布教到达各地时的天象特征来解释地名的来历，对佛祖的崇敬之情一目了然。泰国的一个故事：佛祖释迦牟尼修得正果以后，到素湾拉溢（泰国地名）向广大民众宣传佛法佛规，当佛祖到达昂宋泐清佬洞时停下休息，村寨头人得知佛祖来布教，高兴至极，于是带领村民拿食品前往敬献。佛祖发现所献食物中有烤鱼，不忍心食用，而将其放入江中，烤鱼复活，在水中游弋。后来这条江里的鱼的背上都有点点的黑色斑纹，犹如经过火的烧烤。此后，人们称这条江为"咩南并"，其含义是"烤鱼江"，后来又称为"咩南拉茗"，最后发音有误，成为"咩南丙"。这个故事以生动情节来解释江河名称的由来，既表达了泰国古代民众对佛祖的无比崇敬之情，又形象地表现了佛教"不伤生"的戒律，二者杂糅一体，使作品获得双重的审美效应。西双版纳、临沧等地傣族也有不少佛祖巡游世界布教的故事，产生佛祖巡游世界布教故事是傣泰民族的共同文化现象。①

　　有一些故事则是以佛祖为主人翁，解释某一事物的缘起。如泰国北部有个故事说：佛祖释迦牟尼为各种动物命名，最初给狗命名为"堪皮丽"。"堪皮丽"为泰语北部方言，其含义是"美好可爱的金子"。狗因此而自鸣得意，反复摇着尾巴去问佛祖给它取何名，借以满足虚荣之心。佛祖耐心告知。当狗再次请佛祖说它的名字时，佛祖很不耐烦地说：你的名字叫"麻"，从此以后，人们都称狗为"麻"。动物的名称源自佛祖的赐予，这无疑是为了突出佛祖的崇高地位，泰国古代民众对佛祖的敬仰由此可见。

　　傣泰民族类似这样的故事还很多，这里不一一列举。值得注意的是，故事中的佛祖都已经被傣泰民族的民间作者进行了神化，成为半人半神式的人物，既有神的性质，如出生神奇，由金乌鸦或白鹤，或白乌鸦所生，能使烤鱼复活等，这一切都是普通凡人所不具有的特质。作品中的佛祖又有人的特性，如具有同情心，会发脾气，并曾经到德宏、泰国等傣泰民族地区宣传佛法佛规等，不乏世俗的气息和地方的色彩。这显然是经过了傣泰民族古代民众的改造，包含有古代傣泰民族的审美价值取向，是傣泰民族文化和佛教文化相互碰撞的结果。

二、佛教文学成为其中的题材

　　佛教传入傣泰民族地区以后，大量的佛教文学涌入傣泰民族社会，如著名的《本生经》《堪披替洼雅瓦探》（泰语译音）、《堪披雅莎洼系里》（泰语译音）、《堪披玛哈洼杜》（泰语译音）等佛教文学经典被引入傣泰民族地区的大小佛寺，当地佛教僧侣利用佛教节日等机会将这些作品向广大民众传播，以达到宣传佛教思想和教规教义的目的，使这些作品在傣泰民族民众中引起心理共鸣，受到广大民众的欢迎和喜爱，并成为本土民间作者们进行文学艺术创作的素材，尤其是故事创作的素材。

　　各地傣泰民族中广泛流传着以菩萨为主人翁，叙述菩萨离奇的出生、

---

　　①　Prakong Nimmanahaeminda：《民间故事研究》（泰文版），泰国朱拉隆功大学出版社 2002年版，第 109 页。

超人的本领、富于传奇色彩和神秘色彩的经历的系列故事。德宏、临沧以及缅甸北部的傣族称这一系列故事为"阿銮故事"，泰国泰人则称为"本生经以外的佛本生故事"，相传由清迈高僧帕拉铁拉创作的《五十个本生故事》就是泰国"本生经以外的佛本生故事"的典型例子。傣泰民族的这一系列故事是民间作者们模仿印度《佛本生故事》或借托佛祖转世经历创作的，其中有不少是从佛经文学中选取题材的。

在德宏傣族地区流传的《楠忒罕》、在西双版纳傣族地区流传的《召树屯》、在临沧傣族地区流传的《楠兑罕》、在缅甸傣族地区流传的《树屯》和泰国的《五十个本生故事》中的《素屯槎罗》等，最终源头都是印度佛教经典《堪披玛哈洼杜》中的《金那丽槎罗》或《素屯古玛纳瓦》。作品的基干情节是：一人间王子通过偷藏神鸟七姊妹或银山仙女七姊妹的羽衣，获得最小者为妻，后因宫中算命师妒忌，煽动说人类不能和异类同生存，并乘王子外出抗击盗匪之机，将神鸟女或仙女驱赶出境，王子打仗归来得知实情，长途跋涉，追寻妻子，历尽千辛万苦，终于到达妻子的出生地，经过了岳父的种种考验，最后和妻子团聚。

在德宏地区流传的《金皇冠》、在临沧地区流传的《王冠》，泰国《五十个本生故事》中的《索南塔槎罗》等，情节大致相似，其源头是佛教文学《堪披玛哈洼杜》中的《芭通玛洼丽》。故事说，芭通玛洼丽从荷花里诞生，一位在山中修行的隐士捡去做养女，把她抚养长大，索南塔古玛拉追捕金鹿到达森林——阿莎罗地方，与芭通玛洼丽相遇，钟情于芭通玛洼丽，于是向隐士提出求亲，请求隐士允许他娶芭通玛洼丽为妻，最终，芭通玛洼丽成为索南塔古玛拉最宠爱的妃子，以致芭通玛洼丽遭人妒忌，被诬陷为妖婆，遭送回原住地。

泰国《五十个本生故事》中的《嘎罗嘎湾纳槎罗》，与梵语古籍《堪披替洼雅瓦探》中的《嘎罗嘎湾纳》的情节相似。这两个作品的情节是：嘎罗嘎湾纳国遭灾荒，尽管德高望重、关心民众的国王已通过 10 年的时间储备了相当数量的粮食，但还是不足以供给国民，灾荒的第 12 年，很多人因饥饿而死亡。一天，佛祖飞到嘎罗嘎湾纳国化缘，国王将他仅有的最后一顿食物献给了佛祖，突然天下神雨，滋养所有的人和作物，消除了民众的疾苦。

泰国《五十个本生故事》中的《探玛索纳托槎罗》源自于佛教文学《堪披雅莎洼系里》中的《探玛索纳托》。两个作品的情节、内容基本相同，说探玛索纳托国王想听经，他发出公告说谁给他念经将奖励 1000 丹棱（泰国货币单位）银子，但是没有一个人来给他念经。帕拉因变成一妖魔来考验他听经的决心是否坚定，"妖魔"来到探玛索纳托国王面前变出一座高山，叫探玛索纳托国王从山顶上跳进"妖魔"口中，"妖魔"将为他念经。探玛索纳托国王欣然答应，帕拉因对他这种不畏艰险、不避危难、一心要听经的可贵精神无比佩服和感动。类似这样的例子还很多，这里不再一一列举。

可以说，上述作品是对外来的佛教文学的直接继承，其源和流的关系、影响和接受的关系极为明显。正如泰国学者 Niyada（Sarikabhuti）Lausunthorn 考证所言，"泰国《五十个本生故事》中的不少作品来源于巴利语和梵语佛教文学，有的作品直接完整地搬用佛教文学的情节内容，有的选取了佛教文学的某段情节，有的则是吸收了佛教文学的思想"① 这一论述不仅是对泰国《五十个本生故事》来源的精辟总结，也符合各地傣族"阿銮故事"的情况。

然而，值得一提的是，各地傣族的"阿銮故事"和泰国的"本生经以外的佛本生故事"对佛教文学的继承，并不是原封不动地照搬，也并不局限于外来的佛教文学的框架和模式，而是在原作品的基础上进行了改造或再创作。首先，在作品的审美价值取向方面，傣族的"阿銮故事"和泰国的"本生经以外的佛本生故事"较之原作品有所突破：外来的佛教文学作品着重突出菩萨的佛教活动和高尚、圣洁的品质，而在傣族的"阿銮故事"和泰国的"本生经以外的佛本生故事"里的不少作品则有了突出菩萨胆识和本领的倾向，英雄主义开始在作品中有所显露。

在作品的情节结构方面，各地傣族的"阿銮故事"和泰国的"本生经以外的佛本生故事"也与外来的佛教文学有所不同。外来佛教文学的情节结构相对比较简单，其中的男主人翁一般只经历一个事件，即"问题的提出、问题的发展、问题的解决"，达到预定目标以后故事情节即告结束。而"阿銮故事"和"本生经以外的佛本生故事"的情节结构则是一种"持续发展结构"，故事的男主人翁常常接连经历几个事件，有的尽管已经实现了预期的目的，往往又节外生枝，萌生出其他事件，故事情节

---

① Niyada（Sarikabhuti）Lausunthorn：《〈班雅莎槎罗〉的历史缘由及其对泰国文学的影响》（泰文版），泰国玫刊方出版社 1994 年版，第 111 页。

还不完结，还继续发展。如泰国及德宏傣族的《白螺蛳阿銮》、临沧傣族的《宝螺》、缅甸傣族的《头发蓬乱的艾莽果——白螺蛳阿銮》、泰国的《素湾纳尚槎罗》等，情节结构基本相同。故事说，由于父王妃子的妒忌，素湾纳尚还在娘胎里即被赶出王宫，出世时是一颗螺蛳，后来由于父王妃子的陷害，素湾纳尚和母亲离散，由妖魔抚养长大。当他得知自己的"母亲"是妖魔，便带着灵物逃回人间，与勐巴纳西公主成婚，打败了来围攻勐巴纳西的敌军，当上了勐巴纳西的国王，和父母团聚，惩治了用心险恶的坏蛋。这个故事中的素湾纳尚经历了出生成螺蛳、因父王妃子陷害而母子离散、妖魔抚养长大、逃回人间、与勐巴纳西公主成亲、打败入侵之敌、当国王与父母团聚、惩治坏人等事件。泰国的《素密古玛雅槎罗》里，富翁的儿子素密古玛雅福分过人，国王非常妒忌，命令素密古玛雅找寻荷花女芭通玛洼丽来献给他，在群猴的指点和帮助下，素密古玛雅找到了荷花女芭通玛洼丽，双方结为夫妻，逃出故乡。由于国王的陷害阻挠夫妻离散，后来素密古玛雅获得灵物，借助灵物迫使国王将荷花女芭通玛洼丽送还与他，并让他当上国王，后来他们夫妻有了两个儿子……这个故事中的素密古玛雅经历了因国王妒忌被迫寻找荷花女芭通玛洼丽、在猴子帮助下找到荷花女芭通玛洼丽并与之成婚、双双逃出故乡、夫妻离散、获得灵物、借助灵物迫使国王将妻子送还、当国王、有儿子等事件。泰国的《系哈纳塔槎罗》中的系哈纳塔古玛拉，是母亲喝大象脚印里的水怀孕所生，力大无比，长大以后离开母亲历险建功，向大力神学习武艺，获得具有灵性的武器，后又从妖婆处获得神棍，借助神棍拯救了即将被妖魔吞吃的民众，惩治了要啄食公主的魔鸟，后来当了国王。这个故事中的系哈纳塔古玛拉经历了别母离乡、历险建功、学习武艺、获灵性武器、拯救民众、惩治妖魔、当国王等事件……结构的扩展，故事情节的复杂化和曲折化，是傣泰民族"阿銮故事"或"本生经以外的佛本生故事"对所引进的外来佛教文学的又一个超越。

　　各地傣族"阿銮故事"和泰国"本生经以外的佛本生故事"的男主人翁也同样体现了作品对外来佛教文学的改造。首先，外来佛教文学中的男主人翁几乎全是出生高贵的国王或王子，而情节结构比较曲折复杂的"阿銮故事"和"本生经以外的佛本生故事"的男主人翁则出生多种多样，并不仅仅局限于上层人物，除了国王和王子以外，还有富翁、穷人等。如《素密古玛雅槎罗》中的素密古玛雅是富翁的儿子，《系哈纳塔槎罗》中的系哈纳塔古玛拉是寡妇的儿子，《占塔堪槎罗》中的占塔堪是穷人的儿子……平民百姓成为故事的主人翁，其文学视野显得更为广阔。外来的佛教文学，往往重在突出男主人翁高尚的道德情操、对佛教的虔诚信仰，以及异常的灵性和超出尘世的圣洁，作战的武功本领并不是作品讴歌的内容。而在情节结构曲折复杂的"阿銮故事"和"本生经以外的佛本生故事"里，则出现了对男主人翁武功、力量和胆识的渲染，英雄主义在作品中略有显露，如《素塔努槎罗》中的素塔努是天下无敌的射箭高手。在外来佛教文学作品里，男主人翁到异乡寻求武艺的母题极为少见，即使有也只不过是到勐达嘎西拉向师父学习本事。而在"阿銮故事"和"本生经以外的佛本生故事"里，男主人翁往往因某种原因被迫背井离乡，于是学习武艺，向男主人翁传授武艺的往往是在山中修行的隐士，当男主人翁学武结束时，隐士往往以灵物相赠，在一些作品里，隐士甚至将美貌的养女赠予男主人翁。"阿銮故事"和"本生经以外的佛本生故事"中的男主人翁经常有天神和灵物相助，经常出现在傣泰民族民间故事里的灵物具有灵性的武器和交通工具等，如《洼拉翁槎罗》中的洼拉翁，拥有能帮助他实现各种愿望的宝石；《素湾纳尚槎罗》中的素湾纳尚拥有能带人在空中翱翔和行走的鞋子以及宝石为柄的宝剑；《洼纳努槎罗》中的洼纳努拥有能载人飞上天的神马、宝剑和弓弩；《素密古玛雅槎罗》中的素密古玛雅更是拥有五种灵物：能使活人死亡、使死尸复活的神棍，能使主人在水中行走和在空中飞行的宝石，敲击正面能使主人实现愿望，敲击反面能使敌方失败的神鼓，能制服任何敌人的宝剑，美味佳肴取之不尽食之不绝的神锅等，这些灵物帮助男主人翁战胜困难，达到目的。灵物是人们希望战胜困难、排除险阻、实现愿望的想象之物，傣泰民族"阿銮故事"和"本生经以外的佛本生故事"中的男主人翁拥有如此这般形形色色、神奇迷离的灵物，充分体现了古代傣泰民族民众对驾驭生活的期望。男主人翁性格特征的变化，进一步说明佛教对傣泰民族民间故事的影响是通过影响对象的主动式的选择和改造过程才得以实现的，充分显示了傣泰民族民众接受佛教文化的包容胸怀，以及对外来文化进行吸纳和改造的杰出本领。

　　佛教文学进入傣泰民族民间故事，成为其中题材，大大丰富了傣泰民族民间故事的内容，使傣泰民族民间故事获得新的补充，展现出一种前所未有的繁荣景象。

三、佛教思想成为其中的重要精神

由于佛教长期在傣泰民族中盛行，根深蒂固，佛教思想在不知不觉中成为傣泰民族民众思想体系的重要组成部分，傣泰民族民间故事理所当然、顺理成章地接受了佛教思想的渗透，吸纳了经过傣泰民族民众选择、过滤，最终认可的佛教思想。于是，许多傣泰民族民间故事都包含有佛教的思想或是提出佛教的问题，有的民间故事甚至成为直接表现佛教教义、教规和佛教感情的工具。

佛教思想对傣泰民族民间故事的渗透，首先表现为故事中充满着要求人们虔诚信仰佛教、无比崇敬佛祖的主张。如泰国故事《威利雅曼里槎罗》叙述：贫穷的威利雅曼里出卖妻儿，将所获之钱买金箔来贴佛像，但他还不满足，又割下自己身上的肉卖成钱后买金箔来贴佛像。后来他死后托生为国王，名声传遍四方。泰国的另一个故事《占塔寻槎罗》里说，贫穷的菩萨占塔寻和妻子一起修复了缺损的佛像，接着菩萨又将妻子卖与一个富翁，将所得之钱买金箔来贴佛像，他死后托生在神界，后来又转世为王子，其妻子则转世为肤色像金子般美丽、模样姣好的公主。《洼琅库里拉差槎罗》中的滚帕塔古玛拉修复了佛像的一个断指，来世成为国王，功德无量，每当他用手指指向敌人，敌人即刻一败涂地，溃不成军。《探玛拉差槎罗》说，探玛拉差国王吩咐民众修建亭子，提供百姓做功德。于是，天神帕拉因邀请他到神界观光游玩。以上故事无疑是在教育人们对佛祖要顶礼膜拜，要捐建和爱护佛像等佛教设施。

佛教的轮回转世、因果业报的思想也是傣泰民族民间故事反复咏唱的一个重要旋律。故事里的角色几乎无一例外地逃脱不了生死循环往复、好有好报恶有恶报的套路。在故事里，给主人公带来好报的作为，常常是知恩图报、道德高尚、善良仁慈、富于同情心和怜悯心、孝敬父母、尊重长者、对长者言听计从、待人忠诚厚道、虔诚信仰佛教等，给故事中角色带来恶报的作为则是与以上相反的行为，诸如对父母不孝、忘恩负义、心肠狠毒、欺压蒙骗、背信弃义、不遵守佛法佛规等。如德宏、西双版纳、缅甸、老挝、泰国等地傣泰民族中广泛流传的《巴岛罕》或《巴母通》中讲述，对大老婆及其女儿百般虐待，将大老婆迫害致死的小老婆最终丧命黄泉，其女儿被国王剁成肉酱；而受尽折磨和残害的无辜的大老婆之女，最终和国王团聚，过上幸福美好的生活。可见，生命的轮回，与自身的人格品质相关联，被害的好人几度被害、几度轮回，终究获得圆满结局。同样在傣泰民族中流传甚广的《十二位王妃的眼珠》或《十二女》中，也讲述的是善恶有报的故事。① 在这里，无论是人还是非人，都逃脱不了因果业报的法则。另一个在傣泰民族中流传甚广的故事《吉达贡玛》叙述，一个富翁为了让吉达贡玛的福分转换为自己儿子的福分，他将刚出世的吉达贡玛买来，放到牛圈门口，企图让牛踩死，可牛群从吉达贡玛身边饶过。放牛人将吉达贡玛捡回家，富人又将吉达贡玛买走，把他扔进大江。渔夫把吉达贡玛捡回家，富翁又从渔夫那里将吉达贡玛买走，把他扔进深山老林的坟地里。放羊人把他捡回家，富人又将吉达贡玛买走，养到 10 岁时叫他到窑里挑土锅，企图将其害死，可富人的亲生儿子执意要吉达贡玛替他玩陀螺，自己替吉达贡玛到窑里挑土锅，被富人买通的土锅匠人误认为是吉达贡玛，将其推进窑里活活烧死，吉达贡玛却幸免于难。富人又给国王杀手写信叫他杀死吉达贡玛，叫一字不识的吉达贡玛把信送给杀手，吉达贡玛送信途中到一人家歇息，信从熟睡的吉达贡玛口袋里掉落地面。房东女儿名叫帅相，见信后将其内容改为：吉达贡玛一到，就让他和帅相姑娘成亲。吉达贡玛到达杀手处，杀手看信后立即敲锣打鼓把吉达贡玛送到帅相家，为他们举行了隆重的婚礼。富人得知此事后活活气死，吉达贡玛和帅相继承了富人的财产。好人有好报，恶人得恶果的思想一目了然。类似这样的故事在傣泰民族中比比皆是。很显然，这些故事将佛教的生死轮回、因果报应的学说与伦理道德想融合，既发挥了宣传佛教的作用，又褒扬了真善美，贬斥了假丑恶，具有引导民众从善弃恶的意义。

知恩图报、孝敬父母的思想在傣泰民族民间故事中也表现得极为突出，泰国故事《孝顺的孩子》就是其中典型一例。这个故事说：古时一穷老汉有两个儿子，大儿子与富家女子结婚，小儿子则娶穷人女子为妻。大儿子因怕丢面子而不愿认穷父亲，小儿子则宁肯自己和妻子忍饥受饿，将家中仅有的少许米饭孝敬穷困潦倒的老父亲。父亲去世以后，他将父亲遗体安葬在坟山上，并把飞来站在棺木上的小鸟带回家，小鸟鸣叫时金银财宝源源不断地从口中涌出，他过上了幸福美好的日子。大儿子则日渐贫

---

① 刀承华：《傣族文学研究》，云南大学出版社 1997 年版，第 144 页。

穷，并通过小鸟遭到报应。这个故事无疑是在向世人昭示，孝敬父母、知恩图报是做人的起码道德原则，违反这一道德原则必定没有好下场。

有的故事则表现乐于施舍、平等待人的思想。如泰国的一个故事：一对穷夫妻住在一富人家附近，一天，富人请和尚到家里念经，并请邻居来布施做功德，他从鱼潭里捕来鱼分给邻居们炸熟以后向和尚布施。穷夫妻向富人讨要鱼遭拒绝，穷夫妻只好捡来别人扔掉的鱼头炸好准备献给和尚。富人吩咐手下将穷夫妻的鱼头抢来扔掉，并告诉和尚不要接受穷夫妻的施舍。和尚不从，吃了穷夫妻所献之鱼头以示回报。穷夫妻做完功德回到家，家中原本空空如也的锅盆装满了香喷喷的米饭和各种美味佳肴。这一故事显然是在告诫人们要遵守佛法佛规，多做善事，施舍布施，要平等待人，不要嫌贫爱富。

不杀生、不伤害生命的佛教戒律也在傣泰民族的民间故事中得到了极为明确的表现。如泰国有个故事：一位僧人见池塘的水已干，鱼快要死光，于是将仅剩的几条活鱼拿去放进江里，救了鱼的生命，这位僧人由此获得功德，寿命长久。从那以后，人们就时兴拿鱼到江里放，于是有了放生的习俗。这个故事解释了泰国放生习俗的由来，并通过这一解释将有同情心和怜悯心、不伤害生命、要救护生命的佛教教义赋诸形象，使之更加生动感人，深入人心。

可见，佛教思想渗入傣泰民族的民间故事，佛教气息如盐溶于水一般弥散于故事的字里行间，故事情节浸透着佛教的意蕴，故事中的人物和背景因佛教思想的渗入而被理想化和神化，充满了异常的灵性和圣洁……正是民间故事中的这些佛教思想，对世代傣泰民族民众起着潜移默化的教育作用，成为傣泰民族民众遵守的训条。

综上所述，佛教在傣泰民族地区长期盛行，对傣泰民族民间故事发生了深刻的影响。佛祖释迦牟尼进入傣泰民族民间故事领域，成为其中的主要角色，被赋予神圣、神秘的色彩；佛教文学成为傣泰民族民间故事的源头之一，不少傣泰民族的民间故事从佛教文学中选取材料进行创作，从而在内容上获得了新的补充，呈现极其繁荣的景象；佛教的思想和教义教规也渗入傣泰民族民间故事之中，成为贯穿整个民间故事体系的主要精神之一。佛教对傣泰民族民间故事的影响，使傣泰民族民间故事具有了新的艺术生命活力，获得更为广阔的受众面，在傣泰民族地区广为流传，经久不衰；与此同时，傣泰民族民间故事和借此传播的佛教一起受益，各自得到发展，体现了宗教和文学的互补关系。

参考文献

1. Prakong nimmanahaeminda：《民间故事研究》（泰文版），泰国朱拉隆功大学出版社 2002 年版。

2. Niyada（Sarikabhuti）Lausunthorn：《〈雅莎槎罗〉的历史缘由及其对泰国文学的影响》（泰文版），泰国玫刊方出版社 1994 年版。

3. 刀承华：《傣族文学研究》，云南大学出版社 1997 年版。

4. Siraporn Nathalang：《故事中的泰人》（泰文版），泰国民众出版社 2002 年版。

5. Wachraporn Disthban：《〈尚通〉类型故事的多样性及其传播》（泰文版），泰国朱拉隆功大学出版社 2005 年版。

本文原载于《中央民族大学学报》2007 年第 2 期

侗台语民族祈雨仪式的口头叙事隐喻

——以壮族英雄史诗《布伯》和泰国东北部神话《青蛙神的故事》的比较为例

李斯颖[*]

【摘　要】在壮族民间师公教祈雨仪式中经常被唱诵的壮族英雄史诗《布伯》塑造了一个多次与雷公斗争、为人间解除干旱的人间英雄形象。在泰国东北部，解释芒飞节起源的神话《青蛙神的故事》在"智斗"的情节上与《布伯》极其相似。通过比较二者的内容，可发现侗台语族群口头叙事与仪式之间的内在联系与外在张力，其背后是深厚的越巫传统、稻作文化与蛙崇拜。

【关键词】祈雨仪式；口头叙事；壮族；侗台语族；越巫传统；稻作文化；蛙崇拜

一、壮族英雄史诗《布伯》及祈雨仪式

壮族民间师公教有群体性的祭天祈雨活动，被称为"打醮"。祈雨仪式使用的经文是民间颇为闻名的壮族英雄史诗《布伯》唱本。在祈雨仪式中，师公不但要吟诵经文，还要设坛祈雨，完成各种仪式舞蹈、动作等。除了史诗的形式之外，在民间也流传着散文体的神话，在壮族人民心中，布伯是斗雷的英雄。在此介绍梁庭望先生在广西南宁市马山县搜集的史诗《布伯》文本，以和泰国东北的神话进行比较。

在该《布伯》[①]版本中，雷神有两个兄弟，"娘生雷公三兄弟，三个天

---

* 作者简介：李斯颖（1981— ），女，壮族，广西上林人，中国社会科学院民族文学研究所助理研究员，文学博士，主要从事壮族文学与文化研究。

① 农冠品编注：《壮族神话集成》，广西民族出版社 2007 年版，第 268—271 页。

下最逞狂。第一先生风伯兄；第二才生雨师郎；第三生你为小弟，两目四瞳似月圆。头上戴个天庭帽，右手铁杖左金刚。你三兄弟会变化，天上人间样样强。大哥入山变成虎，二弟入海变龙王。三郎太阳当中坐，坐镇太阳当雷王。太阳变化来复去，早东升晚落西方。"虽然雷王做了天上的主宰，可以变化出风、晕、雨、水，却不关心人类疾苦，不体察人间苦难，一天到晚遣妖作法，为害人间，使得人间病魔、瘴疠作怪，民不聊生。但雷王还以功自居，"你在天上做老大，人间肥牛归你尝。六月祭雷嫌牲少，不让雨水落尘凡。天上雨池归你管，气急败坏做天旱"。人间大旱三年，田里的水稻没有水，杆子比韭菜还小，山上的树木也都枯死，动物们也都遭了殃。老人家卜过卦，才知道是雷王造成的灾难。"天下频传布伯强，让他求雨必应验。牲礼纸钱众人备，布伯开坛诵雷章。唱第一章求要水，唱第二章求雨降。唱第三章求雷公，人间久旱乱发狂。"但布伯求雨并没有效果，雷王并不答应下雨，人间依然处处暴晒于太阳之下，"天边红得像血浆"。布伯气得怒发冲冠，把庙中雷王的塑像扳倒在地，用铁杖去铲塑像的鼻梁。等到第二天，天上还是没有一滴水，布伯气得脸发胀，直接提着斧头就往天上奔去了。他"第一先到东门望，雷京金光亮闪闪。第二又到西门望，雷兵雷将站满岗。第三才到雷王殿，雷王饮酒在殿堂。布伯瞪眼斥雷王：'谁不给雨行蛮强？'雷王跷脚放酒杯：'是我大人不给放！'布伯一听气冲天，脸红脖粗怒发狂。想扳雷王拿来剁，气冲喉管又忍让。布伯举斧高过顶：'要头要水任雷选！'雷王见斧脸煞白：'明天定给雨下凡。'雷王听了下云端：'我在人间瞪眼望！'"没想到，布伯一走，雷王就变卦了，他恨得咬牙切齿，磨刀磨斧，准备到人间和布伯决战。雷王在天上磨刀磨斧，人间则感觉到天上雷鸣不已，天地动摇。布伯听见声音，知道事情不好，赶紧捞来水草，铺满了自己的房顶。水草又湿又滑，无论是放火烧还是用雷劈，都不管用。雷王的五雷将奉命卷风而来，弄得人间到处雾气笼罩，到处阴阴沉沉。他们劈来劈去，也没办法把布伯的房子劈倒，就回天庭去禀告雷王。雷王大发脾气，再派兵将来轮番劈砍，天地昏暗，蒙昧不清，但不论兵将如何劈砍，布伯的房子依然稳固如初。雷王见此情景，气得连连跺脚，引起天地晃荡。"布伯听见雷公怒，拿网檐下等雷王。雷王举斧跳出殿，大地九天都震荡。闪第一下到云头，闪第二下到半空，闪第三下斧猛劈，左摔右滑脚朝天。跌落檐下身未起，布伯已跳到近旁。双手一扬网一撒，撒开收拢捉雷王。布伯拍手哈哈笑：'看你雷魔回天上？'雷王

马上就变化，变做公鸡把头扬。布伯立刻就识破：'拿谷喂你好来劏（左为
当）。'雷公第二又变化，变做懒猪往下躺。布伯便叫伏羲儿：'铁钩钩住送
屠场!'雷公第三又变化，变做骏马把头昂。布伯立刻又问儿：'配上马鞍
骑它逛!'雷公第四又变化，变做水牛角弯弯。布伯又叫伏羲儿：'你拿绳
子穿鼻梁。雷变水牛我也杀，雷变骏马我也劏（左为当）。'"抓住了雷王，
大家对着他怒目圆睁，连声咒骂。布伯把雷王关到谷仓里，拿稻草让雷公
搓草绳。布伯还把蜘蛛放进谷仓里，雷王每搓出一段草绳，蜘蛛就把它偷
走。因此雷王咬牙切齿，发誓只要看到蜘蛛就把它劈死。布伯准备到集市
上买金坛，把雷王杀了吃肉，临走前叮嘱自己的儿女说："伏羲兄妹听我
讲，雷公问水莫答腔。讨茶你们不能给，要粥你们不能让。给水喝了它有
劲，发作起来化道光。"雷公知道布伯要杀他，害怕得泪流满面，向伏羲兄
妹讨茶喝。他最后讨到一点猪潲水，"伏羲拿潲到仓边，仓中乐坏了雷王。
喝第一口得解渴，喝第二口透心凉。喝第三口猛一喷，吹散谷仓飞四方。
雷王拍手哈哈笑：'不被杀掉又生还。'"得救的雷神送给伏羲一颗牙齿做奖
赏，让兄妹俩将牙齿种下，等着牙秧长成大葫芦，等到发洪水的时候躲进
葫芦里。雷王回到天上，往人间降下几个月的大洪水，把人类都差不多淹
死了。伏羲兄妹躲在葫芦里呼喊，让雷王停止下雨。雷王听到后伸脚测试
水面，却被骑"奢"的布伯砍去一只脚。之后，洪水尽消，流经昆仑山归
入海洋。人间只剩伏羲芝妹两个人。经过金龟、乌鸦、竹篁的劝说和验证，
兄妹俩结为夫妻。三天之后生下一个磨刀石一样的孩子，雷王用匕首剁碎
肉团撒四方，天底下的人类才繁衍起来。

　　这部史诗的内容情节主要分成两部分，整合了英雄斗争与洪水神话的
情节。第一部分的主要核心是布伯斗雷王，逼迫雷王下雨。其叙述又可分
为以下6个母题：（1）雷王因嫌弃祭祀牲品少，不愿降雨给人间；
（2）布伯开坛请雷王降雨，被雷王拒绝；（3）布伯奔往天上逼迫雷王降
雨，雷王假意同意；（4）雷王带兵三次攻打布伯的屋，没有获得成功，
第三次自己反跌落檐下，被布伯用网网住；（5）雷王与布伯斗法，雷王
四次变化都被布伯识破，被关进谷仓；（6）雷王问伏羲讨得猪潲水，逃
离谷仓返回人间，并放水淹天下。第二部分的主要核心是洪水后，伏羲兄
妹婚配繁衍人类。这部分叙事可分成以下6个母题：（1）伏羲兄妹种下
雷王赠给的牙齿，牙秧长成了大葫芦；（2）雷王下了几个月的大雨，把
人类都淹死了，只有伏羲兄妹和布伯还活着；（3）雷王伸腿探水深，被

布伯砍掉一只脚；（4）洪水退去，只剩下伏羲兄妹 2 人；（5）经过金龟、乌鸦和竹篁的劝说和验证，伏羲和芝妹结成夫妻；（6）伏羲兄妹生下一个磨刀石一样的孩子，被雷王剁碎撒向四方，繁衍了天下的人类。

二、泰国东北部的神话《青蛙神的故事》及芒飞节

泰国东北部被泰国人称为"Isa（a）n"地区，有 20 个府，包括那空拍侬、加拉信、色军、黎府等，面积超过 16 万平方公里，该区域东部有湄公河流过，成为泰国与老挝的天然界河。泰国东北部人口约为 2300 万人，占泰国人口三分之一强，居住有泰伊讪（Isan）["泰伊讪"（Isan）族群是泰国东北部各府的主要居民，亦自称泰佬（Lao）、"佬"（Lao），与老挝的佬族同源]、佬族（Lao）、普泰（Phu Tai）、佬龙人（Lao Lom，包括黑傣、白泰）等侗台语民族支系。①

芒飞节又被称为"火箭节"，是泰国东北部很有名的民俗节日，举办者主要为当地信仰佛教的侗台语族群人民。在公历 5 月、6 月雨季来临时，东北各地的民众择期举办芒飞节祈求雨水丰沛。各村镇都会组织激烈的燃放芒飞（Mang Fai，即火筒、火箭）的比赛，以祈求天神下雨，滋润作物，迎来丰收。该节日也标志着新的水稻耕作季节的来临，在节日活动之后，大家就要投入到繁忙的农耕劳作中去。芒飞节不但被视为祈雨的必需仪式，也和村民的个人健康、整年平安吉祥相联系，对个人和集体而言都有特殊的寓意。

关于芒飞节仪式的起源有不少神话传说，其中最广为人知的是神话《青蛙神的故事》。该故事收录在《泰国民间故事选译》中，内容如下：

恬神是非常伟大的神，按照节令向世界供雨。那时青蛙神是勐的首领，统治着人民群众，人们生活幸福美满。由于青蛙神威力大，影响也大，大大小小的动物都非常敬重他，赞美他的恩德。秃鹰和乌鸦原本承担着拿食物献给恬神的任务，后来也都来守候在青蛙神身旁，居然忘记了给恬神送食物。恬神得知事情的真相后，非常生气，他想减弱青蛙神的威望，于是就不让天上的雨水按节令下来。

---

① 数据来源于 Joachim schliesinger：Tai Groups of Thai land，Volume 2，Profile of the Existing Groups. Bankok. White Lotus Press 2001，p. 26。但有数据显示他们的人数超过了 15 万人（维基百科）。

崇敬青蛙神的民众和大大小小的动物由于干旱而忍饥挨饿，种田没有收成，粮食和水果都很少，动物找不到吃的东西，大家都去青蛙神处叫苦。青蛙神知道干旱的原因，他对民众和动物说，恬神绑住了龙王，不让龙王玩水，龙王不能玩水就不能喷水，龙王喷的水飘落到地面上就是雨水，所以天下干旱。青蛙神还和民众、动物商量说，必须和恬神发动一场战争，并计划派大大小小的动物作为军队到天上和恬神作战。它吩咐臣民们筑了高高的墙壁，然后从墙壁上造梯子，梯子一直延伸到恬神住的天堂。青蛙神率领他的兵丁踩着梯子一直爬到恬神住的地方，向恬神发起进攻。

恬神早已有戒备心理，秘密藏着武器准备应战。青蛙神知道恬神藏武器的地方，就派白蚂蚁到恬神的武器柄上凿洞。于是，恬神的长刀、长矛、弓箭等的柄都被白蚂蚁凿空了，青蛙神还使恬神的刀、矛、梭镖等生锈不能使用。

第二天早上，恬神吩咐大臣拿武器来分发给士兵们，才发现武器已经坏了，全都不能使用了，恬神只好改变策略，想通过念咒语来制服和战胜青蛙神。青蛙神叫青蛙、田鸡、知了等大声叫嚷，干扰恬神念咒语。恬神又变出蛇把青蛙、田鸡、知了咬死。青蛙神见状又叫老鹰把蛇吃掉……双方进行了一场又一场智慧和神力的较量，但始终不分胜负。最后，恬神和青蛙神进行斗象比赛，恬神输了，被青蛙神捉住，双方商定停战协议：恬神同意继续向世界供水，如果某一年恬神忘了供水，就让世界上的人燃放火筒，提醒恬神按照时令供水。

所以，如果哪一年雨水迟迟不下，东北部的人们就点燃火筒提醒恬神供水，天长日久就有了点火筒（笔者注：即芒飞）的习俗。[①]

该神话的主要核心情节是青蛙与雷神斗法，提取其主要的5个母题：（1）恬神不满青蛙神的威望，并因为人间忘记献祭食物给他，便不给人间降雨；（2）人间的民众和动植物都向青蛙神诉苦，青蛙神做出计划，准备到天上和恬神作战；（3）恬神准备好了武器发给士兵们，但都被白蚂蚁凿坏了；（4）恬神和青蛙斗法，最终恬神输了，被青蛙神捉住；（5）恬神答应向人间供水，让人间燃放火筒提醒他。

2012年6月，笔者曾来到泰国东北地区，有幸观摩加拉信府（Kala-

---

① 刀承华编译《泰国民间故事选译》，民族出版社2007年版，第5—6页。

sin）古奇那莱（Kuchinarai）县一年一度的芒飞节活动。该地的芒飞节于公历6月18—20日举办，地点就在古瓦（Kutwa）镇古瓦（Kutwa）村。据当地小学老师 Sathaphom 介绍，住在这一带四个村子的主要是普泰族（Phu tai），从中国经过老挝、越南迁徙到了泰国东北部。原先芒飞节的举办日期通过巫师卜卦后，由村寨长老共同决定，择日举办。但随着社会的发展，政府参与到芒飞节的建设之中，日期则主要由政府与民间精英一起商议决定，择日时还保留着占卜、看鸡骨卦的习惯。

芒飞节各项活动以村寨为基本单位。古瓦（Kutwa）镇此次举办的芒飞节，召集了当地49个自然村寨的村民前来参与。芒飞节的主会场就在当地佛寺的旁边。芒飞节的活动主要集中于三天：第一、第二天主要是各村寨的花车游行和"芒飞"展示、选美比赛。各村村民开着装扮一新的花车、"芒飞"和 Phadaeng 王子、Nang Ai 公主，在主干道上四处巡游，展示自己的各种艺术成果。在花车后面，有乐队，有村民，有游客，大家随着节奏跳着轻盈、欢快的舞蹈，芒飞节的氛围就是如此的浓烈起来。在主会场周围，有许多小商贩，出售食品、玩具与各种生活、生产用品。节日活动的第二个夜晚，则有以普泰文化、通俗文化为主题的两台晚会。关于普泰人文化的晚会，展示了他们节奏感十足的音乐、民歌与民间舞蹈。第三天则是最精彩的"芒飞"比赛。如今，芒飞节活动的表现形式及规模都有所变化，但其活动内容的核心与主题却具有超强的稳定性，展示着普泰人悠久的文化与历史。在古瓦村，笔者也采录到若干个芒飞节源起的神话，内容与《青蛙神的故事》大同小异，在此不再赘述。

三、《布伯》与《青蛙神的故事》的共同母题与仪式背景

通过以上的罗列和归纳，不难看出史诗《布伯》的第一部分与《青蛙神的故事》在内容上极其相似。在此可以列出表格进行对比（表1）：

表1　　　　　　　　　《布伯》与《青蛙神的故事》的比较

《布伯》第一部分	《青蛙神的故事》	共同母题
1. 雷王因嫌弃祭祀牲品少，不愿降雨给人间	1. 恬神不满青蛙神的威望，并因为人间忘记献祭食物给他，便不给人间降雨	天界不满人间的献祭，不降雨

续表

《布伯》第一部分	《青蛙神的故事》	共同母题
2. 布伯开坛请雷王降雨，被雷王拒绝	2. 人间的民众和动植物都向青蛙神诉苦，青蛙神做出计划，准备到天上和恬神作战	
3. 布伯奔往天上逼迫雷王降雨，雷王假意同意		
4. 雷王带兵三次攻打布伯的屋，没有获得成功，第三次自己反跌落檐下，被布伯用网网住	3. 恬神准备好了武器发给士兵们，但都被白蚁凿坏了	天界与人间的第一轮斗争
5. 雷王与布伯斗法，雷王四次变化都被布伯识破，被关进谷仓	4. 恬神和青蛙斗法，最终恬神输了，被青蛙神捉住	天界与人间的斗法，以天界的失败而告终
6. 雷王向伏羲讨得猪潲水，逃离谷仓返回人间，并放水淹天下	5. 恬神答应向人间供水，让人间燃放火筒提醒他	

　　从内容上来看，干旱的起因相同，干旱所引起的斗争过程相似，但结果却不太一样。布伯被洪水淹死，标志着人间斗雷战争的失败。在有的版本中，布伯的红心变成了天上的启明星。① 史诗《布伯》的第二段叙述是中国西南部常见的洪水兄妹婚神话，虽然这一神话母题在东南亚也十分常见，但根据目前掌握的资料，却没有和《青蛙神的故事》结合在一起。

　　从两个叙事第一个共同母题可以看出，"天界不满人间的献祭，不降雨"，与仪式有着密切的关系，在这个时候，无论是壮族还是泰国东北部侗台语民族的先民，他们都已经拥有了特定的神灵观念，对掌管着人间雨水的天界神祇保持了一定的崇拜与敬畏之感。这种崇拜与敬畏，其根源是侗台语族先民历史悠久的稻作生产传统。只有在人工栽培水稻、相对稳定地在某些地区进行农事生产之后，他们对于雨水的渴望才会变得具体而现实，显得迫切起来。没有雨水，水稻无法生长，人们就会缺乏稻米充饥。人们不但从早期自然崇拜的观念出发，想象出了天上的神祇，还向他们献祭，采取相关的仪式来表达自己的敬意，以祈求他们定期降雨，护佑稻禾的生长。也许一开始，这个神只是"天"，但随着时间的推移，壮族的雷

---

① 农冠品编注：《壮族神话集成》，广西民族出版社 2007 年版，第 268 页。

神与泰东北恬神概念逐渐形成，并具有了生动的形象。

两个叙事中的其他共同情节，"天界与人间的第一轮斗争""天界与人间的斗法，以天界的失败而告终"也具有十足的仪式感。叙事中并没有描绘残忍的厮杀、流血的场面，却是通过聪明的手法来化劣势为优势，并通过变形的斗争来制服天神，显得喜感十足。在每一种变形中，都体现了"一物降一物"的辩证法思想，展示的是民族生活中的智慧力量。这种虚拟的斗争和变形，在各民族的仪式活动中常常出现，它也是人类"模拟巫术"的一种展示。侗台语族先民试图通过咒语等多方面的巫术努力去与神祇相沟通，让神祇为人间的生产服务。正如《神话思维》一书所指出的，"巫术咒语支配自然，咒语可以改变自然存在及其过程的固有规则：'谶语或铭刻能够引出光明。'并且咒语还对神祇施加无限的威力，迫使他们改变自己的意愿。"① 以上的共同母题，是对早期人类试图控制自然力量、达成自身愿望的一个生动的仪式展现。

因此，从这两个叙事的共同情节，可以回溯早期侗台语族群早期的神话与仪式关系。"基本的神话宗教情感的真正的客观化不是在众神的赤裸裸的偶像中，而是在敬奉神祇的祭祀中，因为祭祀是人们与神祇的主动关系。在祭祀中，不是间接地表现和描绘神性；相反，是对神性施加直接的影响。"在早期干旱缺水的状态下，侗台语族先民通过对天神的祭祀来试图获得雨水，并运用各种可能的巫术手段来达到这个目的。从根本上说，布伯也是一个"师公"的投影，而"青蛙神"已然具有了为人类代言的神祇身份，而不仅仅是动物本身。整个神话描绘的是一场为了获得雨水的热烈而恳切的巫术仪式，人们以灼灼有据的语言向天神诉说人间如火似焚的干旱，并祈求获得天神的同情与通达。在仪式上，巫师还要达成对天神的有效指令，即通过若干的"斗法"来表现自己的特殊能力，实现人类对自然的操控。正如著名神话学家恩斯特·卡西尔所述："绝大多数神话主题起源于一种祭祀的直觉，而不是起源于自然过程。这些主题并不追溯到物质性事物或事件，但追溯到人的一项活动，明确地表现在这些神话主

---

① 恩特斯·卡西尔（Ernst Cassier）：《神话思维》（Mythical Thought），黄龙保、周振选译，柯礼文校，中国社会科学出版社 1992 年版，根据美国耶鲁大学出版社 1954 年版，第 243 页。

题中的正是这种活动。"[1] 这种情形也展示在本文所展示的两篇叙事中，尽管一篇以史诗的形式出现，一篇以叙事体神话的形式出现，但形式在此并不成为将二者联系起来的障碍。正是由于侗台语族先民早期具有形象感、联想丰富的祈雨仪式，才铸就了壮族和泰东北的这两则叙事，其中的共同叙事内容，是对仪式过程的再现，是对历史记忆的隐秘保留。

由此，又可以看到神话、史诗等人类早期口头叙事与仪式之间的张力。在一开始，《布伯》《青蛙神的故事》的原初形态与描绘和阐释仪式、增添仪式气氛、增强集体情感等有着很大的关系，它们的叙述也许比现在我们看到的文本要简单得多，并且与仪式之间的直接关联更为凸显。随着时代的发展，无论是《布伯》还是《青蛙神的故事》，都增添了比仪式现场本身要丰富得多的内容，其内涵也更为丰富，呈现可以脱离仪式而存在的一种独立叙述。如《布伯》添加了洪水神话、兄妹婚的情节，在民间以散体形式流传。《青蛙神的故事》从表面上看已经发展为单独解释人们放射芒飞原因的文本，与祭祀仪式的直接关联已经丧失。由于泰东北过芒飞节的侗台语民族已经改信小乘佛教，在芒飞节期间只会到佛寺赕佛、请和尚送佛经，祈求佛祖护佑，向恬神举行的祭祀仪式都已经消亡。神话、史诗等口头传统远离了他们最初依附的仪式之后，并没有变成无本之木、无源之水，相反地，它们与更广阔的民族文化结合在一起，获得了独立的意义和新的生存空间，并继续对民众的信仰塑造、精神诉求等发挥了一定的积极作用。

四、族群文化意义

这两则叙事不光留给我们对早期口头传统与仪式之间的反思，还有利于我们探索早期侗台语民族的共同文化。《布伯》和《青蛙神的故事》都展示了侗台语民族深厚的巫觋传统、悠久的稻作生产文化与仪式，并且和侗台语族广泛的蛙崇拜有着密切联系。

---

① 恩特斯·卡西尔（Ernst Cassier）：《神话思维》（Mythical Thought），黄龙保、周振选译，柯礼文校，中国社会科学出版社 1992 年版，根据美国耶鲁大学出版社 1954 年版，第 240—241 页。

(一) 越巫传统

越巫是被统称为"百越"的侗台语族先民中负责祭祀、巫术的巫师。明朝邝露曾记载汉代京师的越巫活动："汉元封二年（前 109 年）平越，得越巫，适有祠祷之事，令祠上帝，祭百鬼，用鸡卜。斯时方士如云，儒臣如雨，天子有事，不昆命于元龟，降用夷礼，廷臣莫敢致诤，意其术大有可观者矣。"① 可见，越巫之术早在汉朝就已经闻名天下，并为汉朝天子所看重。因此，越巫的巫术传统直至今日仍存留在壮族和泰国东北部侗台语先民后裔的信仰习俗中。其中，最常见的是鸡卜，至今仍被壮、泰等民族所沿用。

除了使用鸡卜，越巫在仪式活动中所盛行的模拟巫术、接触巫术，也对今日的仪式和口述传统产生了影响。据《百越风土记》所述，唐代时人们"病不服药，日事祈祷"，"延巫鸣钟铙，跳跃歌舞，结幡楚楮，洒酒椎牛，日久不休。事毕插柳枝户外，以禁往来"。② 在这其中，是越巫向神请求、协商与沟通的过程，也是我们在《布伯》《青蛙神的故事》等叙事中可以解读出的信息，包括献祭、与天神沟通、与天神的斗法、变形等等。

(二) 稻作文化传统与蛙崇拜

分布在中国及东南亚的侗台语族群后裔，大都以稻米为食，历史上多以植水稻为生。在《侗台语言与文化》一书中，李锦芳先生亦指出：侗台语族（包括黎语支和仡央语支）、南岛语系及朝鲜语之间的"水稻""稻米"二词对应比较整齐，时间可以上溯到 6000 多年前。而侗台语族内部一个指称"稻谷、稻米、米饭、饭"的词，更保持了高度的一致性，李方桂先生构拟出的原始台语为 $*x\text{ əu}$，该词在 2000 多年前就已存在。③从考古出土的稻粒及水稻加工工具，可以将中国华南地区的稻作人工种植上溯到七八千年至 1 万年前。可以推测，在侗台语族群先民分散、迁徙之前，他们已经具有了栽培水稻的经验，以稻米为食，并创造了一系列稻作

---

① 邝露撰：《赤雅》，中华书局 1985 年版，第 52 页。
② 转引自梁庭望《壮族文化概论》，广西教育出版社 2000 年版，第 459 页。
③ 李锦芳：《侗台语言与文化》，民族出版社 2002 年版，第 187 页。

文化传统。这种传统，首先体现在对"灌溉之水"的渴望上。他们寄希望于天上的神祇，使人间风调雨顺、五谷丰登；也同时通过祭祀、巫术等被认为"行之有效"的手段，来达到自己的目的。这使得《布伯》和《青蛙神的故事》都透露出浓厚的稻作农耕民族文化的色彩。

与稻作文化密切相关的，是对蛙类的崇拜。在《青蛙神的故事》中，青蛙神依靠智慧和勇气与恬神作战，替人间赢得了雨水。在《布伯》中虽然没有青蛙的出现，但壮族民间保留了生动丰富的蛙崇拜传统，如红水河一带有名的蚂虫另节，就是以埋葬青蛙、以蛙骨占卜而闻名，并且附着有丰富的神话传说。从语言学材料来看，各侗台语族语言中，"青蛙""蛤蟆"等蛙类用词大多发音相似。这支持了在这些族群尚未分化之前，就已经存在对蛙类的定义和概念。这也是各地蛙崇拜表现出一致性的一个基本条件。有学者曾搜集侗台语族台语支的北、中、南部地区语言材料，其材料证明了不同地方"青蛙""小青蛙"的叫法都相对一致。如"青蛙"，西南语支中泰语、白傣、黑傣语、清迈泐语和中部语支的 Lei Ping 方言、凭祥方言的发音均为 Kop^2，掸语为 Kop^4，西南语支中的景东泐语、Muong Yong（缅甸东北部）泐语和 Nong Khai（泰国东北部）方言、中部语支的宁明方言（声调存疑）发音均为 Kop^1，中部语支的 Lung Ming 发音为 Kop^3，西部侬语发音为 Kap^6，龙州方言为 Kup^2，北部语支中 Yay 方言为 Kap^3，些克语（saek）为 Kap^4，武鸣方言为 Kop^5。有一种小青蛙的发音基本一致为"paat"，音调稍有差异。[1] 可见在族群分化之前，侗台语族群先民就已经产生了对蛙类的深刻印象和认识。

从根本上来说，侗台语族先民在彼此分离之前，已经广泛采取稻作农耕的生产方式，观察到了"蛙鸣—雨水—水稻丰收"的关系。为了实现谷物丰产的目的，在当时特定环境、原始思维活动支配下，人们把蛙类视为祈雨的使者，并通过各类模拟和接触巫术企图实现对雨水的需求。随着侗台语族先民的活动区域不断扩大、族群不断分化，在不同区域的不同侗台语民族支系受到了不同时期、不同层次的异文化影响，使得原本或许有着共同起源的祈雨仪式在发展中逐渐形成了新的面貌，包括壮族师公教的祈雨仪式与泰东北的芒飞节等，并保留了丰富的、母题相似的口头叙事。

---

① Thomas John Hudak，William J. Gedney's Comparative Tai Source Book，Oceanic Linguistics Publication，No. 34，Hawaii：University of Hawai'I Press 2008，pp. 77，137.

参考文献

1. 农冠品编注：《壮族神话集成》，广西民族出版社 2007 年版。

2. 刀承华编译：《泰国民间故事选译》，民族出版社 2007 年版。

3. 农冠品编注：《壮族神话集成》，广西民族出版社 2007 年版。

4. 恩特斯·卡西尔（Ernst Cassier）：《神话思维》（Mythical Thought），黄龙保、周振选译，柯礼文校，中国社会科学出版社 1992 年版，根据美国耶鲁大学出版社 1954 年版。

5. 邝露撰：《赤雅》，中华书局 1985 年版。

6. 梁庭望《壮族文化概论》，广西教育出版社 2000 年版。

7. 李锦芳：《侗台语言与文化》，民族出版社 2002 年版。

8. Thomas John Hudak，William J. Gedney's Comparative Tai Source Book，Oceanic Linguistics Publication，No. 34，Hawaii：University of Hawai'I Press，2008.

本文原载于《黔南民族师范学院学报》2015 年第 1 期

中越跨境民族文学比较研究的
问题、理论与方法*

黄　玲**

【摘　要】中越跨境民族文学是指生活在中越两国的跨境民族的文学叙事，作为一种边缘文化呈现出对中心文化与异文化的吸纳与创造的民间自觉，具有多元内涵。中越跨境民族文学比较研究以"比较视域"和"文化间性"为理论指导，运用文学人类学和超文学研究等方法论，以求清晰把握中越民族文化发展演变的脉络与渊源，建构边境和谐共生的民族文化生态。

【关键词】中国文学；越南文学；跨境民族；比较研究

19 世纪末 20 世纪初，中国文化面临本土传统与西学东渐的碰撞与交融。在这场新文化运动中，启蒙思想家鲁迅先生有过这样的提醒："我们常将眼光收得极近，只在自身，或者放得极远，到北极，或者天外，而这两者之间的一圈可是绝不注意的。"① 中国与周边国家的文化关系源远流长，当今各国政治经济更是唇齿相依。因此，展开对中国与周边国家这"一圈"的文化关系的研究显得必需与迫切。中国与日、韩、越等周边国家的文化传统、民族命运关联复杂，作为精神之反映的文学也交流密切。当今学界对中日、中韩的文学交流多有研究，越南也因其经济崛起而渐受关注。但现有研究多指向中越两国的主流文化与书面文学，对散落在民间

---

　* 本文是 2012 年教育部人文社科青年项目"跨境民族文学与中越民族文学交流"（12YJC752012）的阶段性成果。

　** 作者简介：黄玲（1975—　 ），广西百色人，百色学院学报编辑部主任，文学博士，研究方向为中越民族文学比较。

　① 鲁迅：《今春的两种感想》，《鲁迅全集》第七卷，人民文学出版社 1981 年版，第 386—388 页。

文化场域中的民间叙事与口头文学尚未引起相应的重视。

中越两国的边疆地区生存着众多的跨境民族，包括中国的壮、傣、苗、瑶、京等 12 个民族和越南的岱、侬、越、苗、赫蒙、哈尼、傣等 26 个民族。它们之间有着同根异枝的族群关系与同源异流的文化传承。中越跨境民族之间频繁的民间交往和延绵的文化交流，使其文学发展呈现多元共生的样态。它们在夹缝中唱和歌吟，担当着中越民族文化沟通的桥梁，也日渐成为中越国家文化发展的动力。

一、边缘与跨越：中越跨境民族文化与文学

（一）边缘文化与民间自觉

越南位处中南半岛，与中国山水相连，文化也经脉相通。越南古代为安南，曾为中国郡县，在官方层面有朝廷对边地的行政管理与官员派驻；但也存在如族群的迁徙流动、边民的日常往来、商贾的商业贸易、僧侣的游走传经等民间层面的诸多交往。中越跨境民族的历史起源最早可以追溯到新石器时代，溯源历史，无论是生活在中国境内还是移居越南境内的群体，大都是中国古代骆越族群和苗瑶族群的后代。自秦汉时期始，古代骆越、苗瑶民族逐渐与中原华夏文化发生交往与融合。由此，中越跨境民族是中越两国文化交流一个不容忽视的文化场域。

边疆处于国家政治中心的边缘，文化亦如此。中越跨境民族文化相对于中国华夏文化的中心而言，是一种边缘文化。边缘文化有距离式、杂居式和插入式三种形式。① 中越跨境民族文化在形态上都满足了这三种形式的要求：其一，地理位置处在较于华夏文化中心而言的相对边远的西南边陲；其二，存在壮汉苗瑶等族群的长期杂居与文化交融；其三，古代骆越、苗瑶等族群进入中南半岛与当地的本土民族相结合，但依旧保持了原生文化的传统与精髓。

由于处于远离中心的边缘文化区域，中越跨境民族文化无论是对自我文化的坚守，还是对异质文化的吸纳，都呈现出民间自觉的文化观念。诚

---

① 王晓莉等主编：《宗教信仰与民族文化》，中国社会科学文献出版社 2009 年版，第 3 页。

如饶芃子在《中国文学在东南亚》一书中指出：中国文化在东南亚传播最主要的特点是在和平环境下以和平方式进行；传播主要渠道分为官方和民间两种，民间尤为重要。① 生活在中国与越南交接地带的中越跨境民族也有此文化自觉，是边地民族对主流文化的主动吸纳并积极内化为自我的民族精神，呈现出较强的兼容异文化的特征。

以《岭南摭怪列传》② 为例，作为越南古代民间神话传说集《岭南摭怪列传》的故事部分采自中国民间文学，例如神龟筑城之传说见于《华阳国志》，泾阳王娶洞庭君龙王女的情节与唐人李朝威之《洞庭灵姻》相同；也有骆越传统文化的显现，例如《士王传》中讲述史实人物士燮被封为"士王"并带领骆越人开发生产，《鸿庞传》讲述了很多百越族人的信仰风习，《布盖王传》"布盖"乃父母之意是古骆越音，布盖王实为骆越族人冯兴。这些曾活跃在中越边疆地区的英雄人物及事迹已经被神圣化为一些民族或家族的"宗祖"，甚至神话化为天地宇宙之神灵，成为民间信仰的精神核心。这些来自中国各民族的文化信息甚至为古代安南的文献历史所采纳，《大越史记全书》的编撰就有很多历史事件取材自《岭南摭怪列传》。王晓平先生在考察越南古代文论时指出越南文化发展与中国殊异的一个现象就是"怪、力、乱、神与历史的契合点"。③ 越南的"怪、力、乱、神"除了本土的民间信仰，还有骆越、苗瑶等古代族群的神话思维和巫觋之风。

武琼在《岭南摭怪列传》序中云，这些民间文化场域中口耳相传的事迹，"不待刊刻之石，编之梓而著于民心，碑于人口，黄童白叟率能称道而爱慕之"④。正是延绵不绝的民间文化的交往，使中越跨境民族文化激发出了包容异质文化与弘扬本土文化的蓬勃生命力。

（二）空间跨越与文化跨越

"跨境民族"是民族历史发展和近现代国际政治的产物，包含着特定

---

① 饶芃子：《中国文学在东南亚》，暨南大学出版社 2009 年版，第 151—152 页。

② 武琼编撰：《岭南摭怪列传》，陈庆浩、王三庆主编《越南汉文小说丛刊》（第二辑），台湾学生书局印行 1992 年版。

③ 王晓萍：《越南文论选读》，《中外文化与文论》（2—4），四川大学出版社 2000 年版。

④ 武琼编撰：《岭南摭怪列传》，陈庆浩、王三庆主编《越南汉文小说丛刊》（第二辑），台湾学生书局印行 1992 年版，第 3 页。

的地理背景与文化内涵。

首先，从地理区域来看。据考古挖掘和文献记载，在中国秦汉文化传入之前的上古时代，越南先民大多生活在越南北部和中部北区一带。这也是中越跨境民族集中生活的区域，此时这一区域尚未有国家行政边界的划分，人们统称其为"百越"之"岭南"或者"粤地"。根据《汉书·地理志》记载："（粤地）今之苍梧、郁林、合浦、交趾、九真、南海、日南，皆粤分也。"①"岭南"或者"粤地"地域广阔，面临大海，接壤异邦，成为中原文化、边疆民族文化与周边国家民族文化交流融汇的天然走廊。

其次，从文化场域来看。民族是现代社会的产物，其最初的存在形态是族群。对于跨两国或几个国家国境居住并有着相同族源的族群，学界也有称为"跨国民族"或"跨界民族"的，但"跨国民族"标示不同的国家归属，"跨界民族"则强调战略意义；唯有"跨境民族"更侧重于社会文化属性。在中越边疆地区，是各民族流动与迁徙的必经之路，由此带来延绵不绝的"族群"间的文化交流，也成为沟通中国与异域文化的桥梁。因此，"跨境民族"不仅超越了边境线的狭小区域，其文化蕴含也更为丰富多元。

在历史发展进程中，一些民族跨中越两国边境而居，如中国的壮族与越南的岱侬族；一些民族迁入越南，例如中国瑶族迁入越南成为赫蒙族；一些民族又回迁到中国，例如越南的越族再回到中国成为京族。可见，跨境民族不是孤立静止的存在，而是在两国地域范围内跨境迁徙，在不同性质的文化中游走出入。在这样的文化场域中，活态传承的民间叙事文学是中越民族的源流、迁徙、演进和发展的形象展现及生动演绎。因此，在民间自觉的文化态度导引下，现代的中越跨境民族文学较之原始的族群文化具有更丰富的内涵，体现为以下两个特征：

其一，是国家疆界的空间跨越：国家疆界是政治国家划分的国界，因此中越跨境民族文学是跨中越两国国境居住民族之民众的情感表达和创造想象。因为归属国家的意识形态不同，其文学叙事在跨境的过程中也会相应地发生演变。其二，是族群迁徙的文化跨越：通过溯源中越跨境民族的

---

① 班固撰，颜古师注：《汉书·地理志》（中册），中华书局 2005 年版，第 139 页。

历史形成去探讨族群迁徙中文化的跨境传承。不同的族群文化在接触和交流中互渗互动和多元共生。

中越跨境民族文学是多元融合的文学叙事，不仅在空间上具有跨越性，也呈现出时间的古今交集和文化的多层跨越。鉴于此，可以将中越跨境民族文学作为一个研究的问题进行深入探讨。那么，什么是"中越跨境民族文学"？在文学研究领域，大家更为熟悉的是"国别文学"或者"民族文学"。综合二者而言，"中越跨境民族文学"就是指生活在中、越两国的跨境民族的文学，既强调国别性，也凸显民族性，呈现出多元内涵，具体体现如下。

第一层含义是指文学主体是中国与越南两国的跨境民族。中越跨境民族所包含的民族范畴，是跨两国国境居住并有着相同族源和文化传统的族群，所以不仅仅是少数民族，还包括两个国家的主体民族，因为中越两国的主体民族在对方国家是少数民族，例如越南的越族在中国是少数民族——京族，中国的汉族在越南是少数民族——华族。

第二层含义是指其文学之文化内涵的多元文化性。历史上活跃于中国边疆地区的族群，与现代民族之间，未必能够一一对应，族群文化的复杂性导致了跨境民族文学表现的多样性。在中国汉文化的大环境中，中越边疆地区的族群必然受到汉文化影响，但自己的文化传统依旧不同程度地保持着，甚至有时也会对汉文化产生影响，各族群之间也会发生交流与碰撞、融合与创生。由此形成了内涵多元又独具特色的中越边疆地区的跨境民族文学。

第三层含义是指其内容上包括民间口头文学和书面文学两部分。因为中越边疆地区的跨境民族大多没有自己的民族文字，所以口传文学是其文学表现的重要部分。同时，在汉文化影响下，一些民族也使用汉字进行书写和创作，有些民族还借用汉字造字法创制出自己的民族文字。虽然这些文字没有得到推广和普及，但也承担着本民族宗教经书和乡约家规等民间文本的书写任务。

二、"比较视域"与"文化间性"：中越跨境民族文学比较研究的理论视野

纵观人类历史，文化发展呈现为一种多元交汇和相互影响的状态：

"人类团体的文化归属往往并非铁板一块。"① 也就是说，文化发展是一个动态演进过程。因此，要探讨一个民族文化的历史脉络，必然要将这一文化置放在更为宏阔的文化系统内，探寻其与周边文化的交流互渗、变异创生。

（一）"比较视域"

"中越跨境民族文学比较研究"是在中越民族交流互动的文化场域内进行的文学研究。中越跨境民族是一个动态发展的族群，其演变时间长，涉及范围广，牵涉族群多，因此必然要遵从大文化观念，以比较文学的"比较视域"为理论框架，在研究过程中综合汉、骆越、苗瑶和越南等民族文化，由此来观照对中越跨境民族文学的变异创生。

所谓"比较视域"（comparative perspective），就是在进行比较文学研究时要求研究者要具备对两种（或以上）民族文学关系之间或文学与其他学科关系之间的内在透视和内在汇通。② 此种理论思维不是自我本位，而是以"他者视角"来进行的文化观照与自我反思。在此种尊重他者的平等观念引导下，我们会发现不同文化在交互接触时的变异与创生。严绍璗倡导将文学文本还原其发生的文化语境，他认为世界大多数民族的文学发生和发展，与本民族文化同异文化抗衡融合的文化语境有密切关系。③

例如，在中国的壮族和越南的岱、侬、泰等民族中广泛流传的以生殖崇拜为内核的花婆崇拜，壮族地区就流传着"花婆"神话《创世女神女娲洛甲》；还有许多民族供奉的稻神、农神都是女性，在一些神话叙事中的农业始祖也是女性，例如越族的《瓯姬一胎产百卵》、芒族史诗——巫经《生土生水》、岱侬族的《布良君》以及中国黎族始祖与交趾人结合繁衍后代开山种粮等神话传说。因为中越跨境民族大部分都是古代骆越族群的支系，中越边疆地区也以农耕文化和稻作经济为主，此种文化语境就孕育了女神崇拜，而这些女性神祇的性质多为农业始祖，显现出鲜明的生殖

---

① 杨乃乔：《诗学与视域——论比较诗学及比较视域的互文性》，《文艺争鸣》2006 年第2 期。

② 同上。

③ 严绍璗：《"文化语境"与"变异体"以及文学的发生学》，《中国比较文学》2002 年第3 期。

信仰和生命意识。

　　但即使是一些表达远古神话思维的造人神话，在跨境民族迁徙的历史进程中也发生了衍化。越南越族的《百蛋生百男》、芒族的《生土生水》，中国壮族的创世神话《姆洛甲造三批人》，黎族蛇卵生黎母的故事，苗族神话《顶洛》都出现"蛋生"人类母题。夫妻交合生出巨卵的"卵生"母题是中国南方民族共同的神话叙事；但是与解释人类起源的造人神话不同，这些跨境民族的造人神话讲述的是"民族起源"母题，即生出的人分散各地成为各个民族的祖先。这与中越跨境民族在历史发展中所遭遇的民族分化与多民族融合的历史事实有必然联系。

　　中越跨境民族文学比较研究就是将文学叙事置放在多元观察、多点透视的研究视野中进行比较和对照，以期把握这些民族文化间的历史关联与现实认同。

（二）文化间性

　　比较视域之下的中越跨境民族文学呈现出变异与创生的发展。透过文学叙事探求双边民众的精神诉求和文化认同，需要秉承一种文化间性去审视和界定。

　　文化间性的概念衍生自主体间性（intersubjectivity），"主体间性"是现象学家胡塞尔提出的"交互主体性"理论，一方面包含自我主体与另一主体"他我"的"主体间"的相互关系，另一方面是各个主体间存在的共通性。① 在比较文学研究中引入文化间性理念，诚如乐黛云先生说："比较文学所研究的就是不同文化、文学的'间性'，即各种文学聚集在一起时所产生的各种现象。"② 运用互为主体的"文化间性伦理"来观照，可以发现中越跨境民族中蕴含着一种跨文化的间性智慧，其中多元的民族文化在平等交往中相互借鉴，达到互补互识，显现出主体的文化自觉。

　　中越跨境民族的生活区域处在两国边疆地区，是民族迁徙和文化交往的天然走廊，所以它们在与异族接触、碰撞的过程中，在"自我"与"他者"的文化反差中，引发了诸多对祖先历史和民族起源的功能性解释的神话叙事。由此产生的中越跨境民族文学也成为记述祖先历史、民族传

---

① 倪梁康：《现象学及其效应》，生活·读书·新知三联书店 1994 年版。
② 乐黛云：《继续双边对话，拓展文学间性研究》，《中国比较文学》2003 年第 1 期。

统、民间社会和民众情志的多元集成，在文化交融中体现出文化自信与文化包容的积极心态。

例如在中国京族民间流传的叙事长诗《宋珍歌》①，在越南文学史上也有无名氏的喃字长篇叙事诗《宋珍菊花》②。京族《宋珍歌》来源于越南喃字长篇叙事诗《宋珍菊花》，但读书人宋珍和民女菊花的婚姻波折这一故事情节与中国宋元南戏与明清传奇的家庭伦理主题相同。可以说，《宋珍歌》的整个叙事主要由中国俗文学与民间故事母题耦合而成；但叙事内部的情节组织充满了民族化的聚合与扩张、演绎与创造，折射出越南越族与中国京族的情感愿望。《宋珍歌》的叙事以"家庭"为基点，展开了"家庭"之上的"国家"与"家园"之外的"异域"之想象。男耕女织是封建社会和农业经济时代每一个普通家庭的幸福指向；但宋珍应考上榜后生活的平静即被打破，越皇逼婚不成就发配宋珍出使秦国。对于强大的秦国，宋珍的使命危机四伏，但面对秦王考验，宋珍用民间智慧和文化自信来勇敢应对。出使十年期间宋珍还辅助秦王治理政事防卫国家，由此换来秦王的尊重与爱护。当十年期满秦王礼邀宋珍留居秦国，宋珍毅然选择回归家园。宋珍回去重整家园发展生产，得到乡民拥戴；此时，秦王公主不远万里漂洋过海追随宋珍。在应考—出使—考验—战胜考验—回归的整个生命历程中，宋珍成长为一位民间英雄。《宋珍歌》的叙事遵循英雄成长所共有的"远行——归家"的情节结构，但其叙事的事件集合了对本国封建统治的批判，对文明异域的想象。可以说，《宋珍歌》是跨境民族建构自我意识的民众叙事，是京族关于民族的历史和个体生命的讲述。

当代西方的后殖民主义文化批评强调不同文化的冲突，忽视了不同文化间互动共生的可能。异质文化的互动共生在东方民族文化中广泛存在，例如古希伯来的《旧约》，古印度的《五卷书》，还有中国的《诗经》等不胜枚举。乐黛云在思考亚非拉第三世界文学时也指出边疆文学研究具有"不再局限于同质的西方文化体系内"的独立地位和民族特性，既能够充分发掘本民族的文化特点，也能够丰富和发展世界文学。③ 因此，以"比较视域"和"主体间性"的理论视野来观照中越跨境民族文学，梳理中

① 陈增瑜主编：《京族喃字史歌集》，民族出版社 2007 年版，第 418—680 页。

② 于在照：《越南文学史》，军谊出版社 2001 年版，第 147 页。

③ 乐黛云：《比较文学与比较文化十讲》，复旦大学出版社 2004 年版，第 76 页。

越民族文化关系，能够超越西方话语霸权，呈现出东方民族文化的独特性与丰富性。

三、"眼光向下" 与 "宏观比较"：中越跨境民族文学研究的方法论

民俗学家钟敬文先生认为，一个民族的文化范围很广泛，层次也不单一，上层文化和下层文化在很大程度上是分离着、差异着、对抗着的，但却又互相联系、纠结、渗透，由此形成民族文化的整体。① 王明珂也指出："在一个社会中，通常只有部分的人有权记录与诠释历史。这种历史，忽略了许多个人的、社会边缘人群的历史记忆。"② 因此，在研究的方法论上要突破传统。当我们穿越汉语表述的字里行间，将目光拉向田野，沉淀到底层，可以窥见中越跨境民族文学所包含的丰富质朴的民间传统。

（一） "眼光向下" 的文学人类学研究

"眼光向下" 是民俗学提出的理念，也适用于书面文学不甚发达口传文学却传统深远中越跨境民族文学。越南学者潘玉指出："越南文化的一切表现形式，即使是语言、文学、艺术、信仰、风俗习惯等都存在一种融合现象，其中，外来成分非常直观，显而易见。而土著成分却含而不露，如果没有考古学和民族学的知识，往往是看不到的。"③ 因此，中越跨境民族文学的研究不能仅仅立足于文献，而要对各民族"活着"的民间叙事文学进行研究，包括神话传说、民间故事、叙事长诗、宗教经书以及各种仪式信仰等等。

叶舒宪先生在《文学人类学教程》一书中指出文学人类学是指人类学视野和思考研究文学的学问，并将传世文献、地下出土的文字材料、民族学与民俗学材料和考古挖掘出的实物与图像归结为四重证据法。④ 此种

---

① 钟敬文、董晓萍编：《民俗文化学：梗概与兴起》，中华书局1996年版，第36页。

② 王明珂：《历史事实、历史记忆与历史心性》，《历史研究》2001年第5期。

③ 潘玉：《越南文化及其新视角》，河内：文化通讯出版社1994年版。

④ 叶舒宪：《文学人类学教程》，中国社会科学出版社2010年版，第22页。

立体阐释文化的新范式能够引导人们挖掘文化的多样性和文学的多重内涵。以此为方法论来研究中越跨境民族文学，从这些民间叙事中再现各民族在跨境迁徙中适应环境、创造文明的过程及情形，彰显出跨境民族的生命追求与精神建构。

在人类学研究中要真正进入民族文化的深层，只有全面深入地把握"地方性知识"①，因此中越跨境民族文学比较研究应以个案为立足点。人类学家吉尔兹认为如果忽视个案，研究的"客观性就会成为虚妄的借口，宽容就会成为虚设的伪装"。在研究中要对中越边疆地区多元的民族文化传统、民俗风习和思维方式等有所了解，在纵横开阖的视野中观照其传统景深和文学场域，这无疑会推进研究的广度和深度。

例如，中越跨境民族中广泛流传的侬智高传说，侬智高是一个集祖先神、保护神、英雄神于一身的跨国文学形象，成为民族文化的象征。侬智高浓缩着跨境民族的历史记忆，也集结着对骆越族群强烈的认同感。传说并不仅是以史实人物侬智高为唯一的讲述对象，而是在历史真实的基础上将其神圣化，除了通过神话叙事来呈现，还常常表现为一个民族的典礼仪式、传统节日等。在中国壮族地区侬智高传说形成了传说群，还有仪式信仰和戏剧展演等多种表述方式。越南民族祭祀侬智高也有两个重要的仪式和风俗，一是祭司撒谷，众人捡拾回家作为谷魂；二是"打禄"，即象征性地打摘祠庙边的大榕树叶。这两个仪式寄托了越南民众对侬智高的敬仰和朝拜，折射出对这一英雄形象的文化认同。

侬智高传说已经衍化为一个中越跨境民族共有的文化事象，但由于归属的国家主体不同，也呈现出各具特色的精神内涵：在越南的岱侬族中，侬智高开创生产保护氏族利益的传说成了民族起源的记忆；在中国壮族，侬智高护卫家园抵御交趾侵略的英雄事迹成为民族自信的精神资源。但归结到一点，侬智高传说已经成中越跨境民族共同的文化符号，其内涵包含着骆越族群的祖先历史和神圣信仰，也成为边民友好、边疆和谐的情感保障。

中越跨境民族文学比较研究所选取的个案，不是孤立的文学现象，而是与中越跨境民族，甚至中越两个国家民族群体都有着交错纵横关系的文

---

① 吉尔兹：《地方性知识：阐释人类学论文集》，王海龙、张家瑄译，中央编译出版社2000年版。

化事象。这些个案虽不能完全涵盖中越跨境民族丰富复杂的文化现象，但却具有普遍性。在个案的文化阐释的基础上，进行中越跨境民族文学的特征提炼和规律探讨，呈现出中越两国民族演变和历史文化的丰富信息。

（二）"宏观比较"的超文学方法

进入 21 世纪，世界各国文化都面临着全球化与本土化的双重挑战。在此背景下，导入"宏观比较文学"的理论将有助于全面深入地展开中越跨境民族文学的比较研究。"宏观比较文学"是指"'世界文学宏观比较论'，指以民族国家为最小单位，以全球文学为广阔平台和背景的比较研究。它以'平行比较'的方法总结、概括各民族文学的特性，用'传播研究'与'影响研究'的方法揭示多民族文学之间相互联系而构成的文学区域性，探讨由世界各国的广泛联系而产生的全球化、一体化的文学现象和发展趋势"。[①] 这一概念把世界各国各民族文学置放在独立个体与联系整体的辩证关系中来看待，超越了民族主义的狭隘性。这对在"中华民族多元一体"的大框架下研究边疆民族地区的文学与文化富有启发意义。

中越跨境民族文学的发展演变，从纵向的时间维度来看，中越跨境民族文学凝聚了从原始生命信仰到现代民族意识的历史进程；从空间维度来看，是两个国家政权和文化中心的边缘位置和交接地带；从叙事内涵来看，是一个集结了民间、文人与国家三种话语的共同参与和创作。例如在中越跨境民族中就流传有许多刘永福黑旗军联合中越边民的抗法战斗的民间故事与歌谣。民主革命时期，孙中山先生曾以越南为基点发动钦州防城起义、镇南关（今友谊关）起义、河口起义；而越南民主志士潘佩珠、胡志明等人也在中越边境的广西农村办革命干部培训班，积蓄和酝酿革命的力量。也就是说，把文学叙事与追求国家解放和独立的命运相联系，方可深入把握文学叙事的时代精神。

由此可见，中越跨境民族之间的交流已不再局限于边境，而是向更大的范围扩展，甚至与民族国家的历史发展和命运前途都紧密相关，融入了国家话语的宏大叙事中。此种宏观视野在具体研究中体现为"超文学"

---

① 王向远：《比较文学系谱》，北京师范大学出版集团 2009 年版，第 234 页。

研究方法，即"在文学研究中，超越文学自身的范畴，以文学与相关知识领域的交叉处为切入点来研究某种文学与外来文化之间的关系"。① 此种方法，不是跨学科的比较研究，也不是局限于文本内部，而是将具体的文学现象置放在大文化背景之下来观照这一文学与某一国家、某一地区、某一时代甚或全球文学的关系。叶舒宪先生也强调，文学人类学跨出来的学科眼界和它所能解决的问题是超越文学研究的。② 可以说，中越跨境民族文学比较研究以民族演变和文化交流为经纬，是在总体观照基础之上的个案分析，辅以田野调查，进行文本细读和文学比较，最后殊途同归，以期达成对中越跨境民族文学的深入理解。

四、结　语

在中越边疆地区这一民间文化场域内，运用"比较视域"和"主体间性"的理论进行观照，一些潜隐着的文学叙事渐渐浮出历史地表。对中越跨境民族文学在跨境传承中的变异创生进行比较研究与文化阐释，能够使当代人重返民族生存之真实的历史现场和文化语境，清晰把握中越民族文化发展演变的整体脉络，从而推进中越边境的民族文化生态，增强边境族群的凝聚与和谐。因此，通过厘清其中越跨境民族文学比较研究的问题、理论与方法，或许能够为中国多民族文学研究和中国与周边外域民族的文化交流提供一个研究思路。以上所述，权作引玉之砖，供大家一起深入探讨。

参考文献

1. 鲁迅：《今春的两种感想》，《鲁迅全集》第七卷，人民文学出版社 1981 年版。

2. 王晓莉等主编：《宗教信仰与民族文化》，中国社会科学文献出版社 2009 年版。

3. 饶芃子：《中国文学在东南亚》，暨南大学出版社 1999 年版。

---

① 王向远：《试论比较文学的"超文学研究"》，见《中国文学研究》2003 年第 1 期。
② 叶舒宪：《文学人类学的学术伦理》，《百色学院学报》2010 年第 4 期。

4. 武琼编撰：《岭南摭怪列传》。

5. 王晓平：《越南文论选读》，《中外文化与文论（2—4）》，四川大学出版社 2000 年版。

6. 陈义校点：《岭南摭怪列传·出版说明》，陈庆浩、王三庆主编《越南汉文小说丛刊，第二辑》，台湾学生书局 1992 年版。

7. 班固撰，颜古师注：《汉书·地理志》（中册），中华书局 2005 年版。

8. 米歇尔·苏盖、马丁·维拉汝斯著：《他者的智慧》，刘娟娟、张怡、孙凯译，北京大学出版社 2008 年版。

9. 杨乃乔：《诗学与视域——论比较诗学及比较视域的互文性》，《文艺争鸣》2006 年第 2 期。

10. 严绍璗：《"文化语境"与"变异体"以及文学的发生学》，《中国比较文学》2002 年第 3 期。

11. 农冠品编：《壮族神话集成》，广西民族出版社 2007 年版。

12. 王文光：《中国南方民族史》，民族出版社 1999 年版。

13. 农冠品：《广西少数民族创世史诗及古歌价值初探》，载农冠品编《壮族神话集成》，广西民族出版社 2007 年版。

14. 乐黛云：《继续双边对话，拓展文学间性研究》，《中国比较文学研究》2003 年第 1 期。

15. 陈增瑜主编：《京族喃字史歌集》，民族出版社 2007 年版。

16. 于在照：《越南文学史》，军谊出版社 2001 年版。

17. 乐黛云：《比较文学与比较文化十讲》，复旦大学出版社 2004 年版。

18. 钟敬文、董晓萍编：《民俗文化学：梗概与兴起》，中华书局 1996 年版。

19. 王明珂：《历史事实、历史记忆与历史心性》，《历史研究》2001 年第 5 期。

20. 潘玉：《越南文化及其新视角》，文化通讯出版社 1994 年版。

21. ［美］吉尔兹：《地方性知识：阐释人类学论文集》，王海龙、张家瑄译，中央编译出版社 2000 年版。

22. 王向远：《比较文学系谱系》，北京师范大学出版集团 2009 年版。

23. 王向远:《试论比较文学的"超文学研究"》,《中国文学研究》2003 年第 1 期。

本文原载于《百色学院学报》2012 年第 3 期

壮泰谚语中的中国形象

刘俊彤[*]

刘俊彤[*]

【摘　要】壮泰两民族同根异枝，语言、文化、习俗相似相近，本文通过剖析壮谚语，挖掘两种语言所反映的中国形象的文化内涵，尝试探讨二者的异同，为壮泰文化的比较研究提供语言文化层面的参考。

【关键词】中国形象；壮语谚语；泰语谚语

壮族是中国境内人口最多、汉化程度较高的少数民族，由于与汉族文化融合时间较早、融合程度较高，所以在壮族人的观念里自己和汉族一样，都是组成中华民族的重要成员；泰族是泰国的主体民族，国内外学者从人种学、语言学、历史学、文化学、社会学等诸多方面进行深入考证后认为：泰族是从中国南方迁出后分化形成的民族，与中国壮族、傣族同源异枝。

壮族观中国实为内部如何审视全局，泰族观中国实为友邻如何看待强邦。本文试图从谚语的角度解读壮泰两族的中国形象的特征与表现方式。既然壮泰民族同根异枝，语言、文化、习俗相似相近，那么他们将如何以"当局者"和"旁观者"的视角来塑造中国形象？他们与中国构成何种想象的文化关系？他们如何在中国形象中确认自我文化身份认同？而中国又应该采取哪些举措来构建与传播中国形象？

谚语是一种以简洁方式提供建议和揭示寓意的、传统的格言，被认为是纷繁复杂的人类生活图景的活化石。谚语既是语言的重要组成部分，也是一种文化现象。谚语反映道德观念、宗教信仰、价值取向、生产经验、

---

* 作者简介：刘俊彤（1988—　），女，侗族，广西融水人，百色学院泰语教师，硕士，主要研究方向为泰国文化、泰国文学。

生活常识、哲学理念，蕴含丰富的民族文化精髓。

壮泰谚语来源于生活经验、自然环境、古代文学、宗教和文化传承，语言精练生动，贴近生活。本文选取的壮泰谚语主要来自谚语集成和民间口传，有相当一部分现在还在壮泰民族中使用，也有一部分已经退出时代舞台。不管是正在使用的还是不再使用的谚语都间接地反映了壮泰民族对中国形象的认知，因此在文章中对具体时代不加以细分，只描述一个整体概貌。

形象是表现主体思想感情的一种审美手段，负载着一定的思想情感内容，但形象并不是事物本身，而是人对事物的感知。国内的比较文学界一般认为形象是"一国文学中对'异国'形象的塑造或描述"，"在文学化，同时也是社会化过程中得到的对异国形象的总和"。①

一、壮族——百越后裔

公元前221年，秦始皇完成兼并六国的统一大业。在平定荆江南地，降越郡，置会稽郡后出兵岭南，意在扩张统治区域及获得岭南地区闻名已久的贵重土产。为解决粮食补给，秦军开凿灵渠沟通湘、漓二江。面对秦大军压境，越人顽强抵抗，相持达三年之久。公元前214年秦军取陆梁地，于岭南置桂林、南海、象郡三郡，但越人不降，坚决抵抗。为稳定岭南局势，秦始皇以任嚣为南海尉、赵陀为龙川令，领流徙罪犯等50万人留守岭南，并从中原征调75000名未婚女子与留守将士成婚。此外，还有大批被强迫迁入岭南的中原劳动人民，成为古代中原向岭南的一次人口大迁徙。秦军与越人杂居共处，有的成为岭南地区最早的汉族居民，有的则融合为越人的一部分。②

公元前207年，秦亡，赵陀出兵吞并桂林、象郡，自立为南越武王。自建国到公元前112年国亡，南越自立近一个世纪，但极力奉行汉制。在广州等地出土的西汉早期文物均使用秦统一后推行的小篆体③；南越地区墓葬中出土的货币也均是秦两半线和汉初半两钱；广西贵县罗泊湾一号墓

① 孟华：《比较文学形象学》，北京大学出版社2001年版，第2、4页。

② 王钟翰：《中国民族史概要》，山西教育出版社2010年版，第486页。

③ 陈直：《广州汉墓群西汉前期陶器文字汇考》，《学术研究》1964年第2期。

出土的度量衡器经实测也与汉制大体相同，充分说明南越与中原关系密切。

南越亡国后，苍梧王等闻讯而降，广西桂林监还谕告瓯骆 40 余万人归入汉的统治，岭南在汉朝以后、宋朝以前都是以中原文化为主导。14 世纪壮族名称开始出现，14 世纪后期壮族已基本上分布于广西各地。1952 年建立桂西僮族自治区，1956 年改称自治州，1958 年改为广西壮族自治区。

二、壮谚——情感的投射，国家的认同

综上所述，在长期的历史发展过程中，壮族与汉族不断融合，在保持自己鲜明文化特性的同时也认同于先进的汉文化，认同自己是中华民族的重要一员，并反映在精简凝练的民间谚语上。

壮族谚语中的"中国形象"是对祖国现实的认识或再现，包含壮族人的想象和欲望投射。因此往往在塑造的过程中采取仰视视角，把中国放在重要的位置，用理想化的形式来描述，同时赋予其发达、进步、文明、强大、先进等诸多特征。

表达对中国的认同和热爱。壮族的国家认同经历了从自在到自觉，从朦胧到清晰，从局部到全局，从低级到高级，从松散到聚合，从各个支系到整个民族的发展过程。[①] 唐宋时期推行羁縻州和土官制促使壮族的国家认同逐步形成；元明时期实行吐司制增强了壮族的国家认同；明清时期至民国十八年（1929 年）全部完成在广西的改土归流，进一步增进壮族的国家认同；清代的抗法战争和近代的抗日战争使壮族的国家认同空前高涨；新中国成立后民族政策的贯彻与落实进一步提升了壮族的国家认同。壮族人对国家的认同和热爱也充分地反映在谚语之中，如：Bid gyaez byaifaex rwi gyaez va, Lwgmaenz gyaez guek lumj gyaez gya（蝉爱枝头蜂爱花，人民爱国如爱家）、Gwnz seiq aen mbwn hung, Ndaw biengz guekcoj caen（世上天空大，人间祖国亲）、Guekgya guekgya, ndei beij bohmeh（国家国家，好比爹妈）。

---

① 覃彩銮：《壮族的国家认同与边疆稳定——广西民族"四个模范"研究之二》，《广西民族研究》2010 年第 4 期。

表达对祖国的归属感。农耕社会的自给自足状态，丰衣足食的田园牧歌生活是壮家人的普遍理想。宁静、平和、淳朴导致了壮族人浓重的恋乡情结，树高万丈，落叶归根的思想在谚语中表露无遗，如：Byaraiz dai dieg gaeuq（乌鳢老死在故地）、Vunz laux vunz bae mbwn, Ngwz laux ngwz byok naeng（人老人归国，蛇老蛇脱壳）、Lwg mboujyiemz daxmeh couj, bouxyouz mboujyiemz guek gungz（儿女不嫌母丑，游子不嫌国贫）。

表达国家利益高于个人利益。壮族是中国的重要成员，壮族的生存、发展与国家休戚相关，国家是壮族利益的代表，壮族人反过来也会为维护和捍卫国家的利益而奋战到底，这样的民族气节多表露于谚语之中，如 Nyienh dang boux louzlangh, Mbouj guh boux gai guek（宁当流浪汉，不做亡国奴）、Ngienh doxeuq baenz fangz goengq gyaeuj, Mboujnyienh gai guek mouz fatcaiz（宁做反抗断头鬼，不做叛国发财人）、Senq miz guek, laeng miz gya, Senq miz mbaw heu cij miz va（先有国，后有家，先有绿叶才有花）、Miz guek mbouj miz gya, Miz raemx fouz bya gungq（无国没有家，无水没鱼虾）。

表达对领袖的崇敬。壮族人对国家的热爱推衍到对统治国家的领袖产生信任和崇拜，体现在谚语中则有：Ruz byaij baengh boux cauh, Ceih guek baengh bouxdaeuz（行船靠舵手，治国靠领袖）、Vuengzdaeq sim ndei, laj deih onjdingh（皇帝明贤，天下太平）、Ranz fouz cawj, guek fouz vuengz, Gaeq hwnj cauq, ma hwnj congz（家无主，国无王，鸡上灶，狗上床）、Guek ndei miz vuengz cingq（好国出好王）。

表达对国家安宁、兴旺发达的祈盼。国泰则民安，国富则民兴，作为中华民族的一员，壮族人祈盼赖以生存繁衍的国家能安定富强，人民安居乐业，这些朴素的心愿散落于民间谚语之中：Guek an bak nieb vuengh, Gya huz fanh saeh hwng（国安百业兴，家和万事旺）、Guekgya doenghluenh, beksingq sim vueng Guekgya onj dingh, beksingq sim cing（国家动乱，百姓心慌；国家安宁，百姓心静）、Gya mbouj huz hab gungz, Guek mbouj huz hab mued（家不和该穷，国不和该亡）。

表达对国家法制的尊崇。法治社会要求以法律治理国家，国家政治、经济、社会等方面的活动必须依照法律进行，不以个人意志为转移。"理国要道，在于公平正直"，壮族人期待公平正义，折射出社会和谐发展对法治的更高要求，体现在谚语中则为：Mbwn hung namh hung, guekfap gengq hung（天大地大，国法更大）、Leih guek leih maenz lai miz naj，Haih guek haih maenz fap mbouj nyiengh（利国利民多光荣，害国害民法不容）、Saeu mboujcingq ranz caix，Hak mboujcingq guek baih（柱不正房歪，官不正国衰）、Ranz miz cauq miz giengz，biengz miz leix miz laeh（家有锅头有锅撑，世有法理有范例）、Vunz cix aeu laix，faex cix aeu maeg（做人守法理，锯木依墨线）。

表达对社会不公现象的讽刺。法治固然追求公平公正，但社会难免存在不公不正的情况，壮族人将对此类现象的讽刺和不满发泄于谚语之中：Guen gangj mbouj doiq lingh gangj，minz gangj mbouj doiq daj caekhaex（官讲不对重新讲，民讲不对就打屁股）、Laj riengh mbouj miz mou，laeg haeuj fouj gauq saeh（栏下没有猪，莫进府告状）、Lwg ndeu ndaej vuengz aen，Daengxranz miz gwn daenj（一子受皇恩，全家吃天禄）。

表达资源的分配不均。随着社会经济的发展，出现了边疆与内地、民族地区和汉族地区发展的不平衡，壮族人感受到这些不平衡并幽默地体现在谚语中：Bouxcuengh dieg gwn dieg ninz youq gyangbya，bouxhak dieg gwn dieg ninz youq gyangdoengh（生活在山区是壮族，生活在平地是汉族）、Bouxcuengh youq gwnzbya，bouxhak youq gyangdoengh（壮居上山，洋居田峒）、Bouxhoj hoj daengz faen daengz leiz，Bouxmeiz meiz daengz cien daengz fanh（穷人穷到分到厘，富人富到千到万）、Bouxmiz daenj haiz youh gwihmax，Bouxhoj duetdin caij namhboengz（富人穿鞋又骑马，穷人赤脚踩泥巴）。

综上所述，壮族谚语中的中国形象是祖国母亲的形象：中国是富强文明的国家；壮族人对中国有强烈的归属感并愿意为国家利益献身；中国是安定友好的大国；中国是注重法治的国家；中国社会同时存在不公平公正、资源分配不均的现象。总而言之，壮语谚语中体现的中国形象是强大、美好的，尽管也有些许瑕疵和不完美，但是壮族人依然深深地热爱并认同中国。

三、泰族——壮族的血亲，中国的友邻

据史料记载，中泰两国的经济文化交流已有两千多年的历史。自西汉平帝元始年间（1—5 年）就有航船到达泰国境内；三国时期（245 年），吴国官员朱应、康泰奉命出访东南亚，著作《扶南异物志》和《吴国外国传》提及金邻国，是迄今为止泰国地区古代国家的最早记载；南北朝时期（420—589 年），盘盘国（泰国南部古国）三次遣使访问刘宋政权、三次遣使访问梁朝；隋朝大业三年（607 年）中国第一次正式遣使出访泰国地区赤土国；宋朝与泰国境内古国登流眉、罗斛、真富里交往密切；元明清三朝中泰贡赐、贸易往来频繁；1975 年 7 月 1 日中泰两国正式建交。两国关系世代友好，更凸显了中国形象在泰国的重要性。

泰国有近 1000 万华人，占泰国总人数的 10% 左右。中国古代史上华侨出洋出现两次高潮：第一次在宋末元初，大批南方人为逃避战乱南徙海外；第二次是明永乐、宣德年间，中国海上经济繁荣，文化程度较高的国人出洋从事生产和贸易活动。其中有大批闽、粤籍华人流寓泰国，并与泰国当地泰人世代友好杂居，为泰国经济社会发展和中泰两国的友好交往做出了卓越的贡献。

泰国远离中国实体，泰国民众很难实际感受到具体的中国是什么。他们心中构建的中国形象基本源于所接触的华人或亲历中国的泰人。对泰人而言，中国既是一个遥远庞大的国家，又是身边华人的故乡。泰国的中国形象既是超级大国的形象，也是身边邻里华人的形象。泰国文学作品、神话、谚语中都有中国形象的体现。

泰国神话中的中国形象：中国是泰国的友好邻邦（《槟榔花郡主》）；中国强大富庶（《玛尼皮才》）；中国人具有智慧、勤劳、正直、孝顺、守信等美德（《瓶沙王》《林默娘圣母》）；中国物品精美（《最好的丝绸》）；中国商人具有贪婪的本性（《昭公君》）。

泰国文学作品中的中国形象：中国富有强大、贸易繁荣、工商业发达（披耶玛哈奴帕《广东纪行诗》）；中国人与泰人同受难共成长（西巫拉帕《童年》）；展示中国风土人情、秀丽河山，但对国难当头的中国人民缺乏同情心（索·古拉玛洛赫《北京，难忘的城市》）；华人吃苦耐劳、被剥削、从事商业、零售甚至低级体力（高·素朗卡娘《风尘少女》）；中国人勤劳、精明（杜尼·绍瓦蓬《魔鬼》）；展示中国风土人情，歌颂新中国成就（素瓦·哇拉迪罗《红鸽子》）。

四、泰谚——华人的投射，中华的感知

如果说泰国神话中的"中国形象"代表古代泰人对中国的认知，泰国的文学作品代表泰国知识分子阶级对中国形象的认知，那么泰国谚语中的"中国形象"无疑是泰国民间对中国形象认知的代表。

中国是一个与泰国具有兄弟情谊的友好邻邦。中泰关系源远流长，并保持快速健康发展的势头。不仅政府积极寻求双方和平友好往来，两国民间来往也日益密切。泰语谚语中 thai chin phi nong kan（中泰一家亲）的说法由来已久。

中国是一个幅员辽阔、国力强盛的大国。中国国土面积约为 960 万平方公里，位居亚洲第一、世界第四。泰人对中国的第一印象多是地大物博，在民间谚语中称中国为：phaen din mang korn（龙之国）、daen mang korn（龙之疆），寓意疆域辽阔。另外，有一句谚语意指中国国力强盛，能够建造恢宏如长城的建筑：yao pen kam phaeng muaeng chin（跟中国长城一样长，比喻非常长）。

中国是一个军事力量强大、精于兵法的国家。中国古典文学名著《三国演义》风靡泰国，其经典桥段更是家喻户晓。泰国是唯一由国王下达谕令，并由官方组织翻译的国家，翻译初衷出于一种战争实用性的考虑，由此可见中国兵法和运筹帷幄的指挥艺术得到泰国的认可。对中国兵法谋略的认可反映在民间谚语中有：an sam kok chop khrop sam khrang khop mai dai（读三回《三国》之人不可交）、konlayud thi 36 lop ni（三十六计走为上计）、son siang burapha fa ti prachim（声东击西）、chap chon ao hua chok（擒贼先擒王）、kan ti khit wai ko triam wai phronm sap yang khat yu ko tae lom tawan ook（万事俱备，只欠东风）、kon son kon（计中计）。

中国是一个造船业极其发达的国家。中国造船史绵亘数千年，到唐宋、元明时期到达高峰。元朝时期，阿拉伯航海业逐渐衰落，中国四桅远洋海船一统南洋、印度洋。随着中泰两国朝贡贸易和民间贸易往来的频繁，泰人逐渐认识到中国先进的航海技术。在泰国很早就有中国人参与船舶制造，曼谷王朝拉玛一世时期泰国的造船业几乎完全由华人掌控，除造船外泰国还雇华人驾船航海。对中国帆船及航海技术的认识反映在谚语中为：me muaeng chin ruae taek（吼声巨大像中国帆船破裂）、log ruae pae tam chai pae［上阿伯（对老年华人的称呼）船，顺阿伯意］。

华人吃苦耐劳、勤奋努力。历史上，中国人曾多次主动或被动地向泰国地区迁移。华人侨居泰国主要有政治和经济两种原因，政治包括政权更迭、国内战乱，但促使华人大量移民的主要是经济因素。由于地缘上的毗邻、泰国政策对华人的厚待，使泰国成为中国移民的最佳迁徙地和避难所。在侨居泰国的华人中有相当一部分是贫困的农民和破产的手工业者，他们漂洋过海挤在狭小的船舱内，不得不面对沉船、疾病、饥饿等种种威胁，在抵达泰国后往往从事矿工、码头工人、人力车夫等地位低下的体力劳动。但华人通过自己的勤奋努力不断积累资产，过上富足的生活，泰语反映华人一穷二白、艰险渡海的谚语有：suea phuen mon bai（一张席一个枕）；反映华人勤奋努力、早起干活的谚语有：tuen tae kai ho（闻鸡起床）。

华人擅长经商。第二次世界大战前，泰国经济由民族农业经济、华人经济和西方殖民主义经济组成。在这泰国经济结构中，华人处于中层，主要从事商品零售业、服务业、运输业、食品加工业、饮食业、杂货业等，逐渐形成华人的传统行业。第二次世界大战后，殖民主义经济衰弱，华人经济实力增强，开始逐渐向金融业、房地产业、工业、商业、航运业等方面发展。早期泰国华人社会结构按社会地位可分为三个等级：上层华人：主要是从事各种行业的老板，是泰国经济的垄断者，或泰国贸易组织的高官；中层华人：一般的商人、小店老板、艺术工匠、大公司职员；下层华人：从事体力劳动、文化水平较低的华人。总体来说，华人从事商业活动的人数较多，特别是零售行业，在泰国谚语中有明显的显现，如：chek khai khuat［华人（此处用词为蔑称）卖瓶］，指华人喜欢从事商业买卖；chek tuen fai［华人（此处用词为蔑称）恐火］，华人住房多为商业中心的联排楼房，下层为店铺或工厂作坊，上层住人，因此一旦发生火灾损失巨大，所以"华人恐火"这个谚语从侧面反映华人擅长买卖。

华人尊敬长辈、崇拜祖先。泰语中出现不少关于亲属称谓的中文借词，说明中国的家庭伦理观念或多或少地对泰人产生一定的影响。中国是一个非常现实的民族，在对待神的态度上中国人相信只有祖宗神最亲近，祖宗神会一心一意地保佑子孙后代，因此中国人十分重视祖宗祭祀，泰国有不少反映中国人祭祖活动的谚语，如：chek wai chao［华人（此处用词为蔑称）祭祖］、wai phra sia plao wai chao yang dai pho kin bang（拜佛白白费，祭祖有得吃）、chao mai mi san somphan mai mi wat（无祠堂的祖宗，无庙堂的主持）。

华人身体特征与泰人有明显区别。泰族属于蒙古利亚南亚人种，棕色皮肤，双眼皮，深目，是典型的面部特征型民族。而华人或华裔后代则与泰人在身体特征上有较大差别，体现在谚语中的有：khao suai muai uem（白美丰腴），形容华人女子皮肤白皙，体态丰腴；ta chan diao（单眼皮），华人的大多为杏仁眼，两眼分开较远，熟称"凤眼"，眼脸较厚，具有蒙古褶（单眼皮）。

部分华人具有莽撞、说话大声、胆小、赌博、抽大烟等恶习。泰国谚语中用 sum sam mueang chin mai（鲁莽得像新来的华人）形容人做事莽撞；用 chek prasai mueang thai ti kan（华人说话像泰人吵架）形容说话大声；用 chin khuan oon（华人胆小）、chai chek（华人心）形容胆小的人；用 chin ram phat（华人跳扇子舞，意指打牌）形容华人热衷赌博；下层华人因每天繁重的体力劳动要耗费极大的体力，靠吸食鸦片驱赶疲劳、恢复体力，故被称为 ai tit fin（鸦片鬼）。

华人受到不公正的待遇。华人作为泰国的"异族"并不是一开始就受到公平公正的待遇，体现在谚语中为：thai pa ruean chek mai thuk dek lek mai tong prap mai chek pa ruean thai phi ruean tok chai prap mai song tamlueng［泰人（用石头）掷华人屋，没击中小孩，不用罚款；华人（用石头）掷泰人屋，使土地公受惊，罚款二钱，表明同样的案例华人受到不公正的判决；ti hua ma da mae chek（打狗头，骂华人），意指在无力还击的人面前耀武扬威，表明华人的地位与泰人有差距］。

综上所述，泰国谚语中体现的中国形象为：中国是与泰国兄弟情深的友邦；中国是一个幅员辽阔、国力强盛、军事力量强大、精于兵法、造船业极其发达的大国；华人吃苦耐劳、勤奋努力、擅长经商；华人尊敬长辈、崇拜祖先；华人身体特征与泰人有明显区别；部分华人具有莽撞、说话大声、胆小、赌博、抽大烟等恶习；华人受到不公正的待遇。

五、结语

壮泰民族两个同根异枝的兄弟，在"中国形象"的塑造上有不同的视角和立场。通过上文的剖析发现，壮族更倾向于把中国塑造成一个强大、先进、发达、文明、法治的祖国母亲的形象，同时也暗含对社会不公、资源分配不均等现象的讽刺。壮族力求在国家认同中确立自我认同、民族认同，建立民族自信心和自尊心。壮族的国家认同为维护民族团结和国家统一，有十分重要的作用。

在一个多民族聚居的国家里，各个民族的国家认同需要经过长时间培育、积累。国家认同是国家的软实力，处理得当可增强各民族的内聚力和向心力，维护国家的安定统一；处理不当则会挫伤或淡化各民族国家认同的热情，进而产生离心力，危及国家统一和社会稳定。因此，国家应该尊重各民族，认可各民族的平等地位，切实为各民族提供生存、发展与安全保障。

泰族因其"旁观者"和"局外人"的视角，以及两国长期传统友好关系的优势，使得呈现的"中国现象"更客观真实，符合实际，也易于被大众接受、信任。泰族将中国塑造成一个幅员辽阔、国力强盛、军事力量强大、造船业发达的友邦形象；对生活在周遭的邻里华人则客观地评价为吃苦耐劳、擅长经商、尊敬长辈同时也包含种种陋习的普通人。

在这个日新月异的信息化时代，外国人对中国的了解不仅仅局限于来自身边的华人或到访过中国的国人的讲述，对中国的了解更多源自于大众媒介或其他信息化平台。中国作为举足轻重的大国，应该思考如何充分利用大众媒介的传播优势构建和传播"中国形象"。中国应充分利用本国媒介对其他国家民众施加影响，并学会与外国大众传媒接触与交往①；在传播过程中应注重体现正负面消息的平衡性，而不是一味地鼓吹正面形象；每一个中国人都直接或间接地塑造了外国人心目中的中国形象，无论是在本国接触外国人，或在外邦接触外国人，中国人的行为举止都直接决定外国人对中国印象的好坏，因此应该注重培养和提升公民个体的素质修养，使每一个中国人都成为合格的中国形象大使。

参考文献

1. 孟华：《比较文学形象学》，北京大学出版社 2001 年版。

───────────────

①　王菲：《泰国华文报刊的中国国家形象分析》，硕士学位论文，山东大学，2012 年。

2. 王钟翰:《中国民族史概要》,山西教育出版社 2010 年版。

3. 陈直:《广州汉墓群西汉前期陶器文字汇考》,《学术研究》1964 年第 2 期。

4. 覃彩銮:《壮族的国家认同与边疆稳定——广西民族"四个模范"研究之二》,《广西民族研究》2010 年第 4 期。

5. 王菲:《泰国华文报刊的中国国家形象分析》,硕士学位论文,山东大学,2012 年。

本文原载于《广西民族师范学院学报》2015 年第 5 期

第六篇　艺术篇

壮族铜鼓与东南亚铜鼓造型及纹饰之比较研究

梁庭望[*]

　　广西可谓是铜鼓的王国。这里珍藏着占世界半数以上的五百多面金属鼓，典雅庄重，仪态万千。四海垂涎其美，五洲叹服其丰。在这些大部为壮族祖先所铸造的各种型号铜鼓中，北流型、灵山型和冷水冲型乃是瓯骆人独创的艺术杰作。在这里，瓯骆人发达的古代文化使铜鼓臻于完美，达到顶峰，成为鼎盛期的代表作品。其中，北流型和灵山型分布于浔江、郁江、邕江东南岸，直达广东西南部；冷水冲型主要分布于浔江、郁江、邕江的北岸，左江的西岸，三型连成一片，是约两千年前壮族祖先居地的腹地和中心地带。在它们的身上，生动地记录了从春秋到隋唐这一千多年里壮族社会的情状，有很高的研究价值。独立于滇系的粤系铜鼓北流型和灵山型，高大厚重，花纹繁褥，制作精良，标志着瓯骆人发达的农业经济和高超的青铜冶炼铸造技艺。它们使铜鼓最终脱离釜形而形成真正的艺术品。冷水冲型是杂交的产品，壮族祖先把粤系和滇系铜鼓的特色熔于一炉，创造了这种高大轻薄、精美绝伦的型号，使它成了铜鼓系列型号中的尖端作品。它从而也使壮族铜鼓与源于滇系的东南亚铜鼓有着渊源的关系，又独具鲜明的特色。因此，对比研究两地铜鼓的异同，将给我们以深刻的启示。

一、造型异同之比较

　　壮族早期创造的三型铜鼓，与东南亚铜鼓有共同之处。从结构上看，

---

　　* 作者简介：梁庭望（1937—　　），壮族，中央民族大学教授，博士生导师，国务院特殊津专家。

它们都是由鼓面和鼓身构成的，鼓身又分为鼓胸、鼓腰和鼓足三部分，外加圆茎或扁茎鼓耳。从形态上看，它们都近似于圆柱体，束腰，横截面呈圆形，纵向侧面线条呈弓形。从形式上看，与双面皮鼓截然不同，它们薄皮单面，"中空无底"。①即所谓"腰间束缩腹底空，兀若坐墩宛覆釜"②。这种造型，显然与其源于铜釜有关。在云南万家坝出土的一些最早的原始形态的铜鼓面上，尚留烧痕。而这些鼓与釜在形态上相差无几，以至研究人员忽而登记为釜，忽而又改为鼓，反复多次，才定为铜鼓。釜为炊具，故只能有单面，是为底。用以上承烹物，下受翼火。食物罄尽，倒覆于地，敲击其底，铿锵有声，可为乐器。人们大约于此得到启发，化铜作鼓。共同的渊源必然造成相同的结构和形态。

但是，当我们把壮族三型鼓与东南亚铜鼓的造型作仔细的比较之后，便会发现它们有明显的差别。广西早期的铜鼓，"状若烘篮，又类宣座"③。又说其"形如坐墩而空其下"④，观其整个形态，犹如一个腰间稍束的圆柱体，鼓身明显分为三截，大体上是三等份。《古铜鼓图录》第一图（下文简称一图，余类推）为典型的北流型鼓，作者云："此鼓来源虽未详，大约亦是两广的制作。"⑤ 该鼓腰足间被一凸棱分成两段，胸腹间亦有一明显的分界晕弦，从圆茎耳中通过，此两线把鼓身分成大体相等的三截。七图亦同一类型，与十二图开化鼓，十四图越南东京芒族鼓、二十一图东京鼓差别异常明显。灵山型鼓身亦分三截，与北流型基本一致，唯腰较内收，胴部稍鼓。这两类鼓的面均大于鼓胸，北流型还有垂檐。这是一般东南亚鼓所没有的。三截之间连接处没有折道，浑然一体，鼓身形成线条流畅的反弧形，这也是东南亚鼓所没有的。至于冷水冲型鼓，虽然保持了石寨山型的一些特征，如鼓面小于鼓胸，鼓胸与鼓腰之间有一折线但整个造型仍为束腰圆柱体，鼓身分为三截，外观与北流型和灵山型相近，属于同一风格。⑥ 越南鼓则不同，据《越南古代史》图八（来自 H. 巴门特的插图的分类），第一类型与开化鼓相同：鼓胸特别突出，鼓腰为圆柱

---

① 陆次云：《峒溪纤志》。

② 曾瓶山：《铜鼓赋》。

③ 周去非：《岭外代答》。

④ 《南宁府志》。

⑤ 闻宥：《古铜鼓图录》。

⑥ 《广西古代铜鼓研究》，见《考古学报》1974 年第 1 期所附图片。

形，较长，与鼓足间有缓坡和折棱，足短而外放，从侧面看整个形状如敞口的大缸。第二类型近似西盟型，状若背篓。第三类型近似喇叭。① 图七的一个小型东山鼓，鼓胸直接与鼓足相连，鼓面有吊环，形态特殊。图六的一件有犬钮东山小鼓，形如倒扣的盂，亦无腰。《古铜鼓图录》第五十三图的泰国克伦族鼓，直胴，腰很长，略呈反弧形，足不外放，且极短，与《越南古代史》下册图八第三类相似。二十四图西伯里鼓型制与越南第一类型相近，唯鼓腰呈梯形，腰足之间缓坡较长。从这里可以看出，东南亚鼓的造型是不统一的，形态多样，体形较小，大小的差别也比较大。这些造型，显然受到不同地区、不同民族的不同审美要求以及铜鼓的不同用途所影响。比如越南东山出土的小鼓，据 V. 戈鹭坡的描述："另有其他小鼓多件（编号 I · 19614，19649），其特点为有悬环，其环在鼓面中央，类似铜镜的钮座。奇特的是，有小鼓一件，高仅 4 厘米（编号 I · 19564）……"②陶维英认为，这些小鼓显然是殉葬明器。

　　壮族的三型铜鼓为什么是比较稳定的三截圆柱体呢？这显然与壮族祖先的宇宙结构观念有关。按壮族的著名的创世史诗《布洛陀》和壮族人的一般观念，宇宙是个圆柱体，分上、中、下三界，这就是著名的"三界观"。根据《布洛陀》以及其他神话构拟的壮族神谱，宇宙肇端是一团急速旋转的五色气体，后来凝结成三黄神蛋。经金甲天神（拱屎虫）拱转，螟蛉子咬破，裂为天上、陆地、地下三界，天上后来为雷王掌管；陆地归布洛陀；下界归蛟龙，壮族人叫"图额"。此为壮族人三大神。铜鼓身上三截和三界观的关系可以从三个方面得到证明：第一，纹饰布局的变化表示出三界的不同景象。这一留待下面论述。第二，按神话《布洛陀》造天地分三界后，姆六甲之子布洛陀来主持整治天地。他命拱屎虫造地，命螟蛉子造天。拱屎虫劳动勤快，螟蛉子贪玩误工，结果天小于地。布洛陀无法，便把大地提起来，使它变皱变小，形成山脉沟壑，从此地小于天，天可覆地。三型铜鼓之束腰，北流型的鼓面大于鼓身，且有垂檐，形如罗伞，灵山型鼓亦鼓面大于鼓身，正与上述神话相吻合。第三，从花山崖画上看，铜鼓最初是一种祭天地神灵的庄重法器，其上体现出人们关于天地的缩影是很自然的，正像天坛的结构，象征汉族关于天圆地方的观

---

① 　陶维英：《越南古代史》下册图八。

② 　《越南古代史》下册，中译本，第312页。

念，其理相同。以此可知，三型铜鼓的造型，不过是壮族祖先三界观—圆柱形三层立体宇宙结构观念的艺术再现，壮族人观念中宇宙的缩影。

二、纹饰异同之比较

壮族三型铜鼓和东南亚铜鼓有部分相同或相近的纹饰，首先是鼓面中心的光体，除了东山犬钮小铜鼓之外，均有此纹。此纹饰与云南鼓有渊源关系，它不仅可以增加鼓面中心的厚度，利于敲击，也表现了人们对天象中的太阳和星星的崇敬。禽纹除了早期北流型鼓之外，为共有之纹饰，东南亚鼓中之芒族鼓（见十六图）黄下鼓（见十八图）、玉镂鼓（见十九图）、东山鼓（编号Ⅰ·19306）、寮国（今老挝）鼓（见二十图）、西伯里鼓（见二十四图）、泰国克伦鼓（见五十三图）等，都普遍有禽纹。其中以越南、老挝、沙捞越鼓的禽纹最多，不仅有雁、鹭、鸬鹚等鸟类，其形态还有展翅与敛翼、长喙与短喙、大尾与小尾、仰头与俯首之别，大鸟中还夹有小鸟，排列整然有序，真可谓"大小有差，进退有行"。① 鼓身简直成了鸟的天下。连船纹也全打扮成鸟的形状。羽人头上皆插满高耸的羽翎，衣裙亦为鸟翅鸟尾之状，一身鸟形。这种纹饰绝非偶然。首先，这些地区的最早居民为越人最早的南翼本支骆越人。骆越意为鸟人。古书记载："大越海滨之民，独以鸟田。"② 又云"交趾昔未有郡县之时，土地有骆田，其山从潮水上下，民垦食其田，因名为骆民"③。石钟健先生认为骆民即是鸟人，骆田即是鸟田，此说中的。④ 据壮族神话《布洛陀》⑤，天地分三界之后，大地一片荒凉，后来长出第一朵花，花心长出了人类始祖母姆六甲，意为六甲鸟之母，其子布洛陀意为鸟首领、鸟头人或鸟酋长。由此可知，骆越即鸟人当为本地区越人本支，以鸟为图腾。布洛陀之兄弟雷王亦出自鸟族，故其形状为人身、鸟喙、鸟翼、禽爪，至今壮族民间珍藏的雷王图像，即为此形。壮族师公在跳神时，也时常扮作鸟形雷

---

① 《越绝书》卷8。
② 《越绝书》卷8。
③ 《水经注》卷37引《交州外域记》。
④ 石钟健：《试论越与骆越出自同源》，见《中南民族学院学报》1982年第2—3期。
⑤ 蓝鸿恩：《神弓宝剑》。

王。① 这是后人对祖先崇拜鸟图腾的朦胧记忆。越南中北部早期居民亦为骆越人，陶维英认为："护刻在铜鼓上的候鸟，正是铜鼓的主人骆越的图腾。"② 这个论述与我国学者的论证是一致的。分布于泰国、老挝、缅甸和柬埔寨的寮人，是在公元前后从中国南方迁去的。③ 而"印度尼西亚族——爪哇人、巽他人、马都拉人、巴厘人、多拉查人、大雅先人、巴达克人、美南加保人等，是从印度支那半岛迁来的"④。因此，分布于这些国家和地区的上述民族，都和鸟部落有渊源关系。据有的学者研究，壮侗语族原本不属汉族语系，而与印尼语同源，只是后来因长期受汉语的影响才逐步加入的。如此论成立，则更加证明鸟部落的分布以及它的图腾崇拜与铜鼓上禽纹的密切关系。至于鼓上的鸟形船和羽人，不过是鸟部落的人们祭祀图腾、纪念鸟始祖的宗教仪式的艺术再现罢了。羽人或为自认为鸟之子孙因而打扮为鸟形的生活图像，或为祭鸟始祖时巫师的装束。它们的存在更加证明了禽纹的图腾意义。

几何纹在壮族三型铜鼓和东南亚铜鼓上也普遍存在，从风格上看，这些菱形、方胜形、圆形、半圆形、方形的几何纹，与我国东南沿海及东南亚几何纹陶有渊源关系。这一带的古老文化，是以带肩石斧、有段石锛和几何纹陶为特征的。在越南中部，人们发掘出我国江南越人曾广泛使用过的同一类型石器和陶器。陶维英认为："越南梯形有肩石斧是中国南部、印度支那北都的整个东南亚以北区域的典型样式。"陶器"器形精美，并装饰以细致的阴刻几何纹"⑤。这说明，铜鼓上的众多几何纹饰是从陶器阴刻纹上继承下来的，因此，其普遍存在不难理解，在北流鼓上，浑身刻满了这样的纹饰。玉镂鼓上的三角齿纹、勾连圆纹也是密密麻麻的，显得非常突出。

但我们也不难看到，两地铜鼓的纹饰内容有不少的差别，有的纹饰壮族铜鼓而东南亚铜鼓没有，如三型铜鼓普遍有云雷纹。特别是北流型鼓，云雷纹是它的主纹，从鼓面到鼓身浑身刻满了小巧细密的云雷纹或其变

① 拙文《铜鼓的纹饰、造型和壮族祖先的宇宙观》，《中央民族学院学报》1985 年第 2 期。

② 《越南古代史》上册，中译本，第 31 页。

③ 《民族词典》，第 1215 页。

④ 萨努西·巴尼：《印度尼西亚史》，中译本，第 11 页。

⑤ 《越南古代史》上册，中译本，第 24—26 页。

体。在灵山型和冷水冲型身上，它也是重要的纹饰，东南亚鼓只足偶尔见到此纹，如越南玉镂鼓（见十九图）共有十六个晕圈，只有一圈变态雷纹，尚似是而非。壮族铜鼓以云雷纹为主纹之一，是因为壮族人认为雷王是上界的主宰者，是天上的神王，它掌管风雨雷电和人间善恶，连太阳也不过是它的雷鼓，其地位犹如西方的上帝、古希腊的宙斯或汉族的玉皇大帝。在壮族人的观念中，鸟图腾已和雷图腾合二为一，这是从渔猎采集经济进到农业经济在观念上的反映。因此，在壮族三型鼓上，鸟纹已不单是鸟图腾的象征，而是和云雷纹结合在一起，代表威力无的雷王。所以徐松石先生说："南丹县城有壮族人所拜的铜制雷神偶像，他的面部与铜鼓上的鸟头十分类似。"又说："今雷神噢鸟噢，身像鸡形……铜鼓表面确多鸟噢形象。"[1] 这才是云雷纹和鸟形纹的真正本意，而非所谓"鸿仪鹭序"的百官缙绅之象征，因为后者乃是汉族人的观念。

三型纹鼓上的钱纹和席纹，也是东南亚鼓所没有的。钱纹主要是五铢钱纹、四出钱纹、连钱纹和圆孔钱纹，这些纹饰均来自中原彝器，说明壮族祖先在商汉时商品经济已有一定发展，并与内地有密切交往。此纹饰乃是财富的象征，而铜鼓的作用之一在壮族古代社会中正是权力和财产的标志。故"俚僚铸铜为鼓，唯以高大为贵"。鼓成，必举行盛大的银钗击鼓大典。[2] 这个纹饰反映了壮汉的关系和当时壮族人的经济思想及民间风俗。席纹也是从汉族那里引来的纹饰，昔"大路越席"以祭，孔颖达疏云，"请蒲草为席，既洁且柔，洁可以祀神，柔可以养休"。意思是用干净席子铺地，摆上供品，表示虔诚。壮族祖先有淫祭之俗，"喜祀雷神"[3]，所以借此纹席以表示祭祀的诚心，同时标明铜鼓是法器。

三型铜鼓上最突出、最特殊的纹饰是鼓面上的蛙立雕，有单蛙、蛙群和累蹲蛙、累蹲群蛙等多种形态，兀立鼓面周边，十分显眼。蛙立雕首创于早期北流鼓，到冷水冲鼓极盛一时。东南亚鼓有蛙饰极少，越南鼓只个别有，而且其中一个蛙头冲外，不合逆时针之常规。其他只西伯里鼓和克伦鼓个别铸有。显然，蛙饰在东南亚鼓上可有可无，排列不依常规，数量甚少，是一种在文化交流中偶尔仿铸的纹饰。而对壮族鼓来说，却是必不

---

① 徐松石：《粤江流域人民史》，第 244 页。

② 裴渊：《广州记》。

③ 《左转·桓公二年》。

可少的雕饰。笔者在《壮族图腾初探》①一文中，曾用充分的论据论证青蛙是壮族的图腾，得到学术界的一致公认。据壮族神话谱系，青蛙乃是雷王和蛟龙合媾所生的王子，后来作为天使下到人间，其地位犹如宙斯之子阿波罗。它本领高强，威力无边，可以呼唤父王降雨，可消灭入侵之敌，可扼杀一切妖魔怪兽毒虫。壮族师公唱道："雷王举斧劈恶人，青蛙拿刀后面跟。"② 它常随父王之后去惩罚恶人，故而被尊为民族保护神。它的形象被画在花山壁画上，以便让人们随时祭祀。实际上，它是从鸟图腾中分化出来的后起之秀西瓯部落的图腾。瓯实为古壮语蛙字的汉字记音，故瓯人及蛙人。骆越为以鸟为图腾的本支，以狩猎采集为主；后来从中分化出来的西瓯则是从事水稻种植的农业集团，故以蛙为图腾。西瓯在秦瓯战争时已上升为部落联盟的盟主，说明农业经济已取代狩猎采集经济，蛙图腾也因此上升为民族保护神。鸟图腾集团也转向了农业，因而才出现了鸟助人耕田的神话。在花山上，蛙神身边有许多铜鼓环列。在铜鼓面上，它兀于周边，位在天地之交界，正好与蛙的天使身份相符。壮族祖先在铜鼓上铸蛙神立雕，目的在于虔诚地敬祀民族保护神，祈求它保佑人丁兴旺，风调雨顺，五谷丰登。唐代刘恂曾"疑其鸣蛤即铜鼓精"③，此言不谬。

此外，令许多学者不解的是，在灵山型鼓的蛙立雕之间，有时出现一些骑士立雕，胯下或为神马，或为神兽。它们比蛙立雕矮小得多，与实际正好相反，足见不是写实的作品，当另含深意。按壮族神话，蛙既是保护神也是战神，在花山上蛙战神多腰挎刀剑，胯下坐怪兽。在民间传说中，花山上的神影可以走下山崖，骑马打仗。而铜鼓在深夜则变为青年骑士，巡山守寨，保护安宁。因而，鼓面的小骑士不过是蛙战神的兵马，此外，它们还有沟通人间和蛙神的职能。壮族巫婆为人沟通神界时，就伏在神案上，两腕交差垫头，两肩耸动，手指在桌面上敲击马蹄声，表示骑马去找鬼神。以此可知，那些骑士不过是神人之间交往的信使罢了，因而其形态是象征性的、意念的，并非凡间之物。

东南亚鼓许多纹饰是壮族三型鼓所没有的，东京芒族鼓主晕有四组羽人：一组四人打铜鼓；一组四行二十四芒锣；一组棚居屋，顶有一鸟，屋

---

① 《铁围山丛谈》卷4。

② 《学术论坛》1982 年第 2 期。

③ 刘恂：《岭表录异》。

内二人相向；棚屋下层一人坐在地上，前后均有铜鼓；一组二人对杵。黄下鼓与芒族鼓基本相同，唯羽人持箭形物。王镂鼓光体芒间有双鱼及孔雀纹，十一晕有十八大长喙鸟，十八小鸟。九晕有公母鹿二十，鸟十八，相间而列。以上为鼓面纹饰。芒族鼓等越南鼓的鼓胸几乎都有鸟形船纹，船上羽人众多，形态生动。鼓腰隔成若干方格，内为持盾羽人，盾顶饰为鸟羽。东南亚鼓的其他纹饰还有蜥蜴纹、奔驰的狼纹（也有认为是鲛鱼）以及方格上半部二鹿下半部羽人的特殊纹饰（寮国鼓）；小勺头、细颈、短翼、短尾、拖两根长羽的特殊鸟纹（西伯里鼓）；图案化的游旗纹、大象、喜鹊、椰子树、木棉纹（西伯里鼓）。这些纹都带有强烈的写实风格。对于玉镂铜鼓而主晕的几组纹饰，陶维英认为表现的是芒族的招魂仪式，因为芒族招魂时要打击成排的铜锣，巫师边舞边施法术，一对男女舂杵以助节拍。鼓胸上的船纹，陶雍英反对 V. 戈鹭波关于超度船的说法，认为不过是祭祀蛟龙的竞渡仪式。西伯里鼓身上的孔雀和大象，也可能是当地古代民族的图腾。东南亚鼓的纹饰，显然有不同的含义。

　　造成以上不同的差异，原因在于壮族祖先和东南亚不同国家和地区的部族不同，经济生活不同，地理环境不同，原始宗教不同，审美情趣不同，思想观念不同，以及艺术手法不同。总之，这些不同的纹饰内容，包含了不同地区经济状况和社会生活，是意识的外化和历史进程中一定时期的凝固物，有很高的研究价值。

三、纹饰风格之比较

　　两地铜鼓纹饰的风洛，有明显的不同。首先是具体纹饰的差异，如鼓面光体，东南亚鼓继承了晋宁鼓的风格，光体和光芒不分，芒尖多呈钝角，总体表现出火焰的火星纹。壮族三型鼓则不同，其光体如饼，光芒锐长如针，或呈锐角三角形，有的光体与光芒有分界线，象征阳光灿烂。有的光芒分叉，似耀人眼。有的芒尖还穿透若干晕弦，表现出骄阳似火，力透苍穹。其周围的云雷纹像是充满天地之间的茫茫雾霭。这个表现，与壮族神话《三星的故事》相吻合。故事说，天上的太阳、月亮、星星是人，日为父，月为母，星为儿女。这位父亲十分严酷，有时竟吞食儿女，弄得早晚天边云霞一片血红色。所以太阳一出现，妻子儿女便都隐去了。只有晴天的夜晚，慈祥的母亲才会带着儿女们出来愉快地在天空遨游。我们看鼓面，确实只有光芒四射的太阳纹，见不到星月的踪迹。壮族人的这个观念决定了壮族铜鼓的太阳纹风格有别于火星纹。关于船纹，在东南亚鼓上描绘得既细致又生动，连船上不同羽人的分工也一清二楚，可是在冷水冲型鼓上，它却高度抽象化、图案化，只剩下一个弧形，其上羽人变成了一些不易识别的羽毛。动物的形象也不一样，三型鼓上的立体蛙饰，只是用一块铜皮弯成，并不像真正的蛙体，有的只有三足，即后足合二为一。但蛙相当考究，常饰以稻穗纹，眼睛特别突出，分外有神。这完全是意念中的神蛙。骑士的坐骑大多为怪兽，既不像马也不像犬，有的甚至像鸟，有六只脚。这显然是观念中的神物，如果与实物相对照，几乎全部失真。相比之下，东南亚鼓的形象则近于写实。西伯里鼓身上的孔雀，鼓足的大象和喜鹊，画的神态酷似，形象逼真，给人一种活的感觉。而其鼓面的立蛙却相当笨拙，显然系仿制品。寮国鼓上的蜥蜴和狼纹，有强烈的动势，似在奔跑，活灵活现。越南东京鼓上船纹之间的禽纹，描绘极细，其中一只自然站立，另一只伸颈寻食，栩栩如生，所有这些，都给人一种强烈的生活气息。

　　从总体上看，更加明显，壮族三型铜鼓留下的形象都比较考究，经过了相当的斟酌和简化，而几何纹和云雷纹则相当繁复，使之简洁而又富丽堂皇。特别是单蛙和累蹲群蛙，以及它们背上的十字稻穗纹，给人以玄秘的感觉。北流鼓上六种形式的动物纹也只有立蛙，十分简洁。灵山型比较繁复，主晕除蛙以外，只有骑士纹或兽纹，作为立蛙陪衬，其他还有鹭鸟纹作为主纹，形态较简化。冷水冲型主要纹饰是鹭纹、图案化羽人纹、立蛙、骑士纹，比灵山型又丰富一些。总的来说，这些纹饰是独立的、简化的、变态的，并非实物的简单仿制。它们之间也没有构成热烈雄伟的生活场景，而是给人以一种神圣的、庄重的、玄秘的感觉。像是某种难以捉摸的思想观念的暂时凝固，静态之中寓寄着高深莫测的信仰，神秘得令人不禁敛声额首，俨然崇敬。相比之下，东南亚鼓则注重写实，注重生活场景的描绘，场面阔大、热烈，一幕连着一幕，像是古老的《清明上河图》，令人目不暇接。以玉镂鼓的鼓面为例，三晕动物主纹热闹非凡，雁声阵阵，鹿鸣呦呦；锣声震耳，鼓声入云，杵声动人心弦，歌声悦耳动听，羽人翩翩起舞。骄阳之下，一切都显得那样躁动不安，大地一片欢腾。这种有着浓郁生活气息的场景，在壮族三型铜鼓上是绝对见不到的。相比之下，壮族铜鼓笼罩着十分浓厚的图腾气氛，在其身上汇集了所有重要的神祇，每一种纹饰都能在神话中找到它的来源。因此，壮族鼓首先是法鼓，是崇敬神祇的神物。而东南亚鼓则接近人间，虽有图腾气氛，但是社会生活的气息超过图腾，显然是比较晚期的作品。壮族也是如此，晚期仿制其他型号的作品，十二生肖、奴隶、牛马、龙凤及家畜都上鼓面去了，有浓郁的写实风格，与前期鼓明显不同。

壮族三型鼓纹饰布局与东南亚鼓风格不同，它们严守三界观的规定，通过纹饰显出三界来：鼓面表示天上景象，鼓身表示大地景色，鼓足表示下界。在鼓面上，光辉灿烂的太阳居于中央，在它的周围，簇拥着云彩和飞鸟，它们代表着上天主宰者雷王。在天边环列的，是雷王之子——天使蛙神的形象以及它的兵马和信使，都是天上的神物。这完全是按上界的观念安排的，既符合神话中的天空，也符合现实中的景象。对于太阳纹，台湾学者凌纯声先生曾将它与屈原的《九歌》作比较研究，认为它即是《九歌》中的东君。作者认为，《东君》描写的是湘沅间壮族先人的迎神场面："太阳将升于东方，照耀在我家干栏上。"接着，东君冉冉升起，"驾吾辀兮乘雷，载云旗兮委蛇"，巫者于是奏乐欢歌，翩翩起舞，用盛大的迎神仪式来祭太阳神。① 这就更加证明了鼓面是上界即天空的缩影。在这里，我们可以看到《布洛陀》中描写的景象：太阳居于中天，永远光芒万丈，给人类以光和热。在它的周围，望舒驰骋，飞廉奔属，丰隆翻卷，"纷总总其离合兮，斑陆离其上下"②。在这个五彩缤纷的世界里，有以禽身出现的雷王，这位上界总管十分暴躁，他管理的雷池乃是中界的甘霖之源。但他十分任性，常使天空"日涕浪以喷雨，云纹风如飞蛇。喧器靡宇，霹雳交加"③。但它也并非是恶神，它派王子蛙神到人间作代表，通过信使传达人间的愿望。这些奥妙无穷的神话，被壮族土匠用几种纹饰就简洁地概括了出来。关于中界，鸟头人（布洛陀）用他的神力和智慧，为大地造牛、造马、造羊、造万物，又为人们找来谷种，取到了给人以温暖的火种。大地花木繁茂，禽兽繁衍，但它们又吵开了，于是布洛陀又来定万物，使中界又繁荣而秩序井然。但古代艺术家们并没有像普宁鼓那样来充分描绘大地的景象，他们只选择具有代表性而又有神秘色彩的云雷

---

① 凌纯声：《东南亚铜故纹样的新解释》。

② 屈原：《离骚》。

③ 《波罗铜鼓赋》，见《粤十三家集》。

纹、山水纹、羽人纹、船纹和鱼鹰等，勾画出中界的情形，既简洁又含蓄，具有象征性，以保持与鼓面一致的艺术风格。下界是喀斯特地形所形成的地下河和溶洞在艺术上的反映。按壮族神话，下界在地表和水面之下，由蛙神之母蛟龙当总管。这是一个神秘的未知世界，其人仅有中界一只母鸡那么高，但中界的人们是很难见到的。既然是未知的，也就无法作形象的表现。因此，三型铜鼓往往只在鼓足饰以几道水波纹或眼纹，表示下面有一个神秘的世界，需要人们进一步去洞察它。三型铜鼓的这种布局，在东南亚铜鼓那里是不存在的，无论是天空的，大地的，水里的，都可以在鼓面出现，显示出不同的习俗、审美要求和艺术风格。在西伯里鼓的鼓足，天上的飞鸟，地上的树木，林里的大象，同在一晕。看来，人们对纹饰的选取和安排，是和另外的观念相关的，因而显出不同的风格来。

　　以上本文从造型、纹饰及纹饰布局三个方面来比较壮族祖先创造的北流型、灵山型、冷水冲型铜鼓与东南亚铜鼓的异同，并从经济生活、民族习俗等几方面略为分析造成这些异同的原因。由于资料不全，信息有限，这个比较研究是很粗浅的，仅是一个初步的尝试。本文的意旨在于力图寻找新的突破，把过去铜鼓研究中多在形式、发掘情状和一般分析中打转的局面掘开一个口子，引向深入。当人们把不同地区的铜鼓的各个侧面与当地民族及其祖先的生活紧紧联系起来研究时，将会从中发现一个多姿多彩的世界！

参考文献

1. 陆次云：《峒溪纤志》。
2. 曾瓶山：《铜鼓赋》。
3. 周去非：《岭外代答》。
4. 《南宁府志》。
5. 闻宥：《古铜鼓图录》。
6. 《广西古代铜鼓研究》，见《考古学报》1974 年第 1 期所附图片。
7. 陶维英：《越南古代史》下册图八。
8. 《越南古代史》下册，中译本。
9. 《越绝书》卷 8。
10. 《越绝书》卷 8。

11. 《水经注》卷 37 引《交州外域记》。

12. 石钟健：《试论越与骆越出自同源》，见《中南民族学院学报》1982 年第 2—3 期。

13. 蓝鸿思：《神弓宝剑》。

14. 拙文《铜鼓的纹饰、造型和壮族祖先的宇宙观》，见《中央民族学院学报》1985 年第 2 期。

15. 《越南古代史》上册，中译本。

16. 《民族词典》。

17. 萨努西·巴尼：《印度尼西亚史》，中译本。

18. 《越南古代史》上册，中译本。

19. 徐松石：《粤江流域人民史》。

20. 裴渊：《广州记》。

21. 《左转·桓公二年》。

22. 《铁围山丛谈》卷 4。

23. 《学术论坛》1982 年第 2 期。

24. 刘询：《岭表录异》。

25. 凌纯声：《东南亚铜故纹样的新解释》。

26. 屈原：《离骚》。

27. 《波罗铜鼓赋》见《粤十三家集》。

本文原载于《中央民族学院学报》1989 年第 5 期

壮泰民族艺术审美观比较研究

覃彩銮[*]

【摘　要】中国的壮族和泰国的泰族有着共同的历史渊源关系。他们虽然生活在不同的国度里，长期受到两种不同类型的外来文化的影响，即泰族主要受到来自印度佛教文化的影响，壮族则主要受到来自中原汉族的儒家和道教的影响。但两个民族的共同先民在长期的历史时期里积淀形成的传统文化及其所具有的稳定性和传承性，在泰族先民西迁定居泰国后仍然保持着。壮泰民族在艺术审美方面所表现出的相同或相似特征，从另一个方面论证了壮泰民族密切的历史关系。

【关键词】壮族；泰族；艺术审美；比较研究

壮泰民族的传统艺术形式多样，种类俱全，内容丰富，风格独特，而且历史悠久，源远流长。按其表现形式和艺术特性来划分，可分为绘画、雕刻、建筑、舞蹈和诗歌五种类型。其共同特征都是用具体的形象来反映人们的社会生活和审美情感，即匠师们遵循美的法则，对自然界和生活中的事物进行观察取舍、提炼加工，塑造出具体的可感性、可视性和概括性的艺术形象，以反映人们的生活及思想情感，其中包含着艺术匠师及其民众的审美态度与情感。这种审美态度和思想情感既为壮泰民族所共有，又具有较为鲜明的民族特征。本文拟通过壮泰民族审美观的比较，揭示两个同源异流的跨境民族在不同的国度里，因长期受到不同外来文化的影响，其传统文化发展的态势与变迁，这对现代化进程中民族传统文化的发展变迁问题的研究会有所裨益。

---

* 作者简介：覃彩銮，广西壮族自治区民族研究所研究员。

一、绘画艺术审美观比较

　　绘画艺术是通过构图、造型和设色等手段来创作视觉形象。壮泰民族的传统绘画艺术的形式和载体主要有壁画（包括岩壁画和墙壁画）、纸画、布画、板画、文身等；绘画使用的颜色以红、蓝色为主色调，辅以橘黄、青、紫和黑色等；绘画的题材、内容及物像相当广泛，几乎涉及自然界及社会生活的各个方面，包括宇宙间的日月星辰、风云雷雨；自然界的江河湖海、高山流水和各种动植物及人间万象等；还有人们想象中的鬼魅神仙、珍禽祥兽及其崇拜的佛祖或师圣等等，无不在匠师们的创作与绘画之列。壮泰民族在绘画的色彩及具象的形态造型的审美趋向及观念等方面，都表现出诸多的相同或相似的特征。

　　1. 色彩审美

　　色彩是人类生活中的美神，也是绘画艺术的三大构成要素之一，更是壮泰民族审美最普遍、最大众化的重要形式之一。因为在绘画的三大构成要素中，色彩是最活跃、最醒目、最敏感的一种要素。人们观赏一件绘画作品时，首先映入眼帘、给人以第一感受的便是色彩，故有"远观颜色近观花"之俗语。对不同的色彩，人们的心理感受和审美态度是不同的，每种色调都会使人们产生某种联想，引起人们心理情绪的变化和审美偏爱，并赋予其特定的文化含义。壮泰民族的传统绘画艺术中的色彩（颜料）的选择与搭配就是在这样的审美定势的基点上展开的。红色是壮泰民族传统绘画中普遍使用的一种主色调。在色调性状的类型上，红色属于暖色调，它会很自然地使人联想到火焰、鲜血和生命，使人感到温暖，激起人们精神的振奋。因此，红色除了具有烘托画面的热烈气氛和显示色彩的反差等作用外，还能引起人们心灵的共鸣和审美情感反应。壮泰民族以红色为美，是自然界中红色给人们带来温暖、光明、活力与愉悦的观照和体验分不开的，与人们的生产和生活密切相关。火红的太阳、灿烂的阳光，不仅给人世间带来光明与温暖，而且也给大地万物带来勃勃生机；尤其是经历了漫漫黑暗寒冷的长夜或阴霾之后，人们是多么渴望太阳的升起，阳光的普照。熊熊的火焰，既给人类带来光明与温暖，也给人们带来炊煮乃至生产与生活之便利。殷红的血液，是生命与活力的象征；红色的鲜花，使大自然显现出绚丽缤纷、生机盎然的艳丽景象。正是由于红色给人们的生产和生活带来的便利太多，感受太深切，因而，自古以来，壮泰民族及其先民对红色有着深切的审美偏爱，一直把红色视为生命、活力、光明与希望的象征，并将红色奉为神圣、吉祥与幸福之色。壮泰民族先民最早使用的绘画颜料便是红色。如壮泰地区数千年以前绘制的大量岩壁画，无一例外地都以鲜艳古朴而神圣的赭红色赤铁矿粉为颜料。这些岩壁画虽然仅使用单一的赭红色颜料绘画，而未使用其他色料相衬托，使画面色彩显得单一、纯净。但若把视野拓宽，就会发现岩壁画在四周的自然环境下有机地融合成一个统一的审美整体。一方面，赭红色的岩壁画在周围的青山、绿树、蓝天、碧水和银灰色岩壁等一片冷色调的映衬下，显得格外鲜艳醒目，相映生辉，具有美丽迷人的艺术效果。另一方面，这些原始的岩壁画多是壮泰先民举行神圣的祭祀或巫术仪式所绘制的，因而岩壁画本身也是神圣的。而红色被视为生命、光明的象征，更具有神圣、吉祥与镇邪的意义。这样，使用神圣的赭红色颜料来绘制神圣的岩壁画，以增强其神秘的威灵。正由于壮泰民族先民对于红色的审美偏爱以及赋予红色特定而丰富的文化内涵，故而在壮泰民族先民的葬仪中，就有使用赭红色的赤铁矿粉撒在死亡者的尸体上，如广西桂林甑皮岩、横县西津等新石器时代遗址墓葬里的人体骨骸上，就发现多例撒有赭红色的赤铁矿粉。据研究，在亡者身上撒以红色的赤铁矿粉，目的是期以给亡灵注入象征鲜血与生命的活力，以祈求生命的永恒。而希冀死者灵魂的永生，实质上是生者祈求生命永恒的一种良好愿望。泰国原始时代的居民在给死亡者随葬的陶器上，亦有用红色颜料绘画成各种螺旋形或曲回形的纹饰图案。有学者认为，这种形式的花纹图案除了具有生死轮回、循环往复的含义外，同样反映了泰族先民对于红色的文化理念以及对红色的审美情感。在以后长达数千年的漫长岁月里，壮泰民族先民对于红色的意念和审美情感一直是情有独钟，经久不变。直到近现代，红色仍是壮泰民族传统绘画艺术中的一种重要色调。而且在壮泰民族的日常生活中，红色亦被视为神圣、庄重、热烈、吉利和镇邪之色调，形成了种种习俗礼规或禁忌。如壮族建造新居时，要在梁木和大门上吊挂红布，并施涂赭红颜料，既示吉庆纳福之意，亦为辟邪襄灾，祈求居住平安；设立祖先神台和诸神神位，皆用红纸书写或贴挂红纸红布，以示神圣和庄严；春节和新婚之日，要用红纸书写楹联贴于大门两边；大人赏给孩童利事封包和结婚贺寿所送的利事封包（内装钱币），皆用红纸包装，以示吉利和祝福；端午节则流行用朱砂点在孩童眉心上，以示吉祥、驱邪和祛病。而在丧仪式中则忌用红色，包括主家和前来吊丧的亲友，都不能穿着带有红花红布类的服饰。因为人们已约定俗成地将红色视为喜庆之色，故而不宜在哀伤悲痛的仪式上出现。所有这些，表明壮泰民族对于红色的审美意识已经超出了色调本身的物理属性，而注入了人的审美情感因素乃至社会文化含义及世俗观念。

蓝色（包括青色和绿色类）也是壮泰民族传统绘画艺术中的一种主要色调。壮泰民族及其先民世世代代生活在蓝色和绿色的海洋之中，蔚蓝色的天空、湛蓝的海洋，碧绿的江河湖水，绿茵的森林原野。长期的生活经验和陶冶，特别是在同红色的对比感受中，使壮泰人民对蓝（绿）色有着深切的感受和深厚的情感。在色调性状的类型上，蓝色和绿色属于冷色调，给人以冷静、平和、自然和深沉的感觉，容易使人产生联想，激发青春的活力与蓬勃的朝气。所以，壮泰民族对于蓝色和绿色也有着浓厚的审美情趣，在其侧重反映社会生活和自然景象画面的色彩及其内涵，衬托并突出其主体形象，能增强画面色彩的对比效果，使之交相辉映，和谐统一，达到增强艺术感染力的良好效果，能给人以亲切自然、赏心悦目的艺术美感。由于壮泰民族对蓝色有着亲切的审美情感，故而除了在绘画中使用蓝色和绿色来表现青山碧水、蓝天绿树之外，在服饰上也喜爱使用蓝色（包括青色、深蓝色），如穿着蓝布服装，披戴蓝布头巾，吊蓝布肚兜或围裙等。这样的服饰色调洋溢着青春活力，显示出朴实优雅的美感，而且使人与自然形成一个和谐统一的整体，充分体现了壮泰民族崇尚自然、热爱自然、与自然共生共荣的审美心理。

黄色属于暖色调，也是壮泰民族传统绘画艺术中流行使用的一种重要色彩。在壮泰民族生活的自然环境里，金黄色的稻谷、果实或彩霞，给他们以深切的经验与感受，使他们对黄色有着浓厚的审美偏爱。在他们的审美观念里，黄色是成熟、丰收、幸福与吉祥乃至神圣的象征。看到黄色，就会使人联想到收获的季节和丰收的果实，富足的生活和象征吉祥的霞光，使人生发出充实与愉悦美感。所以，在绘画艺术中，黄色除了用于表现各种物象的本色（如霞光、稻谷、果实等）和丰富画面的色彩以外，还普遍用于描绘佛像或道师的服饰以及象征神圣吉祥的背光（即佛像头部四周的圆形光环），以增强其形象的庄严与神圣性。因而，在壮泰民族的日常生活中，黄色亦是庄重与神圣之色，不能随意使用，如巫师或道公用于驱鬼辟邪所画写的符方使用黄纸，巫师或麽公用于祛病禳灾的剪纸亦用黄纸，祭神送鬼时亦须焚烧黄色纸钱，其他礼仪则忌用黄色；黄色布料只有入寺为僧者才能穿戴，普通百姓不能穿着黄布衣。所有这些，表明壮泰民族对于黄色的审美观念也已超出其自然属性，赋予其深刻的文化内涵和丰富的审美情感。

此外，在壮泰民族的传统绘画中，还使用黑色、紫色、白色等色彩。这些色彩的合理搭配和相互衬托，丰富了画面缤纷的色彩，使之呈现出绚丽多姿、异彩纷呈的色彩效果，不仅显示出色彩的绚丽与和谐美，同时也使绘画的图像更为生动逼真，更富有艺术感染力。

综上所述，壮泰民族在传统绘画艺术中对于色彩的审美观基本是相同的。如果说有所差异的话，那就是泰族对于黄色的崇尚和审美情感要比壮族强烈得多。其主要原因是泰族普遍信奉佛教，将黄色视为与佛教信仰和崇尚佛事同等重要与神圣的缘故。而壮族虽也信仰佛教的一些内容，但并非全民的统一信仰，村落里更无寺院，亦无剃度入寺为僧之俗，故对于黄色的崇尚和审美情感则相对淡薄。

2. 构图之审美观

构图是绘画艺术的三大要素之一，也是绘画的基础。任何绘画中的具象造型，总是由各种不同的线条组合构成的。如果没有线条的组合与具体的构图，也就不可能有画面中的具象与形态，更不能构成一幅完整的旨在反映社会生活、思想情感及艺术创作的画面。绘画构图常用的线条有横线、斜线、垂直线、波折线、曲折线、弧形线、圆点等。从绘画艺术的特性和美学观点来看，每一种线条与图形，都有其特定的美学内涵；不同的构图形式，反映着不同的美学特征和审美情愫。如直线或直线式面，是物象形体方向或力量的一种视觉扩张，具有力量集中、张力一致和无限延伸、不受空间阻挠的特性，给人以坚挺、平稳、沉着的视觉感受；垂直线则给人以稳健和上升的视觉张力，象征着力量的上升；波折线、圆弧线更具有硬度感和张力感。有了垂直线和水平线，就必然会产生直角，而直角也是一种具有较大的硬度感与张力感的形式，亦是表现刚硬造型的主要形式，并给人以坚硬、主动和富有力度的视觉感受；圆形是集饱满、优美、圆润为一体的完美造型，具有完美无缺、循环往复、永无止境的意义，给人以柔和、丰满和大容量的感受；点则具有简略、提示和意犹未尽的意义；波折线能给人以有节奏和张力的美感。壮泰民族对于绘画艺术中对于线条的运用、含义和构图的审美也是如此。壮泰民族对于构图线条及其组合的审美观，主要表现在绘画线条的简练和工整，讲究构图的均衡与对称，线条组合的和谐与统一。在这种审美定势的主导下，画师们在绘画构图时，虽然多运用了提炼、抽象、夸张和变形的艺术手法，但始终遵循均衡对称这一法则，线条勾画工整简洁、左右或上下均衡对称，和谐统一，既增强了具象造型的形象性和表现力、画面构图的多样性和完整性，也丰富了画面的内容和审美内涵，增强其艺术感染力，给人以简洁明快、工整美观、形象生动、内涵丰富、风格朴实的艺术美感，反映了壮泰民族淳朴谨慎、持重求安、循规蹈矩、崇尚自然和功利至上的文化心理和审美态度。

3. 具象造型及其形态的审美观

在壮泰民族的绘画艺术中，虽然具象造型及其形态不尽相同，各有特点，但两个民族的绘画所表现的题材、内容、风格及审美观等方面，则表现出诸多的相同特征。

壮泰民族传统绘画艺术中的具象造型流行以各种类型和不同形态的人物形象为主，其次为各种自然景象、动植物等。由于壮泰民族的审美观具有崇尚自然美、和谐美、均衡美、崇高美和功利美的传统，而且其绘画作品多带有浓厚的宗教与功利色彩，故而对于人物形象的描绘虽要求形似，更强调神似，即形与神的完美统一。另外，在壮泰民族的传统绘画中，许多人物形象是根据民间神话传说塑造出来的，并无具体的形象作为绘画的标准，于是画师们根据绘画的功用和人们的审美习惯，以人的基本形态为基础，采用适度合理的夸张变形的艺术手法进行创作与绘画，并配以相应的服饰，如壮泰民间绘画中的佛类形象，将人体所有美的形象特征集于其面部、衣着及姿态，塑造的佛圣面部丰满，五官端庄，慈眉善目，大耳垂丰，容貌富态，身披袈裟，端坐蒲团，双手交置胸前，显示出慈悲为怀和普度众生、法力高深的神态，给人以神圣和崇高的艺术美感，表达了人们对于佛教的虔诚信仰及佛教化身的审美情感，也满足了人们对于佛像内蕴的审美心理，希望通过对佛像的膜拜而获得善果。对于画像中的鬼神形象，亦是在人的形态的基础上塑造出来的，画师们采用了大胆的夸张与变形的创作手法，驰骋想象，在鬼神的面部和衣饰上刻意加工丑化，或面部变形，龇牙咧嘴，双目圆凸，头额长角，面目狰狞，凶神恶煞，令人望而生畏，显示出一种狰狞美；或面目清瘦，童颜鹤发，容貌慈祥，衣冠飘逸，气度非凡，给人以仙风道骨之神秘美感。武士金刚类的形象更是魁武威猛，加之身上披坚持锐，大有气吞山河、勇猛无敌之气概，显示出武士特有的英武与崇高之美。这类画像的创作是为了适应和满足人们的信仰崇拜的需要而绘制的，因而其具象形态虽要求形神兼备，但更重要的还在于其神韵与意蕴，在于人们审美的功利性及其画像本身的神圣性与神秘感。但是，壮泰民族的传统绘画多由其民间画师所创作和绘制，由于他们受到社会经济和文化发展水平的限制，其审美能力和绘画技能一般多停留在较低的层面上，故而其绘画作品中的人物形象多比例失调，显得较呆板而失真，绘画技巧也多较稚拙。尽管如此，其作品的功利性功能并未因此而受到影响，因为它们主要不是专门供人欣赏的艺术作品，而是已被赋予神圣与神秘的属性，人们只是出于某种信仰与祈求功利的需要作为一种偶像膜拜，故而不会过于计较绘画技巧的精拙。这是壮泰民族对于绘画艺术的审美态度和审美内涵的一个共同特点。

在壮泰民族的传统绘画中，各种自然景象和动植物类的题材和内容也占有很大的比重。这些景物形象或作为人物形象的衬托或背景，或作为建筑的装饰独立存在，起到烘托主题、美化建筑和显示建筑等级或性质的作用。由于壮泰民族长期生活在青山绿树碧水的秀美环境之中，肥沃的土地为他们提供了耕种和衣食之源，自然界的飞禽走兽和花草虫鱼给人们的生活增添了许多情趣和内容，日月星辰、风云甘雨、彩虹雾霭，既扩大了人们的审美视野，也丰富了绘画和审美的内容。长期的接触观察和体验，使壮泰人民对居地的自然景物乃至各种动植物有着深切的感受和崇拜之情，形成了崇尚自然美的审美定势，使这些自然景物成为绘画中的重要组合与题材。画师们采用写实与抽象相结合的艺术手法，对自然界的各种景物进行提炼，并根据画面的需要合理搭配，如在建筑物的脊棱、梁枋、斗拱上常绘画规整的图案式勾连云纹或缠枝图形；檐下墙壁上常绘画江河湖海的水波纹与太阳、祥云、霞光和飞鹤相组合，有的则根据民间传统故事的题材绘成叙事性的图画。这些来源于生活，又高于生活的绘画作品，具有构图简练，形象生动，布局合理，色彩和谐、真实自然的特点。人们通过对画面的观赏，既能获得美的享受，受到美的熏陶，同时也能引起心灵的共鸣和心理情感的变化，因为这些自然景物包含着他们对美好生活的追求和企盼，能引发他们无限的遐想，并从中汲取美的基因与情趣，丰富他们单调与贫乏的生活。壮泰民族对于绘画艺术中在自然景观的审美态度和审美情感所表现出的相同特征，是由其所处的生活环境、生产方式、经济和文化发展水平以及审美情趣的相似性构成的。

二、雕塑艺术审美观

壮泰民族传统的雕刻艺术，历史悠久，形式多样，内涵丰富，工艺精湛，造型别致，风格独特，其中以石刻和木雕艺术最为流行，也最富有成就，最富有艺术审美价值，体现着壮泰民族精湛的雕刻工艺、娴熟的造型艺术造诣和较高的审美能力、丰富的审美情感和浓厚的功利审美意识。壮泰民间传统的石刻艺术主要有宗教性的石刻造像和建筑装饰石刻（包括民居、官署、庙宇、桥梁、陵墓等建筑装饰）两大类。虽然石刻的种类和形态特征各不相同，但两个民族的艺术追求和审美观念则表现出诸多的相同或相似的特征。

其一，壮泰民族都崇尚石刻造像的高大魁伟和气势的恢宏与洒脱乃至内涵的深邃神秘。其审美观主要体现在泰族的各种佛像及其装饰（佛光）、建筑装饰和壮族的墓前石碑、甬道两边的石俑及镇宅的石兽等石刻艺术中。这种崇尚高大的审美观念，与壮泰民族的居住环境和审美的功利意识有密切关系。壮族聚居地属丘陵山区，到处群山起伏，丘陵绵延，重峦叠嶂，奇峰耸峙，峭壁险峻；泰族也多居住在高山峻岭之中。面对云雾缭绕的巍峨高山和斧劈刀削般的悬崖峭壁等大自然的神奇造化，人们往往从自身的生活经验和形象类比出发，把各种不同形态的奇山怪石形象化，并赋予其神奇美妙的神话故事传说，赋予吉祥之名，认为高耸入云的高山与天界最接近，既是人死亡后灵魂升天的捷径，也是天上神仙下凡的必经之处，故而把高山神秘化，视高山为神灵栖居之所和福荫灵气汇集之处，由是而生发出对高山的敬仰和崇拜之情。正是这种观念的不断积淀，塑成了壮泰民族以高大为美，以高大为神圣和崇尚高大的审美心理。在这种观念和审美心理的作用下，匠师们在选择石料凿刻供信徒膜拜以祈福或镇宅（阴宅和阳宅）以求平安的石刻造像时，除了工艺的精雕细刻和形象的生动传神之外，还不遗余力地刻意追求石刻形象的高大和造型的凝重。因而，这类形体高大凝重和富有气势的石刻在壮泰民族地区可谓随处可见，它给人以崇高、稳定和富有张力的艺术美感，令观者肃然起敬。另一方面，壮泰民族地区这类供人们膜拜或镇邪的石刻造像，已经不是一般意义上的艺术作品，而是被赋予了特定的宗教内涵与神秘的功能，成为人们心目中神圣的象征和崇拜的偶像。通过对造像的膜拜祈祷或立之以镇邪，期以达到积德向善、修成正果和祈福求安、辟邪禳灾的功利目的。因此，无论是工匠们在凿刻石像时，抑或是人们膜拜或安立、观赏石像时，均是以虔诚的心态和炽热的情感去面对之。因而，石刻造像形体的高大和造型的凝重，既增强了造像的神圣性和崇高感，又适应和满足了人们的功利性审美心理的需要，以获得精神上的寄托和慰藉，获得审美的愉悦感。

其二，壮泰民族崇尚和追求石刻艺术的形式美和形象美。石刻艺术的形式美和形象美，主要体现在石刻造型的合理设计和巧妙构思以及精巧的凿刻工艺和准确、丰富的表现力。壮泰民族传统的石刻作品，无论是宗教性的石刻造像，还是建筑装饰性的石刻，不仅造型别致，工艺精致，而且构思巧妙，布局合理，形象生动，具有很高的艺术审美价值。如泰族各地寺庙中的佛像、佛光及建筑装饰中的眼镜王蛇形象、盘龙形象；壮族地区墓葬前甬道两边排列的石兽、人俑及碑座、碑栏和碑帽等，是壮泰民族石刻艺术形式美和形象美的典型代表。这些石刻艺术之所以追求造型的别致，工艺的精巧和形象的生动，在相当程度上是由其民族的审美观念和审美心理决定的。壮泰民族都是一个有着悠久历史的稻作农耕民族。而稻作农业生产的特点是依赖土地生存，对自然的依赖性极大，而且生产周期相对较长，工序复杂，劳动量大。人们在生产过程中所付出的艰辛劳动，企盼的是最后的丰收。而农业生产的丰收与歉收，与人们所付出的劳动往往不一定成正比，更多地取决于自然的因素，如是否风调雨顺，雨水的多或少，风灾、虫灾等等，都会影响作物的生长与收成。由于壮泰民族年复一年地从事田间劳动，日出而作，日落而归，生儿育女，生活安定，丰衣足食，是他们孜孜不懈的追求和全部的生命价值所在，由此而塑成了直观朴实的审美习惯。终年为了生计而辛勤劳碌，使得他们无暇也不擅长过于深奥和抽象的思辨以及隐讳抽象的审美思维，而是习惯于直接的、显露的、可感性的审美和欣赏，喜爱实实在在的美。匠师们根据人们这种审美习惯，将生活中美的因素集中到石刻作品之中，使人们在获得美的享受的同时，又得到美的启发，受到美的教育和熏陶，促使其审美意识的提高和升华，增添其生活的情趣。如泰族各地寺庙里的一尊尊石刻造像，体态高大丰满，五官端正，神态端庄安详，大耳垂肩，显得雍容华贵，法力高深。匠师们按照其民族传统的直观性审美习惯，把人类所具有的真、善、美的特性集中于造像一身，以利于人们对于形象美的体验和对人类本质特性的认识，激发其生活的热情和对于美的追求。泰族地区常见的作为佛像背座和大型建筑装饰的眼镜王蛇石刻形象，在写实的基础上，巧妙地运用夸张与变形的艺术手法，将蛇的扁形头与颈部放大成弧檐状，正好遮盖整尊佛像上部，使之与佛像构成一个完美的整体，而且眼镜王蛇的威凛与凶猛的神态亦表现得生动逼真，惟妙惟肖，既表达了泰族人对眼镜王蛇的崇拜心理，也给人以神圣威严的审美感受。壮族地区的石刻艺术绝大多数形象生动精美，给人以一目了然的直观美感。如土司墓葬前甬道两边的人马俑雕像以及碑帽上的盘龙怪兽或龟形碑座，皆形态饱满凝重，令人回味无穷。

其三，追求石刻工艺的精致美观。在壮泰民族的传统石刻艺术中，无论是体形高大的石刻造像，还是小巧玲珑的石刻作品，不仅构思巧妙，布局合理，规整对称，形象生动，而且凿刻工艺精巧，线条流畅圆润，令人百看不厌，回味无穷。这种追求凿刻工艺精致的审美观，与壮泰民族的传统生产方式及其性格有关。长期的稻作生产活动，塑成了壮泰民族谨小慎微的性格和认真细腻的观察力，反映在石刻艺术上亦是精雕细刻，精益求精。

其四，审美的功利性。在壮泰民族传统的石刻艺术中，极少有纯粹的专供陈设欣赏的艺术作品，大多数石刻艺术都寓含着丰富神秘的宗教内含和浓厚的功利审美意识。如泰族各地寺庙中所立的佛像，是供人们膜拜和祈祷以求福的神圣偶像，人们认为佛像是法力高深、普度众生和赐人福寿的佛祖的化身，可护佑其逢凶化吉、消灾祛难；眼镜王蛇石雕，既是泰族人崇拜的灵物，刻而立之，又祈其神性和威灵以辟邪。壮族地区的石刻也大多如此，在石崖上凿刻佛像，亦赋予其神圣的灵性，礼拜之以求福或获得庇护；镇墓或镇宅之石刻，也是企望通过其威灵，达到驱邪纳吉的功利目的。因而，壮泰民族的传统石刻艺术，既具有形式美的特征，同时还有意境美的特性。审美一旦带有功利性，便会使审美活动具有神圣性和神秘性，更能激起人们的审美热情。其审美的过程，也就是信心与力量的积聚过程，人们从对其崇拜偶像的审美中，得到心灵的陶冶和精神的寄托与振奋，感到自己与神同在，时刻受到神灵的庇护，从而增强了生活的自信心和克服困难的勇气。

如果说，壮泰民族对石刻艺术的审美侧重于其形体的高大凝重的话，那么，对于木雕艺术的审美则追求形式的规整对称美和构图造型的灵秀美。因为壮泰民族传统的木雕艺术主要体现在家具和各类建筑物中，起着装饰和美化主体物的作用，具有锦上添花的艺术效果。例如壮泰民族各类建筑上的斗拱、脊棱、挑手、门窗以及各种家具上的木雕装饰，构图精巧，造型别致，纹饰多变，图案丰富，线条圆润，布局对称，工艺精湛，具有很强的艺术感染力和很高的艺术审美价值，不仅美化了主体物（建筑物或家具），提高了主体物的品位，同时也使人获得美的享受。另一方面，随着泰国旅游业的蓬勃发展，具有鲜明地方民族特色的各种木刻工艺品也应运而生，并且以其独具特色的生动造型和精巧的雕刻工艺，深受游人的喜爱。这类旅游木雕工艺品的蓬勃发展，与泰族人民传统的雕刻艺术与审美观念基础是分不开的。

三、服饰审美观

服饰主要由色彩、款式和质地三大要素构成。壮泰民族不仅在传统服饰方面具有诸多的相同特征，而且在服饰的审美方面也有许多相同之处。

1. 服饰色彩的审美观

色彩是构成服饰美的一个重要因素，是审美感觉中最普遍、最大众化的形式之一，同时也是服饰三大构成要素中最活跃、最醒目和最敏感的一个要素。因此可以说，色彩是服饰的灵魂，是审美的主要对象。一般来说，只有在服饰色彩符合人们的审美要求及生活习俗的前提下，才会考虑服饰的款式和质地。在前述的绘画艺术中，我们曾说到壮泰民族对色彩的审美观。由于服饰比绘画的应用和观赏的范围更广，而且对着色的经久性要求更高，因而服饰的颜色审美要求比绘画更高，技术难度更大，更集中地体现壮泰民族的审美观。

深蓝色是壮泰民族传统服饰中最流行的一种主色调。这种色素是从一种称为蓼蓝草的植物叶子中经浸泡加工提炼而成的，因其颜色呈深蓝色，俗称"蓝靛"。用这种蓝靛浸染出来的布料（染料中还要加入碱水、茶水、酒、蛋清等原料，起到稀释作用并增强色素的附着力），具有色调沉着、色彩清新亮丽的特点。壮泰民族流行使用深蓝服色，与人们对于深蓝色的心理感受及生活环境有着密切关系。在色谱属性中，深蓝色属于冷色调，容易使人联想到绿色的植物、蔚蓝的天空和湛蓝的湖水，给人以平静、凉爽和深沉的感觉，飘逸着轻松活泼、亮丽成熟的韵味，是自然、生命与活力的综合体现。人们穿着深蓝色的服装，具有与大自然中的绿色和蓝色和谐统一的效果，给人以清新亮丽、舒心悦目的审美感受，并显示出成熟、冷静、活泼的色调美感。除深蓝色这一主色调之外，壮泰民族也兼用其他颜色陪衬，如妇女的头巾多使用白色、灰色，或以彩色织锦为头巾，并在衣裤襟边镶绣花边，使深蓝色的服饰主色调增添了色彩的变化与反差，避免了全身服饰色调单一呆板的式样，丰富了服饰的色调，具有良好的装饰效果，给人以清丽、素净、秀美和丰富的美感。

在长期的社会生活中，壮泰民族对于服饰色彩的审美还受到宗教信仰、功利意识和文化心理的影响和渗透，形成了诸多的服饰色彩的信仰和禁忌之俗，如新婚、新居落成、新生儿周月周岁等喜庆之日，宾主须穿着以红布装点的盛装以示吉祥，忌着白色服装。在壮族人的观念里，黄色为富贵之色，只有天子（皇帝）方可穿着黄色服饰；泰族人也以黄色为神圣之色，只有寺庙里的和尚法师才能穿戴黄色服饰，常人不宜用黄布缝制衣饰。在丧葬仪式上，则只能穿着白色服巾或色调素朴深沉的白色或深蓝的服饰，忌着红色等艳丽服饰。所有这些，反映了壮泰民族对于服饰色彩的审美情感。

2. 服饰花纹图案的审美观

服饰上的花纹图案主要由彩色线、图样和刺绣工艺等要素构成。合理精巧的花纹图案装饰，不仅可以增添服饰的整体美感，而且图样本身又是一种情感和文化的符号，它汇集了一个民族的传统文化因素，蕴含着丰富的文化内涵，表达其民族特定的思想情感和审美观念。壮泰民族的服饰图样也是如此。

壮泰民族的传统服饰图样以单色布料（主要为蓝色和深蓝色）缝制而成，然后用彩色丝线或绒线在成衣上刺绣各种图案纹样作为装饰。这些装饰的图案纹样大多织绣在服装最引人注目且不易磨损的部位，既可增强和丰富服饰的美感，又使装饰图样能经久保留。壮泰民族服饰上的花纹图样装饰的题材和内容十分丰富，自然界中的花草树木、行云流水、鸟兽虫鱼，无所不有。图样往往因装饰部位的不同，其图案和工艺亦不尽相同，其中有桃花、刺绣和织锦之分。无论是采用何种装饰工艺，都具有以下共同特点：

首先，讲究色彩的合理搭配与运用。服饰图样的织绣常用红、黄、绿、紫等色线相搭配。色线的搭配根据织绣的图样题材灵活运用，一般以忠实于自然色调为原则，如织绣花草图样，叶子用绿线，花瓣用红线，花蕊用黄线，给人真实、自然和生动的美感。在色彩的比例上，一般是冷色调居多，暖色调次之。这样的色彩搭配，能给人以亲切、柔和和对比强烈、主次分明及富有立体的美感。

其次，服饰图样的构图艺术。图样的构图艺术包括选取的题材、线条的运用与图样的平面布局等。壮泰民族的妇女从小就有学习织绣的传统。服饰图样的织绣一般没有现成的样图，全凭个人的技巧发挥。其图样题材多来自生活，来自妇女们对各种自然物的观察与提炼，如波线纹和花卉是壮泰民族服饰图样中使用得最多的一种图形，这种波线图形是人们取自自然界里的湖泊水波或绵延起伏的高山的简化形式，它既有装饰服饰的效果，又反映了人们对高山流水的美好情感。在服饰图样线条的运用上，壮泰妇女可谓驾轻就熟，运用自如，长与短、方与圆或点与折的合理搭配以及均衡对称、轻重自然和主次明确的平面布局，体现了它的形式美与神韵美，反映了壮泰民族追求简洁明快、朴实生动的审美情趣，同时也增强了服饰图样装饰的艺术美感。

最后，服饰图样的内涵与意境美。壮泰民族服装上的各种图样，均具有特定的内涵和深刻的意境，包含着人们丰富而深切的思想情感。其内涵主要有三大类：一是象征着生命与活力的物象，如树木、花草、高山、流水等；二是象征吉祥之物，如各种鸟兽鱼虫等；三是人们崇拜的神圣之物，如太阳、铜鼓以及其他象征性符号。人们把自己所喜爱和崇拜的以及象征吉祥幸福的物象织绣于服饰上，它既有装饰美的特性，又具有内涵美和意境美的神韵，是壮泰民族宣泄情感、表达美好愿望和寻求精神寄托的一种方式，它能给人以丰富的联想和美好的回忆，给人以心灵上的感化和审美的满足感，在获得美的享受的同时，增添了生活的情趣和信心。

综上所述，壮泰民族在艺术审美观念所表现出诸多相同或相似性，其原因是多方面的。其中除了人类审美的共同规律与特性的因素之外，还与壮泰民族有着共同的历史渊源、相同的经济生活形态及其文化心理有着密切的关系。通过对壮泰民族传统文化进行全面的比较中发现，泰族先民虽然在长达一二千年的历史时期里从其原族群（百越族群中的骆越支系）居地（岭南西部）向西迁徙，而后进入今泰国定居下来，形成了一个新的族体——泰族。但是壮泰民族先民在长达数千年的共同地域、相同的自然环境、共同的生产方式、相同的经济生活而形成的共同文化乃至心理素质却是根深蒂固的，这些经过长期积淀形成的共同文化（包括语言、生产生活习俗、文化心理及价值观念等等）具有很强的稳定性和传承性，随着其民族的不断发展而世代传承下来，其深层的文化内核并不因其民族的迁徙异地而迅速变异或消失。所以，壮泰民族虽已从古代的西瓯、骆越以至俚僚发展分化成两个不同的民族，而且生活在不同的国度里，远隔千山万水，但在语言、生产和生活习俗（特别是居住的建筑形式）等传统文化方面仍保持着诸多的相同或相似的特征，特别是作为民族构成重要因素的语言方面，经过比较研究，壮泰民族现存的基本词汇相同率高达65%以上。由此可见，壮泰民族在艺术审美方面所表现出的共同特征就不足为奇了。它可以从文化艺术及其审美观这一个方面论证了壮泰民族同源异流的历史关系。

另一方面，由于壮泰民族长期生活在不同的国度里，受到了两种不同类型的外来文化日益深刻的影响，即泰族主要受来自印度的佛教文化的影响，因而在其民族文化体系中吸收和具有浓厚的佛教文化色彩；而壮族主要是受到来自中原内地的汉族儒家及道教文化的影响，因而在其民族文化中吸收了大量的汉文化的因素。这些外来文化的长期影响和渗透，使得壮泰民族的传统文化的表层结构发生了变异，并分别继续与这两种不同类型的外来文化聚合。如此一来，壮泰民族的艺术表现形式及审美观念的不同也就在所难免了。正如以上所述，在泰族的绘画及雕塑艺术作品中，表现佛教及其文化的具象或载体占有很大比重，人们的审美观念自然也随之转到对佛教艺术的欣赏与崇拜。而在壮族的绘画和雕塑艺术作品中，吸收和具有汉文化特色的具象或载体也占有很大比重，壮族的审美观念日益受到汉文化的深刻影响。尽管如此，通过对壮泰民族艺术审美观的比较和分析研究，既可以揭示壮泰民族的历史关系、艺术审美方面所表现出的共同特征及其原因，同时也可以加深对壮泰民族传统文化发展变迁的历程及其原因的认识，进而可以加深在现代化进程中民族文化的相互交流、相互渗透、相互吸收、相互交融与共同发展，并且在这种交流与交融日益加剧的浪潮中，注意把握和保持本民族的文化特色及其民族精神。

本文原载于《广西民族研究》2002 年第 4 期

从民间歌唱传统看壮泰族群关系
——以中国壮族"末伦"和老挝、泰国佬族 Mawlum 的比较为个案

陆晓芹*

【摘　要】"末伦"是流传于中国德保、靖西、那坡等县壮族的一种民间曲艺，Mawlum 是流传于老挝、泰国佬族民间的一种歌唱艺术。二者读音相近，意义相异。通过分别考察它们与本国民间宗教"末"和 Maw 的关系，可以发现二者的内在关联。"末伦"和 Mawlum 的称谓很可能在壮、佬民族分化之前就已存在，是用于指称壮泰族群共有的歌唱传统的。

【关键词】中国壮族"末伦"；老挝、泰国佬族 Mawlum；比较

壮泰族群①诸民族历史文化同源已获得越来越多的认同，但对其起源地、分化时间、迁徙路线等问题还存在颇多争议。以范宏贵、黄兴球为代表的学者认为，其最早居住于中国南方的广西、广东和湖南交界一带，后

---

* 作者简介：陆晓芹，广西民族大学文学院副教授、博士。

① 这个概念对应于语言学上的侗台语族。范宏贵在《同根生的民族——壮泰各族渊源与文化》中的"壮泰各族"的指称范围包括：中国的壮、布依、侗、水、仫佬、毛南、黎等民族；越南的岱、侬、高栏、泰（白泰和黑泰）等民族；老挝的老龙族；泰国的泰族；缅甸的掸族；印度的阿洪人。黄兴球在《壮泰族群分化时间考》中直接以"壮泰族群"指称分布于从中国南方和中南半岛上越南北部、老挝、泰国、缅甸东北部，直到印度东北部阿萨姆一大片区域里操壮泰语言的民族集合体，它包括壮族、侗族、水族、布依族、傣族、黎族、仫佬族、毛南族、仡佬族、岱族、侬族、山斋（高栏）族、热依族、布标族、拉基族、佬族、普泰族、白泰族、黑泰族、红泰族、蛮克族、润族、泰泐族、泰那族、泰族、掸族、阿洪族共 27 个。本文采用这一概念。

分别向西、向南迁移。^① 云南学者何平主要着眼于包括中国傣族、老挝老族、泰国泰族、越南泰族和印度阿洪姆人等在内的"傣—泰民族"，认为他们起源于华南地区，后来辗转迁徙到其今天的居住地。^② 他进而强调，这些民族的发祥地其实就在今广西、云南两省区和越南交界一带的壮族及其支系聚居区。^③ 饶叡颖也认定，泰国北部的主体民族泰庸人与老挝的泰佬人是同源民族，其先民最初居住在上述地区，后来才陆续迁出。^④ 这无疑说明，上述地区对我们认识壮泰族群迁移的历史具有重要意义。事实上，范宏贵、陶红、黄兴球等学者业已发现，生活在这一带、属于壮语南部方言地区的人们与老挝佬族在语言文化上具有更高的相似度。^⑤ 笔者与老挝及泰国东北部佬族人的日常接触中也发现，与标准泰语相比，中国壮语南部方言德靖土语的"央"话和左州土语的"爽"话与佬语的相似度更高。更有意思的是，流传于德靖土语一带的壮族民间曲艺"末伦"，与盛行于老挝及泰国东北部佬族社会的歌唱传统 Mawlum^⑥ 在读音上颇为接近。那么，这种接近是偶然的巧合，还是另有深意？透过对二者的比较，可以加深我们对上述地区历史文化及壮泰族群，尤其是今天的壮、佬民族关系的认识。

一、关于壮族"末伦"

"末伦"是壮语的汉字记音，有的写作"莫伦"或"巫伦"，壮文写

---

① 参阅范宏贵《同根生的民族——壮泰各族渊源与文化》（光明日报出版社 2000 年版）；黄兴球《老挝族群论》（2006 年版）和《壮泰族群分化时间考》（民族出版社 2008 年版）。

② 何平：《从云南到阿萨姆——傣—泰民族历史再考与重构》，云南大学出版社 2001 年版。

③ 何平：《壮泰族群的分化与现代傣泰诸民族的形成》，《东南亚纵横》2010 年第 12 期。

④ 饶叡颖：《泰北主体民族泰庸人与老挝泰佬人历史关系研究》，老挝佬族起源学术研讨会，广西民族大学 2011 年版。

⑤ 参阅范宏贵《同根生的民族——壮泰各族渊源与文化》，光明日报出版社 2000 年版，第 20—215 页；陶红《壮语与老挝语之异同》，《广西民族研究》1994 年第 3 期；黄兴球《老挝族群论》2006 年 8 月。

⑥ Mawlum 是这一歌唱传统的英文记音。文中 Mawlum 及其他相关概念，沿用美国学者 Terry E. Miller 在 Traditional music of th Lao: Kaen playing and Mawlum singing in Northeast Thailand 一书的写法，统一以英文记音。

作 modlaenz①。它是一种脱胎于巫调、以说唱故事为主要内容的民间曲艺形式，主要流传于广西靖西、德保及与之相邻的那坡、天等、大新、龙州等县交界地区。在壮语南部方言中，"末"的壮文写作 mod，是特定的宗教信仰与信仰，通常译为"巫"，这里指仪式作用的巫调。"伦"的壮文写作 laenz，有学者认为，它含有"论"之意，且按靖西县壮话读音，将其解释为"讲述故事或叙说事情"，按德保壮话的读音将其解释为"缜密的"或"不停顿地"，强调其含有"轮番地（吟唱）"之意，进而将"末伦"解释为"叙说故事的巫调"或"用巫调弹唱故事"。② 但笔者曾就"讲述故事或叙说事情"的义项向当地民众求证，未获认同。

　　在德靖壮族民间，与"末"相关的称谓有"末能""末呢""末伦"三种。"末能"的壮文写作 mod，指巫婆坐场驱鬼辟邪、祈福消灾时所用的唱调。其中，"能"的壮文记音是 naengh，即"坐"的意思。当地社会盛行"末"的信仰与仪式，主持仪式的人大多是女性，壮语中称为 meh-mod，即"末婆"，汉译为巫婆，也有一部分是扮身为女性的男性。在主持"末"仪式的过程中，末婆通常是双腿交叉坐于蒲团或席子上，故被称为"末能"。"末呢"的壮文写作 modndwp，指非坐场的闲吟清唱。其中，"呢"是壮语 ndwp 的汉字记音，意思是"生的""不成熟的"。"末婆"在坐场举行仪式时，通常需要 6—8 小时或更长时间。在这个过程中，她们会暂停休息，以闲吟清唱的方式与周围信众进行沟通交流。这类吟唱多为叹苦情、思离别、诉情怀。"末伦"是在"末呢"的基础上加以改造而成，用三弦伴奏，以说唱民间故事、表达内心感情为主要内容。

　　"末伦"的起源与宗教密切相关已毋庸置疑，但对其产生的年代，目前没有任何明确的记载。有学者根据各种材料，认为其历史至少可以上溯到明清时期。③ 按照靖西老艺人何圭山的说法，在清代末叶时，靖西便有人利用叙事巫调并加以改造，用三弦为伴奏来专门说唱故事，从而发展成"末伦"的曲艺形式。④ 以上说法，都因证据不足而缺少说服力。因此，

---

① 壮语概念在文中第一次出现时，统一以标准壮文注音。壮文拼写由蒙元耀教授提供，特此致谢。

② 潘其旭：《也谈壮族"末伦"》，《学术论坛》1983 年第 1 期。

③ 李萍：《巫事活动—土司制度—歌舞天赋——新论壮族末伦文化的起源与发展》，《广西师范学院学报》2007 年第 1 期。

④ 潘其旭：《也谈壮族"末伦"》，《学术论坛》1983 年第 1 期。

"末伦"的渊源问题至今仍是悬案。

"末伦"在发展过程中，形成了靖西下甲末伦、靖西上甲末伦、德保北路末伦、德保南路末伦等不同的曲调风格。直至20世纪三四十年代，当地民众还非常喜爱这一艺术形式。大家在茶余饭后喜欢自编自唱"末伦"，在街边卖唱的人也往往靠叹唱"末伦"来招徕顾客。20个世纪五六十年代，"末伦"开始登上主流社会的舞台，老艺人何圭山自编自唱的《吴忠的故事》于1957年参加自治区第三届群众文艺会演，引起强烈反响。但20世纪七八十年代之后，唱"末伦"的人就越来越少了。目前，"末伦"已处于衰微状态，其传承人严重老龄化，多为50岁以上的老年人，演唱活动也很少，多作为向外地受众的文化展示活动，而且缺乏制度和经费上的支持。[①] 近二三十年来，除壮语"末伦"外，也有文化人士尝试以汉语创作，如靖西县文化馆原副馆长蒙秀峰。其作品多次获得主流社会的肯定，但在民间的流传很有限。

从内容上看，"末伦"的传统唱词多为壮族民间传说和历史故事，也有移植过来的汉族故事，如《文龙与肖尼》《毛洪玉英》《山伯英台》《秦香莲》等。历史事件与现实生活在"末伦"演唱中也有表现，如新曲目《黄连变甘草》《送夫出征》《送子参军》《怀念周总理》等。"末伦"在形式上也独具特色：从唱词来看，每句有三、五、六、七、九、十、十一字不等，句数也不限，从数十行到上百行、上千行都有；从韵律上看，其唱词采用连环腰脚韵格式；从演唱方式来看，每个段落均以"哎"开头，以"侬呀罗"或"贝呀罗"结尾；传统演唱以小三弦伴奏，艺人自弹自唱，但在当下的舞台表演中，还增加了马骨胡、葫芦胡等乐器。

二、关于佬族 Mawlum

Mawlum 是一种主要流传于老挝和泰国东北部佬族民间的歌唱传统。在英文记音时，有的也写作 Morlum / Molam / Morlam。Maw 有三重意义，分别是宗教仪式专家、拥有某种特别技能的人（专家或师傅）、医生；Lum 是"唱歌"的意思。从字面意思来看，Mawlum 指唱歌的师傅或歌唱

---

① 李萍：《壮族末伦文化生存现状调查及原因试析》，《桂海论丛》2007年第3期。

技术纯熟的人，但现在也用于指称这一歌唱传统本身。

根据美国学者 Terry E. Miller 在 20 世纪 70 年代在泰国东北部的调查，Mawlum 有近二十种。从内容上看，绝大部分是非戏剧性的，有十五种之多，又可分为六大类。其中，最古老的形式是女性仪式专家用于治疗的宗教仪式活动，当地称为 Mawlum pee fah，其他均具有娱乐的作用。① 作为一种娱乐活动，Mawlum 最传统的表演形式是以 kaen 伴奏而进行的个体演唱，主要内容是讲述民间故事，表现爱情不可得的痛苦忧伤和农村生活的艰辛劳累。Kaen 即老挝笙，是一种簧片类的气鸣乐器，与中国的芦笙非常相似，是传统 Mawlum 的主要伴奏乐器。因此，Mawlum 又有 Maw kaen 之称。

戏剧性的 Mawlum 主要有两种，分别是 Mawlum moo 和 Mawlum plun。它们其实就是音乐剧形态的 Mawlum 演出，是 Mawlum 艺术的新发展。其中，Mawlum moo 是团体的演出，Mawlum plun 则是自发、任意的表演。② 在演出中，其伴奏乐器除了 Kaen 以外，还包括其他传统乐器伴奏，如蓬朗（Pong Lang）、聘（Pin）、秦（Chin）与瓦特（Wot/Vot）等。

笔者在 2010 年了解到，在当代泰国东北部社会，Mawlum 又发展出了新的形式，即 Mawlum Sing。它是融合了传统 Mawlum、泰国中部民间歌谣 Luk thung 和现代流行歌曲、现代舞蹈、滑稽戏等多种艺术形式的大型舞台表演。这种表演形式充满现代商业气息，表演者衣着性感、华丽，音乐伴奏则加入了手风琴、电吉他、键盘、萨克斯、架子鼓等西方现代乐器。

在老挝中部的佬族社会的 Mawlum 还保持着传统的形式。除了宗教性的 Mawlum pee fah 以外，其娱乐性的 Mawlum 主要是以 Kaen 伴奏的个体演唱。

早期的 Mawlum，主要通过家族传承和民间师承。如今，其专业化越来越明显。一方面，民间有专门的培养机构和演出团体，还有由著名艺人、研究机构、爱好人士等组成的 Mawlum 发展委员会，经常组织活动，探讨并推动 Mawlum 的创新与发展；另一方面，泰国东北多所院校也将其纳入现代教育体系，有专门的 Mawlum 培训专业、研究部门和人员。

---

① Terry E. Miller/ Traditional music of th Lao：Kaen playing and Mawlum singing in Northeast Thailand/ 1985, pp. 35 – 36.

② Ibid. , pp. 73 – 74.

　　国家对于这一艺术形式也非常重视，国王亲自为一些优秀的艺人颁授"国家艺术家"称号。因此，著名 Mawlum 艺人在社会上享有崇高威望，在推动 Mawlum 艺术的发展中也起到重要作用。以国家级艺术家 Chawiwan Damneon 为例：65 岁的她出生于泰国东北部一个佬族家庭，祖先从老挝的琅勃拉邦迁来，祖上都是 Mawlum 艺人，她是第七代传人。但除了她以外，其他人基本上是 Mawlum pee fah（具有治疗功效的仪式性歌唱）的演唱者。她自幼跟随父亲与姐姐学习佬族民歌，12 岁开始登台演出，后来又随姐姐去老挝两年，在国家电台用 Mawlum 播报新闻。14 岁时，因老挝政局动荡，她回到泰国。父亲见她资质出众，有心培养，安排她师从多位著名 Mawlum 艺人。后来，她与一位男艺人合作，用 Mawlum 唱叙泰国民间文学，从两个角色发展出多个角色的戏剧化的 Mawlum moo。她成名后，转入艺术院校从事相关教学。在教学之余，她积极参加官方和民间组织的各种活动，为 Mawlum 的发展不遗余力。2010 年 4 月 18—19 日，以她为首的 200 多位 Mawlum 艺人在黎逸府举行集会，整个活动内容包括花车游行、专场演出和拜师仪式。

　　Mawlum 表演在泰国东北部社会广受欢迎，其受众涵盖各个年龄层次，但多数为"草根"阶层。其中，中老年观众倾向于相对比较传统的表演形式，年轻人则更喜欢看在大型舞台上以电声乐队伴奏的 Mawlum Sing 表演。在 2010 年 4 月 28 日乌隆府某县火箭节的一次大型演出中，表演从晚上十一点开始，直到次日凌晨五点半才结束，观众不下三千人，大多数在开演前两三个小时就在台下席地而坐。但也有人士表示，一场 Mawlum 演出的成本比较高，在现代娱乐方式的冲击下，其演出市场已有所萎缩。因为演出机会不太多，年轻人学习 Mawlum 的积极性也不比以前了，将来有可能渐趋式微。

　　20 世纪 70 年代，Mawlum 开始受到来自美国、日本等外国学者的关注。泰国本土的研究也相当深入。笔者于 2010 年 4 月通过玛大图书馆的电子资源获得了 49 项关于 Mawlum 的研究，绝大多数为硕、博论文，其中以玛哈沙拉坎大学的研究成果最为突出。从题目和摘要来看，大多是基于田野调查和文献资料的关于 Mawlum 文类、传承人、组织、治疗功能等的研究。一些个案相当深入，但似乎较局限于某一地域和当下性，较少"史"的维度，与壮族群相关的讨论则还未见到。

三、"末伦"和 Mawlum 的比较

比较就是要辨别两种或两种以上同类事物的异同或高下，从而帮助人们更好地认识事物。但要在两种事物之间建立比较关系，需要找到其可比性。"末伦"和 Mawlum 作为壮泰族群的民间歌唱传统，无论是否直接相关，其可比性是显在的。但将二者放在一起思考，还与笔者个人经历有关。笔者自幼生活于"末伦"流行区域的靖西县，十年来主要在德靖一带从事壮族民间歌唱传统的调查研究，对于"末伦"有着天然的亲切感，对于民间歌唱传统保持着学术上的兴趣。因此，第一次在泰国东北部听说 Mawlum 时，就很自然地想到了"末伦"。对于二者的比较，是从读音与意义开始的。

（一）"末伦"与 Mawlum 之同

从大的方面来看，"末伦"与 Mawlum 具有同源民族文化的一些共性。在这方面，已有学者作过初步研究。例如：民族音乐学家范西姆就注意到，壮泰族群的音乐旋律具有相似性。[①] 以覃圣敏为首的中泰学者对壮、泰两族传统文化进行比较时，强调了音乐文化与宗教信仰、民俗生活、外来文化等的关系，并对音乐形态和器乐类型进行了初步比较。在这个过程中，"末伦"和 Mawlum 作为两族音乐文化的组成部分被分别提出来，Mawlum 在书中被写作"毛朗"。[②]

在具体考察"末伦"与 Mawlum 的关系时，笔者注意到，它们在名称的读音、意义颇为相似，且均与民间宗教有密切关系。其中，"末伦"和 Mawlum 在读音上的相似性，可以通过认读直接感受到。至于词组的结构，二者均为名词加动词："末"和"Maw"是名词，"伦"和"Lum"是动词。其词语内涵也有共性："末"和"Maw"与民间宗教相关；"伦"和"Lum"均是口头演述活动。在考察"末伦"和 Mawlum 的源流时，二者与民间宗教的关系更为具体："末伦"源于民间宗教"末"，一种用于祈福消灾、驱邪除恶、带有巫术性质的宗教仪式；在 Mawlum 中，宗教仪式性的 Mawlum pee fah 是最古老的一种形式，它也具有治疗作用。

---

① 范西姆：《壮、泰传统音乐文化之比较研究》，《中国音乐》1998 年第 1 期。

② 覃圣敏：《壮泰民族传统文化比较研究》（第五卷），广西人民出版社 2003 年版。

（二）"末伦"与 Mawlum 之异

在看到"末伦"与 Mawlum 共性的同时，笔者也发现了它们之间的不同。这种不同，首先也表现在名称上。二者的读音不尽相同自不待言，其内涵也是有区别的。先看名词性的"末"和 Maw："末"在当地壮语中有两重含义，一是指蚂蚁，二是特定的宗教信仰与仪式；Maw 有三个含义，分别是特定的宗教信仰及仪式、拥有某种特别技能的人（即专家或师傅）、医生。再看动词性的"伦"和 Lum："伦"一说包含有"叙说"（讲述故事）或"轮番吟唱"之意；Lum 则是"唱歌"的意思。从两个词的意义来看，"末伦"可解释为"叙说故事的巫调"或"用巫调弹唱故事"；Mawlum 的本义是唱歌的师傅或歌唱技术纯熟的人，也用于指称这一歌唱传统本身。

就其宗教内涵而言，"末"和 Maw 所指向的宗教传统也是不同的。"末"的信仰与仪式仍盛行于当下德靖壮族民间，由女性或扮身为女性的男性来主持。在其仪式过程中，她们不依靠任何文本，完全凭记忆进行唱诵。在佬族社会，主持宗教性 Mawlum pee fah 仪式的也主要是女性。例如：2010 年，在沙功那空府某县举行的传统文化节庆中，四位女性仪式专家和一位男性歌者在开幕式上表演了 Mawlum pee fah 仪式，但那个男性艺人在其中只起到辅助作用。除此之外，佬族社会也有被称为 Maw 的男性主持的仪式，如：2008 年 7 月，玛哈沙拉坎大学为新来的中国留学生举行安魂仪式，主持仪式的就是一名 60 岁左右的男性。

四、"末伦"与 Mawlum 的相关性

在壮泰同源的语境下，壮族与佬族的任何异同似乎都是可以理解的。目前，已有学者对其文化渊源、语言、民间故事、丧葬仪式、宗教信仰、亲属关系、社会结构等进行了比较研究。[①] 但壮族内部的语言文化历来就不是均质的，在将两族语言、文化并举的同时，笔者还希望能抓住其中一点，探究其具体的关系。因此，在对"末伦"与 Mawlum 进行比较时，笔

---

① 相关著作主要有：覃国生、谢英《老挝语—壮语共时比较研究》，民族出版社 2009 年版；黄兴球、范宏贵等《老挝佬族与中国壮族文化比较研究》，民族出版社 2010 年版。

者并不满足于对二者异同的简单罗列，而欲在它们之间建立具体的关联。

在一些泰国和西方学者看来，Mawlum 和泰族一样古老，其源头可以追溯到从中国和越南北部迁来的泰人（Tai）部落的音乐传统。僧人 Moonee 更指出了其证据，即 Mawlum 的主要伴奏乐器 Kean 就是今天在中国南部广西、云南、贵州等省区仍被广泛使用的笙。① 我们甚至还可以在铜鼓的羽人吹笙纹饰中，想象这一歌唱文化的深远历史。但如果没有进一步的证据，Mawlum 与壮泰族群原生文化的关联性仍然无法建立，更不用说其与"末伦"的关系脉络了。

在没有文献记载而"末伦"与 Mawlum 的关系也无法不证自明的情况下，我们需要寻找二者背后的关联。在这方面，"末伦"与 Mawlum 及民间宗教"末"、Maw 密切关系无疑为拓展思路提供了更大的空间。

在当下的广西德靖壮族社会，"末伦"赖以产生的"末"信仰与仪式还相当盛行。当地人认为，每个生命都是花婆管理下的三十六花园里的一朵花，男的是白花，女的是红花。男女婚后，婆家往往会同娘家，为其举行求花仪式，祈求花婆赐予孩子。怀孕五至七个月时，则要举行架桥仪式，为孩子的顺利降生搭架桥梁，避免难产。为了保证个体生命健康成长、诸事顺利，人的一生还要举行还花、培花、开花、抬星、添寿粮等仪式。

从历代文献来看，这种信仰具有悠久的历史。据《汉书·效祀志》记载："粤人俗鬼，而其祠皆见鬼，数有效。粤巫立祠，祠天神帝百鬼，而以鸡卜。"清代，这种信仰与仪式广泛流传于今德保、靖西、那坡等地。《镇安府志》云："镇俗，凡百疾病，不事医药，专请鬼婆祈禳，谓之跳鬼。鬼婆皆年轻妇女，彻夜吁呕，妖冶淫荡，年少子弟，群相环睹，藉作勾引。"《归顺直隶州志》也说："然多信巫婆，遇有疾病，辄令祈禳，酣歌于室，此风牢不可破。"

需要特别指出的是，德靖壮族的民间宗教，除了"末"以外，还有"麽"和"道"，其仪式专家均为男性。其中，"麽"的科仪文本用土俗字写成，用壮话唱诵；"道"的科仪文本则是用汉字写成，用汉语西南官话唱诵。有学者认为，"麽"由氏族社会的巫脱胎而来，尽管在发展过程

---

① Terry E. Miller/ Traditional music of th Lao: Kaen playing and Mawlum singing in Northeast Thailand/ 1985, p. 37.

中融合了道、儒、佛等观念，仍代表了壮族民间宗教的最高形式。①

与"麽"读音相同的 Maw 信仰与仪式，不仅广泛流行于佬族社会，在黑泰、普泰等壮泰族群的民族中也存在。相比之下，壮族的"末"似乎无法在壮泰族群其他民族中找到对应的现象。但颇具意味的是，与"末"仪式的主持者"末婆"壮语读音相同的称谓在佬语和泰语中也存在，英文注音为 Me Mot，它不是指向宗教仪式专家，而是用于指称传说中一个邪恶的女性形象。

由此，我们似乎可以说："末"、Me Mot、Maw 等词语所代表的宗教传统很可能在壮族和佬族分开之前就存在了，只是在各自的历史进程中，受不同社会环境、文化传统的影响而呈现不同的走向。受这些宗教传统影响而产生的"末伦"和 Mawlum，其今天的具体形态或许是历史发展的不同结果，但其称谓可能比想象的要更深远，是用以指谓壮佬民族原生歌唱传统的，在壮佬民族分化之前就已存在。

五、余论

在壮泰族群关系研究中，由于历史年代久远、对象范围广大而相关资料缺乏，基于语言、文化现象的比较显得尤为重要。在以往的研究中，学者们正是通过比较，获得对壮泰族群历史文化同源、起源地、迁徙时间、迁徙路线等的认识。但要将壮泰族群关系研究引向深入，就不能只满足于个别证据的列举，而要在比较的对象之间建立具体的关联。"末伦"和 Mawlum 在读音上明显的相似性，引发了笔者进一步探究的愿望，并由此切入作了初步的比较。

在证据不充分、词义考证又可能导向错误结论的情况下，本文也无法在"末伦"和 Mawlum 之间建立直接关联，更无法给出一个明确的说法。但借着民间宗教这一中介，笔者看到了二者之间可能存在的关联。这种关联，可能仍不足以说明"末伦"和 Mawlum 的历史渊源，却让笔者更加深信：南部壮族与佬族语言文化的深度相似绝不是偶然的。与此同时，它启示笔者：对"末伦"和 Mawlum 的探讨，应与壮泰族群，尤其是南部壮族

---

① 黄桂秋：《壮族麽教文化研究》，民族出版社 2006 年版，第 21—22 页。

和佬族的关系研究结合起来。

在未来的研究中，我们或许应该搁置假设，限定边界，进入特定研究对象的生活世界，力求脉络化把握，在实现对具体历史再认识基础上，获得跨文化和整体比较的视野。

参考文献

1. 范宏贵：《同根生的民族——壮泰各族渊源与文化》，光明日报出版社 2000 年版。

2. 范宏贵、黄兴球、卢建家：《老挝佬族起源研究文集》，世界图书出版有限公司 2011 年版。

3. 方士杰：《桂西民是文艺论集》，广西民族出版社 1993 年版。

4. 何平：《从云南到阿萨姆——傣—泰民族历史再考与重构》，云南大学出版社 2001 年版。

5. 李锦芳：《侗台语言与文化》，民族出版社 2002 年版。

6. 黄兴球：《老挝族群论》，民族出版社 2006 年版。

7. 黄兴球：《壮泰族群分化时间考》，民族出版社 2008 年版。

8. 黄兴球、范宏贵：《老挝佬族与中国壮族文化比较研究》，民族出版社 2010 年版。

9. 黄桂秋：《壮族麽文化研究》，民族出版社 2006 年版。

10. 覃国生、谢英：《老挝语—壮语共时比较研究》，民族出版社 2009 年版。

11. 覃圣敏：《壮泰民族传统文化比较研究》，广西人民出版社 2003 年版。

12. 谢英、卫彦雄、卢建家：《老挝佬族起源学术研讨会论文集》，广西民族大学，2011 年。

13. Terry E. Miller/ Traditional music of th Lao：Kaen playing and Mawlum singing in Northeast Thailand/ 1985.

本文原载于《东南亚纵横》2012 年第 9 期

中越壮岱族群歌圩民俗文化
及其保护与开发

赵明龙[*]

【摘　要】壮岱族群是中越跨境民族，有亲缘关系，有共同的歌圩民俗。通过历史考察，发现壮岱族群歌圩民俗名称的表述、形式、种类、内容等同中有异，大同小异，并都有逐渐消失之势。中越两国应共同加强保护与传承。

【关键词】中越；壮岱族群；歌圩民俗；保护与传承

中国壮族与越南、老挝、泰国、缅甸、印度 5 国约 30 多个民族有亲缘关系，其中越南的岱、侬、拉基、布标、山斋 5 个民族与壮族是最亲密的兄弟民族（以下简称"壮岱族群"）。他们的亲缘关系，范宏贵先生在其《同根生的民族》① 中已有论述。范宏贵先生根据越南人口普查资料分析认为，到 1989 年，越南总人口为 6441 万人，其中少数民族人口为 845.7 万人，占总人口的 13.13%。而从中国迁入越南的少数民族共 9 个，计 4262333 人（1989 年越南普查人口数），占越南全国总人口的 6.61%；其中，属于壮岱族群 5 个少数民族人口有 2018308 人，占越南总人口的 3.13%。② 笔者以 2009 年越南总人口 8700 多万人为依据，按原有人口比例测算，目前越南的壮岱族群总人口约 272 万人。中越边境壮岱族群由于同源异流，跨国而居，在经济文化方面都有特别亲密的关系，而歌圩民俗文化则是壮岱族群源远流长、闻名于世的传统民间文化品牌。

---

* 作者简介：赵明龙，广西社会科学院壮学研究中心研究员。

① 范宏贵：《同根生的民族》，光明日报出版社 2000 年版。

② 范宏贵：《越南民族与民族问题》，广西民族出版社 1999 年版。

一、壮岱族群歌圩民俗的特征

（一）壮岱族群民间对歌圩的表述

中国壮族的歌圩民俗早在唐代开始兴起，作为同根生的民族，中越壮岱族群在歌圩文化的传承与交流中留下历史的印记。

1. 中国壮族民间对歌圩的表述

对于壮族歌圩，中国在民间的口头表述很多。笔者在中越边境收集到一些有代表性的表述，主要有：龙州县金龙壮族布泰支系称歌圩为"弗西"（壮语）；左江流域的崇左、龙州、宁明等一带壮族称歌圩为"歌坡"；大新、龙州金龙一带的壮族侬支系、岱支系等称歌圩为"侬峒"；右江流域称"和峒""和篷""窝峒""窝敢"等①；田阳县敢壮山一带壮族称歌圩为"很敢"或"欢敢"；德保县称歌圩为"航端"，靖西县则称为"航单"，平果、田东一带称歌圩为"欢嘹"，也称"嘹歌"。凡此种种，虽然各地民间对歌圩的表述不一，但均有"山歌圩市""坡地上的歌会""坡场上会歌"或"欢乐的节日"的意思。

2. 越南岱侬族民间对歌圩的表述

（1）岱族的表述。田野调查表明，岱族对歌圩称呼与中国壮族相同。如中国龙州金龙壮族泰支系称歌圩为"侬峒"，而与金龙隔山相望、山水相连的越南高平省下琅县一带对歌圩也称"侬峒"，音义一样，均表示青年男女聚会圩市唱山歌之意。而龙州县水口对面的越南高平省下琅县岱族边民也称歌圩为"龙通"。据报道人越南岱族边民李文公（Ly van eong）介绍，龙州水口对面的越南村落多为"布岱"，每年都举行一次歌圩，当地岱话称"龙通"。歌圩日为每年农历三月十五、三月二十七、三月二十八，地点多在高堂（剥）举行。农历三月十八是越南高平省复合歌圩节，参加人数一般在数千人。农历二月十五日为越南下琅县歌圩节，称歌圩唱山歌为"话伦"。

（2）侬族的表述。据笔者调查，越南高平省侬族、河江省侬族对歌

---

① 周作秋等：《壮族文学发展史》，广西人民出版社 2007 年版。

圩也称"龙洞",歌节一般在正月、二月举行较多,一般是一个村或邻近几个村同做一个歌圩,轮流错开举行。

(二) 历代文献对歌圩的描述

1. 中国历代文献对壮族歌圩的描述

综合中国壮族历代文人笔记、方志和诗作,对壮族"歌圩"表述大致有"集会"①"唱和""歌和"②"浪花歌"③"男女歌答"④"跳月圩"⑤"赶季"⑥"唱欢"⑦"歌坡"⑧"墟会"⑨等。对于壮族"歌圩"的命名,就目前所见,历代文人笔记、诗歌、方志中有不少。一般认为,较早的可上溯到清代道光年间,壮族诗人黎申产在《丽江竹枝词》中对广西左江流域的崇左一带歌圩作了生动描述⑩:

(一)

丽江江水碧如油,来往人乘一叶舟;

登岸问郎何处去,郎言侬要过江州。

(二)

岁岁歌圩四月中,聚观白叟与黄童;

陇娘衣服平脐短,唱彻壶关酒面红。

这是目前能见到的较早的"歌圩"二字的表述。"丽江"就是左江流经崇左段的称呼,"壶关"则是崇左市江州区崇左糖厂附近的交汇处,三

①　陈寿:《三国志·卷五十三》,中华书局1959年版,第1252—1253页。

②　转引自明万历十三年郭篆修的《宾州志》卷二,吴运编的《安城志》已佚。

③　邝露:《赤雅》,广西民族出版社1995年版,第25页。

④　明嘉靖十七年编的《南宁府志》。

⑤　潘其旭:《赵翼镇安诗钞·镇安风土》,广西社会科学院广西壮学研究中心编印,1992年8月,第3页。

⑥　民国八年《河池县志》。

⑦　何其英等修:《柳城县志》,谢嗣农,篆,民国二十九年(1940)铅印本影印,成文出版社1967年版。

⑧　欧阳若修等:《壮族文学史》,广西人民出版社1986年版,第236、241、242页。

⑨　刘锡蕃:《岭表纪蛮》,商务印书馆,民国二十三年,第176页。

⑩　周作秋等:《壮族文学发展史》,广西人民出版社2007年版。

面环水。

《龙州县志》对"歌圩"的定义比较客观:"四月间,乡村男女指地为场,赛歌为戏,名曰'歌圩'"。① 这里的"指地为场"是沿袭约定俗成的场地,而不是任指随定。

民国《上思县志》也载:"每年春间,值各乡村歌圩期,青年男女,结队联群,趋之若鹜,或聚合于山岗旷野,或集于村边,彼此唱山歌为乐,其歌类多男女相谑之词。"② 民国时期的《广西边防纪要》也记述了这一习俗:"沿边一带风俗,最含有人生意义的,则为歌圩。歌圩在春忙前的农暇时候举行,其日子各地各不相同,今日为甲地歌圩,明日为乙地歌圩,以轮尽各村为止。歌圩日,附近各村青年男女,各着新衣服到达集圩地点,彼此午宴,尽情畅饮,互赠糕饼,迨至夕阳将下,则三五成群,并肩同到野外路旁,或村头树下,引吭高歌,彼唱此和,其乐融融,待天黑后,始各尽兴返家。"③ 这是一幅多么优美生动的歌圩情景啊!而这个沿边,则包括越南壮岱族群在内共同参与的歌圩。

从这些资料可以看出,"歌圩"是众多称谓中较具有代表性的一种。"它虽然是一个外来的汉语词汇,却相当准确、形象地概括了以壮族为代表的广西民间社会聚众对歌的习俗。因此,其在清代中后期逐渐成为一种表述权威。"④ 而梁昭则认为,"'歌圩'的形式为汉字'歌'与古越语的借音汉字'圩'的组合。因此这个称谓并非单纯的'外来语汇',而是在悠久的历史中古越语、壮侗语和南方汉语方言相互接触、最后借助汉字形式表现出来的一个语汇。"⑤ 笔者认为,歌圩是借用汉字准确地表述了壮族民间聚会对歌的传统风俗。"歌"在桂西壮族方言中称"西"或"诗"或"伦",均表述"诗歌""唱歌"之意;而"圩",桂西壮语称为"弗"或"航"等,组合起来就是"唱歌的圩市"。如龙州金龙称之为"弗西"。桂西壮族有些歌圩场所就在路边或圩镇附近,因而有的歌圩会与农

① 潘其旭:《壮族歌圩研究》,广西人民出版社 1991 年版,第 46—47 页。

② 同上书,第 42 页。

③ 周作秋等:《壮族文学发展史》,广西人民出版社 2007 年版。

④ 陆晓芹:《歌圩是什么——文人学者视野中的"歌圩"概念与民间表述》,《广西民族研究》2005 年第 4 期。

⑤ 梁昭:《汉壮文化的交融与疏离——"歌圩"命名再思考》,《民族文学研究》2007 年第 1 期。

贸圩市相吻合。如龙州县农历四月十三日歌圩节，地点就在龙州县城附近，歌圩与农贸圩市重合。

那么，歌圩是什么？新近出版的《壮族文学发展史》，对歌圩定义作了进一步的表述："歌圩是壮族人民定期的'聚合而歌'，并以男女对唱情歌，倚歌择配为基本内容的传统风习。"①

2. 中越历代文献对越南壮岱族群歌圩的描述

目前，在中国文献上看到有关越南壮岱族群的歌圩文化习俗记载不多，翻遍《古代中越关系史资料选编》才发现有两处记载，其中前面已提到一处，但还不确定，而后面这一处是比较清楚的。《大南一统志》载"岁省三月至七月兢为歌唱，酬酢往来"②，这里至少说明四层意思：一是歌圩的时间为每年三月至七月举行，与广西大新、龙州一带壮族传统歌圩期相同；二是"兢"，就是"竞"，即竞赛之意，歌圩本身就是一种竞赛对歌的活动，与广西壮族歌圩文化内涵完全相同；三是"歌唱"，这个词虽为汉语，但意思很明白，它是用中文来记载的，因而借用汉字，意思还是歌圩中的"对歌"；四是此俗虽在越南平定省，但与越北其他省也相同。笔者查阅1978年由越南河内社会科学出版社出版的《越南北方少数民族》一书中文版，书中对歌圩民俗也有一些记载。

（1）岱族

"每逢庙会、赶集、节日，男女青年聚集一起，组织对歌，互表爱慕之情，许多夫妇就是在这种场合中结识的。"③ 这一描述，虽没有"歌圩"二字表述，但实际上是歌圩场面的真实描述，与中国壮族歌圩内容相似，尤其是具有与中国壮族相同的"倚歌择配"功能。我们还可从岱族婚姻来看这一文化的相似性。"以前，当孩子十四五岁时，或再早些，婚姻问题就提到日程上来。到十七八岁就成亲。但婚后，新媳妇不完全住在婆家，直到两三年后第一个孩子将要临产前，才完全住婆家。"④ 这一描述，与中国壮族的"不落夫家"完全一模一样。可想而知，岱族既然能将这

① 周作秋等：《壮族文学发展史》，广西人民出版社2007年版。

② 松本信广：《大南一统志：卷九》，古代中越关系史资料选编，中国社会科学出版社1982年版，第627—628页。

③ 越南社会科学委员会民族学研究所编：《越南北方少数民族》，范宏贵等译，1986年4月内部铅印版，第151页。

④ 同上。

一"不落夫家"习俗如此完整地克隆下来，那么其对壮族歌圩文化的传承也基本相似。

（2）侬族

"侬族男女相遇时，不受环境、时间的约束，总是以纯朴、愉快的歌声相互问候致意。"① 这一描述就是歌圩的真情实感，与中国广西壮族的歌圩场面没有什么两样，壮族人不管在田峒或是山坡，或是赶集路上，只要相遇就随时随地对歌。而侬族对唱的歌是什么呢？那就是"诗"。据文献资料记载：侬族"丰富的民间文学艺术是一颗明珠。最为突出的是男女青年用来对歌的'诗'调"。② 有关侬族的诗调，后面还要展开分析。这个"诗"就是类似中国壮族歌圩所唱的"诗"，壮语叫"西"，即壮族山歌。

（3）高兰—山子族

"在该族的民间艺术文化宝库中，'生歌'是一种最有吸引力，能丰富生活的形式。它的内容不仅有男女间挑逗的对歌，还表现了劳动人民的思想、感情、愿望、憧憬，所以它不仅能使青年男女，而且也能使老人和儿童陶醉。"这种"'生歌'有两类，一类是在夜间唱的，一类是在路上、集市上相遇时对唱的"。③ 从字里行间看出，这也是类似壮族歌圩的场面，有夜间对唱，也有路上、集市上相遇对唱，对唱的内容有青年男女情歌，也有对劳动人民思想感情及美好生活对唱。

（4）布标族

一般在婚礼时，"男女两家选出最善唱的歌手进行对歌……连续唱上三四个小时，最后女家才开门把男家请进屋……当晚人们唱歌、玩耍通宵达旦"。④ 说明歌圩从村头路边进入家庭，进入婚礼，这与中国广西壮族的歌圩文化相似。壮族不少地方也是在婚礼上举行对歌，此起彼伏，通宵达旦。

（5）拉基族

"节日期间，青年男女唱山歌"⑤。这一记载说明，拉基族也是一个喜

---

① 越南社会科学委员会民族学研究所编：《越南北方少数民族》，范宏贵等译，1986 年内部铅印版，第 173 页。

② 同上。

③ 同上书，第 198 页。

④ 同上书，第 224 页。

⑤ 同上书，第 446 页。

爱歌圩的民族，节日期间青年男女对唱山歌。

二、中越壮岱族群歌圩的形式、种类和内容

中越歌圩形式，按时间分有白天和夜间两种，按空间分有野外和庭院两种，按固定和非固定的场所和时间可分为节日性和临时性两种。而这些形式和种类往往是融为一体的，下面就其形式种类进行分析。

（一）壮岱族群歌圩的形式

1. 固定的节日性歌圩

（1）中国

中国壮族歌圩举行时间，大多是固定的节日，其特点有：一是歌圩日一般一年一次，有个别地方是一年两次或三次，日期也固定，但分布在不同的季节。广西崇左一带，"歌圩第一次叫'头坡'，隔若干天再重来一次集会叫'复坡'"。二是各村歌圩日一般不重复。三是歌期一般为天一天至三天。四是歌圩时间多在春季。据历史考察，壮族歌圩在农历二、三、四月份举行较多。五是歌圩白天在外，夜间在村落庭院。

（2）越南

越南固定歌圩举行时间在文献记载较少。笔者从田野调查得知，越南北方与中越边境交界的岱族、侬族的歌圩时间，也多在农历二、三、四月间，歌期与中国壮族相同。据调查，越南高平省下琅县有一个地方叫"垌朱"（岱族语），歌圩就在县城所在地的学校与医院附近一片空旷地里，每年举行一次，时间是每年农历正月十五日，白天在野外对歌，晚上在庭院对唱。歌节与中国广西龙州金龙歌圩时间相衔接。越南高平省下琅县那巴通花，每年都举行一次歌圩，时间是农历三月十五、二十七、二十八3天，地点在一个叫"高堂"的地方，白天在村外的旷野上对歌，晚上进村落唱山歌。

中越壮岱族群歌圩为什么多选择在春秋两季？笔者调查认为，主要原因有三：一是避开农忙。二是源于祈年。三是源于纪念。如桂北、桂南的壮族地区，传说农历三月三是刘三姐被害的日子，人们为了纪念这位壮族歌仙，选择这一天为歌圩日。又如，越南高平省一带，为了纪念民族英雄侬智高，每年农历正月初十举行盛大庙会，融祭祀、歌圩、商贸为一体。

最有代表性的是高平省和安县光荣乡板银村的奇庙会。[①]

2. 非固定歌圩

（1）中国

中国壮族有非固定的歌圩，这种歌圩形式一般可分为劳动歌会、婚礼歌会、圩市歌会等。一是劳动歌会。最典型的就是春插秋收歌会、上山坡采集柴草歌会。中越边境的靖西一带，每年到插秧季节，田多的家有的请六七十名女青年来帮插秧，男青年便慕名而来对歌。收工后，一直对歌到天亮。这种情形在壮区各地均普遍存在。二是婚礼歌会。壮族有"答歌为婚"习俗，也有唱歌贺婚。明代王济《君子堂日询手镜》载："土俗婚嫁有期，女家于附近村请能歌男妇一二十人或三四十者，至期同男舁轿至，众集女门，女登轿，夹而歌之，互相应答，欢笑而行，声闻数里……若僻远村落，则新妇徒行，歌者如附郭，其俗尤不可观。"[②] 三是圩市歌会。壮族早在汉代就有圩市进行商品交换，圩市便成为歌圩依托发展的载体，每逢圩市，青年男女便趁着赶集相传对歌。"粤西土民……每春月趁圩唱歌，男女各坐一边，其歌皆男女相悦之词……若两相悦，则歌毕携手就酒棚，并坐而饮，彼此各赠物以定情，订期相会。"[③] 这种"圩市会唱"目前在平果、田东、百色、龙州、金城江等地还存在，但多为老年人。四是城镇早夕歌会。现代歌圩的一种，在桂西一带县城，每天早晚都有一些六七十岁的老人在公园、陵园或广场聚会对唱山歌，抒发人们对美好生活的向往。此外，在赶路相遇时，男女青年也随时随地对唱。

（2）越南

越南侬族歌圩，唱的地点一般不固定，只是在春天的夜晚、庙会或在外留宿时才唱。而侬族则是相遇时不受环境、时间的约束，可随时随地对唱。在"春季集市、赶路途中，甚至平常的庙会、集市，他们也可以大大方方地组织演唱，夜晚也同样如此"[④]。20 世纪 70 年代，"在去谅山地区的铁路沿线一带还可见到，侬族青年男女在站台上、车厢里对唱，而毫

---

①　范宏贵主编：《侬智高研究资料集》，广西民族出版社 2005 年版，第 261 页。

②　覃兆福、陈慕贞：《壮族历代史料荟萃》，广西民族出版社 1986 年版，第 83 页。

③　《赵翼檐曝杂记·卷三》，http:// wenku. baidu. com/view/753b43ef5ef7ba0d4a733bad. html。

④　越南社会科学委员会民族学研究所编：《越南北方少数民族》，范宏贵等译，1986 年内部铅印版，第 180 页。

无羞涩之意"①。这说明越南岱侬族群无地不歌，无时不歌，其歌圩临时性风俗与中国壮族相同。

（二）壮岱族群山歌种类及内容

1. 中国

中国壮族歌圩对唱的山歌种类有多种，仅就中越边境的靖西、大新、龙州、凭祥、宁明、崇左一带而言，大致可分两大类：一类为"诗"。壮语叫"西"，即诗歌，一般为三句七言为一组，是壮族山歌中的一种曲调，开头第一句为"嗯呢牙阿拉"。这种曲调多为壮族"壤"（壮语，壮族侬支系的一支）支系歌唱。如广西大新县雷平、宝圩、恩城三个乡镇的壮族人属于这个支系。

一类为"伦"。它是壮族山歌的另一种曲调，开头一句为"嘎勒噶啦"，它一般由壮族"雷"支系的壮族人歌唱。如广西大新县，恩城乡维新、护国村及桃城、全茗、龙门等乡镇。山歌内容，可分为初交、赞美、深交、离别等山歌，也可分为情歌、叙述歌等。如，中越边境广西凭祥壮族"本市所唱山歌，内容广泛，有盘歌、猜谜歌、故事歌等。但一般以情歌（壮语称'诗交'）为主，曲调也有多种，近中越边境的卡凤、英阳、油隘、板旺、浦东等村，主要唱'勒歌'（壮语叫'诗勒'），其曲调悠长而断断续续，声音细微"②。歌的内容有想见歌、查问歌、赞美歌、初交歌、深交歌、离别歌等。广西大新歌圩的山歌，一般从催情歌唱起，再唱盘问歌、赞美歌、初交歌、深交歌、分别歌。许多歌手，虽没多少文化，却知识丰富，才思敏捷，出口成歌。广西宁明县壮族，对歌有一定程序，通常先唱见面歌，后唱催情歌、查问歌、赞美歌、深交歌，最后唱分别歌。其内容，广及天文地理，细诉绵绵情意，且多是歌手们随编随唱。

歌圩内容，除了对唱山歌外，还有舞狮（"话狮"）、抛绣球、抢花炮、商贸活动等。新中国成立初期，广西大新下雷、太平、宝圩、全茗、恩城、那岭和桃城一带，每逢歌圩节还有"抛绣球"活动，到了20世纪60年代后就逐步消失了，仅剩下舞狮等。宁明一带每逢壮族歌圩，青年

①　越南社会科学委员会民族学研究所编：《越南北方少数民族》，范宏贵等译，1986年内部铅印版，第173页。

②　凭祥市志编纂委员会：《凭祥市志》，中山大学出版社1993年版，第560页。

男女盛装艳服，从四面八方趋集圩场。商贾、屠贩、沽酒、熟食列肆以待。有的歌圩尚有唱彩调、斗鸡、斗画眉、放花炮等活动。龙州县歌圩兼有唱彩调、赛龙舟、抢花炮活动，各地歌圩日，所在地居民都备有丰盛的酒菜、米粉，以东道主的身份热情接待歌客……当晚摆开歌台，对唱通宵，热闹非凡。靖西在歌圩期间，人们还制成五色糯米饭食用，以添节日气氛。有的还举行演戏、抛绣球、抢花炮等活动。

2. 越南

越南岱侬族歌圩形式和内容大体与中国壮族相似。据调查，越南边境的岱族歌圩内容有"话伦"（即山歌的一种曲调，如同前述）、购物、舞狮（岱侬语也称"话狮"）。据越南社会科学委员会民族研究所著的《越南北方少数民族》一书介绍，越南岱族山歌种类主要是"伦"，"在各类民歌中，最丰富、最普遍、最有吸引力的要数'伦'。可以说它类似越族的对歌、调情曲，是青年男女间互相吐露爱情的歌唱形式。它的歌词表达了劳动人民的思想、感情、憧憬和愿望，其内容涉及生活的各个方面，赞美大自然和家乡的富饶美丽，通过这些歌曲，青年男女开始结识，并借故事、景物、日常生活来表达自己的心愿，希望得到对方的爱情。以前，对岱族人来讲，到一个地方后，不被人请去唱'伦'，那是很不光彩的。"与岱族不同的是，侬族"青年男女用来对歌的'诗'调，各支系、各地方的'诗'调不同，但其特点都集体演唱，常常每边选派二人以上进行二重唱，歌词的结构是七言四绝或七言八句，长诗的七言诗不多见"。"与岱族的'伦'一样，侬族的'诗'调也有一定的格式和程式，所不同的是，它可以在任何时间、任何场合下演唱，如春季集市、赶路途中，甚至平常的庙会、集市，他们也可以大大方方地组织演唱，夜晚同样如此。"如今，越南高平省一带还十分盛行歌圩，歌圩地点多选择在田间、路边、村边等开阔地，除了对歌之外，还伴有各种传统和现代结合的文艺演出、商贸、体育活动，丰富了歌圩的内容。

三、当代壮岱族群歌圩的变迁趋势及规律

昔日辉煌的壮族歌圩，历经多年的变迁，如今歌圩在新时期出现了新的发展趋势，从古朴、传统向多元化、趋同化演变，产生了四种新的替代活动形式。

（一）歌圩变成了社交聚会的形式

由于十年"文化大革命"的浩劫，造成了中国壮族歌手断层，如今壮乡的中青年人一般不会唱山歌，老年歌手也年久不唱而对山歌生疏，更重要的是不少人已经淡化了歌圩的意识。在这种情况下，壮族歌圩逐步演变成壮民聚会的重要形式。笔者考察桂西各地的壮族歌圩发现，如今壮族传统歌圩的形式仍然存在，每逢歌节还是人山人海，但歌圩的内容和功能已逐步由"对歌传情"变成"对酒交友"、民间文娱演出、相互交流的重要形式。据了解，越南北方的侬族、岱族歌圩变迁也与广西壮族相似，传统的歌圩已经不多见了，但是他们的歌圩意识还较强，经常跨境到中国参加龙州金龙、靖西等传统歌圩活动。

（二）壮区城乡自发兴起夕阳歌圩

20世纪末，在壮族聚居区域的龙州、大新、靖西、德保、田阳、平果、东兰、龙州等一些县城和百色、河池等小城市，那些爱唱山歌的老年人，傍晚自发到县城的中心广场、公园等聚会唱壮族山歌，并由抒发自身情怀演变成男女对唱，由少数人唱扩展成了城镇"晚间歌圩"。城镇"晚间歌圩"规模少者数十人，多者数百人。每到三月三举办传统歌圩期间，一些县城的"晚间歌圩"多达上千人。而在广大壮乡，不少村屯的老年人还经常自发地在家庭聚会唱山歌，或观看当地自录自播的壮族山歌光碟，以追忆当年歌圩的韵味。这种城乡歌圩纯属民间自发形成，以老年人为主体，具有明显的"夕阳歌圩"特色，内容有歌唱新时代、新生活的，也有缠绵的情歌对唱。在越南岱族、侬族地区，歌圩变迁虽然没有像中国那样，但也有老年人自发在家庭自唱自乐。

（三）在各种节庆中注入歌圩元素

为了弘扬壮族传统文化，20世纪90年代初，壮族聚居区域的各级政府举办以壮族歌圩为主要内容的各种文化艺术节，其中规模最大的首推南宁国际民歌艺术节。目前这个民歌节逐渐演变成了大型的演唱会，并掺入了较多的商务活动，壮族山歌只是歌节内容中无足轻重的插曲。此外，广西各市举办的铜鼓艺术节、花山文化艺术节、崇左国际商务文化节、百色布洛陀文化旅游节、武鸣壮族三月三歌圩节、云南省广南县三月花街节等都注入了壮族歌圩文化的内容。近年，越南高平省、谅山省举行的一些商贸与旅游文化节也注入了传统歌圩文化元素，表示其对歌圩文化复兴的重视。

（四）　把壮族歌圩文化当作旅游资源开发

在右江流域的田阳县敢壮山，自古以来每年农历三月初七至初九，方圆几百公里的数万壮族群众云集此地朝拜壮族始祖布洛陀，并逐渐形成歌圩，它是目前壮族地区规模最大、人数最多、内容最丰富的歌圩。百色市人民政府和田阳县人民政府以此为契机，打造民族旅游品牌，建立了"敢壮山旅游景区"，并连续举办了几届百色布洛陀民俗文化旅游节，内容有壮族祭祖、山歌对赛、民族体育比赛、民俗文化表演、民俗摄影比赛和一系列商贸、旅游活动，参加人数达 20 多万人，成为壮族地区弘扬壮族传统文化的重要载体，也是壮族节庆文化旅游的一个新亮点。类似这种把壮族歌圩当作旅游资源开发的还有壮族"歌仙"刘三姐故乡的宜州市、大新德天瀑布旅游节、武鸣壮族"三月三"歌节、云南马关三月三歌节等。

四、壮岱族群歌圩民俗文化资源的保护与传承构想

（一）　对壮族歌圩民俗文化进行立法保护

壮族传统歌圩是一种无形文化，表面看来，它没有文物价值，常常不被人所重视，但是，它又是无价之宝。因此，必须通过立法来加以保护。在保护民族文化方面，日本的经验值得我们借鉴。为了保护传统文化，日本专门制定了一个与民族传统文化保护有直接关系的法律，叫《文化财保护法》。在这部法律中，将日本的文化遗产分为"有形文化财""无形文化财""民俗文化财""纪念物""传统的建造物群"等类。对民族文化遗产进行科学细致的归类是日本保护民族文化的一个重要特点，而其中尤其重要的是对于一些国家并不看重的属于无形文化及民俗文化的保护。

（二）壮族歌圩文化变迁必须尊重客观规律

1. 尊重群众的选择

群众是民族文化的主人，哪些传统文化是优秀的，哪些是糟粕的，不应由某个领导或政府说了算，而是由人民大众来决定、来选择。因此，对歌圩文化活动，不要动不动就以"风流歌圩"加以批判、禁止或取缔，而应该持宽容态度，正确引导。

2. 顺应社会需求与发展

在节庆的活动内容上，既要满足人们精神文化生活普遍接受的需要，也要满足人们日益追求精神文化先进性的需要；既要"阳春白雪"，也要"下里巴人"；既要发扬光大传统文化，也要紧跟时代潮流；既要弘扬优秀民族文化传统，又要使之与世界先进文化结合起来。

（三）把壮岱族群歌圩文化旅游资源开发与弘扬优秀传统文化结合起来

随着社会的发展进步，壮岱族群与其他民族的趋同是历史的必然。但是这种趋同应该是自然而不是强制的，而且需要一个漫长的过程。笔者认为，在开发壮岱族群节庆文化中，可借鉴云南西双版纳泼水节、大理的三月街等做法，把传统歌圩节庆文化开发与弘扬壮岱族群优秀传统文化紧密结合，这是恢复壮岱族群传统文化的最佳途径。为此，在开发壮岱族群节庆文化旅游资源中，应该充分挖掘传统歌圩文化、服饰文化、干栏文化、饮食文化等，推陈出新，让游客看到多姿多彩的民族服饰，尝试壮岱族群的美味佳肴，体验"干栏"民居生活风采，观赏壮岱族群传统的歌舞、"西跟尚"（狮子登山）和"扣斗"（木棒舞）等文体表演，领略壮岱族群民间文体风情。通过科学开发，使壮岱族群的语言、服饰、饮食、居住、节庆、文体等传统文化充分展示于世人，并通过旅游这一载体世代传承。

（四）加大对歌圩文化资源的开发

壮岱族群歌圩具有较高的旅游开发价值。虽然各地的歌圩名称各异，如红水河流域的铜鼓节、蛙婆节（也称蚂拐节）包含着壮族歌圩内容，云南省广南的三月花街节实质上也是壮族歌圩，然而，目前还没有被人们予以足够重视，甚至还认为是落后的文化（"风流歌圩"），还没有意识到歌圩文化旅游资源的价值。因此，各级领导要解放思想，更新观念，有计划地组织群众将民间歌圩节庆活动变成当地旅游资源开发的一个亮点，年年举办，并鼓励民间自发举办，形成常态化，凸显特色文化。如，大新德天瀑布，可以在每年八九月份举行一个集壮族传统歌圩、龙眼品尝和观光旅游、跨国旅游于一体的民俗旅游节，并可结合下雷传统的霜降节（实际上也是壮族歌圩节）举办边关旅游节庆，以吸引国内外游客。

（五）歌圩民俗节庆文化活动要避免"一窝蜂"现象

目前，中国壮族地区各市、县都在寻找自己的旅游亮点，打造民族文化产业，举办主题重复的节庆活动，光是三月三的节庆，就有好几个地方每年都在举办，这是一种无效、重复或低效的经济行为，既劳民伤财，又发挥不了节庆经济的作用。壮族特色节庆文化活动重在"特"，同是歌圩节庆，壮区各地都不一样。同是三月三，武鸣、上林等地是壮族歌圩节，而桂西一带则是壮族民间的扫墓节。因此，举办歌圩节庆活动要切实做到人无我有，人有我新，人新我特。同时，开展以歌圩元素为内容的节庆文化艺术活动，不能超越本地区社会资源能力去操办节庆文化活动，而应该鼓励民间自办歌节，政府予以一定的扶持，然后逐步过渡到民间歌圩社会办，以企养节，以民养节，持之以恒。

（六）加强壮岱族群歌圩文化的合作与开发

中越两国壮岱族群是同源民族，其歌圩文化是这一族群共同的重要口传非物质文化遗产之一。由于亲缘关系，壮岱族群传统歌圩文化跨国传承，源远流长，歌圩特征十分相似，在民间称谓、文献表述、形式和内容等方面大体相同，从而说明这一跨国族群不仅是壮泰老族群中最亲密的民族，而且是共同创造了世界文明。在进入历史新阶段，中越两国应加强对壮岱族群"歌圩文化"这一具有世界意义的非物质文化遗产的保护与开发，合作申报世界文化遗产，联合举办歌节活动，充分发挥其在世界文明宝库中应有的作用。

参考文献

1. 范宏贵：《同根生的民族》，光明日报出版社 2000 年版。

2. 范宏贵：《越南民族与民族问题》，广西民族出版社 1999 年版。

3. 周作秋等：《壮族文学发展史》，广西人民出版社 2007 年版。

4. 陈寿：《三国志》卷五十三，中华书局 1959 年版。

5. 周去非：《岭外代答》，杨武泉校注，中华书局 1999 年版。

6. 邝露：《赤雅》，广西民族出版社 1995 年版。

7. 何其英等修：《柳城县志》，谢嗣农纂，民国二十九年（1940）铅印本影印，成文出版社 1967 年版。

8. 欧阳若修等：《壮族文学史》，广西人民出版社 1986 年版。

9. 刘锡蕃：《岭表纪蛮》，商务印书馆民国二十三年版。

10. 潘其旭：《壮族歌圩研究》，广西人民出版社 1991 年版。

11. 陆晓芹：《歌圩是什么——文人学者视野中的"歌圩"概念与民间表述》，《广西民族研究》2005 年第 4 期。

12. 梁昭：《汉壮文化的交融与疏离——"歌圩"命名再思考》，《民族文学研究》2007 年第 1 期。

13. 松本信广：《大南一统志》卷九，古代中越关系史资料选编，中国社会科学出版社 1982 年版。

14. 范宏贵主编：《侬智高研究资料集》，广西民族出版社 2005 年版。

15. 覃兆福、陈慕贞：《壮族历代史料荟萃》，广西民族出版社 1986 年版。

16. 《赵翼檐曝杂记》卷三，http: // wenku. baidu. com/view/753b43-ef5ef7ba0d4a733bad. html。

17. 凭祥市志编纂委员会：《凭祥市志》，中山大学出版社 1993 年版。

本文原载于《广西民族师范学院学报》（哲学社会科学版）2011 年第 3 期